DIE BEIDEN TRENCK

W0349767

Mór Jókai

DIE BEIDEN TRENCK

Historischer Roman

Corvina

Originaltitel: A két Trenk. Révai Testvérek Kiadása,
Budapest 1898.
Ins Deutsche übertragen von Géza Engl
Anmerkungen von Hannelore Schmör-Weichenhain
Buchgestaltung: Klára Juhász

© Corvina, Budapest
ISBN 963 13 2889 9
Printed in Hungary 1990
Druckerei Szegedi

DIE BEIDEN TRENCK

I.

Der König und sein Namensvetter

An einem Novembertag des Jahres 1742 wurde König Friedrich II.* von seinem Generaladjutanten Baron Wylich von Lottum ein junger Adliger vorgestellt.

Seinerzeit hatte die öffentliche Meinung dem König noch nicht den Beinamen „der Große“ zuerkannt; damals war er noch „Friedrich der Schöne“. Der König konnte sich an den Namen des ihm vorgestellten Jünglings erinnern, auch an dessen Gesicht und noch mehr an dessen Statur. Als er einmal die Universität besucht hatte, hatten die Professoren diesen Jüngling als den besten Schüler, den tapfersten Säbelfechter und den stattlichsten Burschen gelobt. Seitdem war der junge Mann noch um ein paar Zoll gewachsen, ihm fehlte nur wenig zu einem Klafter. Und diese Riesenstatur war in den ebenmäßigsten Formen geschnitzt: Apollos Gestalt, mit den Muskeln des Mars; das Antlitz jugendlich, zum Erröten geneigt, die Haut samten, von keinem Rasiermesser je berührt. Das Gesicht war das eines Kindes, aber die Seele, die dem Blick voranging, war die eines Mannes.

„Er ist Friedrich, der ältere Sohn des braven Trenck, der vor zwei Jahren mit militärischem Pomp begraben wurde, achtzehn Narben mit ins Grab nahm und die Hochachtung der ganzen Welt.“

„Die nahm er nicht mit ins Grab, Majestät, er hat sie an seine Söhne weitergegeben.“

Dem König gefiel die kühne Antwort.

„Hat Er auch sonstige Güter von Seinem Vater geerbt?“

„Jawohl, Majestät, das Stammgut Groß-Scharlach und seinen Degen. Diese beiden reichen aus, um in den Dienst Eurer Majestät treten zu können.“

Der König nahm den Jüngling in sein Gardedukorps auf.

Die Leibgarde Friedrichs II. bestand aus hundertvierundvierzig

* Anmerkungen am Schluß des Bandes

Reitern, außerdem gehörte ihr auch eine kleine Truppe von Kadetten an, die zu künftigen Leibgardisten ausgebildet werden sollten.

Denn des Königs Leibgarde wechselte ständig. Aus ihr gingen die Offiziere der preußischen Kavallerieregimenter hervor. Diejenigen, die sich durch Begabung auszeichneten, erhielten sogleich einen hohen Offiziersrang; andere dagegen wurden wegen eines geringen Fehlers, wegen Schwäche oder wegen eines Versäumnisses entlassen oder in irgendeine Festung gesteckt und dort vergessen.

Bezüglich ihrer Ausrüstung und Waffen konnte sich die Leibgarde des höchsten Luxus rühmen. Die Kürasse waren mit Silber beschlagen, die Uniformen aus rotem Samt mit goldener und silberner Zierstickerei und Posamenten übersät. Allein das Reitzeug kostete sechshundert Reichstaler; jedoch bezogen die Gardisten kein Gehalt, sie bekamen nur Belohnungen oder königliche Geschenke; dienen mußten sie ex propriis.

Und was war das für ein Dienst! In einem Jahr gingen zwei oder drei Reitpferde drauf. Morgens um vier Uhr saßen die Gardisten bereits im Sattel und begannen mit den Reitübungen auf freiem Feld, führten halbstündige Attacken im Galopp durch, über breite Gräben, Zäune, Sümpfe und wellige Torffelder. Nach der Rückkehr wurden die Teilnehmer der Übung gemustert: Zumeist fehlte einer. Hatte sich das Pferd den Hals gebrochen, wurde ein neues aus dem königlichen Stall geholt; geschah dies einem Gardisten, bekam er eine feierliche Beerdigung, und an seinen Platz rückte ein Kadett von der Warteliste auf. In einem Friedensjahr büßte die Garde mehr Gardisten ein als in einem Kriegsjahr. In der Nacht, wenn alle im tiefsten Schlaf lagen, ließ der König Alarm blasen (er selbst nahm an allem teil), und der Gardist, der nicht in acht Minuten in voller Rüstung vor dem Schloß in Reih und Glied stand, kam für zwei Wochen in Arrest.

Auch die Nachmittage waren nicht für die Ruhe bestimmt. Die Leibgardisten mußten studieren. Dabei überragte Friedrich von der Trenck alle. Er hatte die Hochschule absolviert, sprach und schrieb jede kultivierte Sprache. Darüber hinaus verfaßte er Gedichte, und auch im Säbelfechten war ihm keiner überlegen. Nach dreiwöchigem Kadettendienst war dem König der hochbegabte Jüngling derart aufgefallen, daß er ihn zu sich rufen ließ und in allerlei Wissenschaften, den Klassischen, examinierte. Dann gab er ihm die Aufgabe, die Namensliste von fünfzig Soldaten zu lesen und sämtliche Namen der Reihe nach aufzusagen. Trenck bewältigte das in fünf Minuten. Die nächste Aufgabe, mit der ihn der König auf die Probe stellte, verlangte, von ein und demselben Thema zwei verschiedene Briefe in unterschiedlichen Sprachen zu schreiben; den einen Brief eigenhändig, den zweiten sollte er dem Adjutanten des Königs diktieren. Friedrich von der Trenck wählte sich eine *ordre de bataille* zum Thema, die die Schlachtordnung des nächsten Tages festsetzte, und zwar so, daß der richtige Plan an die Divisionskommandeure gerichtet war, der zweite Plan hingegen ein falscher war, dazu bestimmt, samt Kurier dem Feind in die Hände zu fallen. Den wahren Plan schrieb Trenck eigenhändig in französischer Sprache, den falschen diktierte er gleichzeitig dem Adjutanten auf lateinisch.

Dazu zeichnete er aus eigenem Antrieb eine Geländeskizze, eine echte und eine falsche.

Der König war dermaßen von der Genialität des Jünglings eingenommen, daß er ihn in derselben Stunde zum Gardeoffizier ernannte.

Das war ein unerhörter Sprung für einen Kadetten, nach dreiwöchigem Dienst zum Offizier befördert zu werden! Und das geschah einem Burschen von siebzehn Jahren!

Von diesem Tag an wurde der König Vater, Lehrmeister und Freund des Jungen. Er beschenkte ihn mit zwei schönen Reitpferden und gab ihm tausend Reichstaler für die Equipage. Die Ausrüstung der Offiziere war noch prächtiger, ein Meisterwerk der Waffenschmiede.

Die Gardeoffiziere genossen große Vorzüge; sie waren sechs an der Zahl und aßen jeden Tag an der Tafel des Königs, an Festtagen an der Tafel der Königin. Und Friedrich II. tafelte stets in Gesellschaft der edelsten Geister, der hervorragendsten Gelehrten der Zeit: Voltaire, Maupertuis, Jordan, La Mettrie, Pöllnitz waren tägliche Gäste. In ihrem Kreis erwachte in dem jungen Trenck ein großer Drang nach Wissen, so daß er in den Nachtstunden, in denen sich die anderen Jünglinge amüsierten, über den Büchern saß und studierte.

II.

Der gestutzte Waffenrock

Studium, Exerzieren und Manöver füllten das erste Jahr aus, in dem sämtliche Kameraden den heldenmütigen Jungen liebgewannen. Neider hatte er keine und auch keinen Rivalen. Den Tag der Leidenschaften, die Liebe hatte er noch nicht kennengelernt.

Im folgenden Winter ereigneten sich große Festlichkeiten am Berliner Hof. Die Schwester des Königs, Charlotte, wurde mit dem schwedischen König Gustav vermählt; das Fest der Verlobung fand am preußischen Hof statt. Bei dieser Gelegenheit wurde dem jungen Trenck die Auszeichnung zuteil, vom König mit der Ehrenwache beim Hofball betraut zu werden. Großes Gedränge herrschte in den Sälen. Adel, Bürger, Offiziere jeglicher Waffengattung drängten sich um die mit Leckerbissen beladenen Tische, die die Hoflakaien immer wieder aufs neue deckten und mit Speisen beluden. Das Publikum zerschnippelte wie gewöhnlich auch die Tafeltücher zur Erinnerung an das Fest. Irgendeiner der Gäste schnitt sogar den Waffenrockschoß des aufsichtführenden Offiziers als Souvenir ab. Trenck bemerkte plötzlich, daß der rechte Flügel seines schönen Waffenrockes aus besticktem rotem Samt fehlte und mit diesem auch seine goldene Uhr.

Wer den Schaden hat, braucht für den Spott nicht zu sorgen. So erging es auch dem jungen Gardeoffizier. Wo immer er in der festlichen Gesellschaft vorbeikam, hieß es: Schaut nur den halbschößigen Gardisten an! Er wurde gewahr, daß auch die Hofdamen den Fächer vor das Gesicht hielten, um ihr Lachen zu verbergen. Ihm war wie einem kleinen Kind zum Weinen zumute. Schließlich versteckte er sich in einer finsteren Ecke zwischen den Ziersträuchern. Da hatte er sich nun gerade vor die Teppichtür gestellt, die zur Damentoilette führte. Plötzlich öffnete sich diese Tür, und eine junge Dame trat heraus. Unter den Schönen die Schönste, unter den Ranghöchsten die Höchste!

Die Dame flüsterte dem jungen Trenck ein paar Worte ins Ohr:

„Sie sollen für den Verlust entschädigt werden. Besuchen Sie mich morgen abend."

Und damit eilte sie auch schon zu ihrer Gesellschaft zurück.

Mehr als ihre Worte hatten aber ihre Augen gesagt. Dieser Blick entzündete ein Licht im Herzen des Jünglings.

Er erfuhr nun, was Liebe ist.

Und auch für die Dame war es die erste Liebe.

Diese Dame war seit einem Jahr verheiratet.

In seinen Lebenserinnerungen verschweigt Friedrich von der Trenck konsequent den Namen der Göttin seiner ersten Liebe. Seine Verschwiegenheit war edel und richtig. Zumal die Dame noch lebte und in hohem Ansehen stand. So mußte Trenck das Geheimnis mit ins Grab nehmen. Darum blieb – wie er selbst eingesteht – seine ganze Lebensgeschichte ein unverständliches Chaos, in dem ein schiefes Licht auf ihn selbst und den König fällt. Die Affekte sind unvorstellbar, die Situationen unbegreiflich, es fehlen Zusammenhang und Leitgedanke in der ganzen märchenhaften Geschichte.

Die Nachwelt indessen ist schonungslos: Der mit ins Grab genommene Name steht heute in jedem Konversationslexikon, und ist er erst einmal genannt, wird mit einem Schlag alles klar und verständlich, was Trenck in seiner Lebensbeschreibung in Dunkel hüllte. Von der Dame seiner ersten Liebe spricht er immer wie von seinem Schutzengel, einem angebeteten Idol, das ihn in seinem Mißgeschick niemals verließ.

Und der Liebesrausch blieb nicht die einzige Freude der vereinigten Herzen. Die Dame war reich und verfügte frei über ihr Einkommen. Sie wünschte, daß ihr auserwählter Jüngling strahle. Friedrich von der Trenck machte mit seiner prächtigen Kleidung und seinen Rassenpferden Furore unter den anderen Offizieren. Er war auch freigebig, ein guter Kamerad, der die anderen Offiziere reichlich bewirtete.

Dieser Luxus fiel dem König auf. Nach einem berühmten Gelage bestellte er den jungen Offizier zu sich und sagte ihm unter vier Augen:

„Trenck, hör Er mal! Wie ist das mit Seinem Scharlacher Besitz, wächst da ausschließlich Safran? Wieviel beträgt das Einkommen, welches Er von zu Hause bekommt?"

„Tausend Reichstaler, Majestät."

„Die gibt Er in einem Monat aus. Das weiß ich bestimmt. Er soll wissen, daß ich Offiziere, die Schulden machen, sofort davonjage."

„Ich schulde niemandem einen Taler."

„Versteht Er sich inzwischen etwa auf die Kunst, Gold zu machen? Arbeitet Er womöglich in einer Alchemistenwerkstatt?"

„Ich habe soviel Physik gelernt, daß ich an Alchemie nicht glaube."

„Dann steht Er wohl mit Bockrittern im Bunde, die die Kaufleute, die zu den Märkten fahren, ausrauben."

„Majestät! Ein Verbrechen kann man bei mir nicht voraussetzen!"

„Na, geprägte Taler und Goldstücke fallen aber nicht vom Himmel! Ich dulde keinen Menschen in meiner Nähe, der auf geheimnisvolle Art zu Geld kommt."

„Majestät! Meine Quellen sind nicht irdischer Natur!"

„Was sagt Er da? Gibt es auf der Welt noch wohltätige Feen?"

„Jawohl, Majestät", antwortete Trenck mit gesenktem Blick.

Da lachte der König.

„Nun verstehe ich alles! Eine Frau ist im Spiel! So ist es gut, dann will ich nicht weiterfragen. In solchen Angelegenheiten pflegte sogar mein seliger Vater ein Auge zuzudrücken. Er sagte immer: Ich mag es, wenn meine Gardisten bei den Frauen hochbegehrt sind. Mögen auch die armen Generalsgattinnen im Alter glücklich sein. Ich hoffe, auch Seine Geliebte ist ein altes Weib."

„Nein, Majestät! Sie ist eine Fee!"

Dieses letzte Wort hätte Friedrich von der Trenck nicht aussprechen dürfen. Das wurde der Anfang von all seinem Mißgeschick.

„Ei, ei! Eine Fee? Also eine junge Frau, die ihre Reize noch mit Gold zu steigern versteht. Ich habe bis jetzt nur gewußt, daß schöne Frauen Geld kosten."

Wieder machte Trenck einen Fehler, als er dem König gegenüber einen vertraulichen Ton anschlug.

„Das stimmt schon, wenn es sich um einen Prinzen und verheirateten Mann handelt."

Diese Riposte vergaß König Friedrich nie mehr.

Na ja, auch er war ein Sohn Adams. Ihm fiel die schöne Danzigerin ein, die Sängerin, die sein Vater auf dem Pranger hatte auspeitschen lassen, weil sie dem Kronprinzen die Auszählungsformel: ‚Er liebt mich – von Herzen – mit Schmerzen – ein wenig – gar nicht' beigebracht hatte. Und dann die anderen! Friedrich der Schöne war kein Feind der schönen Frauen. Als sein Vater für ihn die fürstliche Braut ausersehen hatte, über die er an den Sohn schrieb, sie sei weder schön noch häßlich, sagte darauf der Prinz: „Nun, dann geschehe es. Möge sie meine Frau werden, dann werde ich wenigstens frei sein." Und er verstand es, von der Freiheit Gebrauch zu machen, die die Ehe einem verheirateten Mann gewährt. Oh! Ein solcher darf alles. Nichtsdestoweniger zollte König Friedrich seiner Königin die höchste Achtung. Gegenseitige Achtung in der Ehe, das ist der Feigenbaum in der Wüste, den der Messias verfluchte.

Nun war der König schon erpicht darauf, der Sache auf den Grund zu gehen.

„Hat die schöne Fee einen Mann?"

„Einen sehr alten."

„Und das ist Grund genug, daß Er ihm Hörner aufsetzt?"

„Sein Lorbeer verdeckt sie."

„Ein Militär also? Ein Heerführer?"

„Das habe ich nicht gesagt. Er kann auch ein Staatsmann sein."

„Ach, von all denen kenne ich die Frauen. Das sind ehrenwerte Damen. Die haben nicht mehr als einen Geliebten. Vor mir gibt es keine Boudoirgeheimnisse."

„Dieses wird eines bleiben, Majestät."

„Er redet sehr überheblich."

„Die Güte Eurer Majestät gibt mir den Mut dazu. Ich weiß, daß Ihr die Sünden der Herzen huldvoll zu beurteilen pflegt."

„Das sagt Er richtig. Liebesabenteuer beurteile ich nicht als König, nicht als Vater, sondern als Bruder. Aber es gibt einen Richter, der nicht so gnädig ist – der Gatte!"

„Der kann nichts erfahren."

„Gut, gut. Er braucht keinen Namen zu nennen und die Personen nicht zu beschreiben; auch den Ort des Abenteuers soll Er mir nicht auf der Landkarte bezeichnen. Aber alles andere erzähl Er mir aufrichtig, damit ich erfahre, ob das, was Er tut, Torheit oder Klugheit ist. Ich möchte nicht, daß der Gatte Ihn einmal bei einem Tête-à-tête ertappt. Er würde Ihn sofort erschießen."

„Das steht fest. Aber eine Überraschung ist ausgeschlossen. In das Geheimnis meiner Fee ist nur eine Zofe eingeweiht, die für ihre Dame lebt und stirbt und sich eher in Öl kochen ließe, als gegen sie auszusagen. Der alte Herr geht nach dem Essen in den Klub und spielt Karten bis nach Mitternacht, und das sind die Stunden meiner Seligkeit. Glaubt mir, Majestät, daß die Stunden, die ich mit meiner Göttin verbringe, uns beiden die reinste Glückseligkeit gewähren. Nicht einmal Plato erträumte himmlischere Liebe."

„Ich glaube es, wenn ich es glauben will. Jedenfalls ist es lobenswert, daß Er so redet. Aber hat Er einen Wundermantel wie im Märchen, der Ihn unsichtbar macht, so daß das Personal des großen Herrn Ihn nicht sehen kann, wenn Er im Palais ein und aus geht?"

„Ich habe einen solchen Mantel."

„Und man hört auch nichts?"

„Das Zimmer der Zofe ist der Ort, wo wir uns treffen. Nachbarn gibt es keine. Das Zimmer selbst ist durch eine doppelte Teppichtür vom Boudoir der Herrin getrennt. Während wir in der bescheidenen Kammer in olympischen Genüssen schwelgen, nimmt die vertrauenswürdige Zofe den Platz der Dame auf ihrem Lager im Alkoven ein. Wenn dann auf der Straße die Wache ‚Zu den Waffen!' schreit und die schwere Karosse durch das Tor hereinrollt, dann läßt die Zofe uns wissen, daß die Tür zum Paradies geschlossen wurde, der ankommende Gatte findet seine Gattin auf ihrem Platz, wünscht ihr ‚Gute Nacht' und geht schlafen."

„Und wenn doch einmal die Wache, das heißt die Zofe, verschläft, und der heimkehrende Gatte zugleich den Einfall hat, seiner Frau statt des Gute-Nacht-Grußes ‚Guten Morgen' zu wünschen?"

„Einmal ist auch das schon passiert. Die Zofe schlief ein, überhörte den Ruf der Wache und auch das Wagengerassel, der alte Herr kam auf der Geheimtreppe herauf, die Zofe bemerkte ihn erst, als er sich über sie beugte. Aber sie hatte genug Geistesgegenwart. Sie riß sich die Decke über das Gesicht und rief: ‚Ah, vous sentez de pipe!' Daraufhin begab sich der alte Herr pflichtbewußt ins Toilettenkabinett, wusch gründlich der Pfeifengeruch ab und besprengte sich mit Kölnischwasser. Dann kam er zurück. Unterdessen hatte sich der Personenwechsel vollzogen. Seitdem stattet Menelaos erst einer Flasche Parfüm den Besuch ab, bevor er Helenas Schlaf stört."

„Na, Er fordert wirklich den Teufel heraus. Eines aber sag Er mir noch. Ich ließ nach Mitternacht wiederholte Male Alarm blasen. Und Er hat noch kein einziges Mal beim Rapport gefehlt. Wie kann Er in acht Minuten Waffen anlegen, von der schönen Fee bis zum königlichen Schloß kommen, im Stall das Roß satteln und auf dem Schloßplatz erscheinen? Hat Er eine Kamelhaut wie der Feenprinz in ‚Tausendundeiner Nacht', auf die Er sich setzt und ruft: ‚Hopp, hopp! Bring mich sofort dorthin, wo ich sein will'?" „Die habe ich, Majestät."

III.

„Vous sentez d'eau de Cologne"

Der König entließ seinen jungen Namensvetter diesmal mit einem gnädigen Wink: „Paß Er auf, daß Er sich nicht den Hals bricht."

Zugleich aber traf er jede Verfügung, um zu erfahren, wer es sei – nicht die Dame – sondern der ehrenwerte Gatte, der ohne sein Wissen, solcher Ehre teilhaftig wurde. Er ließ an jedem Ausgang, den Trenck beim Verlassen seiner Offizierswohnung beziehungsweise bei der Rückkehr zur selben passieren mußte, Spione aufstellen. Das Spionieren brachte keinen Erfolg. Die Polizeiagenten trugen keine andere Mitteilung zu, als daß Trenck am Abend an der Spree in Gesellschaft von Gelehrten spazierengehe, sich dann zu einem kurzen Abendessen mit seinen Offizierskameraden im Kasino treffe und von dort beim Zapfenstreich in sein Quartier zurückkehre. Und die Wohnung der Gardeoffiziere befand sich in einem Flügelgebäude des königlichen Schlosses im zweiten Stock über den Ställen. Der erste Stock wurde als Waffenmagazin genutzt.

Auch die Grenadieroffiziere, die Nachtdienst hatten, vermochten keine Meldung darüber zu erstatten, daß Friedrich von der Trenck nach dem Trommelwirbel, der das Schließen des Tores anzeigte, den Palast durch das Tor verlassen hätte. Auch auf dem Korridor war keiner ihm begegnet. Sobald die Trompete das „Alarmzeichen" gab, kam er sogleich aus seinem Zimmer, ging eilig in den Stall zu seinem Roß und fand sich innerhalb der acht Minuten in Reih und Glied ein.

Einmal geschah es, daß der König um zwei Uhr nach Mitternacht, als sich die Offiziere schon zur Ruhe begeben hatten, den Generalmarsch trommeln ließ, wodurch die ganze Garnison alarmiert wurde. Die Kavallerie galoppierte aus allen Richtungen zum königlichen Schloß; die Grenadiere eilten im Sturmschritt zu ihrem Sammelplatz, innerhalb von acht Minuten standen zehntausend Soldaten kampfbereit.

Auch der König ritt auf den Schloßhof heraus, begleitet von seinen Adjutanten und Leibgardisten.

Dann bestellte der König die Kommandeure der Truppeneinheiten einzeln zu sich, um ihnen die Feldparole zuzuflüstern.

Bei dem Flüstern lehnte sich der König so nahe an seine Truppenführer, daß sich ihre Gesichter berührten.

Sie rochen alle nach Pfeifenrauch. Bei einigen war auch ein schwacher Duft von Knoblauch zu spüren.

Keiner war der richtige.

Als er sich dann aber zu dem General der schwarzen Kürassiere hinüberbeugte, riß er den Kopf bestürzt zurück.

„Ah! Vous sentez d'eau de Cologne!"

Der brave hohe Offizier zuckte die Achsel. Warum sollte der General der schwarzen Kürassiere nicht nach Kölnischwasser duften dürfen...

Und wieso hatte sich der König darüber zu entrüsten, daß sich einer seiner Generäle um zwei Uhr nach Mitternacht mit Kölnischwasser wusch?

Das Malheur war, daß dieser tapfere Feldherr, Prinz A. Z. – ein Mitglied des Herrscherhauses – der Gatte der Prinzessin Amalie war.

Diese wiederum war die jüngste Schwester des Königs und die liebste Tochter ihres Vaters, die schönste und geistreichste unter den Damen ihrer Zeit.

Heute findet man in jeder stereotypen Ausgabe den Namen, den Trenck bis zu seinem Tode verschwieg.

Der König konnte seinen Zorn kaum beherrschen. Er visitierte nicht die Truppen, ließ Schamade blasen und entließ sie alle in ihre Kasernen.

Und als er sich zu seiner Leibgarde umwandte, brummte er Friedrich von der Trenck halblaut zu:

„Er ist ein infamer Bösewicht! Hüte Er seinen Kopf!"

Doch setzte der König keine neuerliche Inquisition gegen ihn in Gang.

Ein Rätsel war nun bereits gelöst.

Wie konnte der Verliebte von seinem Stelldichein in so kurzer Zeit zur Stelle sein?

Nun, die Fee wohnte in demselben Palast, im gegenüberliegenden Flügel, dessen Hoffenster das direkte Visavis zu den Fenstern der Gardeoffiziere bildeten.

Der Kerl brauchte also weder aus dem Palast hinauszugehen noch zurückzukommen. Er fand sein Paradies unter demselben Dach.

Aber ein noch schwierigeres Rätsel stand der sicheren Information im Weg.

Wie konnte einer aus dem Quartier der Gardeoffiziere in die Wohnung der Prinzessin hinübergelangen? Zwischen beiden lag eine drei Klafter hohe Wand, oben mit doppeltem Eisengitter verstärkt; das war keinem Menschen möglich, da mit heil bleibenden Gliedern hinüberzuklettern. Und vorausgesetzt, er konnte das halsbrecherische Abenteuer mit Strickleitern vollführen, so füllte sich der Schloßhof vor den Ställen beim Alarmblasen dermaßen mit Leibgardisten, die zu ihren Pferden eilten, daß sie einen über die Wand kletternden, von so vielen Laternen beleuchteten Menschen unbedingt sofort erblicken mußten.

Nun stand aber auf dem Schloßhof eine gewaltige Linde, die noch der Vater des Großen Kurfürsten Friedrich Wilhelm gepflanzt hatte, und die von den Nachkommen genauso hoch in Ehren gehalten wurde, wie die Isländer die heilige Esche Yggdrasil anbeteten.

Die Äste dieses Riesenbaumes neigten sich einerseits ganz nahe zu den Fenstern der Gardeoffiziere und andererseits zu den Gemächern der Prinzessin.

War es denkbar, daß jemand auf diesem Wege in das verbotene Paradies eindrang? Die Äste der Linde waren ja von den Fenstern der Prinzessin gut einen Klafter weit entfernt.

Doch für Verliebte ist nichts unmöglich.

IV.

Der Salto mortale

Der aus Polen stammende Rittmeister von Jaschinsky, Kommandant der Leibgarde, war der Vertrauensmann des Königs. Er trug dem König die Berichte aus dem Kreis der Offiziere zu. Eines Tages gab der König dem Prinzen A. Z. einen Auftrag, der ihn für vierundzwanzig Stunden fern von der Hauptstadt hielt, und am Abend dieses Tages erteilte er Jaschinsky folgende Order:

„Pflanz Er sich jetzt vor dem Fenster meines Hofzimmers auf und beobachte Er bis Mitternacht und dann wiederum nach dem Ertönen der Alarmtrompete auf das aufmerksamste die beiden einander gegenüberliegenden Fenster.“ (Der König wußte sehr wohl, welches das Fenster des Trenck und welches das der Zofe war.) „Berichte Er mir dann getreulich, was Er wahrgenommen hat.“

Jaschinsky bezog seinen Lauerposten.

Er brauchte sich nicht ewig zu langweilen. Sowie die Schloßuhr elf Uhr geschlagen hatte und der Ruf ‚Halt! Wer da? – Patrouille vorbei!‘ erschallt war, ging das Fenster des Wohnflügels der Prinzessin auf. Für einen Augenblick erschien eine weiße Gestalt, zog sich aber gleich wieder zurück.

Bald darauf öffnete sich ein Fenster auf der gegenüberliegenden Seite, und dort wurde eine Männergestalt sichtbar.

Diese trat auf das Gesims hinaus und warf irgend etwas auf die Lindenzweige; was es war, konnte man bei dem schwachen Licht der Hoflaterne nicht erkennen. Dem aber, was im nächsten Augenblick geschah, ließ sich entnehmen, daß es ein Seil gewesen sein mußte, an dessen Ende wahrscheinlich eine schwere Kugel befestigt war, die bewirkte, daß sich das Seil um die Äste des Baumes wickelte. Die Männergestalt beugte sich, die Arme erhoben, vor, stieß sich von der Mauer ab und gelangte mit kühnem Schwung, in einem Bogen fliegend, auf die Linde. Dort verschwand sie im dichten Laub.

Kurz darauf kam die Gestalt auf der anderen Seite des Baumes zum Vorschein. Dort band sie das Seil an den Ästen des Baumes fest und schleuderte das Ende mit der Kugel in das gegenüberliegende offene Fenster. Dort drinnen wurde das Seil straff angezogen.

Dann nahm der Mann – sich mit den Händen am Seil festhaltend – den Weg durch die Luft bis zu dem Fenster, das sich hinter ihm schloß.

Jaschinsky blieb der Order gemäß weiter auf seinem Lauerplatz. Neidisch zählte er die Viertelstunden, die die Schloßuhr schlug. Sie hatte ja auch schon zur Mitternacht geschlagen, zur Stunde der Gespenster und der Verliebten.

Da erschallte das Alarmsignal auf der Trompete.

Bereits zwei Minuten später ging das Fenster auf.

Die Männergestalt schwang sich im gleichen Bogenflug vom Fensterbrett auf die Linde und kam auf der anderen Seite des Baumes aus dem Laub wieder zum Vorschein. Von hier aber konnte der Mann den Flug mit dem Seil nicht wiederholen, denn dann hätte das um den Ast gewickelte Seil zurückbleiben müssen und ihn verraten. Was tat er also? Er stellte sich auf die Mitte des Astes und wippte einige Male auf und nieder; so gebrauchte er den biegsamen Lindenast als Sprungfeder und sprang mit einem tollkühnen Satz in das offene Fenster. Wäre der als Trampolin benutzte Ast unter ihm gebrochen, hätte er sich zu Tode gestürzt.

Vor den Ställen unten im Hof liefen bereits Menschen mit Laternen umher, die dort aber wegen des Lichtscheins nicht wahrnehmen konnten, was über ihren Köpfen geschah.

Als Jaschinsky seine Beobachtungen dem König mitteilte, rief Seine Majestät entsetzt aus: „Diesen Gamin müssen Wir ins Irrenhaus sperren!"

Verliebt waren ja auch andere! Aber daß einer jeden Tag riskierte, sich für seine Liebe den Hals zu brechen, war mehr als ein verzeihlicher Leichtsinn.

Der König nahm sich vor, seinen Schützling von dieser Krankheit zu heilen. Jaschinsky befahl er strengste Diskretion; doch konnte man getrost annehmen, daß auch andere Offiziere diese nächtlichen Turnübungen des Kornetts Friedrich bereits bemerkt hatten, und in diesem Fall würde das Rätsel an die Öffentlichkeit kommen.

Das Fenster war zwar das der Zofe, aber eine so auffallende Tollkühnheit ließ sich kaum mit dem Liebesverhältnis eines Offiziers zu einer Dienstbotin auch nur einigermaßen glaubhaft erklären.

Der König wußte nun schon alles.

Diesem Idyll mußte ein Ende gemacht werden.

Jaschinsky bekam den Auftrag, dem jungen Herrn auf freundliche Weise die Gefährlichkeit seines Spiels klarzumachen.

Nun ergab es sich, daß zu jener Zeit italienische Seiltänzer in die Stadt kamen, die mit ihren kühnen Kunststücken den Hof und das P. T. Publikum amüsierten. Unter diesen Artisten befand sich ein Hanswurst, der sich von einem schwingenden Trapez in einer Höhe von sechs Klaftern abstieß und von einer Akrobatin, die kopfabwärts an einem anderen Trapez hing, mit beiden Händen abgefangen wurde.

An diesem Abend sprachen beim Abendessen auch die Herren Offiziere von dem bewundernswerten Salto mortale.

„Das ist alles gar nichts", sagte Jaschinsky. „Ich sah einen Saltimbanque, der aus einem Fenster des königlichen Schlosses durch den großen Lindenbaum in das gegenüberliegende Fenster flog und dort in den Armen seiner Dame landete."

Trenck erblaßte bei diesen Worten.

Die Offiziere lachten und protestierten gegen Jaschinskys Zumutung: Einen solchen Bären dürfe man ehrenhaften Kavalieren nicht aufbinden.

„Parole d'honneur, daß ich dieses Kunststück gesehen habe."

Darauf erhob sich Friedrich von der Trenck und kippte den Inhalt seines Glases hinter sich aus:

„Mit einem Menschen, der sein Ehrenwort für ein Ding der Unmöglichkeit hergibt, trinke ich nicht an einem Tisch."

Hätte er sich diese Grobheit einem anderen Offizier gegenüber erlaubt, wäre es unbedingt zu einem Duell gekommen. Jaschinsky jedoch war Trencks Kommandeur, und ein Untergebener durfte sich mit seinem Vorgesetzten nicht messen. Trenck bekam eine Woche Arrest in Spandau.

Als er wieder nach Berlin zurückkehrte, sah er bekümmert, daß die Fenster der Gardistenzimmer mit Eisengittern versehen worden waren. Mit dem Salto mortale war es nun vorbei. Er mußte sich etwas anderes ausdenken.

Zu Beginn des Frühlings übersiedelte der König mit seinen Offizieren nach Charlottenburg. Die Königin und die Prinzessinnen blieben in Berlin, die Opernsaison war noch im Gange.

Charlottenburg war aber nicht so weit von Berlin entfernt, daß ein verliebter Gardist nicht am späten Abend hätte dorthin galoppieren und am frühen Morgen pünktlich zur Reveille an Ort und Stelle sein können.

Friedrich von der Trenck schreibt in seinen Memoiren, er habe in einem Friedensjahr zwei Pferde zuschanden geritten. Unter den gegebenen Umständen konnte das leicht geschehen sein.

Manchmal kam es vor, daß er nicht pünktlich zu der gegebenen Zeit erschien. Dann gebrauchte er die Ausrede, auf der Jagd gewesen zu sein, und der König erließ ihm die Strafe. Friedrich II. selbst haßte die Jagd, sah aber seinen Offizieren diese Liebhaberei nach. Er meinte, die Jagd bewahre sie vor der Leidenschaft des Kartenspiels.

Da Trenck die Jagdtrophäen zumeist mitbrachte, seine Jagdtasche war vollgestopft mit Schnepfen (zwischen Oculi und Palmarum war die richtige Zeit dafür), so konnte er seine Abwesenheit rechtfertigen.

Die Schnepfen wurden an der königlichen Tafel serviert; zum Mittagessen war gewöhnlich auch Prinz A. Z. geladen, der sich nicht genug über das Jagdglück des jungen Gardisten wundern konnte, welcher in einer einzigen Nacht zehn oder auch zwölf Schnepfen erlegte, während er mit seinen sechs Jägern es niemals zu mehr als einem Dutzend brachte. Auf den Gedanken, daß diese anderen zwölf Schnepfen ebenfalls seine Jäger erlegt hatten, kam der Serenissimus nicht.

Auch der König konnte die Wahrheit nicht erfahren, denn einem Schnepfenjäger durfte man keine Polizeispione ins Gestrüpp nachschikken.

Trenck konnte in Jägertracht als Angehöriger des fürstlichen Jagdreviers, ohne Aufsehen zu erregen, im Palast des Prinzen umhergehen. Außerhalb der Stadt gab es eine Schenke an der Straße, in welcher Trenck der Jagdanzug aus- und die Gardistenuniform wieder anzog.

Von diesen Tagen berichtet der Held des Romans selbst, er habe während der Exerzierzeit in Charlottenburg in acht Tagen kaum mehr als acht Stunden geschlafen. So ergeht es einem, der den Schnepfen nachstellt!

Aber wie es im Jägerlatein von den Schnepfen heißt: „Palmarum! Trallarum!" Wenn die Zugzeit vorbei ist, hört jeder Vorwand zur Jagd auf, und es beginnt die Schonzeit für das Wild! Der Dieb des Paradieses mußte sich etwas anderes ausdenken. Doch der verbotene Apfelbaum der Allwissenheit war ein solcher Wunderbaum, daß an ihm zu jeder Jahreszeit Früchte reiften.

Allerdings häuften sich die Hindernisse. Der König und die Leibgarde übersiedelten nach Potsdam, wo die Gardisten die ganze Kavallerie die Manöver zu lehren hatten. Friedrich von der Trenck war die Ausbildung der schlesischen Reiterei anvertraut. Eine große Ehre, zugleich aber eine große Mühsal.

Jene gewisse Zofe, die die feenhaften Zusammenkünfte vermittelt hatte, heiratete. Der König verschaffte ihr einen Forstmeister, der sie nach Litauen mitnahm.

Prinzessin Amalie mußte auf die Spreeinsel übersiedeln. Hier hatte der Prinz ein prächtiges Sommerschloß. Dahin konnte der verliebte Jüngling bestimmt nicht unkontrolliert gelangen.

Doch mit neunzehn Jahren kann der Mensch sein Herz wahrhaftig nicht auf Eis legen.

Und der König forderte von seinen Gardeoffizieren keineswegs, daß sie ein asketisches Leben führen sollten.

Als die Spione Jaschinskys dem König die Nachricht überbrachten, der Junker von der Trenck gäbe sich nach dem mühsamen Exerzieren nicht der wohlverdienten Ruhe hin, kleidete sich vielmehr schnell in das Gewand seines Dieners, setzte sich auf dessen Reitpferd und ritt im Galopp ans Spreeufer, wo es eine berühmte Schenke gäbe, die eine noch berühmtere Schankwirtin, schön wie eine Teufelstochter, hätte, bei der der Junker Trost zu suchen pflegte – da sprach der König: „So ist es richtig!" Damals wußte man schon – auch ohne Homöopathie –, daß Liebe gewöhnlich mit Liebe geheilt wird.

Nun hatte aber die schöne Annamidi einen Geliebten, einen Fischerburschen, der eine Hütte drüben auf der Spreeinsel besaß. Und dieser ertappte den Gardeoffizier bei jeder gefühlvollen Begegnung mit seiner Geliebten. Aus dem geschlossenen Zimmer hörte man jedesmal das Zürnen der Männer. Es endete gewöhnlich damit, daß Trenck seinen eifersüchtigen Rivalen gehörig verprügelte und zur Tür hinauswarf. Dieser ging, die eingeschlagene Nase mit der Hand verdeckend, brüllend zu seinem Boot und ruderte fluchend und drohend zurück auf die Insel. Am nächsten Tag war er dann wieder zur Stelle und ließ sich abermals hinauswerfen. Gewöhnlich ruderte er jedoch noch am selben Tage zurück zur Schenke und versöhnte sich aufs artigste mit dem Kavalleristen, und sie leerten zusammen den Friedensbecher.

Die Spione versäumten bei ihren Beobachtungen nur eines: Sie hätten genau achtgeben sollen, ob denn der Bursche, der seine zerquetschte Nase mit der Hand bedeckte, auch tatsächlich derselbe Fischer war, der in die Stube der Schankwirtin eingedrungen war. Vielleicht blieb jener drinnen, und der, den man zur Tür hinausstieß, war der Herr Kornett Friedrich, der dann schön im Fischerboot zur Insel hinüberruderte.

Dieser Verdacht kam nie auf.

Es gab auch wenig Grund zur Sorge, denn das Sommerschloß der Prinzessin war streng bewacht. Ein hoher Zaun isolierte das Schloß von den übrigen Teilen der Insel, und vor dem Tor stand ein Soldat Wache.

Und wie es erst drinnen aussah! Die Prinzessin hatte eine alte Duenja, die ihrer Herrin wie ein Schatten folgen mußte, wo immer sie hinging.

Prinzessin Amalie war eine leidenschaftliche Falknerin, und die Spreeinsel eignete sich ganz besonders für diesen Sport. Denn auf der einen Seite der Insel, wo die Sandbänke waren, gab es viele Löffelreiher und Fischreiher. Die Duenja folgte ihr auch dorthin immer. Dann verlegte sich die Prinzessin auf Vogelfang, und ihre Hofdame mußte ganze Tage lang mit ihr im Busch hocken und mit angehaltenem Atem darauf lauern, ob sich die Finken im Netz verfingen. Ein andermal wanderten sie über die große Rasenfläche auf der Suche nach einem vierblättrigen Kleeblatt. Die Prinzessin fand ab und zu eins. Bekanntlich bringt das Glück, aber nicht demjenigen, der es findet, sondern dem, den der Finder damit beschenkt (natürlich wenn es eine Frau einem Mann schenkt). Der Prinz bekam kaum ein vierblättriges Kleeblatt. Die Hofdame wiederum fand niemals ein solches, und der, dem sie es geschenkt hätte, hätte wohl auch seine Not mit dem Glück gehabt.

Eine überaus große Leidenschaft hatte die Prinzessin vor allem für das Baden. Der Park des fürstlichen Schlosses reichte auf der einen Seite bis ans Flußufer, das von alten Trauerweiden gesäumt wurde. Auf dem Wasser war ein Bretterpavillon gebaut worden, darin befand sich das Badebassin. Zu beiden Seiten des Bassins gab es Ankleideräume.

Diese Herrlichkeit betrachtete die Duenja nur von der Umzäunung aus, denn sie hatte nichts für ein kaltes Bad übrig. Da außer den beiden keine Seele zugegen war, ermutigte dies die Prinzessin, sich beim Plätschern auch des Schwimmanzuges zu entledigen. Ihre göttliche Gestalt konnten ja nur Frauenaugen erblicken; sich dem Badepavillon auf hundert Schritt zu nähern war jedem Sterblichen zu Wasser und zu Lande verboten. Im Wasser zeigten Pfosten mit schwarz-weißen Fahnen das verbotene Gebiet an, und am Ufer stand ein Schilderhaus mit einem wachhabenden Jäger davor, der jeden, der die Grenze überschreiten wollte, erschossen hätte.

Auch hier war also Prinzessin Amalie vor jeder Überraschung geschützt.

Nur eines war nicht sicher. Konnte sich nicht ein geübter Schwimmer finden, der auf einen Atemzug hundert Meter unter Wasser schwamm? Eben so groß war die Entfernung zwischen der Fischerhütte und dem Pavillon. Konnte nicht gar einer der Ankleideräume ein loses, herausnehmbares Brett im Fußboden haben?

Friedrich von der Trenck selbst läßt soviel davon ahnen:

„Vielleicht schreibe ich dereinst noch einen Roman, welcher die dreijährigen Begebenheiten des Ritters Robinson auf der Spreeinsel in Berlin in verkleideter Gestalt erzählen könnte."

Drei Jahre im Paradies – und jetzt sind wir erst im ersten Jahr.

Ist dieses eine nicht zehn Jahre in der Hölle wert?

Daß Friedrich von der Trenck das Geheimnis seiner Glückseligkeit auf der Spreeinsel vor allen Argusaugen verbergen konnte! Und während dieser ganzen Zeit stand er jeden Tag dem König gegenüber, aus dessen Garten er die Blume stahl, und er duldete mit niedergeschlagenen verträumten blauen Augen des Königs prüfenden Blick.

Wenn einmal der König nach Jahren dahinterkommen wird, daß dieser Mann, sein meistgeliebter Schützling, ihn fortgesetzt betrogen, beschämt und mit der Findigkeit eines Genies, dem Raffinement eines Missetäters und der Leidenschaft eines Wahnsinnigen hintergangen hat, was wird der Gekränkte dann mit ihm tun? Der obendrein ein König ist.

V.

Der ungarische Trenck

Der abenteuerliche Roman wurde plötzlich durch den erneut ausbrechenden Krieg gestört.

Dem Friedensjahr, ausgefüllt von Verlobungsfestlichkeiten und Paraden, waren zwei blutige Feldzüge vorangegangen. Im Krieg von 1741 hatte Friedrich II. den Österreichern Schlesien weggenommen; und bei dem Versuch der Österreicher, das Land zurückzugewinnen, war es Friedrich gelungen, bei Mollwitz eine entscheidende Schlacht zu gewinnen. Diesen Sieg errang der König zwar ohne sein Wissen, seine braven Grenadierregimenter – diese beweglichen Bastionen – hatten die Schlacht gewonnen, während er selbst mit seiner zerschlagenen Kavallerie vom Schlachtfeld geflohen war und den ihn verfolgenden Husaren hinter sich zugerufen hatte: „Mich fangt ihr nicht, ich habe ein besseres Pferd als ihr alle!"

Danach weitete sich der Österreichische Erbfolgekrieg zu einem europäischen Krieg aus. Friedrich II. schloß ein Bündnis mit Ludwig XV. Der Deutsche mit dem Franzosen! Den Österreichern wiederum kam England zu Hilfe. Der ersteren Partei schloß sich Spanien an, die Gegenseite wurde von Neapel und Sardinien unterstützt. Die Feinde wählten als Haupt zur Vernichtung Österreichs einmütig den bayerischen König Karl Albrecht; ihm gedachten sie die deutschen und böhmischen Provinzen Maria Theresias zu. Ungarn sollte die Königin behalten.

Da aber begann auch Ungarn in dem Krieg ein Wörtchen mitzureden. Bekannt ist der unter der Losung „vitam et sanguinem ... pro rege nostro" beginnende Wendepunkt der Geschichte. Während die französische Armee Prag eroberte und die bayerischen Truppen bis Wien vordrangen, marschierten die Preußen zwischen beiden vor, und während Erzherzog Karl an der Spitze der österreichischen Armee den Wiener Hofkriegsrat bedrängte, gegen welchen der drei Feinde er sich nun wenden sollte, brach die ungarische Armee unter Feldmarschall Khevenhüller, verstärkt durch die Nádasdy- und Batthyány-Husaren sowie die Truppen der Kumanen, Jazygen und Haiducken, in Bayern ein und überrannte Franzosen, Deutsche und wer ihr sonst in den Weg kam. Am gleichen Tag, an dem Karl Albrecht in Frankfurt im Dom St. Bartholomäus zum deutschen Kaiser gekrönt wurde, brachen die Panduren Menzels durch das Tor seiner Hauptstadt München ein, und das Feuerwerk zur Frankfurter Illumination lieferten die von den Panduren allenthalben in Brand gesteckten Dörfer und Städte. Kaiser Karl VII., König von Böhmen hatte die beiden glorreichen Titel erhalten, von denen er geträumt hatte; zugleich aber war ganz Bayern verlorengegangen.

In dieser Zeit begann man in Deutschland den Namen des Franz von der Trenck mit dem Teufel gleichzusetzen. Er hatte die fürchterliche Illumination im Feindesland entzündet.

Franz von der Trenck war ein naher Verwandter des Friedrich von der Trenck, denn ihre Väter waren Brüder. Die Familie ging aus dem Geschlecht der ältesten deutschen Ritter hervor. Der Vater Friedrichs war auf dem Stammgut der Familie in Königsberg geblieben und hatte als königlich-preußischer Generalmajor der Kavallerie gedient. Sein jüngerer Bruder hatte im österreichischen Kriegsdienst gestanden und die ungarische Staatsangehörigkeit erworben. Als Donation war ihm in Kroatien ein großes Gut verliehen worden. Er starb in Ungarn als Kommandant der Stadt Leutschau.

Demnach hatten es schon die beiden Brüder erlebt, daß sie sich als Feinde gegenüberstanden. In der Schlacht von Mollwitz metzelten sich die Soldaten der beiden Staaten gegenseitig nieder.

Die beiden Vettern unterschieden sich nun nicht nur in der Uniform, sondern auch was Leib und Seele betraf. Sie waren vollkommene Gegensätze zueinander.

Friedrich von der Trenck hatte eine athletische Figur, statuenhaft, mit dem Antlitz des Apollo, einschmeichelnden blauen Augen und rötlicher Löwenmähne, die – dem Beispiel des Königs Friedrich II. folgend — seitlich in große Locken gelegt war und von der Stirn glatt nach hinten fiel. Franz dagegen war ein Kraftprotz mit breiten Schultern, massiver Taille, außerordentlich langen Armen und fürchterlichen Händen; wenn er mit diesen Pranken den Schädel eines Menschen zusammendrückte, stürzte jener ohnmächtig zu Boden. Über ihn ist aufgezeichnet worden, daß er mit seinem Pallasch den Hals eines Ochsen mit einem Hieb durchtrennen konnte; Türkenköpfe schlug er wie Rüben in Stücke. Sein Gesicht war von Geburt an häßlich. Er hatte vorstehende Backenknochen, die Stirn eines Stiers, dichte Augenbrauen, eine kräftige Nase, aufgeworfene breite Lippen und ein hervorspringendes Kinn. Seine schwarzen Haare konnte man getrost Borsten nennen, und wenn er in Zorn geriet, vermochte er die Kopfhaut so zu bewegen, daß ihm die Haare zu Berge standen. Diese erschreckende Visage gestaltete der Zufall dann noch fürchterlicher. Einmal explodierte neben ihm eine Tonne Schießpulver, und die

Funken der Flamme besprenkelten sein ganzes Gesicht mit schwarzen Schießpulverpunkten. Damit hatte er nun schon jedes Attribut, das ihn zum Teufel stempelte; was eventuell noch fehlte, vervollständigte der Ausdruck der Erregung in dieser Teufelsfratze.

Nach der Beschreibung Friedrichs war sein Vetter, der ungarische Trenck, ein grausamer Mensch, der sich in Ausschweifungen und im Suff keine Grenzen setzte. Liebe kannte er nur als die höllischste Art der Quälerei. Er war schonungslos gegen die Unschuldigen, unersättlich in der Rache, ein Menschenhasser bis zur Gottlosigkeit und ein Verleugner jeglicher Religion. Als Feind war er gefährlich, als Freund unzuverlässig und verlogen.

Bei alldem war er geistig ein Genie, voller Humor und Satire. Er hatte viel gelesen; sein Kopf war ein Lexikon; er sprach sieben Sprachen wie seine Muttersprache. Wenn er in einer lustigen Gesellschaft seine Abenteuer erzählte und die Nichtswürdigkeit der Heerführer und Höflinge schilderte, lachten alle darüber und vergaßen, daß er so abscheulich aussah. Er konnte auch Geige spielen, sogar recht schön. Wenn er mit seinem Fiedelbogen die melancholischen ungarischen und kroatischen Volkslieder erklingen ließ, brachte er die Zuhörer zum Weinen.

Seine übelsten Eigenschaften waren Habsucht und Geldgier. Sie waren der Wegweiser seines Lebens. Wenn er an der Spitze der Panduren in eine Stadt eindrang, hatten seine Leute die Anweisung, alles zu plündern. Auch die Schätze der Kirchen waren ihm nicht heilig; mit besonderer Gier sammelte er Kelche, Monstranzen, Hirtenstäbe, Kreuze und Heiligenstatuen aus Silber. Die geraubten Gegenstände kaufte er seinen Panduren für ein Spottgeld ab, lud sie auf Wagen und schickte diese nach Hause zu seiner Burg im Unnatal. Und wenn einer von seinen Harampaschas sich weigerte, das erbeutete Juwel – eine Uhr mit Edelsteinen oder eine Goldkette mit Brillanten – dem Heerführer zu übergeben, dann schickte er ihn im nächsten Gefecht mit einer schwierigen Mission auf den Feind los, und war der Straffällige dann gefallen, ging Trenck ihm nach, barg dessen Leiche und „erbte" auf diese Weise die Juwelen.

In drei Jahren raubte er Schätze im Werte von zwei Millionen Gulden zusammen. Allein die Perlen waren hunderttausend Gulden wert.

Bei alldem war seine Knauserigkeit maßlos. Von seinem riesigen Reichtum gab er so gut wie nichts aus. Seinen Panduren zahlte er keinen Sold, ihre Bezahlung war der freie Raub. Beim Lagern bekam er alles unentgeltlich von der ausgeplünderten Einwohnerschaft, und wenn er zu Friedenszeiten zufällig nach Wien kam, gab er für seine

Verpflegung täglich nicht mehr als einen Gulden aus; auch diesen drehte er noch dreimal um, bevor er ihn ausgab, denn er zitterte um jeden Heller.

Wie sehr unterschied er sich auch darin von seinem Vetter Friedrich, der alles, was er besaß, mit seinen Kameraden teilte und bei dem das Geld, so wie es einging, gleich wieder ausgegeben wurde.

Franz von der Trenck, dieses brutale Ungeheuer, diese teuflische Existenz, wurde allerdings an Grausamkeit und Herzlosigkeit noch von jenen Dämonen übertroffen, die ihn vernichten sollten: den Wiener Höflingen.

Franz hatte schon als Zwanzigjähriger gezeigt, was in ihm steckte. Seine erste Heldentat hatte darin bestanden, daß er einmal mit gezücktem Jatagan auf den Gutsverwalter seines Vaters losgegangen war und Geld von ihm gefordert hatte. Dieser hatte die Forderung des jungen Herrn rundheraus abgelehnt – er war nicht einmal von dem Armstuhl, in dem er saß, aufgestanden und hatte auch die Pfeife nicht aus dem Mund genommen.

„Gibst du's, oder gibst du's nicht?!", hatte der junge Herr noch einmal gefragt und den Jatagan erhoben.

„Nein!!"

Da hatte er dem Verwalter mit einem Streich den Kopf abgeschlagen und den abgeschlagenen Kopf auf den Hals zurückgesetzt.

„Na! du gibst es also nicht?"

Wegen dieser Heldentat mußte er aus dem Lande fliehen.

Er flüchtete nach Rußland, trat in den Dienst der Zarin und kämpfte im Heer des Feldmarschalls Münnich tapfer gegen die Türken. Bald hatte er es zum Kapitän gebracht.

Im bessarabischen Feldzug tat sich für ihn das Tor zum Ruhm auf. Franz von der Trenck hätte es dort noch weit bringen können, aber er verdarb mit der flachen Klinge seines Schwertes, was er sich mit des Schwertes Schneide erkämpft hatte.

Einmal wurde das Husarenregiment, in dem er als Rittmeister diente, zu einer forcierten Aufklärung ausgesandt. In dem dichten Wald, in den sie vordrangen, stießen sie auf die Vorhut der Türken, die ohne Wachen aufzustellen, am Flußufer ihre Zelte aufgeschlagen hatten.

Oberst Tschatschinow wollte sich, als er das Türkenlager erblickte, sofort zurückziehen, um dem Feldherrn über den Standort des Feindes Meldung zu erstatten.

„Einen Teufel ziehen wir uns zurück", rief Franz von der Trenck feurig. „Hier können wir die Türken überrumpeln. Wir sind zwölfhundert an der Zahl, sie haben höchstens dreitausend Mann, wir verjagen sie so, daß sie bis zur Donau nicht haltmachen werden."

Der Oberst antwortete ihm, er solle den Mund halten.

Franz von der Trenck hielt den Mund, zückte aber das Schwert, und was der Oberst mit seinem ganzen Regiment nicht wagte, tat er mit seiner Schwadron! Mit zweihundert Reitern preschte er aus dem Wald auf die dreitausend Türken los. Die Ärmsten, die er aus dem schönsten Schlaf geweckt hatte, glaubten, der Teufel habe sich ihrer bemächtigt; sie ließen ihre Zelte zurück, und am glücklichsten waren diejenigen, die auf ein Pferd steigen und so über den Fluß kommen konnten. Der kühne Krieger Franz metzelte von den Türken so viele nieder wie er erreichen konnte, nahm ihnen fünfhundert Pferde ab, ergatterte des Paschas Abzeichen mit dem Roßschweif und steckte die zurückgelassenen Zelte in Brand.

Oberst Tschatschinow mischte sich auch jetzt noch nicht in das Getümmel ein.

Franz von der Trenck kehrte in flammendem Zorn und berauscht von dem Blutvergießen mit seiner Schwadron zum Obersten zurück.

Er sprengte zu Tschatschinow hin, der vor der Front seines vorschriftsmäßig aufgestellten Regiments stand, mit dem Feldstecher das Gelände absuchte und seinem Adjutanten die Zahl der fliehenden Feinde diktierte, damit er genaue Meldung erstatten konnte.

„Du elender, feiger Halunke!" schrie Trenck ihn an. „Du wagst dich auch dann noch nicht vom Fleck, wenn du schon siehst, daß ich allein das Türkenlager zerstört habe. Du hättest die ganze türkische Avantgarde vernichten können!"

Und er ließ es nicht bei diesen Worten bewenden, sondern verprügelte den Obersten vor seinem Regiment mit der flachen Klinge des Schwertes, so daß dieser vom Pferd fiel.

Wegen dieser Tat wurde Trenck vor das Kriegsgericht gestellt und zum Tode durch Erschießen verurteilt.

Feldmarschall Münnich jedoch begnadigte ihn, unter der Bedingung, daß er ihm nach dem nächsten Scharmützel drei Türkenköpfe bringen müsse.

Franz von der Trenck brachte ihm dann vier.

Für diese Tat beförderte der Feldmarschall den jungen Mann zum Major. Nun kommandierte Trenck schon sechshundert Reiter.

Bald darauf wurde er zu einem Kosakenregiment versetzt.

Auch dort machte er mit vielen kühnen Kriegsabenteuern von sich reden. Man sprach von ihm wie von einem Helden, der Wunder vollbringen kann.

Einmal war an der Drina ein starkes Kanonengefecht im Gange, und die Türken am linken Ufer fügten den Kosaken auf der anderen Seite mit ihren Batterien schwere Verluste zu. Die russischen Kanoniere waren den türkischen einfach nicht gewachsen.

Franz von der Trenck redete dem Obersten Buffaloff, dem heldenhaften Ataman von Kossewo, energisch zu, seine Kosaken gegen die mörderische Geschützstellung stürmen zu lassen. Dieser aber erwiderte nur: „Gib Ruhe!"

Da stieg dem jungen Major das Blut zu Kopf, er ließ Alarm blasen, schwamm mit seinen sechshundert Kosaken durch die Drina, schlug die zur Deckung der Batterien bestimmten Spahis, metzelte die türkischen Kumbaradschis nieder, vernagelte ihre Geschütze und schwamm dann mit seinen Kosaken nach getaner Arbeit zu seinem Regiment zurück.

Die Fortsetzung kam in logischer Folge: Franz von der Trenck verprügelte den Ataman Buffaloff mit der flachen Klinge seines Schwertes erbarmungslos vor der ganzen Truppe.

Wegen dieses Vorfalls wurde Trenck zum zweitenmal verurteilt.

Feldmarschall Münnich begnadigte ihn auch diesmal, ließ ihn aber kassieren und des Landes verweisen.

Da kehrte der feurige Bursche nach Ungarn zurück.

Sein guter Ruf war ihm vorausgeeilt. Ein solch vortrefflicher Held, der das phlegmatische Temperament der vertrottelten Generäle mit der flachen Klinge austrieb, wäre in der österreichischen Armee sehr am Platze gewesen, eben deshalb fand er nirgends Aufnahme.

Dabei war auch Trencks Vater ein vornehmer Generalstabsoffizier. Der aber hatte seinen Sohn am wenigsten nötig. Das hätte ihm gerade noch gefehlt!

Franz würde doch den ganzen Hofkriegsrat mit der flachen Klinge schlagen und bei der ersten Gelegenheit auch das Generalkommando.

So sprach der Vater zu ihm:

„Mein lieber Sohn, wenn du dich um jeden Preis schlagen willst, findest du einen dir würdigen Feind in unserem Dominium: die tausend und abertausend Räuber. Der dunkle Wald ist voll von ihnen. Sammele die Seressaner, Panduren, Haiducken und vertilge die Räuber, rotte sie aus. Das wird ein Vergnügen nach deinem Geschmack sein. Unsere Soldaten werden mit den Banditen nicht fertig."

Und der junge Franz von der Trenck vollbrachte, wozu die Generäle nicht fähig waren. Innerhalb eines Jahres säuberte er Kroatien und Slawonien von dem Räuberheer. Aber die Landstraßen waren auch zu beiden Seiten mit aufgespießten und geräderten Räubern gesäumt. Ihre letzte Schar umzingelte er in einem unzugänglichen Felsental.

Da brach der Krieg zwischen Maria Theresia und ihren Gegnern aus.

Noch niemals war unter abscheulicherem, widerlicherem Vorwand ein völkervernichtendes Blutbad angezettelt worden als in diesem Krieg. Eine rechtmäßige Herrscherin, eine Königin wurde allein deshalb angegriffen, weil sie eine Frau war. Einen Mann an ihrer Stelle hätte man in Frieden gelassen. Weil es sich aber um eine Frau handelte, mußte man sich ihren Besitz teilen. So annektierte der König von Preußen in aller Eile Schlesien, der König von Bayern fiel in Oberösterreich ein und kam mit seiner Armee sogar bis vor die Tore Wiens. Der französische König aber besetzte Böhmen und drang in Prag ein. Die beiden anderen hatten wenigstens einen Grund, wenn auch kein Recht: Sie wollten ihren Besitz um neue Provinzen bereichern. Aber was hatte Ludwig XV. in Böhmen zu suchen?

Auf die Taten dieses jungen Königs hatten stets die schönen Damen großen Einfluß. So lehrte ihn eine von seinen Mätressen das Sticken. Der König brachte es recht weit in dieser Kunst, und des Königs Beispiel regte zu Nachahmungen an. Sämtliche Höflinge übten sich nun im Sticken; der Versailler Palast wurde eine richtige Stickerei-Werkstatt, und keiner zählte als ein richtiger Adliger, der nicht seine eigene Stickerei am Säbelgurt trug. Da entflammte der König in neuer Zuneigung zu der schönen Herzogin von Châteauroux. Die Favoritin stammte aus Andalusien, und war eine temperamentvolle Dame mit hohen Ansprüchen. Sie ermutigte den König, auch selbst Lorbeeren auf dem Kriegsschauplatz zu erringen, so wie es seinem Zeitgenossen, König Friedrich dem Schönen, gelang. Ludwig XV. warf den Stickrahmen in die Ecke, ließ sich sein Roß vorführen, stieg in den Sattel und entfaltete die Fahne. Seinem Vorbild folgend, hörten auch die Herzöge und Marquis auf, mit der Nadel zu malen, setzten sich in den Sattel und ergriffen die Fahne. Eine mächtige Armee überfiel die Länder Maria Theresias, um der schönen Herzogin von Châteauroux eine Freude zu bereiten.

Um eine derartige Gemeinheit zu vergelten, griff auch Maria Theresia zu jeder Waffe, die sich ihr bot.

Als die drei Feinde bereits sämtliche Erbländer besetzt hatten und sie nur noch so viel ihr eigen nennen durfte, wie Erzherzog Karl abzustekken vermochte, rief die Königin die Ungarn auf, ihre verlorenen Länder zurückzuerobern.

Der junge Franz von der Trenck erbot sich freiwillig, eine Truppe von Panduren auf eigene Kosten auszurüsten. Als er die Ermächtigung dazu erhielt, forderte er die im Felsental umzingelten Räuber auf, sich ihm bei voller Begnadigung anzuschließen. Die Räuber scharten sich um ihn, ihre Harampaschas wurden die Oberoffiziere.

Innerhalb von drei Jahren war die Pandurentruppe Franz von der Trencks zu einer fünftausend Mann starken Brigade angewachsen. Es waren lauter hergelaufene Gauner, Vagabunden, Räuber und Betyáren, unter denen die Panduren die ausgewählte Elite bildeten. Der Sold bestand aus freiem Raub. Wehe dem Land, das von dieser Truppe überfallen wurde!

Zuerst plünderte sie Bayern aus. Während Khevenhüller mit Nádasdy die Armee des Königs von Bayern in zwei Gefechten zerschlug, steckten die Panduren Franz von der Trencks die Dörfer in Brand, mordeten und metzelten ohne Gnade jeden, den sie zu Pferd erreichten. Die französischen Truppen liefen Hals über Kopf vor ihnen davon. Der gute König von Bayern konnte – aus dem eigenen Lande vertrieben – nur noch lamentierende Proteste gegen die verheerenden Banden vorbringen: „Diese Kriegführung ist gegen das Völkerrecht!“ Aber welches Völkerrecht hatte ihm die Waffe in die Hand gegeben? In der Heiligen Schrift heißt es: „Wer das Schwert nimmt, der soll durchs Schwert umkommen.“

(Diesen Satz der Heiligen Schrift haben die Nazarener falsch ausgelegt. Ihrer Meinung nach hat der Erlöser mit diesen Worten den Gebrauch von Waffen verboten. Und doch ist der Sinn dieses Spruches genau das Gegenteil. Wer mit der Waffe tötet, soll auch mit der Waffe getötet werden! Wer in meine Heimat eindringt, die Söhne meiner Heimat umbringt, der muß nach der Losung Christi durch Waffen getötet werden. Und da es ein Gewehr, das von selbst schießen kann, nicht gibt, und keine unsichtbaren Hände das Schwert schwingen, müssen wir wahrlich die Waffen selbst in die Hand nehmen, um das Wort Christi zu erfüllen: Wer das Schwert nimmt, der soll durchs Schwert umkommen! Der wahre Sinn ist, daß ein gottesfürchtiger Mensch keinen Krieg beginnen soll! Tut es aber ein gottloser Mensch, so soll er von dem frommen Gottesfürchtigen gestraft werden!)

Der erste Feldzug endete damit, daß Maria Theresia in Breslau mit Friedrich II. einen Sonderfrieden schloß. Sie überließ ihm den schönsten Teil von Schlesien, und danach zog die preußische Armee brav nach Hause. Die bayerische Armee war bereits von den Ungarn und Österreichern geschlagen worden, die sich nun mit vereinten Kräften gegen die Franzosen wandten, die Prag besetzt hielten. Die Franzosen ergriffen bei Schnee und Frost die Flucht, verfolgt von dem Husarenregiment des Generals Festetics, und sie konnten von Glück sagen, daß ein Drittel von ihnen das schöne Frankreich wiedersah. Der König hätte zwar seinem geschlagenen Heerführer, dem Herzog Belle-Isle, helfen können, denn er stand mit einer tüchtigen Armee am Rhein, aber er war mit anderem beschäftigt. Die schöne Herzogin von Châteauroux hatte mit ihrer jüngeren Schwester den König im Lager besucht und ihm Erleichterung für die Mühen des Feldzuges gebracht, wodurch Ludwig XV. den ganzen Krieg vergaß. Vor dem königlichen Zelt sang die Schweizer Garde laut den Spottvers: „Ah, madame Enroux! Je deviendrai fou. Si je ne vous baise!" (Ah, meine Dame Enroux! Ich werde verrückt, wenn's mir dich zu küssen nicht glückt!)

Die vielen Annehmlichkeiten hatten zur Folge, daß der König krank wurde, und nun verspürte er lange Zeit keine Lust mehr zu irgendeiner Heldentat.

Aus diesem miserablen Zustand weckte ihn die Schreckensnachricht, daß der fürchterliche Franz von der Trenck mit fünftausend Panduren über den Rhein geschwommen war, weit und breit mordete, tötete, raubte und die schönen elsässischen Städte erpreßte und in Brand steckte.

Franz von der Trenck hatte die Fackel des Krieges nach Frankreich gebracht.

Trencks Pandurentruppe verwirrte die französische Armee vollends. Die regelgemäße Kriegstaktik wurde durch die ungewöhnliche Kriegsführung der Panduren zuschanden gemacht. Diese hatten einen richtigen Kampf selten erlebt; wenn sie auf harten Widerstand stießen, machten sie kehrt und liefen auseinander, aber einige Stunden später war die Schar wieder beisammen und begann den Angriff von neuem. Mit fingierter Flucht lockten sie den Feind hinter sich her, der dann von den versteckten Kumpanen unter doppeltes Feuer genommen wurde. Wenn der Gegner glaubte, er habe sie vertrieben, bemerkte er plötzlich, daß sie sich hinter seinem Rücken befanden. Sie ließen den Feind des Nachts niemals ruhen und konnten in der Dunkelheit zu Pferde unglaubliche Strecken bewältigen.

Menschen und Tiere waren von einer Rasse, die allen Mißlichkeiten der Witterung und auch sonstigen Hindernissen trotzte. Die Pferde der Panduren waren bereits als Fohlen in den Wäldern aufgewachsen, kamen niemals in einen Stall, weder im Sommer noch im Winter, und die Reiter nächtigten ebenfalls öfter im Gebüsch als in der Schenke. Auch ihre Waffen waren von ganz unbekannter Art. Der Fokosch konnte jeden Helm spalten; mit ihren Lassos schafften sie es, den Feind vom Pferd zu reißen; der Krummsäbel, der Handschar war eine gefährliche Waffe beim Handgemenge; schießen konnten sie mit dem Gewehr vom galoppierenden Pferd aus; und sie hatten auch kurzstielige Beile, die sie so schleuderten, daß das Eisen mit der Schneide im Ziel steckenblieb. Sie gaben niemandem Pardon. Häuser und Kirchen raubten sie zuerst aus und steckten sie dann in Brand. Sie kannten keinen Gott. Wo ihnen ein Pfaffe in die Hände fiel, bezog er harte Prügel. Hierbei ging ihr Heerführer mit „gutem" Beispiel voran: Pfaffen zu verprügeln, die Kutten auszuklopfen, gehörte zu seinen Lieblingsbeschäftigungen. (Davon wird noch später die Rede sein!)

Trencks marodierende Truppen kamen bis nach Straßburg; unterdessen konnte General Nádasdy ganz bequem eine Brücke über den Rhein schlagen und mit seinem Korps über den Fluß gelangen. Einen Tag später benutzte Erzherzog Karl die Brücke und führte seine Hauptmacht über den Fluß.

Die österreichischen und ungarischen Truppen standen nun mit sechzigtausend Mann im Elsaß. Ein Jahr zuvor waren die Franzosen noch in Böhmen gewesen.

Der König von Frankreich las im Krankenbett den Bericht seines Heerführers, des Herzogs Noailles, über den unangenehmen „Besuch" der Ungarn und Österreicher. Der Feldherr fragte, was er nun tun solle? Der König übergab den Bericht der Herzogin von Châteauroux, und die Herzogin reichte ihn an den Kardinal-Minister. Der König fluchte, die Herzogin weinte, der Kardinal betete, aber niemand sagte dem Heerführer, was er tun sollte.

VI.

Die Circe

Der Einbruch der österreichischen und ungarischen Truppen in Frankreich bereitete Friedrich II. viel mehr Sorgen als Ludwig XV.

Zwischen ihm und Maria Theresia bestand ein Friedensschluß. Aber die Diplomatie ist ja dazu da, den Frieden zu verderben.

Der Vorwand war gegeben. Maria Theresia hatte dem armen deutschen Kaiser den Boden unter den Füßen weggezogen; sie hielt ganz Bayern in ihren Händen. Wo es sich doch eigentlich gehörte, daß derjenige, der nun einmal deutscher Kaiser war, auch etwas deutschen Boden besaß. Er konnte doch nicht gut Kaiser *honoris causa* sein! Außerdem mußte er auch von etwas leben; ein Kaiser konnte nicht nur mit Festgelagen überwintern.

Aus diesem Grund richtete Friedrich II. dringende Appelle an Maria Theresia, besonders wegen der grausamen Kriegsführung der Pandurentruppe Trencks. Aber die männlich beseelte Königin hatte für den besiegten Feind keine Gnade.

Maria Theresia ließ sich mit dem preußischen Gesandten in kein Gespräch ein, und als dieser sehr anmaßend auftrat, wies sie ihren Hofnarren an, den Diplomaten mit Kleingeld abzuspeisen.

Die Königin hatte einen Spaßmacher, einen kalvinistischen Studenten aus dem Ausland, dessen Ränke von der Chronik aufgezeichnet wurden.

Aron, der Student, erzählte dem preußischen Gesandten in schönem Geigenton das folgende Gleichnis. (Das geschah, als der Gesandte wegen Franz von der Trencks Grausamkeiten lamentierte.)

„Weißt du, Gevatter: Einmal hatte der Schweißhund des Gutsherrn einen Bauern angefallen. Der Bauer hielt eine Forke in der Hand, und er verteidigte sich mit dieser so kräftig, daß er den gewaltigen Hund zu Tode stach. Darüber war der Gutsherr sehr verärgert: ‚Du Kerl! Hättest du dich nicht mit dem Griff der Forke gegen meinen Hund verteidigen können?‘ ‚Das hätte ich sicherlich getan, edler Herr‘, sagte der Bauer, ‚wenn auch dein Hund mich mit der Rute hätte beißen wollen.‘“

Die Parabel war durchaus verständlich.

War Friedrich II. deswegen böse? Wer weiß. Friedrich von der Trenck behauptet, er wäre aufgebracht gewesen. Der große König war aber auch ein großer Mime. Vor seiner Umgebung spielte er die Rolle, er werde entgegen seiner seelischen Veranlagung durch die Schonungslosigkeit der Königin gezwungen, erneut zu den Waffen zu greifen. In Wirklichkeit war damals bereits der Geheimvertrag mit dem König von Frankreich und dem deutschen Kaiser unterzeichnet; nach den Punkten dieses Vertrages sollte die französische Armee die in den Elsaß eingedrungene österreichisch-ungarische Hauptmacht angreifen und schlagen, währenddessen Friedrich II. in Böhmen einrücken, das Land erobern, die Hälfte für sich behalten und die andere Hälfte an Bayern anschließen und den vertriebenen Kaiser dorthin zurückversetzen sollte.

Er verstand es, den Franzosen Anweisungen zu geben.

Wo sie ungarischen Truppen gegenüberstanden, sollten sie nicht auf den Angriff warten, sondern diesem im Sturm zuvorkommen.

An einem Septembermorgen ließ König Friedrich sämtliche höheren Offiziere zu sich nach Potsdam rufen. Mit großem Geschick konnte er ihnen den skrupulösen Philosophen vorspielen, den die Macht des Schicksals wieder zwang, zu den Waffen zu greifen. Der wahre Grund aber, weshalb er den Krieg erneut beginnen wollte, war vor allem der, daß sich die Hauptarmee Maria Theresias jenseits des Rheins befand. Die Königin, im Vertrauen auf den Friedensschluß, hatte ihre eigenen Länder fast ohne Schutz gelassen.

So war König Friedrichs Vordringen bis nach Prag nicht viel mehr als ein Spaziergang. Niemand leistete ihm Widerstand, Sachsen öffnete ihm jovial Tür und Tor.

Am zehnten Tag nach der Kriegserklärung stand Friedrich II. vor Prag mit drei Armeekorps; das vierte, das Schwerinsche Korps, traf einen Tag später aus Schlesien jenseits der Moldau ein.

Prag wurde von dem österreichischen General Harsch verteidigt, der über achtzehntausend Mann verfügte.

Auch dieser Name gehört zu den Denkwürdigkeiten der Epoche.

Wenn ein Operettenlibrettist einen solchen General auf die Bühne zitieren wollte, würde die Kritik ihn dessenthalben erschlagen.

Zu allererst ließ er die Schiffsbrücke, die von den Franzosen bei ihrem überstürzten Rückzug vergessen worden war, den ankommenden Preußen an Ort und Stelle. Wenn er das nicht getan hätte, wären die Preußen genötigt gewesen, wochenlang zu warten, bis ihre Pontons eingetroffen wären. So aber fanden sie eine fertige Brücke vor, auf der sie ohne Zeitverlust hinübermarschierten und Prag umzingelten.

Die zweite Genialität des Generals Harsch bestand darin, daß er in der Zitadelle auf dem die Stadt beherrschenden Zischkaberg ganze vierzig kroatische Grenzer stationierte. Diese gefährliche Stellung hätte er mit allen Kräften verteidigen müssen.

So aber taugten die vierzig Kroaten gerade nur dazu, die Zugbrücke vor den preußischen Grenadieren herabzulassen, damit sie nicht etwa gezwungen gewesen wären, auf Leitern die Mauern hinaufzuklettern.

Bald danach ließ König Friedrich II. Prag von der gleichen Zitadelle auf dem Zischkaberg beschießen.

General Harsch freilich konnte so hoch nicht schießen lassen, also duldete er eben eine Zeitlang dieses Vergnügen. Als es ihm dann nach zwölf in vorbildlich christlicher Geduld verbrachten Tagen doch zuviel wurde, nahm er seinen besseren Verstand zusammen und kapitulierte. Achtzehntausend Mann streckten die Waffen, ohne daß sie sich zuvor an dem Knall ihrer Gewehre ergötzt hätten. Noch nie hat jemand ein Land billiger erobert als König Friedrich II. Böhmen.

Die böhmischen Adligen und Bürger beeilten sich, ihm ihre Huldigung darzubringen.

Indes war damit der Krieg noch nicht zu Ende.

Es trat eine außerordentliche, fast unglaubliche Wende ein: Als Erzherzog Karl und General Nádasdy erfuhren, daß Friedrich II. in

Böhmen eingedrungen war, fragten sie nicht erst beim Wiener Hofkriegsrat an, was sie tun sollten, vielmehr drehten sie sich sogleich um, überquerten den Rhein und kehrten so schnell, wie sie auf dem Hinweg durchgezogen waren, durch Bayern nach Böhmen zurück. Allen voran eilte Franz von der Trenck mit seinen Panduren.

Und Herzog Noailles, der mit der französischen Armee die Truppen des Erzherzogs Karl hätte in Schach halten sollen, gestattete ihnen mit der Höflichkeit eines echten gebildeten Franzosen, heimzukehren.

Friedrich von der Trenck stand damals bei Friedrich II. hoch in Gnaden. Er speiste mit dem König, wie früher in Berlin und Charlottenburg, an einer Tafel. Ebenso, wie ihm dort Gänseleberpastete serviert worden war, brach er hier mit dem König Pumpernickel.

Friedrich II. konnte zu Hause ein Gourmand sein: Er war wählerisch bei den Weinsorten und gab seinem Koch selbst Anweisungen; im Feldlager aber aß er dasselbe schlecht gebackene Brot wie seine Gemeinen, briet sich am Lagerfeuer selbst den Speck dazu und schlief mit einer Garbe Stroh unter dem Kopf auf der bloßen Erde. Höchstens fuhr er den Gemeinen, der ihm das Stroh unter dem Kopf wegzog, an: „He Kerl, laß Er mir auch etwas übrig!“

Deshalb beteten ihn die Soldaten an.

Wochenlang wechselte er sein Gewand nicht und ließ sich die Stiefel nicht von den Füßen ziehen. War der Matsch zu tief, stieg er vom Pferd und ging mit seinen Grenadieren zu Fuß durch den Dreck.

Friedrich von der Trenck war ein getreuer Lehrjunge seines Meisters. Auch für ihn waren gefrorene Rüben, die die Bauern in der Erde vergessen hatten, ein leckeres Mahl.

Und bald hatten sie reichlich Gelegenheit zu hungern.

Hals über Kopf waren der andere Trenck mit seinen Panduren und Nádasdy mit den ungarischen Husaren zurückgekommen, und von nun an war die siegreiche preußische Armee selbst umzingelt.

Sie waren nicht zurückgekommen, um eine Schlacht zu bestehen, sie fingen nur die Furage der Preußen ab.

Ein Soldat verträgt noch das Hungern, aber ein Pferd geht drauf, wenn es sein Heu und seinen Hafer nicht bekommt.

Die mächtige preußische Armee verlor in sechs Wochen 42 000 Mann, ohne daß diese einen Kanonenschuß zu hören bekamen. Sie fielen dem Hunger und den Seuchen zum Opfer. Die meisten liefen zum Feind über, wo es was zu essen gab.

Schließlich zog der „fürchterliche Trenck“ über die vereiste Elbe bis nach Pardubitz und steckte den ganzen Heu- und Strohvorrat der Preußen in Brand. Dadurch stieg die Not im Lager bis zum Äußersten.

Nach der Vernichtung der Pardubitzer Magazine war auch König Friedrich gezwungen, barbarische Methoden anzuwenden: Er ließ Heu und Hafer requirieren.

Doch man mußte sich darauf verstehen! Rauben ist keine so einfache Sache, wie sich Exzellenzen das vorstellen. Man muß auch dazu eine Akademie besucht haben. Die Preußen aber verfügten nicht einmal über elementare Kenntnisse dieser hohen Fachwissenschaft. So viele Truppen der König auch in der Gegend zur Furagierung ausschickte, sie gingen alle bis zum letzten Mann drauf. Nicht einmal ein Bote kam zurück. Alle wurden sie von Trencks Panduren niedergemetzelt. Stehlen ist schwer, aber einen Dieb bestehlen, ist wahrhaftig schwierig.

Als dann eines Tages die Not im Lager so groß war, daß auch das Pferd des Königs nur noch ein wenig Kommißbrot statt des gewohnten Futter zu fressen bekam, sprach Friedrich von der Trenck: „So, jetzt besorge ich die Furagierung, und ich werde mal zeigen, wie man das anstellt." Der König gestattete es ihm.

Friedrich wählte für seine Truppe fünfzig stramme schlesische Husaren aus, außerdem fünfundzwanzig Jäger zu Fuß, und mit ihnen wagte er sich beim Morgengrauen auf gut Glück in die weite Welt hinaus.

In einer Entfernung von einem halbtägigen Ritt fand Friedrich von der Trenck im Umkreis von Prag kein Gehöft, keine Meierei, die noch ein Dach gehabt hätte. Überall war dort der andere Trenck schon gewesen und hatte alles verbrannt und verwüstet, sogar die Brunnen hatte er zuschütten lassen.

Die kleine Truppe mußte – hungrig und durstig – noch weiter landeinwärts gehen.

Wäre es Sommer gewesen, hätten die Pferde wenigstens Gras fressen können; es war aber Winter, und die Wiesen waren schneebedeckt.

Schließlich erblickten sie, als sie aus einem Wald hervorkamen, zu ihrer großen Freude auf einem herrlichen Hügel ein Kloster und etwas weiter, auf einem anderen Hügel ein hübsches, wohlgeordnetes Dorf, an dessen Rand ein herrschaftliches Schloß stand. Das Schloß hatte ein rotes Dach mit Türmchen in der Mitte, dahinter breitete sich, fest umzäumt, ein schöner Park aus. Der Schornstein rauchte, das war ein günstiges Zeichen: Dort wurde gekocht und gebacken.

Friedrich von der Trenck teilte seine kleine Truppe auf: Die fünfzig Husaren sollten dem Kloster einen Besuch abstatten, und was sie an Segen von den Mönchen einheimsen konnten, das sollten sie mitbringen. Er selbst wollte mit den fünfundzwanzig Jägern überraschend in das Schloß einrücken. Vor den Bauern brauchte man sich nicht zu fürchten, die hatten Angst vor Gewehren.

Der Einmarsch in das Schloß war leicht: Das Tor stand offen. Auf dem Hof gaffte der Verwalter herum. Dem machte Friedrich eiligst klar, weshalb er gekommen war. Er wollte Heu und Stroh für die Truppe des Königs holen. Er würde mit Schatzanweisung bezahlen, der Preis spielte keine Rolle. Der Verwalter sagte darauf, sie stünden gern zur Verfügung, Heu und Stroh gebe es genug, in der Scheune wären auch etwa zehn Wagen, die sie beladen könnten, Zugtiere allerdings gäbe es nicht. Die Ungarn hätten alle Pferde mitgenommen. Weiteres Übel hätten sie nicht angerichtet. Dieses Schloß und das Gut gehörten dem Grafen Sch...n, der selbst auch in der österreichischen Armee im Range eines Generals diente.

Na, das war ein guter Fang! Einem österreichischen General das Heu aus dem Schober ziehen.

Friedrich wies seine Jäger an, vom Heuvorrat schnell die Wagen zu beladen; nachher dürften sie sich umsehen, ob sie auch selbst etwas zu essen fänden. Das Pferd ging vor, der Mensch kam erst danach.

Er selbst war nach vierundzwanzigstündigem Fasten ebenfalls hungrig. Während die Jäger sich mit dem Heu zu schaffen machten, rannte er ins Schloß.

Im Krieg leidet die Moral. Dieser feine Kavalier hielt in der einen Hand den gezückten Degen, in der anderen die Pistole mit gespanntem Hahn – so drang er, zum Schießen und Stechen bereit, in das fremde herrschaftliche Schloß ein.

Dieses war auf alte patriarchalische Weise über einem Hochparterre erbaut worden. Von dem geräumigen Vorhof trat man direkt in die Küche, und von dort führten Türen in die Zimmer der Herrschaften und der Gäste.

An einem Herd von Bastionsgröße drehte ein alter Koch mit weißer Mütze über einem Haufen roter Glut eine aufgespießte Gans. Es war eine schöne, schon rotbraun gebratene Gans, deren Fett in eine Pfanne tropfte.

Der Bratengeruch stieg dem hereinstürmenden Offizier in die Nase. Er hatte ja seit zwei Wochen keinen Bissen Fleisch im Munde gehabt.

In einem Kriegslager verwildert der Mensch. Kannibalische Instinkte erwachen in ihm, ganz gewaltig.

Er rannte zum Herd.

„Her mit der Gans!“ brüllte er den Koch an, und ohne auf dessen Kapitulation zu warten, riß er sie ihm aus der Hand. Dabei hätte der Koch ihm auch freiwillig die Gans gegeben, war er doch zu Tode erschrocken vor der auf seine Brust gerichteten Pistole.

Und weil der Mensch nicht drei Hände hat, mußte Friedrich von der Trenck, um den Spieß und auch die Pistole halten zu können, den gezückten Degen zwischen die Zähne stecken.

Er dürfte eine schöne Figur abgegeben haben.

Ein Riese im Silberharnisch, in einer Hand die Pistole, in der anderen einen Spieß mit gebratener Gans und zwischen den Zähnen einen blanken Degen.

Er rannte mit seiner Beute auf die nächste Tür los.

Was war seine Absicht?

Offenbar wollte er die ganze gebratene Gans allein aufessen. Er höchstselbst. Seine Soldaten sollten es nicht sehen, damit er den Braten nicht mit ihnen teilen mußte.

Ach, ein ausgehungerter junger Magen kennt keine Ritterlichkeit, keine Kameradschaft. In einem solchen Zustand gleicht der Mensch einem Wolf.

Im ersten Zimmer, in das Friedrich hineinrannte, herrschte undurchdringliche Finsternis: Die Fensterläden waren sämtlichst geschlossen. Aber der Vorhang einer Seitentür ließ etwas grünliches Licht durchfallen, das einen langen Streifen auf den Teppich warf. Friedrich eilte dahin und schob mit der Spitze des Gänsebraten-Spießes den schweren Brokatvorhang beiseite.

Wie angewurzelt blieb er stehen. Vor Staunen verschlug es ihm den Atem.

Er hatte einen langen Saal vor sich mit reichen Rokokomöbeln; in der Tiefe bildete ein Alkoven den Abschluß des Raumes. Ein einziges hohes Fenster an der Seitenwand warf durch grüne und gelbe Butzenscheiben etwas Licht in das Zimmer. Vor dem Diwan stand auf Drachenfüßen ein Tisch mit Seidendamasttuch, darauf in Silberschüsseln Pasteten, Gebäck uns Südfrüchte, außerdem langhalsige Flaschen und ein Punschkessel, aus dem ein feiner Duft aufstieg. Ein Mahl für Feinschmecker!

Aber nicht dieser Anblick war es, der den wilden jungen Krieger fesselte.

Zwischen den Vorhängen des Alkovens trat eine Frauengestalt hervor, wie Anadyomene aus den Wellen. Der Vorhang aus meergrüner Seide vermittelte das gleiche Bild wie damals, als Cytherea aus dem Schaum geboren wurde. Die feenhafte Gestalt war mit nichts anderem als mit ihren langen wie Rohseide schimmernden Haaren verhüllt. Bei dem grünen Licht, das durch das Fenster fiel, bekam die reizende Gestalt einen rosa Widerschein, und was an ihr goldig schimmerte, wurde noch goldiger.

Und die Dame, die so überrascht worden war, schrie beim Anblick des eintretenden Mannes nicht auf; sie beeilte sich nicht, ihre becircenden Reize mit dem Vorhang zu verdecken, vielmehr lachte sie laut auf, als sie Friedrich erblickte.

Er gab ja auch Anlaß zum Lachen. Nur machte das Gelächter die schöne lebende Statue noch verführerischer.

Friedrich verlor den Verstand. Es gibt noch stärkere Mächte als den Hunger. Degen, Pistole, Spieß – alles wurde weggeworfen, der Ritter stand mit einem Sprung vor der lachenden Frau, kniete zu ihren Füßen nieder und umschlang ihre Hüften.

„Parbleu! Cette cuirasse me gêne", sprach die überrumpelte Dame.

In derselben Minute fiel der Harnisch zu Boden, dann auch der Dolman (dessen Verschnürung die Haut kratzt). Die Dame war dabei behilflich.

„Ah, c'est un beau garçon! Que vous êtes un bel homme!" schmeichelte die herrliche Dämonin, strich dem Jüngling den gezwirbelten Schnurrbart nach beiden Seiten und drückte ihm einen heißen stürmischen, die Sinne betörenden Kuß auf die Lippen. „Vous dînez avec moi."

Dann zog sie ihn mit sich auf den Diwan, stopfte ihm mit der Hand das Essen in den Mund und ließ ihn aus den kleineren und größeren Gläsern trinken; den anderen Arm hatte sie ihm um den Hals geschlungen. Und keiner weiß, wovon ihm mehr geboten wurde – von den Gläsern oder den Küssen? Und was süßer und was betörender war?

Friedrich hatte keinen Augenblick Zeit, sich die Frage zu beantworten, wer und was eigentlich die Dame war. Welche Erklärung gab es für diese an Wahnsinn grenzende Leidenschaft? War das für sie eine Art Verteidigung, wollte sie damit ihr Schloß vor der Plünderung bewahren? Dann wäre es eine erfolgreiche Strategie! Oder war es ihr Temperament, das sie in eine so ungewöhnliche Lage versetzte? All diese Gedanken blitzten ihm durch den Kopf, aber er machte sich keine besonderen Sorgen. In einem Feldzug greift man mit beiden Händen nach dem Glück und läßt keinen Tropfen im Glas.

Reichlich spät erst fragten sie einander: „Wie heißt du, mein Engel?"

„Friedrich!" – „Miranda!"

Danach flüsterten sie einander ins Ohr: „Oh, mon Fredrigo!" „Oh, mia Miranda!" Zum Schluß unterhielten sie sich italienisch, welches die wahre Sprache der Liebe ist.

Auf einmal erhob sich draußen auf dem Schloßhof ein großer Lärm, Jammern, Fluchen, Schwertgeklirr, Pferdegetrappel...

Das brachte Friedrich von der Trenck nach seinem doppelten Rausch blitzartig zur Besinnung.

„Der Feind ist da!"

Die Dame schlüpfte schnell in einen seidenen Umhang, lief zum Fenster und blickte in den Hof hinunter.

„Ungarische Husaren sind da; sie haben die Jäger überrumpelt", flüsterte sie Friedrich zu.

Der sprang von seinem Platz auf, suchte nicht lange nach dem Harnisch oder dem Dolman, griff nur nach seinem auf den Fußboden geworfenen Degen und der Pistole und wollte losrennen.

Miranda stellte sich ihm in den Weg und umklammerte seinen Hals.

„Wohin willst du?"

„Zu meinen Soldaten."

„Denen kannst du nicht mehr helfen. Die haben auf dem Hof bereits ihre Gewehre in Pyramide gestellt, und die Husaren drängen die Entwaffneten in die Heuscheune."

„Dann lasse ich mich töten – eine solche Schande überlebe ich nicht."

„Sei vernünftig! Ich rette dich. Zieh schnell deinen Dolman an und leg den Harnisch an. Hier gibt es ein Versteck, wo dich kein Feind entdeckt."

Sie trat vor ein großes Porträt und drehte es samt Rahmen herum. Dahinter zeigte sie Friedrich eine tiefe Nische, dort sollte er sich verstecken.

Trenck sah der Dame mißtrauisch in die Augen.

„Schnell, schnell!" Sie schubste ihn zur Nische und half ihm zugleich, den Brustharnisch anzulegen.

Friedrich sträubte sich.

„Wenn man mich entdeckt, laß ich mich nicht lebend gefangennehmen. Mit dieser Pistole jage ich mir eine Kugel in den Kopf."

„Nicht wahr, du glaubst jetzt, ich sei ein böser Dämon, der dir deshalb in so verführerischer Gestalt entgegenkam und dich umarmte und küßte, damit der Feind dich überraschen und ich dich verraten kann. Du wirst mich aber noch besser kennenlernen. Wir begegnen uns jetzt nicht zum letztenmal. Ich will dich mir zu eigen machen. Mit dir zusammen will ich selig oder verdammt sein! Nur eine Viertelstunde lang gehorche mir, ich rette dich!"

„Was bedeutet mir das Leben, wenn die Ehre dahin ist? Ein Soldat kann ohne Ehre nicht bestehen."

„Ich gebe dir auch deine Ehre zurück, du wirst es sehen. Ich habe auf dich gewartet und Vorbereitungen zu deinem Empfang getroffen. Ich weiß, wer du bist, und ich brauche dich. Darum befreie ich dich."

Friedrich ließ sich trotzdem nicht in das Versteck schubsen. Er stellte sich in die Tür, den Degen in der Faust, entschlossen, jeden Gegner, der den Kopf durch den Vorhang hereinstecken würde, niederzustrekken.

„Oh, wie schön du jetzt bist“, schmeichelte die Fee, „ein wahrer Halbgott.“ Bewundernd ging sie um den kampfbereiten Helden herum.

Plötzlich knallten Gewehrschüsse auf dem Hof: Pferdegetrappel, Säbelgeklirr, Flüche der kämpfenden Männer.

Friedrich ging zum Fenster hinüber und blickte auf den Hof hinaus.

Es bot sich ihm ein himmlischer Anblick. Seine Husaren waren angekommen, mit dem braven Veteranen Wachtmeister Norbert an der Spitze. Jemand mußte sie im Kloster verständigt haben, daß ihr Befehlshaber in Gefahr war, und sie hatten sogleich die Mahlzeit stehenlassen, waren in den Sattel gesprungen und im kritischen Augenblick eingetroffen.

Die ungarischen Husaren hatten den gleichen Fehler begangen wie die preußischen Jäger: Sie hatten keine Wachen aufgestellt und geglaubt, daß keine Feinde mehr da wären, waren von den Pferden gestiegen und hatten begonnen, die feindlichen Jäger auszurauben. Als nun die schlesischen Reiter durch das Tor hereinstürzten, entstand solch ein Wirrwarr, daß die ungarischen Husaren ihre Pferde nicht wiederfanden; wer aufsitzen konnte, versuchte, sich auf eigene Faust durchzuschlagen. Einer kleinen Truppe gelang es, sich zu retten, aber der größere Teil fiel in Gefangenschaft, darunter auch der Truppenführer, ein Leutnant. Es waren Husaren aus dem Kálnoky-Regiment.

Diesem heftigen Gefecht mußte Friedrich aus dem Fenster zusehen. Er wollte zu seinen Soldaten laufen, aber man ließ ihn nicht. Die Zauberin hing sich ihm an den Hals, und er konnte sich aus ihren Armen nicht freimachen; auch am Gebrauch seiner Beine wurde er gehindert; sie hielt ihn fest wie ein Jaguar seine Beute.

„Du gehst nicht hin! Die erledigen das schon ohne dich! Sie sind genug an der Zahl.“

Friedrich war zornig, fluchte, aber er konnte sich nicht helfen. Er hätte die Frau erwürgen müssen, um sich von ihr zu befreien. Sie ließ ihn erst los, als auf dem Hof der Siegesruf erklang: „Hurra! König Friedrich!“

Die Tapferen des Trenck junior hatten die Soldaten des Trenck senior geschlagen.

Friedrich zitterte wie ein Kind. Zorn, Schande und Schüttelfrost ließen ihn erschauern.

Von draußen, aus dem Vorraum hörte man Schritte. Friedrich floh aus dem prachtvollen Boudoir, seine Soldaten sollten ihn hier nicht entdecken.

Der brave Norbert kam ihm entgegen, unter seinem geknoteten Haar rann ihm der Schweiß herunter, sein Gesicht war schwarz vom Schießpulverrauch. Er meldete, daß er gerade zur rechten Zeit angekommen sei, der Feind habe zwei Tote, fünf Schwerverwundete und zweiundzwanzig Gefangene, unter diesen den Leutnant zu beklagen. Aber auch von den Jägern haben zwei dran glauben müssen.

„Wie habt ihr Nachricht von der Gefahr erhalten?“ fragte Friedrich.

„Ein Bauer kam mit diesem Zettel zu uns gelaufen.“

Es war eine weibliche Handschrift: „Kommt schnell ins Schloß, der Feind hat uns überrascht.“

Wer mochte das geschrieben haben?

Friedrich steckte den Zettel ein.

„Melde gehorsamst“, so der Wachtmeister, „die Mönche drängten mir diesem Geldbeutel auf. Einhundertfünfzig Dukaten sind darin.“

Friedrich von der Trenck übernahm den Geldbeutel, setzte den Helm auf und ging, vom Wachtmeister begleitet, hinaus auf den Schloßhof. Vor seinen Soldaten gebärdete er sich so, als hätte er das Geplänkel von vornherein in Rechnung gestellt. Den Geldbeutel von den Mönchen gab er dem Wachtmeister.

„Geben Sie davon jedem Husaren zwei Dukaten, den Jägern je einen, den Rest behalten Sie für sich. Aber ein jeder soll dann den Mund halten!“

„Wird geschehen.“

„Zuerst sollen die Verwundeten versorgt, dann die Toten mit militärischen Ehren begraben werden. Die erbeuteten Pferde spannen wir vor die Heuwagen, und bevor es Abend wird, treten wir den Rückweg an.“

Norbert, der Tapfere, beeilte sich, die Befehle auszuführen. Friedrich lobte seine Soldaten für ihr tapferes Verhalten und kehrte dann ins Schloß zurück.

Die Dame stand nun in einem Kostüm, wie es die Mode gebot, vor ihm: Ein Vertugadin mit Blumengirlanden verhüllte ihre Gestalt, die Taille war in ein Fischbeinkorsett geschnürt, die Haare zur Turmfrisur hochgesteckt, in der Hand hielt sie einen Fächer. Eine echte Dame von Welt.

„Madame!“ sprach Friedrich, nachdem ihm die Dame mit graziöser Handbewegung einen Lehnstuhl angewiesen hatte. „Waren Sie es, die meinen Husaren diesen Zettel zukommen ließ?“

Die Dame nickte stumm.
„Aber den müssen Sie doch abgesandt haben, bevor ich hier eintraf."
„Ich war von allem unterrichtet, was hier geschehen sollte. Daß Sie hierher unterwegs waren und daß beim Park ein Husarentrupp auf der Lauer lag. Es war leicht, die Folgen vorauszusehen."
„Aber diese Husaren sind ja Ihre Landsleute, und wir sind Ihre Feinde."
„Papperlapapp! Wer hat Ihnen gesagt, daß wir Anhänger der Königin von Ungarn sind? Wenn Sie vor drei Jahren beim Einmarsch in Prag zugegen gewesen wären (da waren Sie noch ein Kind), hätten Sie sehen können, wie der böhmische Adel in hellen Scharen zu König Friedrich eilte, um ihm zu huldigen; wir wollen nicht zu Österreich gehören: Wir sind mit dem Feind gut Freund."
Und dann machte die Dame Trenck kurz mit ihrer Lebensgeschichte bekannt.
Sie, die Herrin dieses Schlosses, wäre Witwe. Ihr Gatte, ein böhmischer Hochadliger, hätte in Kaiser Karls Armee gedient und wäre auf dem Schlachtfeld in Neapel gefallen. Sie wäre die Tochter eines italienischen Grafen.
Das italienische Blut hätte rechtzeitig seine Rechte gefordert. Nur hätte sie am Wiener Hof wenig davon gehabt. Die junge Königin wäre streng gewesen. Miranda wäre bald auf ihr Schloß nach Beneschau verbannt worden.
Es wären langweilige, eintönige Tage der Witwenschaft gefolgt.
Im Herzen der Dame hätten Legionen jener Teufel gelebt, die niemals Ruhe geben.
Die Dame war ganz ausgewechselt, als sei sie nicht dieselbe von vorher. Sie ließ sich weder duzen noch an der Hand berühren. Sie hielt ihren Gast in respektvoller Entfernung von sich, schenkte ihm wiederholt Mokka ein, dieses Filtrat, das wachhält und ernüchtert.
„Jetzt haben wir Zeit zu plaudern", sagte sie, während sie sich an einem chemischen Apparat eine Zigarre anzündete. Die Zigarre war zu jener Zeit eine Neuigkeit ebenso wie der Apparat, der Feuer gab, indem man Sauerstoff auf einen Platinschwamm ließ. „Ihre Soldaten werden mit dem Beladen der Wagen nicht vor der Abenddämmerung fertig, und Sie müssen den Abend abwarten, bevor Sie sich auf den Weg machen. Auf demselben Weg, den Sie gekommen sind, können Sie nicht zurückgehen. Der ist schon von den Panduren Ihres Vetters besetzt. Die paar Husaren, die Sie jetzt von dem Scharmützel davonlaufen ließen, werden Trencks ganze Truppe alarmieren. Sie würden auf dem direkten Weg, den Sie zu uns genommen haben,

unvermeidlich in die Klauen des anderen Trenck geraten. Ein Glück für Sie, daß sich mehrere Furagierungstrupps in der Gegend herumtreiben, die die Aufmerksamkeit der Panduren von Ihnen ablenken. Sie können so mit Ihren beladenen Fuhrwerken im Rücken der ganzen Trenckbrigade bequem auf der Landstraße bleiben und in einem großen Bogen das Zelt des Königs erreichen. In dieser Richtung werden Sie nirgends auf Feinde stoßen. Erzherzog Karl lagert mit der österreichischen und ungarischen Armee in Sachsen; dort erwartet er den Preußenkönig, der jetzt nur von unregelmäßiger Reiterei und Trencks Panduren umschwärmt wird. Sie werden den König bereits unterwegs antreffen."

Friedrich von der Trenck blickte die Dame sonderbar erstaunt an.

„Nicht wahr, Sie denken jetzt darüber nach, was Sie von mir halten sollen – nach dem ersten Empfang und jetzt nach dieser Unterredung. Haben Sie es mit einer erotomanischen Hysterikerin, einer Närrin zu tun? Oder mit einer in Zauberkünsten bewanderten Scharlatanin, die sich mit clairvoyance befaßt? Ein Satz wird Ihnen das Rätsel lösen. Ich bin die Schwägerin von Franz von der Trenck; seine Frau war meine ältere Schwester. Nun können Sie schon erraten, woher ich die Wege des Franz von der Trenck kenne und warum ich ihn an seinen Vetter Friedrich verrate."

Friedrich schüttelte verneinend den Kopf.

„Sie wissen es nicht? So haben Sie vielleicht auch noch nichts von dem tragischen Tod der Gattin des Franz von der Trenck gehört?"

„Im Hause meines Vaters wurde nie von ihm gesprochen. Ich wußte nicht, daß er verheiratet war."

„Ihr Vater hatte gute Gründe, vor seinen Kindern nicht von diesem Neffen zu sprechen."

„Von meinem Vetter habe ich nur gehört, daß er in der russischen Armee diente und sich dort sehr tapfer zeigte, wegen schlechten Betragens seinen Vorgesetzten gegenüber aber kassiert wurde."

„Damit Sie einen Begriff bekommen, was für ein Mensch Ihr Vetter ist, will ich Ihnen nur den letzten Fall seiner Kassation erzählen. Bei dem berühmten Sturmangriff, mit dem er in eigener Unternehmung die Reiterei der Tataren zerschlug, durchstieß der Speer eines Tataren seinen Körper, so daß die Stahlspitze des Speeres auf seinem Rücken zum Vorschein kam. Franz erschlug den Tataren und brach den Stiel des Speeres ab, der seinen Körper durchbohrt hatte; dann ritt er zu seinem Regiment zurück. Das Speerstück ließ er in der Wunde, was verhinderte, daß er verblutete. Dort ohrfeigte er den Oberst, und erst dann packte er das aus seinem Rücken ragende Eisenstück und zog es samt dem Stiel aus seinem Körper. Er wurde geheilt, zum Tode verurteilt, begnadigt und davongejagt."

Friedrich lief es kalt über den Rücken.

„Dieser Mensch wurde der Gatte meiner älteren Schwester, die viel schöner war als ich. Sein Vater, der General, meinte sehr klug zu handeln, als er seinen unbändigen Sohn einer Frau anvertraute. Er dachte, die würde ihn schon zähmen. Unser Vater und unsere beiden älteren Brüder dienten in der österreichischen Armee. Sie hatten die Aufgabe, Burgen und Städte vor den Harampaschas zu schützen. Die slawonischen Banditen bildeten damals eine ganze Bevölkerungsschicht, eine ganze Armee. Sie zogen ungehindert durch die Dörfer. Erkennen konnte man sie an den großen Silberringen, die sie in den Ohren trugen, und an den silbernen Kügelchen, die sie ans Ende ihrer Schnurrbärte banden; sie trugen lange Gewehre, Krummsäbel und in ihrem breiten Gürtel einen Handschar und Pistolen. Mein Vater und meine Brüder stießen oft mit ihnen zusammen; sie verfolgten sie aber nicht in ihre Schlupfwinkel. Dort konnte sie niemand aufspüren. Laufen konnten sie besser als ein Pferd. Auf den Felsen sprangen sie umher wie Gemsen, und wenn ein Fluß ihnen im Weg war, dann durchschwammen sie ihn samt ihren Waffen. Das gemeine Volk stand auf ihrer Seite. Zu Hause raubten sie nicht; dazu gingen sie in die Türkei hinüber, und wenn sie erfuhren, daß die türkischen Wegelagerer von irgendeinem Raubzug mit reicher Beute beladen heimgekehrt waren, überfielen sie diese aus dem Hinterhalt und nahmen den Räubern ihre Beute weg."

„Dann müssen es doch sehr gemütliche Kerle gewesen sein. Man hätte sie nicht behelligen sollen."

„Mein Vater hat die Sache auch so aufgefaßt. Die Harampaschas hielten strenge Ordnung unter ihren Räubern. Das Dorf und der Gutsherr, die ihnen eine jährliche Abgabe zahlten, durften kein einziges Lamm aus ihrem Besitz verlieren. Das Volk arbeitete, die Räuber amüsierten sich, und so lebten die einen wie die anderen in guter Freundschaft. Alles änderte sich auf einen Schlag, als Franz von der Trenck nach Slawonien verschlagen wurde. Sein Vater hatte ihn mit der Ausrottung der Räuber beauftragt, und mein Vater und meine Brüder waren ihm als österreichische Offiziere unterstellt. Bald darauf wurde mein Vater in diesem fürchterlichen Feldzug Invalide und starb später im Lazarett. Meine beiden Brüder fielen nacheinander unter den Kugeln der Harampaschas. Mein größter Kummer war jedoch, daß Franz von der Trenck meine Schwester zur Frau nahm."

Tränen perlten in den Augen der Dame bei der Erinnerung; entweder empfand sie wirklich, was sie sagte, oder sie war eine außerordentlich gute Schauspielerin, wollte weiter erobern und Verehrung wecken. Am gefährlichsten ist der Zustand, wenn der Verliebte erkennt, daß seine Circe eine hochgesinnte edle Dame ist: Eben noch Nymphe, ist sie dann Göttin; so vermag sie ihren Zauber noch zu steigern.

„Als mein älterer Bruder im Kampf gegen die Räuber fiel, kam Franz zu meinem Vater und sagte; ‚Weine nicht, Alter! Ich will dir an deines Sohnes Statt einen anderen Sohn schenken, statt deines Cecco einen anderen Cecco.' (Mein Bruder hieß auch Franz.) ‚Ich nehme deine Tochter Amanda zur Frau und will dir ein Sohn sein.' Mein Vater griff mit beiden Händen nach dem Angebot. Der alte Trenck stand im Ruf eines reichen Mannes; so heiratete denn unsere arme Amanda dessen Sohn. Bald darauf fiel auch mein Bruder Ruffo. Von den beiden Schicksalsschlägen wurde mein Vater gemütskrank: Er kam ins Lazarett. Ich war genötigt, zu meiner Schwester zu flüchten, in Franz von der Trencks Schloß Urasica. Was wurde dort für ein Leben geführt! Jeden Tag Gelage, die mit eingeschlagenen Köpfen endeten. Zu den beliebten Späßen Trencks gehörte es, daß er einen Gast zwang, in der Mitte des Zimmers zu tanzen. Und während dieser zum Ton der Sackpfeife den Klappertanz aufführte, schleuderte Trenck ein kurzstieliges Beil vor dessen Füße, und das mit solch virtuoser Geschicklichkeit, daß das Beil immer vor den hochgezogenen Füßen des Tänzers mit der Schneide im Fußboden steckenblieb. Wer konnte, sprang zum Fenster hinaus, um sich vor dem bösartigen Spiel zu retten."

„Und fand sich niemand, der ihm mit dem Beil den Kopf eingeschlagen hätte?"

„Ihm war keiner gewachsen. Er hatte Kräfte wie ein wildes Tier. Zwei Menschen packte er beim Gurt, hob sie hoch und tanzte mit ihnen so die walachische Battute. Und was für Reden mußten wir uns bei Tisch anhören! Mit schmierigem Maul gröhlte er Schweinereien und brüstete sich mit seinen Grausamkeiten. Bei allem war immer Franz von der Trenck der Meister, der alle anderen übertraf. Und wenn wir uns all diese Grausamkeiten nur hätten anhören müssen, aber wir mußten sie auch mit ansehen. Auf dem Hof seines Schlosses war der Richtplatz, und es verging kaum ein Tag ohne eine Hinrichtung. Ein drei Klafter hoher Tannenpfahl war da aufgestellt, der in einer Eisenspitze endete. Einmal nahmen die Panduren den Vater eines berühmten Harampaschas gefangen. Franz von der Trenck verurteilte ihn ohne jedes Anhören zum Tode. Dem Verurteilten wurde ein Sack über den Kopf gezogen bis zur Taille, so daß auch seine Hände festgebunden waren. Dann packten ihn zwei Henker an den Füßen und trugen ihn auf der Leiter hinauf bis zur Eisenspitze des Pfahles. Dort setzten sie ihn auf die Spitze, stießen unter sich die Leiter mit einem Fußritt um, hielten sich zugleich an den Füßen des Mannes fest, um ihn so herunterzuziehen, und rutschten dann am Pfahl herunter. Der gespießte Unglückliche litt fürchterliche Qualen, die ihm eine vervielfachte Kraft gaben, so daß er den Sack, der ihn fesselte, zerriß und auf den Boden warf. Es war ein fürchterlicher Anblick: Mit beiden Händen und Füßen fuchtelte der Mann wie eine Windmühle in der Luft herum. Sein Gesicht war verzerrt wie das eines zur Höllenqual Verdammten. Sein Jammern und Fluchen hörte erst auf, als ihm das Blut aus dem Mund strömte. Franz von der Trenck amüsierte sich währenddessen mit seinen Kumpanen unter dem Laubengang des Hauses und brachte einen Toast auf den Hingerichteten aus: ‚Zum Wohle, Jotza! Kannst du aber fröhlich tanzen! Und wie schön du auch singen kannst! Stimm das Mnogaja leta an!‘ Der Unglückliche litt dort tagelang Todesqualen, heruntergeholt wurde er erst, als er einem anderen Platz machen mußte. Manchmal schien es, als hätte er bereits ausgelitten, Hände und Füße hingen herab. Kreiste dann irgendein großer Vogel um ihn herum und wollte sich auf ihm niederlassen, hob er den Kopf und scheuchte den Vogel mit der Hand fort. Er lebte also noch.“

Die Dame zitterte am ganzen Körper, und auch Friedrich klapperten die Zähne.

„Einige Tage nach der Hinrichtung ritt Franz von der Trenck an der Spitze seiner Seressaner den Fluß entlang, der den Wald durchquerte. Das Volk nennt diesen Fluß Orolaja; im Militäratlas steht sein lateinischer Name: Riva Aurea. Es ist ein Gebirgsfluß mit zerklüftetem Ufer, der wegen der starken Strömung mit den Pferden schwimmend nicht überquert werden kann. Auf einmal tauchten am anderen Ufer zwischen den Sträuchern die Räuber auf. Als sich die beiden feindlichen Truppen erblickten, sprangen sie gewohnheitsgemäß von den Pferden und begannen, versteckt hinter Bäumen, aufeinander zu schießen. Die Muskete der Räuber war nur aus der Nähe gefährlich. Franz von der Trenck stieg nicht einmal vom Pferd, ließ es vielmehr vor den Räubern tänzeln und spielte ihnen die Komödie vor, daß er mit den Händen nach den an ihm vorbeipfeifenden Kugeln griffe, tat, als hätte er die Kugeln gefangen und werfe sie den Räubern zurück: ‚Schießt damit noch einmal!‘ Im Volk ging die Sage um, sein Körper sei kugelfest.“

(Diesen Kunstgriff merkte sich Friedrich und wandte ihn später mit gutem Erfolg an.)

„Schließlich bekam der Harampascha das unnütze Knallen mit den Gewehren satt und rief zu Trenck hinüber:

‚Hörst du mich, Franz? Du hast meinen Vater spießen lassen. Ich habe beim heiligen Cyrill, bei zwei Wachskerzen geschworen, meinen Vater an dir zu rächen, und du wirst, solange ich lebe, vor mir keine Ruhe finden. Nun stehen wir hier einander gegenüber. Komm, wenn du ein ganzer Kerl bist, und miß dich mit mir. Ich schicke meine Leute fort, legen wir unsere Pistolen nieder und vertrauen wir unsere Sache nach Art der tapferen Männer dem Säbel an.‘

‚Gut! Ich geh drauf ein!‘ rief Trenck zurück.

Daraufhin übergaben beide ihre Gewehre und Pistolen den Begleitern und ließen diese einen guten Gewehrschuß weit auf einer Lichtung stehen. Dann ritt Franz von der Trenck allein mit gezücktem Säbel über die schmale Planke auf das andere Ufer zu dem Harampascha."

„Das war schon eine kühne Tat von ihm", meinte Friedrich.

„Warten Sie das Endc ab, mein Freund. Als die beiden einander nahckamen, riß Franz von der Trenck plötzlich aus seiner Pluderhose eine gute Pistole mit Stahllauf hervor und erledigte seinen Gegner mit einem Kopfschuß."

„Das ist doch eine Niederträchtigkeit!" rief Friedrich.

„Das gleiche sagte ich ihm auch", bestätigte Miranda. „Ich sagte es ihm offen ins Gesicht, als er uns zu Hause stolz von seiner Heldentat wie von einem Kapitaljux erzählte, daß dies eine Unritterlichkeit wäre! Der Harampascha hätte sich wie ein edler Ritter und der edle Ritter wie ein Räuber aufgeführt. Er lachte mich bloß aus und antwortete, den Räubern gegenüber gäbe es keine Ritterlichkeit, sie wären wilde Tiere, die in die Falle zu locken und zu überlisten des Jägers Kunst wäre."

„Grund genug für eine Frau, ihren Mann zu verabscheuen."

„Arme Amanda! Sie konnte nur dulden. Ich habe nie ein Wort der Klage von ihr gehört. Es hat keine zweite so treu liebende Gattin auf der Welt gegeben. Wenn ich einmal aus mir herausging, nahm sie ihren Mann mir gegenüber in Schutz. Sie verherrlichte selbst seine Fehler und spendete ihm auch für seine Untreue noch Lob. Womit Trenck sich selbst brüstete, faßte sie als Spaß auf und lachte darüber."

Miranda zog ein perlenbesetztes Medaillon aus den Spitzen ihres Korsetts hervor und reichte es geöffnet dem Jüngling.

Das Porträt stellte en miniature eine dunkelhaarige junge Dame dar, im Jagdkostüm.

„Sehen Sie sich das Bild an! Das war meine liebe Amanda."

„Eine herrliche Gestalt!" sagte Friedrich.

„Und Franz konnte sie dennoch vernachlässigen – den plumpesten Bauernmädchen zuliebe, womit er sich dann noch weit und breit brüstete. Er hatte die Gewohnheit, bei jeder Hochzeit zu erscheinen, wo er das Recht des Gutsherrn, der Braut den Kranz vom Kopf zu nehmen, in Anspruch nahm. Das war dort in der Gegend allgemein Sitte. Der Bräutigam war sogar stolz auf diese Ehre. Die Braut bekam für ihre fronbäuerliche Treue Dukaten und trug sie als Kranz auf der Stirn. Einmal erfuhr Franz von der Trenck, daß die Tochter des berühmten Kopanitscharen Marko Vilič Hochzeit feierte. Die Kopanitscharen sind in den Wäldern lebende Hirten; sie wohnen in kleinen Bretterhütten, die aber innen mit den schönsten Webstoffen ausgestattet sind. Sie besitzen auch einige Ziegen und noch viel mehr Ziegenschläuche, die mit gutem Wein aus Syrmien und Pflaumenschnaps gefüllt sind. Ihre Töchter lernen nichts anderes als feine Schleierstoffe mit Gold- und Silberfäden zu besticken. Die Mittel dazu bekommen sie von der Beute, die die Räuber aus der Türkei heranschleppen. Auch von Marko Vilič wußte ein jeder, daß er ein Hehler der Räuber war. Trotzdem ging Franz von der Trenck zur Hochzeit der Tochter von Vilič. Zu solchen Abenteuern pflegte er allein aufzubrechen, ohne jede Begleitung. Ein schönes Mädchen ging ihm über alles, das konnte ihn so verrückt machen, daß er keine Gefahr scheute. Als dann während des Hochzeitsmahls beim lustigsten Klang der Sackpfeife der Bräutigam tanzte, so daß er sich fast den Hals brach, und Franz die schöne Braut umarmte, traten plötzlich zwei Harampaschas zur Tür herein, beide so groß wie Riesen! Die Gesichter schwarz gegerbt von den Unbilden der Zeit. Bei den Serben besteht die gute Sitte, daß sie bei einer Hochzeitsfeier ihre Waffen nicht mit ins Haus nehmen. Die Gewehre lehnen sie an die Türpfosten, Pistolen, Handschare und Säbel hängen sie draußen an die Rechen. Der Grund dafür war, daß sie, wenn ihnen der Wein zu Kopfe stieg, nicht gegenseitig mit den Waffen aufeinander losgehen wollten. Auch Trenck hatte seine Waffen draußen gelassen. Die neuen Gäste erkannten ihn, und er erkannte sie.

‚Na, Franz Trenck', rief der eine Harampascha, ‚jetzt haben wir dich in den Krallen. Nun kannst du uns nicht entwischen. Wenn wir wollten, könnten wir dich an die Wand nageln wie eine Fledermaus. Aber wir Räuber stören kein fröhliches Fest. Hier wird Hochzeit gefeiert, laß uns lustig sein! Iß und trink, soviel du magst, umarme die schöne Braut, niemand wird es dir zum Vorwurf machen. Später aber, wenn du genug hast von dem Vergnügen, gehen wir hinaus auf die Wiese, nehmen unsere Säbel, und dann wird sich herausstellen, wer dem anderen den Grabgesang spielen kann.'

Damit setzten sich die beiden Harampaschas an den Tisch, Franz von der Trenck gegenüber.

Trenck zeigte keinerlei Angst, obgleich er wohl erschrocken war. Zwei gegen einen, und beide Gegner waren auch einzeln gefährlich. Sie stießen miteinander an und leerten zum gegenseitigen Wohle die Becher. Trenck zog die Braut auf seinen Schoß, tat freundlich mit ihr, und während er das Gesicht der Schönen küßte, war er mit beiden Händen auch schon unter ihrem Rock. Was er aber dort suchte, waren die zwei Stahlpistolen, die er, in der Pluderhose versteckt bei sich trug.

‚Oh, du mein schönes Täubchen', schmeichelte er der Braut und feuerte im selben Augenblick unter dem Tisch beide Pistolen ab, mit denen er den Harampaschas in den Bauch schoß.

Nun kümmerte er sich nicht weiter um die Braut auf seinem Schoß, sondern ergriff den langen schweren Tisch und stürzte ihn auf die ihm gegenüber Sitzenden. Auch die beiden Harampaschas fielen unter den Tisch.

Franz von der Trenck sprang über die Gäste, die unter dem Tisch in Schmerzen lagen, und rannte zur Tür.

Der eine Harampascha war vom Schuß so schwer getroffen, daß er sich unter Qualen auf dem Fußboden wälzte; der andere sprang trotz seiner schweren Verwundung auf und rannte Trenck nach.

Trenck aber ergriff beim Hinauslaufen das Gewehr des Räubers, das am Türpfosten stand. Der Harampascha wiederum riß seinen Handschar vom Haken und verfolgte den flüchtenden Trenck durch den Wald.

Trenck drehte sich um und schoß auf den Harampascha mit dessen eigenem Gewehr. Dann wand er dem niedergeschossenen Räuberhauptmann den Handschar aus der Hand, schnitt ihm damit den Kopf ab und brachte diesen als Siegeszeichen mit nach Hause.

Während eines gemütlichen Nachtmahls erzählte uns Franz von der Trenck die ganze Geschichte, so wie gutgelaunte Ehemänner ihren Frauen ein fröhliches Jagdabenteuer ausmalen.

Die arme Amanda geriet während der Erzählung völlig in Ekstase. Sie konnte ihren heldischen Gatten nur bewundern. Der Schauergeschichte entnahm sie nur, was rühmenswert war (solches war ja auch enthalten); das, was niederträchtig und gemein war, wollte sie nicht wahrhaben.

Um so mehr verabscheute ich den ganzen Menschen, seine Umgebung und das Land, in dem solche Abenteuer zum Alltag gehörten.

Ich wurde in Florenz und Venedig erzogen, in der Heimat der Dichtkunst und des feinen Geschmacks.

Nun folgten für mich höllische Tage.

Nach der letzten Lektion hütete sich Franz, an Bauernhochzeiten teilzunehmen. Seine Gattin aber war in gesegneten Umständen. Ein anderer Mann hütet seine Frau in solchem Zustand, ist besorgt um sie und pflegt sie. Franz aber haßte und verabscheute sie. Er begann, mir den Hof zu machen. Wie ein wildes Tier, wie ein Hund, offen, im Beisein seiner Frau. Ich gab ihm recht bald zur Kenntnis, daß man die Hand einer Gräfin von Trient nicht ohne Handschuhe berühren dürfte. Damit er sich auch darüber im klaren sein sollte, was ihm bevorstand, wenn er mit roher Gewalt ans Ziel gelangen wollte, zeigte ich ihm den Ring an meinem Finger: ein venezianisches Meisterwerk. Wenn ich den Edelstein zur Seite schiebe, springt aus dem Ring ein Stahlstachel heraus, der das feinste Urare-Gift enthält. Der geringste Kratzer durch den Stachel verursacht den sofortigen Tod. Einmal zeigte ich ihm die Wirkung an einem seiner großen Bluthunde. Seitdem hatte er Angst vor mir."

Die Dame zeigte Friedrich den Ring an ihrem Finger und auch das mörderliche Strategem mit dem hervorspringenden Stachel. Sie hatte den Ring auch am Finger gehabt, als sie ihn umarmt hatte.

„Meine Umarmung gleicht der einer Kobraschlange", sagte sie, und zwischen den roten Lippen wurden ihre zusammengebissenen Zähne sichtbar.

„Einmal, als wir allein waren, bot mir Franz an: ‚Ich würde Ihnen für diesen Ring einen anderen als Tauschobjekt geben, der wertvoller ist als dieser.' Dabei zeigte er auf seinen Ehering.

Ich entgegnete ihm entrüstet: ‚Sie wollen doch nicht etwa Ihre Frau umbringen, um mich heiraten zu können.' Darauf sagte er mit teuflischem Grinsen:

‚Man braucht jemanden nicht umzubringen, man kann ihn auch sterben lassen.'

Ich war nicht imstande, den Sinn seiner Worte zu erfassen. Bald aber begriff ich.

Amanda war bereits hochschwanger. Eines Tages veranstaltete Franz von der Trenck zu Ehren des neuen militärischen Oberkommandanten Graf Sch...n, der anstelle meines Vaters gekommen war, eine große Parforce-Jagd, zu der er auch uns mitnahm. Wir beide waren unerfahrene Frauen, niemand machte uns darauf aufmerksam, wie gefährlich das Reiten für eine Frau in gesegneten Umständen ist. Und was war das für ein Reiten! Über Gräben und Büsche springen, durch Sümpfe waten auf der Spur des von der Meute verfolgten Hirsches. Und Franz von der Trenck tat noch ein übriges: Er reichte seiner Frau, als sie nach dem Halali erhitzt und verschwitzt im Jagdlager ankam, eiskaltes Quellwasser in seinem Trinkhorn. Tags darauf bekam Amanda Fieber, und nach wenigen Tagen war sie tot."

„Das ist doch Gattinnenmord!" rief Friedrich entsetzt.

„Das war es. Meine arme Schwester Amanda wurde mit ihrem Frühgeborenen in einem Sarg begraben. Als wir von der Gruft zurückkamen (Amanda wurde mit militärischer Parade bestattet), war das erste, das Franz von der Trenck im Beisein des Obersten Sch...n zu mir sagte: ‚Na, meine Liebe, nun bin ich Witwer!' Diese Worte machten mich wahnsinnig. Ich sah mich um, bei wem ich Schutz suchen könnte. Und wenn es ein Orang-Utan gewesen wäre! Ich ergriff die Hand des Obersten Sch...n: ‚Mein Herr! Nehmen Sie mich zur Frau."
Der Oberst war überrascht: ‚Mein Fräulein, ich bin ein alter Mann, blatternarbig und launisch!'

‚Ich will Ihnen eine treue Gattin sein, treu wie eine Sklavin, wie ein Hund! Ich folge Ihnen durch alle Prüfungen des Lebens!'

Franz wurde krebsrot vor Wut. Er drohte mir, er werde mich töten. Ich aber schleuderte ihm ins Gesicht, daß ich ihn hasse als den Mörder meiner Schwester und kein anderes Lebensziel kenne, als ihn aufs Schafott zu bringen. So wurde ich die Gattin des Obersten Sch...n. Er war ein guter Mensch, mir mehr Vater als Gatte. Ich brachte keine Schande über seinen Namen. Ich folgte ihm bei jedem Feldzug und teilte mit ihm das Zelt. Ich ritt an seiner Seite in Männerkleidung, und während er die Truppen kommandierte, kochte ich das Essen und wusch seine schmutzige Wäsche. Der große Feldzug begann; mein Gatte bekam den Generalsrang und wurde Brigadier.

Zur gleichen Zeit bot Franz von der Trenck der Wiener Regierung an, eine Freischar aus Panduren und Räubern aufzustellen, vorausgesetzt, die Königin gewähre letzteren Amnestie. Sie nahm sein Angebot an. Das Begnadigungsschreiben traf ein, und Franz von der Trenck machte es in der ganzen Provinz bekannt. Die Räuber lachten darüber und kamen nicht unter seine Fahne. Da begann er einen richtigen Feldzug gegen sie, spürte sie mit Hilfe seiner eigenen Panduren in allen Schlupfwinkeln auf und kesselte sie in dem Gebiet zwischen Save und Sudisave ein. Dort zwang sie der Hunger zur Kapitulation.

Oh, dieser Mann ist ein mißratenes Gebilde von Held und Ungeheuer! Er kann ebensoviel Bewunderung wie Verachtung erwecken. Noch keiner hat ihn gehaßt, ohne ihn nicht auch geliebt zu haben. Im gleichen Augenblick, wo ich ihn vernichten möchte, bete ich ihn geradezu an. Würde ich ihn nicht anbeten, dächte ich nicht immerzu an ihn, wählte ich nicht ständig unter den Todesarten, mit denen ich ihn vernichten könnte. Manchmal bringt mich meine Phantasie so weit, daß ich sein Haupt unter dem Henkerbeil rollen sehe, und dann stelle ich mir wieder vor, ich höbe dieses Haupt mit dem häßlichen

Teufelsgesicht aus dem Staub auf und wüsche es mit meinen Tränen sauber."

Friedrich überlegte, welches die größere der Wonnen sei, die diese Fee auszuteilen vermochte: die, die sie ihm, Friedrich von der Trenck, zukommen ließ, oder jene, die sie an Franz von der Trenck verschwendete?

Die Dame setzte das gemütliche Anekdotenerzählen fort. Sie hatten ja Zeit. Die Soldaten beluden die Wagen mit Furage.

„Was war das für ein Volk, das Franz von der Trenck auf diese Art um sich sammelte. Ich habe es gesehen, denn mein Gatte warb die Rekruten für sein Regiment auch in Poschega, und nach unserer Heirat fuhren wir oft zu Trenck in sein Schloß hinüber; mein Gatte von Amts wegen, ich aus Zorn, in den sich eine gute Portion Neugier mischte. Ich wartete jeden Tag darauf, daß ihn seine eigenen Krieger erschlagen würden.

Sie waren ja Menschen von solcher Art. Lauter robuste Gestalten mit wildem Blick, in ihren Gesichtern kam ihr ganzer Charakter zum Ausdruck: Tollkühnheit, Grausamkeit und Mißtrauen. Ihre Züge waren wie in Erz gegossen; sie erinnerten an die Gnomen, die die Wasserspeier der Kirchen bilden. Sie waren märchenhaft stark: Jeder konnte eine gestohlene Kuh auf die Schulter heben und sie so über eine Planke ans andere Ufer bringen. Niemand außer Trenck hätte solche Kerle in Zucht halten können. Er herrschte über sie. Den geringsten Ungehorsam strafte er mit dem Tod. Er selbst war Richter und Henker in einer Person. Aber er verstand es auch zu belohnen. Hier und da gab er den Kumpanen einen freien Zechtag; dann war alles erlaubt, dann durfte niemand kommandieren, auch der Befehlshaber nicht. Der soff, sang und raufte selbst mit den anderen, ließ sich seine Geige bringen und spielte die Musik zu ihrem tollen Tanz. Ein andermal exerzierte er sie an einem heißen Tag von Tagesanbruch bis zum Abend, und er erlaubte ihnen nicht, an den Bach zu gehen, um den Durst zu löschen. Er selbst hungerte und durstete mit den anderen.

Eines Tages exerzierte er seine Räubertruppe im Salvenschießen. Er wollte ihnen die Methode beibringen, die die preußischen Grenadiere so unbesiegbar macht. Sie lassen die attackierende Kavallerie bis auf zweihundert Schritt herankommen, und dann geben sie hintereinander drei Salven ab. Das muß aber so schnell gehen, wie eine galoppierende Reitertruppe für zweihundert Schritt bis zu der lebenden Bastion braucht.

Die zu Soldaten gemachten Räuber sträubten sich gegen die ermüdende Übung; noch mehr ärgerte sie, daß sie der Befehlshaber in einem fort beschimpfte.

Auf einmal begannen sie, mit Kugeln zu schießen, und unter Franz von der Trenck stürzte das Pferd nieder: Es hatte einen Schuß abbekommen.

Da zückte Franz seinen Säbel, schritt die aufgestellte Front seiner Leute ab und begann zu zählen: eins, zwei, drei, vier. Dem Vierten schlug er mit einem Hieb den Kopf ab. Dann schritt er weiter: eins, zwei, drei vier – und wieder schlug er einem den Kopf ab. Dann ein drittes Mal. Er begann seine Truppe zu vierteilen.

Da sprang ein Harampascha aus der Reihe vor und schrie ihn an:

‚Hör auf damit! Ich war es, der mit der Kugel auf dich schoß! Wir lassen uns nicht weiter von dir tyrannisieren. Miß dich mit mir im Säbelfechten, wenn du ein ganzer Kerl bist!‘

Diesen Harampascha spaltete Franz von der Trenck mit einem Säbelhieb vom Kopf bis zum Gürtel.

Darüber empörte sich das ganze Regiment. Sie zückten Säbel und Handschar und rannten auf den Befehlshaber los; doch Franz von der Trenck teilte in der Mitte der aufrührerischen Menge nach rechts und nach links tödliche Hiebe aus. Er tobte in der Übermacht wie ein Orlando, wie ein unverletzbarer Krieger aus dem Nibelungenlied, ja, kämpfte wie Richard Löwenherz in Palästina, der, nachdem er sich einmal durch die Menge der ihn umringenden Heiden geschlagen hatte, sofort wieder umgedreht und den Kampf von neuem begonnen hatte.

Diese übermenschliche Tapferkeit rührte selbst das Räubervolk. ‚Bleib stehen! Halt ein!‘ schrien sie ihm von allen Seiten zu, fielen auf die Knie und streckten ihm ihre Säbel mit dem Griff entgegen, zum Zeichen der Unterwerfung. Da warf auch Trenck seinen von Blut dampfenden Pallasch weg, umarmte seine Krieger und küßte sie, die ihn mit lautem Triumphgeschrei auf die Schulter hoben und umhertrugen. Nach diesem unglaublichen Kampf hielt ihm die Räubertruppe die Treue bis zum Tod. Sie wurde Trencks Leibgarde und der Kern seiner Brigade.

Denn bald umgab ihn eine ganze Brigade. Seine Freischar wuchs auf fünftausend Mann an. Darunter befanden sich auch Ungarn in großer Zahl, die besten natürlich: Pferde- und Rinderhirten, Betyáren sowie Schweinehirten aus dem Bakonyer Wald. Es war schwer, würdige Offiziere für diese Truppe zu finden. War ein Leutnant nicht so tollkühn, wie es der Brigadeführer wünschte, jagte ihn dieser mit einem Fußtritt aus dem Lager: ‚Du bist ein altes Weib!‘ beschimpfte er ihn vor der Front. Es kamen aber auch viele Fremde zu ihm, um seine Kriegsschule zu bestehen; unter ihnen waren so feine Kavaliere wie Laudon.

Diese bewaffnete Menge wurde nicht von Heimatliebe angefeuert wie einst die Ungarn und Kroaten, die vereint so viele Heldentaten vollbracht hatten. Der fanatische Glaubenseifer, der die Türken in der Schlacht begeisterte, war ihnen ebenso fremd, wie die Ruhmessucht. Sie kannten nur eine Leidenschaft – die Raublust. Vom Brigadeführer bis zum letzten Panduren trachteten sie nur danach, ein Blutbad anzurichten, Schätze zu rauben und sich an der Feuersbrunst der in Brand gesteckten Städte zu ergötzen, dann folgte die Sauferei bis zum Umfallen.

Und all diese schlechten Instinkte verstand Franz von der Trenck wie ein genialer Heerführer auszunutzen. Ich will ein paar geradezu märchenhafte Fälle erzählen, wie er es mit bescheidenen Mitteln, die seelische Verfassung des Feindes ausnutzend, zu großen Erfolgen brachte.

Erzherzog Karl von Lothringen hatte Franz von der Trenck mit Machtvollkommenheit (und sonst nicht weiter) ausgestattet. Trenck sollte auf eigene Kosten eine Freischar aufstellen, sie nach Belieben bewaffnen, bezahlen und verpflegen, so gut er konnte, und nach Gutdünken Waffengänge mit ihnen führen, völlig unabhängig von den kommandierenden Generälen. Franz von der Trenck verstand es, diese Ermächtigung so geschickt auszunutzen, daß er von Anfang an der Liebling von Khevenhüller, dem Oberbefehlshaber der Armee in Bayern, wurde. Immer ging er dem Gros der Armee voran, und während diese eine Brücke über die Isar baute, schwamm er über den Fluß und bedrängte die feindlichen Truppen mit pausenlosen Angriffen. Der Ruhm seiner Tapferkeit eilte ihm voraus, aber auch die Kunde von seiner Grausamkeit, die keine Gnade kannte, lähmte den Feind.

Einen bayrischen Ort namens Vilshofen hielten sechshundert Franzosen besetzt. Franz von der Trenck ritt mit Laudon und einigen Leibgardisten voraus, um die Lage auszukundschaften; das eigene Regiment ließ er weit hinter sich, außer den beiden waren es nicht mehr als zehn Reiter, als sie in der Ortschaft auf die Franzosen stießen.

Ein normaler Befehlshaber wäre in dem Fall umgekehrt, um seine Truppen heranzuführen. Nun standen Trencks Truppen aber vier Meilen hinter ihm, bis er sie erreichte und zurückkehrte, wäre vom Feind nicht die leiseste Spur geblieben. Was sich Trenck in dieser Lage ausdachte, war die Quintessenz der Komik. Auf dem Feld war der gemähte Klee auf lange Stangen zum Trocknen gesteckt, so wie es in Bayern allgemein üblich ist. Trenck ließ in größter Eile die roten Mäntel seiner zehn Seressaner in Stücke schneiden und formte aus den Lappen Mützen. Dann ließ er auf jede Kleestange einen reifen Kürbis stecken und zierte diesen mit einer roten Mütze. Sie sahen zwischen den Sträuchern wie rotmützige Riesen aus. Nun ließ er auf der Trompete Alarm blasen und wies Laudon an, zum Stadttor zu reiten, er sollte die Garnison zur Kapitulation auffordern. Da ergaben sich die sechshundert Franzosen mit ihrem Offizier dem Trenck und seinen rotmützigen Mannequins. Man könnte glauben, dies sei eine alberne Geschichte, wenn sie nicht tatsächlich im Kriegsbulletin verewigt worden wäre, nebst höchster Belobigung von seiten des Feldmarschalls. Solche Wundertaten sicherten Trenck die Nachsicht seiner Kommandeure für all seine maßlosen Ausschweifungen und Grausamkeiten. Der Name Trenck bezeichnete eine neue Waffengattung."

„Ich beneide ihn nicht um diesen Ruf."

„Aber einmal bekam er auch seine Strafe und zwar durch eigene Hand. Als er Vilshofen in nächtlichem Sturm eingenommen hatte, gab er seinen Panduren die Stadt zum Plündern frei. Zuvor aber ließ er bei Trommelwirbel verkünden, daß jeder Dienstbote, der verrate, wo seine Herrschaft das Geld versteckt halte, ein Zehntel von der Beute abbekomme. Auch das bewährte sich als gute Methode. Der Krieg demoralisiert die Menschen. Verräter gab es genug. Ein solcher Henkersknecht flüsterte Franz ins Ohr, daß der Apotheker zwanzigtausend Gulden in einer Eisenkassette versteckt habe. Der Pillendreher selbst war aus der Stadt geflohen. Die reiche Beute wollte Franz von der Trenck nicht mit seinen Kumpanen teilen. Er nahm nur einen Panduren mit, der sollte mit einem Kuhfuß die verschlossene eiserne Tür aufbrechen und den Deckel der Kisten mit einem Beil einschlagen. Die Eisenkassette fand sich im Keller unter der Apotheke. Aber nicht nur eine stand dort, es waren mehrere, und alle waren mit Blei zugelötet. Trenck nahm sich nicht die Zeit, die Lötung abzuschmelzen, er ließ den Deckel der Eisenkassetten mit dem Beil einschlagen. In der einen Kassette waren Galizensteine, in einer anderen Bleizucker, eine dritte war so schwer, daß sie meinten, da müsse Gold drin sein. In Wirklichkeit war sie voller Quecksilber; na, da gab es ein Gefluche. Endlich fanden sie eine mit rotem Kreuz markierte Kassette – na, das mußte die richtige sein! Auf den anderen Kassetten waren Totenköpfe aufgemalt gewesen. Als dann der Pandur mit dem Beil den Deckel einschlug, explodierte die Kassette, denn sie enthielt Schießpulver, und das entzündete sich von dem Funken, den das Beil sprühte. Die ganze Apotheke flog in die Luft und begrub Franz von der Trenck unter den Trümmern.

Laudon, der Leutnant der Seressaner, befahl sogleich seinen Leuten, die Trümmer wegzuräumen; so fand er Trenck und den Panduren.

Trenck hatte die Besinnung verloren, lebte aber noch. Sein Glück war, daß der Pandur, der die Kiste geöffnet hatte, ihn bei der Explosion gedeckt hatte. Der Pandur war bis zur Unkenntlichkeit verbrannt; doch den Heerführer hatte er mit seinem Körper gerettet. Nur das Gesicht Trencks war von der Explosion entstellt; die Flammen hatten es mit schwarzen Punkten besprüht, so daß ihm nun nichts mehr zum Aussehen eines Beelzebuben fehlte. Es währte Tage, bis man sein Gesicht mit Pflastern und Salben soweit wieder hergestellt hatte, daß er die Augenlider ein wenig heben konnte. Er sah Laudon vor sich stehen.

‚Was ist mit mir passiert?‘ fragte er ihn.

Laudon berichtete ihm, daß die Apotheke explodiert wäre und sie ihn unter den Trümmern hätten ausgraben müssen.

‚Und die zwanzigtausend Gulden?‘ forschte Trenck sogleich.

Laudon wußte nichts von zwanzigtausend Gulden.

‚Du lügst!‘ brüllte Trenck. ‚Du hast sie gefunden! Die waren in einer Eisenkassette. Du hast sie versteckt!‘

Laudon gab sein Wort, daß er keinerlei Geld oder Schätze, nichts Wertvolles unter den Trümmern der Apotheke gefunden hätte. In den Kisten, die unversehrt geblieben waren, hätten sich nur allerlei Arzneien und Wundermittel befunden; die hätten sie in den Abort geworfen, damit nicht etwa jemand davon esse.

‚Das ist nicht wahr! Du bist ein Dieb. Du hast meine Beute gestohlen!‘

Diese Worte brachten auch in Laudon das edle Blut zum Wallen.

‚Hören Sie, Herr Oberst, werfen Sie nicht mit dem Titel Dieb um sich, weil ich mich durch diesen nicht geehrt fühle. Ich habe keinerlei Geld gefunden. Nur zwei Äser, den Herrn und seinen Panduren. Und wenn ich den gesuchten Schatz gefunden hätte, wäre er meine Beute, und niemand könnte mir deswegen ein böses Wort sagen. Und es würde auch niemand etwas sagen, wenn ich den Herrn dort gelassen hätte.‘

Dieses harte Auftrumpfen hat Franz von der Trenck damals geschluckt. Doch ist er nicht der Mensch, der ein Ärgernis zu vergessen pflegt. Und man kann ihn auch nicht besänftigen. Ein Zentner gute Taten wiegt bei ihm nicht die geringste Kränkung auf. Daß Laudon ihn vom Tode errettet und aus dem Grab geschaufelt hatte, war bei ihm keine Entschuldigung. Von diesem Tag an versuchte er fortgesetzt, Laudon auf irgendeine Weise zu vernichten. Was er mit seinen Leutnanten anstellte, die ihm nicht freiwillig ihre Beute überlassen wollten, war die allergemeinste Niederträchtigkeit. Als Kommandeur benutzte er seine Befehlsgewalt dazu, solche Offiziere mit den gefährlichsten Unternehmungen zu betrauen, bei denen sie umkommen mußten. Das Hab und Gut der gefallenen Offiziere betrachtete Trenck als seine Erbschaft. Er pflegte zu sagen: Der türkische Sultan ist auch der Erbe seiner Paschas.

Franz von der Trenck ließ Laudon ständig, wohin dieser auch ging, durch Spione verfolgen, und die brachten ihm die Nachricht, daß der Leutnant sehr großzügig mit dem Geld umgehe und seine Tasche immer voll mit Goldstücken sei. Darüber ärgerte sich Trenck. Er war überzeugt, daß dies das Geld aus seiner Beute sei.

Einmal schickte er Laudon mit dreißig ungarischen Husaren aus, die französische Kavallerie aufzuscheuchen. Er erteilte ihm die Weisung, mit den Kürassieren ein Geplänkel zu beginnen, er würde ihm dann mit den übrigen Husaren aus dem Wald zu Hilfe kommen. Dem Wachtmeister aber gab er den Befehl, er solle den Leutnant Laudon ruhig von den Franzosen hinmetzeln lassen, nur sein Pferd und seine Satteltaschen müsse er zurückbringen.

Der Wachtmeister besaß jedoch soviel Ehrgefühl, daß er Laudon mitteilte, welche Absicht Trenck gegen ihn hegte. Da verteilte Laudon das Geld, das er bei sich hatte, an die Husaren, und als er schon von drei Eskadronen französischer Kürassiere umzingelt war und Trenck ihm nicht zu Hilfe kam, schlug er sich durch, kehrte aber nicht zu Trenck zurück, sondern begab sich nach Wien und verklagte den Pandurenführer beim Hofkriegsrat. Damals half bereits eine ganze Schar davongejagter Offiziere, Trencks „guten Ruf“ in der Hauptstadt zu verbreiten. Aber ihm etwas anzutun, wagte noch niemand. Man brauchte ihn. Die Königin war entsetzt über die Schauergeschichten, sagte aber dann: ‚Mais c’est la guerre!‘ “

Hier unterbrach der Husarenwachtmeister das Gespräch; er war gekommen, um zu melden, daß die Wagen mit Furage beladen wären. Zweiundzwanzig Wagen. (Unter Wagen sind hier die zweirädrigen zu verstehen, bei denen zwischen zwei Deichseln ein Pferd eingespannt wird. Der Kutscher treibt das Pferd auf dem Sattel sitzend an.)

Zu diesem Zweck würden eben die Pferde der zweiundzwanzig gefangenen Husaren gut sein. Die Gefangenen selbst sollten die Kutscher sein.

„Fahren Sie noch nicht ab!“ riet die Herrin. „Warten Sie, bis es dunkel wird.“

Friedrich entließ den Wachtmeister mit dieser Weisung und nahm wieder der Schloßherrin gegenüber seinen Platz am Kaffeetisch ein.

„Die greulichste Tat des Franz von der Trenck habe ich mit eigenen Augen gesehen“, berichtete die Dame, während sie sich die dritte Zigarre anzündete. Allerdings rauchte sie jede nur bis zur Hälfte. „Die

Brigade meines Mannes belagerte die Stadt Cham. Neben dem Fluß gleichen Namens gibt es eine kleine Befestigung, deren Besatzung sich ausnahmsweise sehr energisch verteidigte. Auch die Bevölkerung der Stadt nahm an der Verteidigung teil. Die Schützen meines Mannes eroberten die Festung im Sturm, mußten aber mit den Bayern sehr tüchtig kämpfen. Als dann die Bürger der Stadt sahen, daß die Zitadelle bestürmt wurde, begannen sie aus der Stadt zu flüchten. Eine Brücke führte auf das andere Ufer des Flusses Cham. Wir sahen von einem Hügel aus zu, wie die schutzlose Bevölkerung der Stadt, Frauen und Kinder mit ihrer Habe auf dem Rücken über die Brücke drängten. Franz von der Trenck schwamm daraufhin mit seinen Panduren durch den Fluß und verstellte dem flüchtenden Volk den Weg.

Was ich damals sehen und hören mußte, werde ich nie vergessen. Trencks Panduren zogen die flüchtenden Frauen aus und warfen sie, nachdem sie ihnen auch noch das Hemd heruntergerissen hatten, in den Fluß. Die Kinder hinterher. Das Wehgeschrei der Ertrinkenden klang bis zu uns herauf. Ich rannte verzweifelt zu meinem Gatten und flehte ihn an, er möge diesem Massenmorden ein Ende bereiten. Er ließ seinen Adjutanten sofort zu Franz von der Trenck galoppieren mit dem Befehl, er solle unverzüglich mit dem Plündern und Morden der flüchtenden Frauen aufhören. Und wissen Sie, was seine Antwort war? Ihm habe der Brigadekommandeur nichts zu befehlen, er habe vom Erzherzog Karl die Ermächtigung, den Krieg so zu führen, wie es die Panduren gewohnt sind. Und er habe das Recht, sich an der Bevölkerung der Stadt Cham zu rächen, weil diese acht von seinen Panduren gefangen, ihnen die Hände abgehackt und sie so zum allgemeinen Gespött durch die Straßen geführt hätten. Wenn Karl Robert einstmals das Recht hatte, für die vier abgeschnittenen Finger seiner Gemahlin das ganze Geschlecht Zách samt Tochter und Kindern auszurotten, habe er das gleiche Recht, mit den Chamern für die abgeschlagenen Hände seiner Panduren ebenso zu verfahren. Danach schickte mein Gatte auf mein Drängen noch einmal einen Boten zu Trenck, er möge doch mir zuliebe, auf mein inständiges Bitten hin mit den Grausamkeiten gegen die Frauen aufhören. Er ließ darauf spöttisch mitteilen, er würde meinem Wunsch gemäß handeln: Die schönen Mädchen lasse er nicht töten, er behalte sie zurück, und ich würde sehen können, wie gut die Panduren mit ihnen umgehen."

„...Sie sind rot geworden, nicht wahr?" unterbarch Miranda ihre Erzählung. „Ich habe es besser, Schminke verdeckt meine Gesichtsfarbe. Ich kann über Dinge sprechen, die einen Gardeleutnant erröten machen. Aber diese Greueltat ließ den Kelch überlaufen. Feldmarschall Neipperg verklagte Franz von der Trenck wegen des Chamer Frauenmordens in Wien. Auf Befehl der Königin wurde er festgenommen, in Eisen gelegt und nach Wien vor das Kriegsgericht gebracht, wo Baron Weber den Vorsitz führte. Trenck wurde die Befehlsgewalt über die Pandurentruppen entzogen und unter drei deutschen Freibeutern vergeben. Menzel, Bärenklau und Trips waren die Namen dieses ‚liebenswürdigen' Kleeblattes. Von nun an raubten drei anstelle von einem. Aber alle drei zusammen konnten es nicht mit Trencks kämpferischem Heldenmut aufnehmen.

Mein Gatte bat den Hofkriegsrat nach diesem Vorkommnis, ihn des Kommandos in Bayern zu entheben und zur Armee nach Italien zu versetzen. Er sah seinen Namen durch die Infamie des Trenck, mit dem er zusammen gekämpft hatte, in den Schmutz gezogen. In Italien wollte er nichts anderes mehr erreichen, als seinen guten militärischen Ruf durch einen ehrenvollen Tod reinzuwaschen. Er brauchte nicht lange darauf zu warten. Bald darauf fiel er auf dem Schlachtfeld. Er starb in meinen Armen. Ich war bis zu seinem letzten Augenblick bei ihm, und sterbend sagte er zu mir: ‚Du warst eine gute Frau!' Und er sprach die Wahrheit. Als Witwenunterhalt vermachte er mir sein ganzes Vermögen, ein schönes Gut in Böhmen. Ich aber war noch jung, hatte noch keinerlei Freuden erlebt. Die große Welt war mir noch fremd. Ich kam nach Wien. Wurde bei Hof eingeführt. Kein Wunder, daß ich inmitten des mir bis dahin unbekannten Prunks, der Schmeicheleien und Verführungen den Kopf verlor; es beruhte allerdings auf Gegenseitigkeit. Auch ich verwirrte anderen den Kopf. Das kann mir nicht als Schuld angerechnet werden. Das Adelswappen ist das schönste Feigenblatt. Eitel war ich obendrein. Es schmeichelte meinen Ambitionen, daß es bei Hofe keinen glänzenden Hut gab, der nicht gelüftet wurde, um mich zu begrüßen. Das war mein Verhängnis. Einen Hut hätte ich doch in Frieden lassen sollen. Erraten Sie das Rätsel? Nein? Schade! Es wäre von Nutzen, wenn Sie aus meinem Beispiel Lehren zögen. Auch Sie haben ein märchenhaftes Glück im Sonnenglanz des Hofes. Sie können unter den Planeten wählen. Aber auch Sie greifen nach der Sonne selbst. Hüten Sie sich! Sie werden sich die Finger verbrennen, so wie ich sie mir verbrannt habe. Eines schönen Tages hielt ein geschlossener Wagen vor meinem Palais, ein Hofrat kam auf allerhöchsten Befehl zu mir und ließ mich wissen, ich solle mich sofort auf mein Gut in Böhmen begeben und dieses nicht verlassen. Die Stadt Wien dürfte ich von nun an nicht mehr aufsuchen, außer mit dem Schein, den der Polizeipräsident den ‚Hübschlerinnen' ausstellt."

Die Dame warf sich mit einer müder Gebärde auf das Kissen ihres Diwans, faltete ihren Fächer zusammen und sprach gleichsam zu sich selbst:

„Und jetzt bin ich hier, eine junge Witwe, verbannt in ein böhmisches Dorf, und warte auf den Feind, der mich wie eine verzauberte Prinzessin aus meinem Gefängnis befreit."

Diese Worte deutete Friedrich als eine Aufforderung, sich an die Seite der Dame auf den Diwan zu setzen. Wenn sie nun einmal einen Feind brauchte!

Miranda klärte sogleich das Mißverständnis. Der Fächer öffnete sich von neuem und schob sich zwischen die Gesichter der beiden.

„Hoho! Junger Freund! Sie sind nicht der Feind, der mich befreit, sondern der, den ich befreie."

Friedrich stammelte etwas über die vergangene Stunde im Paradies.

„Ach, mein Freund, das war vor so langer Zeit, daß ich es schon vergessen habe. Sie werden es sicher nicht vergessen, aber ich warne Sie, sich damit im Lager vor Ihren Kameraden zu brüsten, denn man würde Sie deswegen vor das Kriegsgericht stellen und erschießen lassen. Ein kommandierender Offizier, der in einer gefährlichen Situation seine Soldaten vergißt und sich von einem auf der Lauer liegenden Feind im Boudoir einer Dame überraschen läßt! Es ist besser, wenn Sie das nicht ausposaunen. Sollten Sie es aber dem König erzählen, habe ich nichts dagegen."

Friedrich schoß das Blut ins Gesicht. Es war Schamröte.

Miranda streichelte das errötete Gesicht. Es gibt nichts Verführerischeres als einen zwanzigjährigen Jüngling, der noch erröten kann.

„Sie sind ein großes Kind. Setzen Sie sich wieder auf Ihren Platz. Es ist ja zwischen uns noch nicht alles aus. Sie werden mich noch wiederholt treffen, weil das Schicksal der Trencks eng mit dem meinen verknüpft ist. Und ich werde zu Ihnen immer gut sein. Aber jetzt müssen Sie Ihre Angelegenheit völlig begreifen. Verstehen Sie mich? Ihre Sache, nicht die meine. Bisher hatte es vielleicht den Anschein, als hätte ich immerfort von mir selbst und von Ihrem Vetter gesprochen. Dabei habe ich nur Ihnen etwas erklären wollen, das von großem Einfluß auf Ihr Schicksal sein wird. Sie sind noch das Kind, das sich am Ufer sorglos an den Blumen ergötzt, die die Wasseroberfläche des Sees bedecken, und nicht ahnt, daß das Wasser so tief ist, daß es, würde es hineinfallen, darin ertrinken müßte. Man muß Sie noch am Laufgurt halten. Bitte, bleiben Sie still auf Ihrem Platz, benehmen Sie sich artig; jetzt wird sogleich von Ihnen die Rede sein."

Und um eine noch bequemere Lage einzunehmen, zog die Dame ihre Füße unter sich und saß so auf dem Diwan, wie die Türkinnen zu sitzen pflegen.

„Ich hörte bei meiner Verbannung auf. Bald darauf kamen die Preußen nach Böhmen und besetzten die Hauptstadt. Diesmal beeilten sich die böhmischen Hochadligen nicht, König Friedrich zu hofieren. Dabei war es gerade eine schöne Karnevalszeit. Wahrscheinlich hätte auch ich eine Einladung zum Hofball bekommen. Aber der König hatte nur noch Sinn für die Politik und die Soldaten, um uns Frauen kümmerte er sich nicht. Und doch kann ich Ihnen sagen, daß die Frauen vieles tun können, was die Männer bei all ihrer Tapferkeit nicht fertigbringen. Die Preußen rührten sich nicht aus Prag heraus; sie warteten auf die gebratenen Tauben, die Ludwig XV. ‚pour le Roi des Prusses' schießen werde. Na, darauf können sie lange warten! Die schöne Herzogin von Châteauroux, die nach der Kraniologie im Schädel Ludwigs XV. das Organ der Kriegslust bildete, ist gestorben. Der König von Frankreich trauert jetzt und ist krank."

„Die Herzogin von Châteauroux ist gestorben?" fragte Friedrich verwundert.

„Ja, ganz sicher, an einem Glas Eiswasser. Sie wissen nicht einmal das? Sind denn alle Ihre Verbindungen zur Außenwelt abgebrochen? Der fürchterliche Trenck ist wieder da! Als der Krieg von neuem begann, ließ die Königin ihn sogleich aus dem Kerker holen und setzte ihn wieder an die Spitze der Panduren. Nun ist er mächtiger als je zuvor. Mit einem unglaublichen Anschlag ebnete er der Armee des Erzherzogs Karl den Weg über den Rhein. Die Franzosen hatten bei Philippsburg am Rhein eine Burg, die in dem Ruf stand, uneinnehmbar zu sein. Franz von der Trenck schwamm in einer Nacht mit sechshundert Panduren auf die Insel hinüber und erklomm die Schanzen. Sie machten der Wache mit dem Säbel den Garaus, den Burgkommandanten, Marquis Créve-Cœur, schlug Trenck selbst nieder. Nachdem sie das erledigt hatten, schwammen sie unverzüglich durch den anderen Rheinarm; am anderen Ufer fanden sie zwei bayrische Reiterregimente in stiller Ruhe vor und richteten unter ihnen eine fürchterliche Metzelei an. Damit haben sie den Krieg auf französischen Boden verlegt. All das weiß ich aus erster Hand."

„Und wir in Prag wissen von all dem nichts. Wir haben nur davon Kenntnis, daß ungarische Freischärler uns von allen Seiten umschwärmen."

„Ja, freilich, weil der König die Frauen völlig außer acht läßt. In einem Krieg wie dem jetzigen sind Männer zum Überbringen von

Nachrichten völlig unbrauchbar, sie werden sofort gefangen und aufgehängt; wenn hingegen eine schöne Frau dem Feind in die Hände fällt, erlebt sie höchstens ein kleines galantes Abenteuer; dann zieht sie sich aus der Affäre und sucht das Weite. Aber König Friedrich hat sich in den Kopf gesetzt, in seinem Zelt den Spartaner zu spielen. Er versteht es, sich zu verleugnen."

„Sich zu verleugnen?" unterbrach sie Friedrich höchst erstaunt.

„Ja, sicher verleugnet er sich! Oh, Sie Grünschnabel! Sie haben vielleicht auch noch nicht erfahren, daß Friedrich der Schöne im Grunde ein Bonvivant mit allen guten Eigenschaften eines Sybariten ist. In Berlin wird natürlich unter den Gardisten nicht der Brief des alten Königs Friedrich Wilhelm zirkulieren, den dieser damals an den Thronfolger schrieb, als er dabei ertappt wurde, daß er der schönen Sängerin Doris Ritter zuliebe nach England flüchten wollte; in Wien indessen kennt jeder diesen Brief auswendig, in dem der alte König seinem in Festungshaft gehaltenen Sohn schrieb: ‚Euch wäre es lieber, nicht wahr, wenn ich Euch einen Maître de flûte mit einem Dutzend Flöten aus Paris kommen ließe und eine Komödiantenbande mit großem Orchester, eine Herde französischer Tanzmeister mit einer Schwadron petites-maîtresses und Euch dazu ein großes Komödienhaus erbauen ließe; das würde Euch besser gefallen als eine Kompanie Grenadiere, die in Euren Augen nur canailles sind; ein Petit-maître, ein glattgeleckter Franzose, ein Bonmot, ein Röschen, ein Komödiantchen dagegen sind für Euch etwas Nobles. Das ist eine königliche Angelegenheit! Digne d'un prince! Das sind Eure Sentiments, die seit Eurer Jugend diese Spitzbuben und Freudenmädchen in Euer Herz gesenkt haben!'"

Mit dieser Enthüllung sah der junge Gardist seinen angebeteten König in neuem Licht. Er fühlte sich ihm näher. Jener war also in jungen Jahren auch nur ein Bursche wie er selbst gewesen. Vielleicht war er das noch immer? Aber welchen Grund hatte gerade diese Dame, so heikle Angaben aus der Hofchronik ausgerechnet ihm zu erzählen.

Friedrich von der Trenck hatte einen scharfen, forschenden Verstand; bald war die Lösung des Rätsels gefunden.

„Nun, jetzt befaßt sich der König weniger mit den Komödianten als früher", fuhr die Dame fort. „Obwohl ein Feldherr auch sie nutzen könnte. Diese Zigeunerbande ist über die Truppenbewegungen besser informiert, als die Kriegsleitung. Bei mir kommen sie auf ihren Streifzügen regelmäßig vorbei. Ich mag sie und amüsiere mich gut mit ihnen. Sie berichten mir über den Zweck ihrer Reisen. Die Komödiantentruppe von Tabor macht sich plötzlich auf und zieht nach Sachsen.

Obwohl in Tabor ein preußisches Regiment liegt und die Offiziere gute Wanderbühnenbesucher sind. Aber die Zigeuner haben schon Lunte gerochen und erfahren, daß Erzherzog Karl nach Sachsen eilt. Andere Sterbliche laufen vor großen Armeen davon, die Komödianten dagegen wandern ihnen entgegen, und wenn der Feind mit Trompetenschall und Trommelwirbel durch das eine Stadttor einzieht, drängen die Histrionen ebenfalls mit Trommeln und Trompeten durch das andere Stadttor. Von letzteren habe ich erfahren, was nicht einmal König Friedrich weiß: Während ihn hier rings um Prag die Panduren und Husaren mit ihren Streifzügen ärgern, nähert sich Erzherzog Karl ihm mit siebzigtausend Mann von Dresden her."

Friedrich wurde unruhig und stand von seinem Platz auf.

„Beunruhigen Sie sich nicht, mein Kleiner. Inzwischen weiß es auch der König. Morgen werden Sie ihm damit keine Neuigkeit mehr bringen. Gestern vormittag schreckte mich laute Janitscharenmusik auf. Ich glaubte, es seien wieder Komödianten, und ging schnell auf den Balkon hinaus. Mit geringem Unterschied war es dasselbe Wandervolk. Nur spielten sie nicht, um das Publikum zum Lachen zu bringen. Franz von der Trenck kam an der Spitze seiner Rotmäntel. Er läßt eine ganze türkische Kapelle vor sich hergehen: Pfeifen, Trommeln, Trompeten, Becken, eine Zigeunerbande in phantastischen Kostümen. So kündigt er seine Ankunft an. Er steuerte direkt auf mein Schloß zu. Franz hatte unwiderstehliche Sehnsucht, mich nach langer Abwesenheit wiederzusehen. Ich habe ihn kaum wiedererkannt. Auch früher war er keine Schönheit, aber seit der Explosion ist sein Gesicht durch rote Narben verunstaltet und gänzlich mit schwarzen Punkten übersät, hier und da kleine Büschel von Bart und Schnurrbart, einfach schrecklich anzusehen wie eine vom Hagel zerschlagene Saat.

‚Bin ich nicht schön geworden', schäkerte er, nachdem ich mich von seiner verwandtschaftlichen Umarmung befreit hatte. ‚Wieviel schöne Zeit haben wir beide seitdem vergeudet! Aber aufgeschoben ist nicht aufgehoben, Sie werden morgen den schöneren Trenck, meinen Neffen, sehen.'

Er war durch seine Spione schon gestern davon unterrichtet, daß Sie eine Volontär-Truppe anwerben und mit ihr auf Furagierung ausziehen. Und er traf jede Vorbereitung, damit Sie, wo immer Sie ihre Schritte hinlenkten, in seine vorbereitete Falle geraten würden.

Ich als Witwe eines österreichischen Generals mußte diesen Plan natürlich mit lebhafter Zustimmung begrüßen.

‚Ich höre, daß der Junge ein recht hübscher Bursche ist', sagte Franz. ‚Lauter Milch und rosig sein Gesicht, kein Barthaar sprießt darauf. Na, ich werde ihm eine schöne Chlamys anlegen, wie Ganymed sie in der Komödie trägt. Alle Teufel! Meine Seressaner brauchen einen Ganymed, und er wird der richtige sein.'"

Nun sprang Friedrich bereits zornig von seinem Platz auf und klopfte mit der Scheide seines Degens auf den Fußboden.

Miranda lachte herzlich über ihn.

„Na, da sehen Sie! Solch ein verwandtschaftlicher Spaß harrte Ihrer bei dieser Expedition. Ich hielt vom Schloßturm mit dem Fernrohr Ausschau nach Ihnen. Und ich sah, welch riesige Dummheit Sie begingen. Sie schickten den besseren Teil Ihrer Truppe, die Husaren, ins Kloster und näherten sich mit dem schwächeren Teil, mit den Infanteristen, meinem Schloß. Mein lieber Junge! Mit einer solchen Taktik wird man kein Feldherr. Ihre Aufgabe wäre es gewesen, die fünfzig Husaren umherstreifen zu lassen, um auszukundschaften, ob nicht irgendwo im Park, hinter der Kirchhofsmauer der Feind versteckt ist. Ich wußte, daß das der Fall war. Eine Husarentruppe des Franz von der Trenck schlich da in meinem Wildpark herum. Und sie kamen ihnen wie eine perfekte Beute entgegen. Für Ihre Leichtsinnigkeit verdienten Sie wie ein ungezogenes Kind die Rute. Ich war Ihnen noch nicht begegnet, aber der Haß gegen Franz gab mir ein, Sie zu befreien. Vielleicht gibt es auch noch einen anderen Grund. Ich ließ einen meiner Diener in Bauerntracht auf Umwegen zum Kloster laufen und schickte Ihrem Unteroffizier die Nachricht, er solle sogleich herbeieilen, seinen Leutnant zu befreien. Aber bis dahin schwebten Sie in der größten Gefahr. Ich war indessen sicher, daß ein Gardistenkornett, wenn er in ein Schloß eindringt, um Furage zu requirieren, es nicht versäumen würde, dem Herrn des Schlosses einen Besuch abzustatten. Doch war ich auch sicher, daß Sie, sobald Sie auf dem Hof den Lärm einer Schlägerei vernehmen würden, dorthin eilten, und dann wären Sie verloren gewesen. Ermordet hätte man Sie nicht, die Leute hatten einen entsprechenden Befehl; aber sie kennen einen Trick, mit dem sie jede Tapferkeit lächerlich machen können. Man hätte Ihnen ein Netz über den Kopf gestülpt, und derart gefangen, wären Sie, auch wenn Sie die Kräfte eines Herkules besäßen, entwaffnet worden. Gefesselt hätte man Sie auf ein Pferd geworfen und wäre mit Ihnen davongaloppiert. Die Ihnen zu Hilfe eilenden Husaren hätten Sie nicht erreicht. So wandte ich ein drastisches Mittel an, um Sie zu retten."

Es war also nur ein drastisches Mittel gewesen und sonst nichts!

Miranda blickte sich kaltblütig um, sie suchte etwas. Friedrich erriet, daß es ihre Zigarre war, die sie auf das Regal neben dem Diwan gelegt hatte. Er beeilte sich, ihr damit dienlich zu sein.

„Danke. Ich zünde eine Zigarre, die ausgegangen ist, kein zweites Mal an."

Das war wieder in orientalischer Blumensprache gesprochen.

Sie zündete sich eine neue Zigarre an und blies dem Jüngling den Rauch in die Augen.

„Jetzt muß ich Ihnen noch eine gute Karte übergeben, auf der Sie als rote Linie den Umweg eingezeichnet finden, auf dem Sie mit Ihrer Furage ganz bequem zum König gelangen können. Ihre Husaren lassen Sie nach der Kriegsordnung à cheval auf beiden Seiten der Straße reiten, um etwaige Embuscaden aufzuscheuchen. Und vergessen Sie weder Avantgarde noch Arrieregarde. Auf diesem Umweg werden Sie sämtlichen Fallen des Pandurenführers entgehen und bis morgen mittag das Lager des Königs gefunden haben. Doch lassen Sie sich durch keine Schießerei ablenken."

Die Dame redete wie ein erfahrener Soldat.

Und Friedrich gehorchte den Anweisungen, als kämen sie aus dem Munde seines Generals.

„Gräfin! Ich werde im Herzen das Gefühl ewiger Dankbarkeit für Sie bewahren."

„Sie brauchen sich nicht zu bedanken. Ich wollte in erster Linie König Friedrich einen guten Dienst erweisen. Die Bonne fortune, die Ihnen zuteil wurde, galt dem König, nicht Ihnen."

„Aha! Also per procura!" lachte Friedrich.

Die Dame erwiderte das Lachen.

„Na, das war ein gutes Bonmot aus dem Munde eines Gardistenkornetts. Also per procura..."

Friedrich von der Trenck sah die Dame nun schon ganz in der Nähe.

Auch zu König Friedrich würde eine Herzogin von Châteauroux passen.

Wenn er all das Gesehene, Gehörte und Erfahrene summierte, war diese Phantasievorstellung gar nicht so abwegig.

Friedrich verabschiedete sich mit einem respektvollen Handkuß von der feenhaften Frau, die ihn – wie man es mit einem hochgeehrten Gast zu tun pflegt – bis zum Treppenabsatz geleitete. Von dort sah sie ihm, ihren herrlichen Oberkörper auf das Geländer gestützt, nach.

Als Trenck bereits unten im Korridor war, hörte er die Stimme der Dame:

„Apropos, Trenck! Kommen Sie zurück! Ich habe Ihnen noch etwas zu sagen."

Mitteilungen nach einem solchen Zurückruf, sind zumeist recht angenehm.

Friedrich beeilte sich, vier Stufen auf einmal nehmend, vor Miranda zu stehen.

Die schöne Frau legte dem Gardisten ihre runden Arme auf die Schultern und kam ihm mit ihrem Gesicht so nahe, daß er mit Recht einen herzlichen Abschiedskuß erwartete: pour la bonne bouche.

Aber dazu kam es nicht. Die Dame flüsterte Trenck ins Ohr:

„Fast hätte ich vergessen, Ihnen das Wichtigste zu sagen. Ihr lieber Herr Vetter hat Ihnen vor einigen Tagen einen guten Dienst erwiesen. Er überrannte mit seinen Panduren Budweis, das das preußische Regiment Walrawe besetzt hielt. Die Preußen kapitulierten nach dem ersten Sturm. Die Panduren Trencks tauschten daraufhin mit den Preußen die Mützen. Es war ein großer Spaß, die Rotmäntel mit den spitzen Bischofsmützen Ihrer Grenadiere zu sehen."

„Und das nennen Sie, Gräfin, mir einen guten Dienst erweisen?" erwiderte Friedrich düster.

„Warten Sie das Ende ab. Nach der Kapitulation von Budweis gaben die Preußen noch am selben Tag die Burgen von Tabor und Frauenberg auf, und in letzterer fiel ihnen der Brigadekommandeur der Walrawe- und Kreuz-Regimenter, Prinz A. Z., in die Hände. Die göttliche Prinzessin Amalie ist nun für lange Zeit Strohwitwe geworden.

Damit legte sie Friedrich als Siegel der Verschwiegenheit zwei Fingerspitzen auf die Lippen, lachte ihm in die Augen und lief davon. In der Tür drehte sie sich noch einmal um und schoß ihm mit dämonisch-neckendem Blick einen Pfeil ins Herz.

Friedrich stand staunend da und machte ein ziemlich dummes Gesicht, überwältigt von einem ganzen Wespenschwarm widerspruchsvollster Gefühle.

Zwei preußische Regimenter hatten sich einem Pandurenführer ergeben! Welche Schande, welche Trauer! Und der Kommandeur der beiden Regimenter, der vortreffliche Heerführer Prinz A. Z., war gefangen. Welch ein Unglück!

Doch die angebetete Dame war nun allein. Welch eine Freude, welch ein Glück!

König Friedrich hatte den ganzen Feldzug verloren. Welch ein Jammer!

Jetzt würde er mit der Armee eiligst nach Berlin zurückkehren. Welch eine Freude!

An diesem kurzen Nachmittag hatte Friedrich von der Trenck alles von den Wonnen des Paradieses bis zu den Leiden des Purgatoriums durchgekostet.

Im Schutz der Dämmerung machte er sich mit seinen zweiundzwanzig beladenen Wagen auf den Weg.

Die ganze Nacht hörte er in einem fort die Gewehrschüsse, die die Panduren des Franz von der Trenck mit einigen preußischen Furagierern wechselten. Gegen Mitternacht sprengten aus einem Wald vierzig Reiter hervor, in denen er preußische Ulanen erkannte. Auch sie hatten Furage beschaffen sollen. Es war ihnen gelungen, sich aus den Klauen der Panduren zu befreien, ihre Heuwagen aber hatten sie zurücklassen müssen.

Nun verstärkten auch diese vierzig Reiter noch Friedrichs Truppe, die am nächsten Tag um die Mittagsstunde glücklich das Lager des Königs erreichte.

Nur Friedrich war in seinem Herzen unglücklich.

VII.

Verzwickte Lage

Friedrich von der Trenck stieß schon am frühen Morgen auf die Vorhut und die Troßwagen der Preußen und folgerte daraus, daß sich die Truppe des Königs in östlicher Richtung vorwärts bewegte, und zwar in raschem Tempo. Er traf das königliche Hauptquartier in der Nähe von Konopist. Der König speiste eben im Zelt mit seinem Stab zu Mittag. Auf Lafetten ausgebreitete Wagenseiten bildeten die Tafel, gebratenes Rindfleisch mit gekochten Erdbirnen (Topinambur), die Mahlzeit. Zu trinken gab es einen schmackhaften Apfelwein aus dieser Gegend.

Das Apfelweinfaß diente dem König als Sitzplatz; er saß rittlings darauf, so wie man Bacchus darzustellen pflegt. Nach hinten war der Hahn ins Faß geschlagen, und wenn die Kanne leer war, füllte der König selbst sie wieder. Das schöne Taburett, das die Königin eigenhändig für ihn bestickt hatte, hatte er dem englischen Gesandten überlassen, der ihm zur Rechten saß und sich vorzugsweise mit Brandy erquickte.

Als Friedrich von der Trenck in das Zelt eintrat, wurde er von der Gästeschar mit lautem Hurra begrüßt.

„Ah!! Trenck ist da! Trenck ist angekommen!“

Alle hatten geglaubt, er sei gefangen worden, weil er die ganze Nacht ausgeblieben war.

„Nun, Fritz“, fragte der König, „kommt Er allein?“

„Nein, Majestät. Ich komme zu zweit“, und bei diesen Worten zog er unter seinem blauen Mantel ein Fäßchen Tokajer hervor und stellte es vor den König.

„Woher hat Er das?“

„Die frommen Mönche von Beneschau haben es mir aufgedrängt. Ich sollte das edle Naß Eurer Majestät mitbringen.“

„Und Seine Soldaten?“

„Die sind, abgesehen von zwei Jägern, die die Trenck-Husaren niedergemetzelt haben, alle wieder hier.“

„Aber Er hat jenen für die beiden heimgezahlt?“

„Sieben für die beiden. Und zweiundzwanzig Husaren bringe ich als Gefangene. Ihre Pferde ließ ich vor zweiundzwanzig Heuwagen spannen. Auch die sind brav mitgekommen.“

Lautes Freudengeschrei erhob sich bei diesen Worten. Zweiundzwanzig Heuwagen!!! In dieser Zeit der Not! Einige unter den Anwesenden waren wie der ungläubige Thomas, sie wollten es nicht wahrhaben, bevor sie sich nicht mit eigenen Augen davon überzeugt hatten, daß es ein solches heraldisches Wunder gab! Ein größeres Wunder als ein Löwe mit zwei Schweifen: Heuwagen!

Der war ein Held wie aus dem Märchen!

Und obendrein hatte er seine Angreifer gefangengenommen, einen ganzen Trupp von den tapferen Husaren des anderen Trenck! Und er war mit lautem Trompetenschall quer durch das Lager der Panduren gezogen, wo alle anderen stets ihre Köpfe einbüßten. Sogar eine versprengte Ulanentruppe hatte er unterwegs noch aufgenommen und mitgebracht.

„Setz Er sich her zu mir!“ rief der König und machte dem jungen Trenck neben sich Platz. „Hol Er die Trommel aus der Ecke und setz Er sich drauf.“ Der König schob ihm die Schüssel mit Roastbeef hin, er möge sich daran sattessen. Trenck ließ sich dazu kein zweites Mal auffordern. Er schlang wie ein Wolf und ließ jede an ihn gerichtete Frage ungehört.

Der König hatte offensichtlich seine Freude an ihm.

Er wandte sich an den englischen Gesandten und sagte, indem er Trenck auf die Schulter schlug:

„C’est le matador de ma jeunesse!“

Trenck errötete über so viel Lob. Er hatte auch Grund dazu. Madame Circe hätte erzählen können, was für ein Matador er war – mit dem Säbel in der Scheide.

Das Tokajer Weinfaß ging von Hand zu Hand; den Wein pflegte man nicht aus dem Glas zu trinken, sondern vom Spundloch. Ein boshaftes

Gefäß. Man mußte schon eine gute Lunge haben, um einen Schluck aus dem Faß saugen zu können.

Nach beendetem Mahl kam der König aus dem Zelt, um die Wagen, Soldaten und Gefangenen zu mustern, die Friedrich von der Trenck mitgebracht hatte. Sie standen in Reih und Glied vor dem Zelt. Der König belobigte seine eigenen Soldaten und probierte an den Gefangenen seine Sprachkenntnisse aus. Nachdem diese ihm weder auf die ungarischen noch auf die sarmatischen Fragen antworteten, sogar die Frage: „St'ie romin'escie?" unbeantwortet ließen und nur die Köpfe schüttelten, war er überzeugt, daß sie irgendeiner völlig fremden Völkerschaft angehörten.

Dann nahm sich der König dort im Beisein seiner Heerführer das Band mit dem Orden pour le mérite vom Hals und hängte es Friedrich von der Trenck um.

„Als Belohnung für die tapfere Heldentat!"

Friedrich von der Trenck vermochte kaum ein Wort hervorzubringen. Sein Gewissen sagte ihm, daß noch nie ein Verdienstorden für so geringe Verdienste vergeben worden war.

Außer der prächtigen Auszeichnung belohnte König Friedrich ihn auch mit einem Geldbeutel. Fünfhundert Dukaten waren in dem Beutel.

Das war der Preis für das Heu.

Doch blieb auch Trenck seinerseits die Großmut nicht schuldig. Von dem Geld, das ihm der König geschenkt hatte, gab er dem Wachtmeister und den Korporalen je zwanzig Dukaten und jedem Soldaten einen; außerdem vertraute er dem Regimentskaplan hundert Dukaten an, er sollte diese den Müttern der gefallenen Jäger zukommen lassen.

Mit dieser Freigebigkeit glaubte er, ihre Verschwiegenheit zu erwirken.

Denn sein ganzer Ruhm währte ja nur solange, wie die anderen nicht mit der Wahrheit herausrückten.

Jaschinsky nahm ihn beim Arm und gratulierte ihm mit dem Wohlwollen eines Vorgesetzten zu der schönen soldatischen Bravour.

„Du mußt uns erzählen, wie du diese großartige Tat vollbracht hast."

Nun hätte Friedrich von der Trenck ihm eine an Wendungen reiche Heldengeschichte vorlügen müssen. An Phantasie hätte es ihm auch nicht gefehlt, denn er war mit großem dichterischen Talent gesegnet. Aber jetzt nahm er dazu keine Zuflucht.

„Laß mich in mein Zelt gehen. Ich habe zwei Nächte nicht geschlafen. Immerzu nur im Sattel gesessen. Ich bin müde wie ein Hund."

Bevor er aber in sein Zelt gelangte, ließ ihn der König noch einmal zu sich rufen. Der König blieb allein mit ihm.

„Kennt Er schon die Feldparole?“
„Man hat sie mir noch nicht mitgeteilt, Majestät.“
„Dann frag Er auch nicht danach. Bis Er wieder wach ist, gibt es eine andere Parole, sie lautet: Mollwitz.“
„Verstanden, Majestät.“
„Warum legt Er auf das Wort ‚verstanden‘ solchen Nachdruck?“
„Die Parole bedeutet, daß wir dem Feind entgegenziehen und ihn schlagen werden.“
„Richtig ausgelegt. Und weiß Er auch, daß wir einem echten Feind gegenüberstehen?“
„Ich weiß es, Majestät. Karl von Lothringen ist mit der Rheinarmee angekommen und hat sich mit dem Nádasdy-Korps und der sächsischen Armee vereinigt. Sie nähern sich uns von Dresden her.“
„Richtig! Vor uns Karl von Lothringen und hinter uns Franz von der Trenck. Wie nahe ist Er mit diesem Trenck verwandt?“
„Unsere Väter waren Brüder, mochten sich aber nicht. Ihre Lebenswege trennten sich. Ich und mein Vetter Franz haben uns nie gesehen.“
„Mehr weiß Er nicht über Seinen Vetter?“
„Nur das, was man vom Hören-Sagen wissen kann: Er wird für einen tapferen Soldaten gehalten, aber als ein schlechter Charakter beschrieben. Es ist nicht meine Sache, Recht über ihn zu sprechen. Sollten wir uns auf dem Schlachtfeld begegnen, wird einer den anderen niederschlagen, das ist gewiß.“
„Das höre ich gern... Während ich mit der Hauptarmee gegen Karl von Lothringen vorgehe, bleibt Er mit der Leibgarde bei der Reserve, nimmt an den Scharmützeln der Nachhut teil und tut alles, um den Gegner aufzuhalten.“
„Das wird keine schwere Aufgabe sein, Majestät.“
„Hüte Er sich vor Überheblichkeit. Franz von der Trenck verfügt über eine ansehnliche Truppe und ist rascher Bewegungen fähig. Heute erreichten Uns drei Hiobsbotschaften innerhalb einer Stunde. Budweis und Frauenberg haben ohne einen Kanonenschuß kapituliert, und am nächsten Tag folgte Tabor mit dem Walrawe-Regiment. Um die beiden anderen kümmere ich mich nicht; es waren die hergelaufenen Hessischen. Aber das Walrawe-Regiment! und besonders der in Waffentaten geübte Oberbefehlshaber Prinz A. Z. ...“
Bei der Erwähnung dieses Namens blickte der König dem jungen Trenck lange in die Augen. Der königliche Blick war wie das zündende Feuer eines Brennglases. Friedrich von der Trenck hielt dem Blick stand.
Kein Zucken mit der Wimper verriet seine Gefühle.

Doch das Vortäuschen völliger Ruhe barg auch eine Gefahr. Prinz A. Z. stand bei der Armee in hohem Ansehen, und Friedrich von der Trenck war oft bei ihm zu Gast gewesen. Ein wenig Bestürzung über die Nachricht seiner Gefangennahme sollte er wohl zeigen, wenn er schon seine Freude nicht zeigen durfte.

„Na! Und Er hat kein Wort dafür, daß Seinem hervorragenden Protektor ein solches Mißgeschick zugestoßen ist, kein ‚Gott schütze ihn'!"

Friedrich von der Trenck antwortete gelassen:

„Die schlechte Nachricht habe ich bereits gestern um diese Zeit erfahren, Majestät. Sie überrascht mich nicht."

„Wer konnte Ihm das erzählen?"

„Die gefangenen Husaren."

„Versteht Er denn die Sprache der gefangenen Husaren?"

„Ich nicht, aber meine Hausherrin, in deren Schloß ich untergebracht war."

„Aha! Er hatte eine Hausherrin!"

„In meinem Bericht werde ich alles schildern. Die Gutsherrin von Beneschau ist die Gräfin Sch...n, sie schickte Eurer Majestät durch mich die Lebensmittel zum Zeichen ihrer Huldigung."

„Ist sie schön?"

„Eine sehr distinguierte Dame."

„Er wird nicht gefragt, wie sie sich benimmt, sondern ob sie schön ist."

„Sehr schön, Majestät."

„Hat Er für die Lebensmittel gezahlt?"

„Ich wiederhole, sie sandte diese Eurer Majestät."

„Mag sein. Aber Er blieb ihr doch nichts schuldig?"

Friedrich von der Trenck nahm, um abzuwehren, seine ganze Prüderie zusammen.

„Welch ein Gedanke, Majestät... In einer solchen Situation! Inmitten des feindlichen Lagers!"

„Ach... ein Soldat muß immer eine schußbereite Waffe bei sich tragen. Beim Abschiednehmen hat Er sie doch wohl umarmt?"

„Nicht beim Abschied, Majestät."

„Na, also dann beim Verhandeln. In meinem Namen per procura."

Der König lachte, worauf auch der junge Trenck in Lachen ausbrach, bis ihm plötzlich bewußt wurde, daß er durch dieses Lachen Einblick in sein Geheimnis gewährte; so nahm er sich schnell wieder zusammen.

„Soweit es die Etikette erlaubte."

„Schon gut. Wir kennen diese Dinge. Jetzt kann Er gehen. Am Abend bekommt Er meinen Befehl.“

Vom König kommend, eilte Friedrich von der Trenck in sein Zelt, wo zwei seiner Reitknechte auf ihn warteten; hinter dem Zelt standen seine beiden Pferde. Er warf sich auf das Bärenfell und schlief sofort ein. Erst das abendliche Trompetensignal weckte ihn.

Da erfuhr er, daß der König mit dem ganzen Hauptquartier schon am Nachmittag aufgebrochen war und ihn mit einer Schwadron Leibgardisten sowie vier Kanonen zurückgelassen hatte. Die fünfzig Husaren aber, die bei seinem Abenteuer dabeigewesen waren, hatte der König mitgenommen.

Friedrich von der Trenck war sich seiner verzwickten Lage bewußt.

Jeder sprach heute von seinen Heldentaten. Alle bewunderten und beneideten ihn; man prophezeite ihm eine große Zukunft; wenn es aber dem König einfallen sollte, Norbert zu rufen, um sich das ganze kriegerische Abenteuer von dem Husarenwachtmeister erzählen zu lassen, dann würde herauskommen, daß der kommandierende Offizier an dieser ganzen Bravour nicht mehr Anteil hatte, als daß er in eine schändliche Falle getappt war. Fragte dann jemand, wo sich denn dieser grüne Junge die Tapferkeitsmedaille erworben hätte, würde man antworten: im Alkoven der Madame.

Dieses beunruhigende Gefühl begleitete ihn auf dem ganzen Feldzug. Am dritten Tag holte er den König ein, und von da an kommandierte er den ersten Zug der Leibgarde-Kavalleristen. Der König ritt mit der Abteilung der Trommler.

Einmal winkte der König Friedrich von der Trenck zu sich und redete ihn an:

„Trenck, jetzt haben wir die nötige Muße. Jetzt erzähl Er mir den Vorgang bei der letzten Furagierung in Beneschau.“

Trenck trug dem König alles wahrheitsgetreu, ohne jede Beschönigung vor. Er gestand den schweren Fehler, den er begangen hatte, und daß ihn nur die Spitzfindigkeit einer Frau und die Tapferkeit seiner Unteroffiziere vor den Folgen gerettet hatten.

Auf des Königs Gesichtszügen spiegelte sich Verwunderung. Man hatte ihm das Geheimnis also noch nicht verraten; er hörte es aus dem Munde Friedrichs zum erstenmal als ein freiwilliges Geständnis.

„Es gefällt mir, daß Er die Wahrheit sagt. Er verschweigt Seine Fehler nicht und brüstet sich nicht mit falschen Vorzügen. Darum soll Ihm das Verdienst der Heldentat erhalten bleiben. Es ist auch schon berühmten Feldherren passiert, daß sie durch einen Fehler eine Schlacht gewannen. Bei Mollwitz bin ich selbst davongelaufen und erfuhr erst am nächsten Tag, daß ich einen glänzenden Sieg errungen hatte – dank der Tapferkeit meiner Grenadiere, die den Feind niederschlugen. Ihm ist dasselbe im kleinen widerfahren. Bedanken wir uns bei der Göttin Fortuna, daß sie uns zugelächelt hat. Aber damit soll der Flirt mit den Göttinnen ein Ende haben. Er ist ein mit guten Fähigkeiten gesegneter junger Mann. Er hat das Herz und den Kopf am rechten Fleck, ist auch wissenschaftlich zur Genüge gebildet. In der Körperertüchtigung, in männlichen Kämpfen gehört Er zu den Besten. In der Seele ist Er in jeder Hinsicht ein Adliger! Fasse Er das nicht als Lob auf. Ein einziger Affekt ist bei Ihm imstande, all diese guten Eigenschaften zunichte zu machen. Das ist die Sinnlichkeit. Dazu hat Er eine starke Veranlagung. Einer einzigen Stunde der Wonne zuliebe wird Er den Verstand verlieren, Seine Pflichten vergessen, Sein Vaterland verraten und ein niederträchtiger Charakter, ein undankbarer bezahlter Spion werden. Zu all dem ist Er fähig, läßt Er sich nicht gegen die Seuche der Liebe impfen."

Noch eine halbe Stunde lang versah der König seinen Schützling mit väterlichen Ratschlägen, während dieser neben ihm ritt.

Er erzählte ihm, daß auch er – in eben demselben Alter – an der verheerenden Krankheit der sinnlichen Erregbarkeit gelitten hatte; auch er hatte jede Pflicht einer süß klingenden Stimme zuliebe vergessen und sich in die Welt der schönen Illusionen verirren können.

Doch erinnere er sich an die segensreiche eiserne Hand seines Vaters, der seine Illusionen schonungslos zerbrochen und den Sohn mit der Strenge eines Gefängniswärters zur Erfüllung der Mannesaufgaben gezwungen hätte.

„Ich werde an Ihm eine ähnliche väterliche Fürsorge üben", sprach der König. „Ich will aus Ihm einen Mann machen, und wenn es nicht anders geht, werde ich Ihn zerbrechen und neu gießen, wie es mein Vater mit mir getan hat. Aber Er soll wissen, wie diese vorbildliche Institution heißt, in der ein Mensch neu gegossen werden kann: Gefängnis. Er hat wegen dieser Frauengeschichte in Beneschau ein Jahr Festungshaft verdient. Das soll aufgehoben, aber nicht erlassen sein. Denk Er daran, wenn Er jemals wieder ein solch langherabfallendes Frauenhaar als letzte Hülle einer Feengestalt streicheln will, Seine Schuld ist im schwarzen Buch des Königs Friedrich eingetragen."

Friedrich von der Trenck war von dem väterlichen Tadel des Königs zu Tränen gerührt. Er gelobte sich hoch und heilig, von nun an ein spartanisches Leben zu führen.

Der König bestärkte ihn in diesem Vorhaben. Es gibt für einen jungen Mann keinen wirksameren Schutz gegen den verführerischen

Dämon der Liebe und Erotik als die körperliche Ertüchtigung, die Waffenübung und die athletischen Wettkämpfe; das tapfere Trotzen gegen die Elemente, die Vervollkommnung im Widerstand gegen Durst und Hunger, so wie es schon im Gradus ad Parnassum heißt, den jeder Syntaxist auswendig kann: „Multa tulit, fecitque puer: sudavit et alsit. Abstinuit venere et vino" (Vieles duldete und tat der Knabe, schwitzend und fröstelnd. Er vermied die Liebe und den Wein).

Waren sie erst wieder nach Berlin zurückgekehrt, würde Trenck dort die berühmten Gelehrten Pöllnitz, La Mettrie und Jordan vorfinden, sich mit ihnen unterhalten und aus deren Geist viel mehr Nahrung für seine Seele sammeln können als aus dem nichtigen Geschwätz irgendwelcher Frauenspersonen.

Friedrich von der Trenck hatte sich ganz ergeben. Er gelobte feierlich, von nun an jede Stunde seines Tages auf dem Fechtplatz und in der Reitschule zu verbringen; gegen aufwallende Erregungen wollte er sich mit eiskalten Bädern schützen, die Nächte den Wissenschaften widmen; und wenn er einer Frau begegnete, würde er mit niedergeschlagenen Augen nur deren Schuhspitzen begucken.

Solche Gelübde legt der Mensch ab, wenn er im Regen und Schnee marschiert und hungernd im Matsch den Feind sucht, mit dem er sich messen will.

Ob er aber die Gelübde in der nach Kölnischwasser duftenden Stube, am Feuer des Kamins, am heißen Punsch nippend, hält? Das ist eine andere Frage.

VIII.

Die beiden Trenck Auge in Auge

Friedrich II. stieß auf den gesuchten Gegner: Karl von Lothringen kam ihm mit gleicher Armeestärke entgegen.

Marschowitz hieß der Ort, wo Friedrich II. nicht die Schlacht, sondern den ganzen Feldzug verlor. Zu einer Schlacht kam es nicht.

Dabei kochte das Blut der Soldaten in beiden Lagern vor dem Drang, sich zu schlagen. Aber die Mutter sprach zu ihren Kindern: „Bleibt ruhig, geht jetzt schlafen." Die Mutter, die allen gemeinsam war, die Erde, hinderte die Armeen daran, sich zu messen.

Die Armee Karls von Lothringen lagerte auf einem halbkreisförmigen Höhenzug und hatte die Kanonenbatterien an den Abhängen aufgestellt. Zu beiden Seiten des Höhenzuges lagen Seen, die ein träge fließender Kanal verband. An den Ufern des Kanals breitete sich glitschiger Sumpf aus.

Die Armee Friedrichs II. hielt gegenüber ebenfalls eine Berghöhe besetzt; die Feinde konnten sich einander in die Eingeweide sehen, jeweils die Kanonen und die Kavallerieregimenter zählen und jede ihrer Bewegungen wahrnehmen. Beide konnten sie sich aber nicht rühren. Sie mußten hier haltmachen und sich gegenseitig anstarren. Sie hätten sich der jeweils feindlichen Stellung nur durch enge Täler nähern können, aber selbst diese Engpässe waren durch tiefe Felsschluchten zerklüftet. Felsen, Sümpfe, Seen machten ein Gefecht unmöglich. Erzherzog Karl rührte sich nicht vom Fleck. Er befand sich in einer günstigen Lage. Seine Armee war mit Lebensmitteln reichlich versehen. Hinter der Armee König Friedrichs dagegen konnte der ältere Trenck jede Versorgung mit Lebensmitteln unmöglich machen. Der König sah ein, daß ein Angriff aussichtslos war. Er ließ Retirade blasen und zog mit seiner Armee ans andere Ufer der Elbe hinüber. Damit war der ganze Feldzug verloren. Er mußte Böhmen ohne einen Kanonenschuß zurückgeben, genauso wie er das Land erobert hatte.

Der Rückzug nach Schlesien erfolgte in vollkommener Kriegsordnung in drei Heeresgruppen, so wie es die Taktik vorschrieb. Die Armee Karls von Lothringen folgte den Preußen nur in großer Entfernung und griff den heimziehenden Gegner nicht an. Friedrich II. begab sich mit einer Brigade, die aus der Leibgarde zu Pferde und zu Fuß, zwei Bataillonen Gardegrenadieren und vier Feldkanonen bestand, ins Zentrum; auf den Feind stieß er nirgends. Er hatte das ganze Hauptquartier bei sich.

Am Abend machte der König in der Stadt Kolin halt. Dieser Ort schien für ihn wie verhext zu sein. Schon sein erster Besuch dort war fatal gewesen.

Als es dunkel wurde, kamen die zur Wache aufgestellten Piketts der Kavallerie im Galopp zurück, um das Nahen einer großen Truppe ungarischer Reiterei zu melden. Die ungarischen Husaren trieben es in der Tollkühnheit so weit, daß sie in die Stadt hineinritten und dort mit ihren kleinen Karabinern umherschossen.

Jaschinsky, der Oberkommandierende der Gardisten, schickte Friedrich von der Trenck mit einem Zug Reitern zur Erkundung aus. Der kam bald mit der Nachricht zurück, daß die ganze Gegend von feindlichen ungarischen Husaren wimmelte.

Da schickte der Kommandeur Trenck zum König, um Befehle einzuholen.

Friedrich jagte auf der Suche nach dem König in der Stadt hin und her; niemand konnte ihm sagen, wohin sich der König begeben hatte. Der gesamte Kriegsrat war außerstande, einen Rat zu erteilen. Endlich meldete ihm der Diener des Königs, seine Majestät sei auf dem Kirchturm.

Friedrich eilte ihm nach. Er fand den König an einem Turmfenster mit dem Perspektiv in der Hand.

„Was will Er?" fragte der König ärgerlich, als Trenck ihn ansprach.

„Ich erwarte Euren Befehl, Majestät. Was sollen wir tun?"

„Tu Er, was ihm beliebt. Schau Er zu, daß Er seine Haut rette."

„Mein Kommandeur bittet um eine Weisung für die Reitergarde."

„Na, dann bring Er ihm die Weisung, die Reitergarde soll sich aus dem ersten Außenbezirk zurückziehen und sich im zweiten, auf dem Glacis aufstellen; keiner soll vom Pferd steigen!"

Es setzte ein strömender Regen ein, der die ganze Gegend unsichtbar machte. Der König konnte vom Turm aus nichts mehr erkennen. Es herrschte stockfinstere Nacht.

Friedrich von der Trenck eilte mit der Weisung zu Jaschinsky, und die Reitergarde zog sich aus der Stadt in den zweiten Außenbezirk zurück.

Der König ahnte den Ernst der Gefahr. Statt seine Brigade in der inneren Stadt zu konzentrieren, stellte er alle in der hinteren Vorstadt auf, wo es einen Ausgang gab.

Der Platzregen hörte auf, aber wegen des wolkenverhängten Himmels blieb es finster. Doch bald darauf gab es Licht zur Genüge! Franz von der Trenck war mit seinen Panduren angekommen, und als erstes ließ er einige hohe Häuser in Brand stecken. Die Rotmäntel besetzten die Häuser am Stadtrand und begannen, von den Fenstern aus die Preußen zu beschießen.

Der Pandurenbefehlshaber selbst ritt in rotem Dolman inmitten der höllischen Beleuchtung tollkühn überall herum und erteilte Befehle. Manchmal kam er Friedrich von der Trenck so nahe, daß dieser sein Gesicht erkennen konnte. Das war schon als Traumgesicht schauerlich.

Zwischendurch spielte die Türkenmusik: Große Trommel, Trompete, Klarinette stimmten eine Melodie an, in die der brüllende Chor der Seressaner mit einstimmte.

Um den Gegner nicht nur mit Feuer und Eisen zu verfolgen, hatte sich der Pandurenführer auch noch ausgedacht, den Kanaldamm zu durchbrechen, so daß das in die Stadt strömende Wasser gleich darauf das Glacis überflutete. Die Pferde der Gardisten standen bis zum Bauch in der Flut, und die Gardisten wurden von den Kugeln der Panduren dezimiert. Von der Kompanie Friedrichs von der Trenck fielen sechs Leibgardisten, und sein eigenes Pferd wurde am Hals blessiert. Er hatte den Aufschlag der Kugel gehört, die dem Tier den Hals durchschlug. Das Roß hob die Vorderbeine, schüttelte sich und warf seinen Reiter aus dem Sattel.

Ungewohnt, erschütternd und jegliche Kriegswissenschaft verhöhnend war diese Kampfweise. Ein Angriff in der Mitte der Stadt in finsterer Nacht, in der nur die brennenden Häuser leuchteten. Aus den Häusern wurde auf die wehrlose Kavallerie gefeuert, die mit ihren Pferden im Wasser stand. Die Angegriffenen waren in der Vorstadt umzingelt, wo es nur ein einziges Tor als Ausgang gab. Draußen vor der Stadt galoppierte die feindliche Reiterei herum und verstellte jeglichen Fluchtweg.

Einen einzigen Vorteil hatte die Brigade des Königs gegenüber Franz von der Trenck: die vier Feldkanonen. Diese Waffengattung fehlte dem Pandurenführer. Er haßte Kanonen als unnütze, zeitraubende Geräte. Ihm genügten zur Belagerung einer Stadt Leitern und die Finsternis der Nacht. Die Muskete in der Hand, den Krummsäbel zwischen den Zähnen – so eroberten Trencks Panduren die Burgen. In der Schlacht aber schätzte er die alten Geschütze schon gar nicht. Die Kanonen, die nicht schwimmen konnten und im Schlamm steckenblieben, hätten ihn nur am schnellen Vordringen gehindert.

Die vier kleinen 6-Pfund-Kanonen bewahrten Friedrich II. davor, daß ihn Franz von der Trenck in der Stadt Kolin mit seiner Garde und dem ganzen Hauptquartier gefangennahm. Der König war bereits von allen Seiten umzingelt, seine Offiziere hatten den Kopf verloren, niemand erteilte mehr Befehle.

Der Pandurenführer dagegen schrie seinen Panduren mit weithin hörbarer Stimme in irgendeinem unbekannten Dialekt, den der Feind nicht verstand, die Parolen zu.

Da zerschmetterte eine Kanonenkugel den rechten Fuß des Pandurenführers.

Friedrich von der Trenck sah, wie sich das schwarze Roß seines Vetters aufbäumte und dann nach hinten warf, wobei es seinen Reiter unter sich begrub. Die Kanonkugel tötete das Pferd.

Die Panduren rannten hin zu ihrem gestürzten Kommandeur, befreiten ihn von der Last des toten Pferdes und trugen ihn davon.

Damit war der Kampf zu Ende. Der König war aus großer Gefahr gerettet. Ein einziger Kanonenschuß hatte ihn befreit.

Mit der Verwundung ihres Befehlshabers verlor die ganze Pandurentruppe ihren Elan.

Jeder militärische Erfolg hing von der persönlichen Tapferkeit Trencks ab. Nie teilte er den Unterführern seinen Angriffsplan mit, denn er ließ ihn sich erst in der Hitze des Gefechts einfallen und änderte ihn, wenn es sein mußte, schnell. Keiner der Harampaschas war fähig, den Befehlshaber zu vertreten, denn Trenck hatte die klügeren Offiziere vor Neid und Eifersucht aus der Truppe verjagt.

Die Pandurentruppe schlich sich nun ohne Türkenmusik aus der Stadt hinaus; die Reiterei jagte noch eine Weile durch die verlassenen Straßen, doch nach Mitternacht wurde es auch hier still. Tags darauf kam das Nassauische Korps eilig herbei, um den König zu befreien, doch das Pandurenlager war, so schnell, wie es gekommen war, wieder veschwunden und störte den Rückzug der Preußen nicht mehr.

„Sein sauberer Herr Vetter hätte uns heute nacht einen garstigen Streich versetzen können“, sagte der König zu Friedrich von der Trenck, als sie am nächsten Tage wieder nebeneinander ritten. „Ein Glück, daß er erschossen wurde!“

Franz von der Trenck war aber keineswegs erschossen worden. Bei ihm waren Leib und Seele nicht so locker zusammengenäht. Man brachte ihn nach Wien, und ein geschickter Chirurg flickte dort das gebrochene Bein wieder zusammen. Es war von nun an nur etwas kürzer als das andere, aber er saß auf dem Pferd wie eh und je und blieb der Teufelskerl, der er gewesen.

Friedrich II. kehrte mit seiner stark verringerten Armee heim; er hatte etwa ein Drittel der Soldaten eingebüßt, ohne daß es zu einer Schlacht gekommen war. Und obendrein hatte er den ganzen Feldzug verloren.

IX.

Ein Märtyrer der Kronen

Wie durchlebte nun derjenige, in dessen Namen, in dessen vorgegebenen Interessen der ganze große Feldzug in Gang gesetzt worden war, wie durchlebte der gute Kaiser Karl VII. seine Ruhmeszeit?

Zur gleichen Zeit wie sich die Armee Friedrichs II. zum Angriff in Bewegung gesetzt hatte, war der Kaiser in seine bayrische Residenzstadt zurückversetzt worden.

Wieder konnte er die alte Residenz, ein Meisterwerk des Baumeisters Peter Candid, einnehmen, konnte sich über die wunderschöne Kaisertreppe tragen lassen, durch den prächtigen Audienzsaal, den Spiegelsaal und die hundert Schritt lange Galerie, die die Bildnisse der bayrischen Herrscher schmückten, jeder ein siegreicher Feldherr im Panzer mit königlichem Zepter und Marschallstab in der Hand, neben sich auf dem Tisch die Krone, bei manchen sogar zwei.

Dort, gegen Ende der langen Galerie konnte er sich auf den mit Kissen gepolsterten Armstuhl setzen lassen, seinem eigenen Porträt gegenüber, das der Künstler Georges Desmarées geschaffen hatte. Er sah sich darauf in kaiserlichem Ornat, die eine Hand in die Hüfte gestemmt, die andere auf der deutschen Kaiserkrone, in deren Schatten versteckt noch zwei andere Kronen glänzten.

Jawohl, das waren alles seine Kronen. Unter dem Bildnis das Wappen und sein Name: „Serenissimus, potentissimus, ac invictissimus Princeps, Carolus VII. Dei Gratia Romanorum Imperator, semper Augustus, Rex Germaniae et Bohemiae, utriusque Bavariae, Archidux Austriae“ und so weiter und so fort.

Er neidete dem Bildnis nur eines, daß es so stattlich auf den Füßen stand! Er konnte nur noch im Sessel sitzen und auch das nur derart, daß sein rechter Fuß über eine Lehne gelegt und in Watte und Wachstuch gewickelt war. Ihn plagte die Gicht, die weder bei Tag noch bei Nacht Ruhe geben wollte.

Es kam der Oberhofmeister, der schon von weitem mit den Verneigungen begann und in einem goldenen Lederetui die Kriegsmeldungen brachte, die soeben mit der Stafette eingetroffen waren. Er las sie dem Kaiser vor, der, um besser zu hören, die Hand vor dem Ohr zum Trichter formte. Dabei stöhnte er zwischendurch laut: „Oh, mein Knie! Oh, wie es sticht!“

Er hätte sich eigentlich über den eingegangenen Bericht freuen sollen, aber sein Gesicht konnte keine Freude mehr ausdrücken, seine Züge waren vor Schmerz, Verzagtheit und Ärger versteinert.

Da war der Gratulationsbrief von König Friedrich, der ihm ein glückliches neues Jahr wünschte.

„Ein glückliches neues Jahr!“

Könnte er mir nur einen einzigen glücklichen Tag wünschen!

Darauf mußte er antworten. Der Sekretär stand schon mit der Feder in der Hand bereit.

Aber sobald der große Mann zum Diktat Atem holte, überfiel ihn gleich der böse Katarrh, jedes Wort wurde vom Husten unterbrochen. Der Pfleger seiner Majestät war schon auf Hilfestellung geschult; er trommelte dem Kaiser mit der flachen Hand so lange auf den Rücken, bis der Husten nachließ.

Das Dankschreiben wurde inzwischen geschrieben.

Besorgt blickte sich der Kaiser um, ob nicht eine neuerliche Herrscheraufgabe folgte, die er erledigen mußte.

Es gab einen ganzen Stoß Bittgesuche. Geschädigte Bürger, die durch den mörderischen, alles in Glut und Asche setzenden Feldzug ihre ganze Habe eingebüßt hatten, Witwen und Waisen, deren Brotgeber gefallen waren. All das wurde der Wohltätigkeitskommission zugewiesen.

Ein Glück, daß dieses unangenehme Thema durch die Ankunft des Beichtvaters unterbrochen wurde. Bei dessen Anwesenheit mußten sich alle anderen zurückziehen. Der Kaiser blieb eine gute Stunde mit ihm allein. Auch ein Mensch, der Hände und Füße nicht rühren kann, mag viele Sünden haben, die gebeichtet werden müssen. Bei gekrönten Häuptern ist jedes gesprochene Wort, jeder Gedanke eine Handlung. Eine gute oder eine schlechte! Dies entschied der Priester.

Der Kaiser hatte ein ganz rotes Gesicht als ihn der Kaplan verließ. Jener wiederum war sehr blaß. Er hatte dem Kaiser die Absolution nicht erteilt.

Was die beiden unter sich gesprochen hatten, blieb ein Geheimnis, nicht einmal der Kanzler durfte etwas davon erfahren.

Die seelische Erregung war jedoch von günstiger Wirkung auf den Organismus des Kaisers. Sein Blut geriet wieder in Wallung, sein Phlegma wich. Er hatte einen Vertrauensmann, den er am liebsten um sich sah, und das war der Hofkoch. Vor dem wahrte er kein Geheimnis. Hätte der vortreffliche Mann ein Tagebuch geführt, hätte er der Nachwelt eine ungemein interessante Lektüre hinterlassen.

Kaiser Karl VII. war nach den Begriffen der damaligen Zeiten ein großer Feinschmecker; ein heutiger Gaumen würde jene mit allerlei Gewürzen, Säuren und Ölen vergifteten Speisen ablehnen, in deren Zusammenstellung Meister Kunz ein großer Künstler war. Dem Kaiser bereitete es besonderes Vergnügen, sich mit seinem Koch über derartige Delikatessen zu beraten.

„Mir ist es sehr recht, daß er mir die Absolution nicht erteilt hat", sinnierte Seine Majestät. „So brauche ich wenigstens nicht zweimal wöchentlich zu fasten. Mir sind Fische und Schnecken zuwider."

Meister Kunz trug sodann seinen Küchenplan für den Tag vor. Er sollte aus lauter warmblütigen Tieren und aus Pflanzen bestehen, die das Sonnenzeichen trugen. Nichts von dem, was im Zeichen des Saturnus gewachsen war wie Spinat und Erdbirnen.

Als Getränk sollte es Aurum potabile (trinkbares Gold) und Aqua regalis (Königswasser) geben.

„Stell Er sich vor, Kunz! Er wünschte, ich solle mich mit meinem Sohn versöhnen! Mit diesem Verkommenen! Dem das Kriegshandwerk nicht behagt! Der vor dem Krieg davonläuft! Sich mit meinen Feinden anfreundet! Wie ich höre, will er, wenn ich sterbe, sogleich mit der Königin Frieden schließen und meine Kronen wegwerfen! Meine teuren Kronen! Um die ich soviel gekämpft und die ich so stolz getragen habe. Er will keine einzige. Da, nehmt die römische Kaiserkrone! Nehmt euch die böhmische Krone! Ach, wenn ich nur noch in den Sattel steigen könnte!“

Meister Kunz brachte das Gespräch mit der Meldung, die Artischokken seien aus Verona angekommen, in die richtige Fahrrinne.

Dann nahm der Gedankengang des kranken Kaisers wieder eine andere Richtung.

„Artischocken sind eine teure Delikatesse; dafür muß man Geld ausgeben. Die kaiserliche Kasse ist jetzt leer! Es ist nichts drin, nicht ein Batzen. Wir werden verhungern!“

Um den hohen Patienten zu trösten, ließ man die Staatsschatulle bringen und öffnen. Sie war voller Dukaten. Der Kaiser konnte sehen, daß er nicht verhungern würde.

Er griff mit der Hand in die Goldstücke, ließ eine Handvoll Dukaten von der einen Seite des Kästchens in die andere gleiten und rechnete dabei, wie viele Tage das reichen würde.

„Dreißig! Nicht einen Tag mehr. Nach dreißig Tagen haben wir nichts mehr zu essen. Ich kann mit meinen Kronen betteln gehen.“

Seine Umgebung sprach ihm Trost zu: Dreißig Tage sind eine lange Zeit. Unterdessen können sich große Dinge ereignen. Maria Theresia wird eine reiche Entschädigung zahlen.

„Ja, das stimmt. Der Kaplan sagte, ich solle mich nicht um die ferne Zukunft sorgen, weil ich den nächsten Vollmond nicht mehr erleben werde. Aber – ich will nicht sterben! Was soll mit meinen Kronen werden, wenn mein Sohn an meine Stelle tritt?“

Das servierte Mittagessen endlich tröstete den Kaiser. Mit seinen gichtverkrümmten Fingern konnte er nicht selbst essen, sein Pfleger mußte ihn füttern. Der Kaiser hatte einen maßlosen Appetit. Solange er aß und trank, vergaß er die körperlichen Schmerzen und auch die Sorgen.

„Ein Marzipan von solcher Art wird nicht einmal im Paradies zubereitet!“

Nach dem reichlichen Mittagsmahl traten sogleich die körperlichen Schmerzen wieder auf: Der Magen blähte sich, der Stein quälte ihn, die Kniegelenke zuckten und brannten.

Eiligst wurden die Ärzte herbeigerufen. Alle drei hielten sich in der Nähe auf; sie umgaben den Patienten wie ein Hexendreieck.

Der eine trug eine schwarze Perücke; der zweite eine graue, der dritte eine rote. Der mit der schwarzen Perücke heilte jede Krankheit von außen – mit Pflastern und Blasenziehern, durch Räuchern und Brennen, mit belebenden Balsamen und Niespulver. Seine neueste Panazee war die Haut eines lebendig geschundenen weißen Ziegenbocks, die um das schmerzende Glied gewickelt, die Gicht untrügbar vergehen ließ.

Der mit der grauen Perücke war ein gelehrter Therapeut. Er stellte die Diagnose jeder Krankheit aus der Farbe, der Trübung und dem Bodensatz des Urins. Untrügbar, und dementsprechend verschrieb er seine Rezepte, die sich mit Produkten der Tier- und Pflanzenwelt und Mineralien nicht begnügten, vielmehr auch Bestandteile der mythologischen Drachen und Basilisken in Anspruch nahmen.

Der mit der roten Perücke schließlich war ein Rationalist, der bereits auf die These gekommen war, daß die Kräuter mit Heilwirkung und so auch die tierischen Bestandteile ihre *signacula* haben. Demzufolge mußte einer, der an Steinen litt, in einem Bad aus den Blüten des Steinbrechs (saxifraga) und des Steinsamens (lithospermium) gebadet und zum Schwitzen gebracht werden, ihm mußte ferner ein Getränk aus den zerstoßenen Blasensteinen einer Bisamratte verabreicht werden, und er mußte mit dem Rauch des Ambersteins aus dem Magen des Pottwales geräuchert werden. Diese zersetzten den Stein, da es selbst tierische Steine waren.

Inmitten der vielen Konsilien und Dispute stöhnte und jammerte der zu Tode gequälte Kranke und brach plötzlich in die Worte aus: „Alle meine Kronen gäbe ich jetzt für ein heilendes Arkanum."

Schließlich verlautbarte der mit der roten Perücke den klugen Satz: „Nichts könnte die Krankheiten Seiner Majestät so gut heilen wie – wenn Majestät unser rauhes Klima verließe und in ein wärmeres übersiedelte. Sagen wir: nach Nizza."

Der Kaiser lachte, hustete und tobte zugleich.

„Oh, tu Asinus in folio! Ich soll nach Nizza gehen, wo jetzt Österreicher, Italiener, Franzosen und Spanier übereinander herfallen! Wißt Ihr denn nicht, daß dort jetzt Krieg geführt wird?"

Der Gelehrte machte große Augen. Nein, das gehörte allerdings nicht zu seinen Fachwissenschaften.

„Ich wundere mich sehr, daß es in Italien Krieg gibt, wo doch schon Paracelsus geschrieben hat, die Speise von Feigen und das Getränk von Granatäpfeln haben eine so beschwichtigende Wirkung, daß selbst die Tiger davon zahm würden."

(Das Malheur ist nur, daß die Tiger keine Feigen fressen und keinen Granatapfelsaft trinken.)

Es folgten die chirurgischen Quälereien, das Schröpfen, Blutablassen, Kathetern und Blasenziehen und schließlich die alle Krankheiten heilenden Theriaka. Unter der Wirkung der Rauschmittel schlief der Kranke ein. Aber dieser vom Opium gespendete Schlaf weckte wieder fürchterliche Visionen in seinem Gehirn. Er träumte vom Begrabenwerden. Beim Erwachen mußte er die Tür der Gruft aufbrechen; er röchelte und rang nach Luft: „Ich will nicht sterben! Was geschieht mit meinen Kronen?"

Eines Abends kam der Minister mit einem dringenden Brief und unterbrach das Gejammer des kranken Kaisers; alle anderen Sterblichen hatte er hinausgeschickt.

Den Brief hatte Friedrich II. aus seinem Hauptquartier in Glatz geschrieben.

Der König ließ seinen kaiserlichen Schützling wissen, der diesjährige Feldzug sei beendet – und zwar schlecht. Er habe Böhmen räumen müssen, und auch die Franzosen hätten ihre Verbündeten im Stich gelassen. Die preußische Armee ziehe sich nach Brandenburg und Pommern zurück. Der Kaiser möge sehen, was er tun könne.

„Nein, jetzt will ich nicht weiterleben!" rief der Märtyrer der Kronen.

Und er hielt Wort.

Am nächsten Morgen brachte man umsonst das munter machende Borax zum Räuchern. Kein belebendes Arkanum konnte ihn mehr aufwecken. Seine Kronen ließ er da.

X.

Juventus – ventus

Es kam, wie es der todkranke Kaiser vorausgesehen hatte. Sein Thronfolger, Maximilian Joseph verzichtete im Friedensschluß zu Füssen auf jeglichen Anspruch hinsichtlich der Kaiserkrone und der Erbländer Maria Theresias, bekam dafür im Tausch das besetzte Bayern zurück und hörte auf, mit Friedrich II. verbündet zu sein.

Maria Theresia schloß mit England, Holland und Sachsen ein Bündnis und auch Rußland und Polen gedachten sich dem Bündnis anzuschließen.

Dem König von Preußen blieb kein anderer Waffengefährte als der König von Frankreich.

Es waren bittere Tage für Friedrich II. In einem denkwürdigen Brief führte er zwei Beispiele an: Das eine handelte von einem Schiffskapitän, der, unterwegs allseitig von fremden Galeeren umringt, eine Lunte an die Pulverkammer legt; das andere Beispiel galt seiner edlen Gegnerin, Maria Theresia, die, eine Frau, nicht verzweifelte, als ihre Feinde schon an die Tore von Wien hämmerten, sondern den Kampf gegen alle aufnahm.

Soweit war es also mit Friedrich II. gekommen, daß sich seiner Phantasie solche Vorstellungen bemächtigen konnten.

Die leichtblütige Jugend aber kümmerte sich nicht um die hohe Politik, auch nicht um die Wühltätigkeit des Ministeriums Pelham, das Friedrich II. tröstliche Nachrichten schickte, aber die Kriegssubvention für Maria Theresia auf fünf Millionen Gulden erhöhte und ihr die Hannoveranischen Regimenter zur Verfügung stellte. Für Friedrich von der Trenck begannen von neuem elysäische Tage!

Die guten Ratschläge, die ihm der König während des Marschierens eingeimpft und die zu befolgen er sich so fest vorgenommen hatte, waren nach Berlin zurückgekehrt, alle vergessen.

Die entzückende Göttin war des Trostes bedürftig. Der Feldzug hatte sie zur Strohwitwe gemacht. Prinz A. Z. war nach Wien gebracht worden. Er wurde dort zwar seinem Rang entsprechend behandelt, konnte auf sein ritterliches Ehrenwort frei umhergehen, wenn er nur die Zollschranken nicht überschritt, und erhielt sogar zu jedem Tanzabend bei Hofe eine Einladung, von der er auch Gebrauch machte.

Prinzessin Amalie lebte in völliger Zurückgezogenheit, zeigte sich nirgends in der Öffentlichkeit, trug Trauer und schickte ihrem Gatten jede Woche zweimal einen Brief durch die Stafette.

Der Trauerschleier war ein sehr guter Vorhang für das Liebesidyll, das sich dahinter abspielte.

Friedrich von der Trenck brauchte keine Überraschungen zu befürchten und war deshalb auch weniger vorsichtig. Es heißt nicht umsonst, Liebe macht blind.

Sein glückliches Verhältnis zu der Prinzessin war allmählich Stadtgespräch.

Einmal während eines Abendessens, bei dem lauter Gardeoffiziere zugegen waren, erzählte Friedrich von der Trenck auf Aufforderung seiner Kameraden die Kriegsabenteuer des anderen Trenck, wie dieser eine von der Franzosen besetzte Burg mit Strohpuppen eingenommen hatte.

Ein Gardeoffizier zu Fuß, den Trenck nicht ausstehen konnte wegen seiner femininen Gesichtszüge und den er deswegen Ganymed nannte, fügte der Erzählung eine Stichelei hinzu:

„Das ist gar nichts. Ich kenne einen Trenck, der es versteht, Burgen mit Hilfe von Strohwitwen einzunehmen."

Diese Bemerkung brachte Friedrich von der Trenck derart auf, daß er dem vorlauten Spötter den Inhalt seines Glases ins Gesicht spritzte und ihn obendrein einen „... et cetera" titulierte.

Der insultierte Offizier zückte sofort den Degen, und die beiden Gardisten begannen dort im Speisesaal ein Duell, wobei Trenck seinem Gegner einen Hieb ins Gesicht beibrachte, der dessen Schönheit von nun an beeinträchtigen sollte.

Das war von Trenck eine ziemliche Dummheit.

Bald darauf mußte er die Folgen erfahren. Bei der nächsten Kirchenparade am Sonntag sagte der König im Vorbeigehen recht laut zu Trenck:

„Herr, der Donner und das Wetter wird Ihm aufs Herz fahren! Nimm Er sich in acht!"

Doch auch diese Ermahnung brachte Friedrich nicht zur Vernunft. Er war der Meinung, daß einer, der schon einmal zum verbotenen Apfelbaum des Paradieses gelangt war, sich nicht wie unser armer frommer Vater Adam damit begnügen sollte, beim ersten Bissen den Apfel wegzuwerfen, vielmehr sollte er auf den Baum klettern und nach Lust und Laune die Früchte genießen.

Aber die Fallgrube war für ihn schon ausgehoben.

Alle beneideten ihn wegen seines Glücks, und Neider sind die unversöhnlichsten Feinde. Mit einem Neider kann man sich nicht duellieren, der ersticht einen von hinten.

Einige Tage nach dem Zwischenfall war Friedrich von der Trenck bei Jaschinsky, dem Kommandanten des Gardedukorps, zu einem freundschaftlichen Abendessen geladen. Außer ihm waren noch zwei gute Kameraden da, von denen der eine, ein Kornett gleichen Ranges, im Quartier mit ihm das Zelt teilte.

Wieder kam das Gespräch auf den ungarischen Trenck.

Jaschinsky warf beim Pfeiferauchen die Frage auf, welche verwandtschaftliche Beziehung zwischen den beiden Trenck bestünde.

Friedrich erzählte alles, was allgemein bekannt war.

Er plauderte aber auch etwas aus, was er besser geheimgehalten hätte. Er erzählte, daß der ungarische Trenck mit einer tödlichen Verwundung nach Wien gebracht worden wäre und dort ein Testament gemacht hätte, in dem er ihn, den jüngeren Vetter, zum Erben seiner großen ungarischen Güter und seiner noch wertvolleren Beute eingesetzt hätte. Von diesem Testament hätte er Friedrichs Mutter, die in Pommern in zweiter Ehe lebte, verständigt, und sie hätte den vielsagenden Brief ihrem Sohn geschickt.

Als aber Franz von der Trenck diesen Brief an Friedrichs Mutter geschrieben hatte, hatte er nicht im mindesten daran gedacht, ein Testament zu machen; im Gegenteil, sein Bein war geheilt, und er machte sich bereit, seine Panduren wieder zu einer Brigade zu sammeln.

Wozu hatte er dann den Brief geschrieben?

Vielleicht, um die Preußen glauben zu machen, der gefürchtete Franz von der Trenck sei am Ende, nage am Sterbelaken, gehe in sich und mache sein Testament.

Oder hatte er irgendeinen dämonischen Plan, seinen jungen Vetter zu verderben?

Jaschinsky meinte zu dem Brief:

„Mein Freund, der macht Sie ja zum Krösus, das Vermögen ist mehrere Millionen wert! Sie greifen doch mit beiden Händen zu?"

„Keineswegs. Nicht einmal den kleinen Finger rühr ich. Ich danke für die slawonischen Wälder voller Räuber und all das geraubte Gold und Silber. Ich würde meinen König nicht um alle Schätze des Großmoguls gegen einen anderen vertauschen."

Hierauf fielen alle drei Offiziere über ihn her: Man dürfe ein solches Glück nicht leichtfertig zurückweisen.

Undankbarkeit sei eine gemeine Sünde! Es gehöre sich, für den guten Willen seines Vetters zumindest brieflich zu danken. Wer weiß, welchen Nutzen er noch davon haben könne.

Sie redeten ihm zu, er selbst solle dem ungarischen Trenck direkt antworten, ihn seinen lieben Vetter nennen und sich für das verwandtschaftliche Wohlwollen bedanken.

Doch Friedrich fiel all das ein, was Miranda ihm über die gute Gesinnung des Franz von der Trenck erzählt hatte, und das brachte sein Blut in Wallung. Auch mußte er an die Nacht denken, in der er den Vetter bei seinem dämonischen Treiben in Kolin gesehen hatte; die im Wasser verbrachte Nacht, die ihm um die Ohren pfeifenden Kugeln, die höllische Türkenmusik – die Erinnerung daran ließ jedes verwandtschaftliche Gefühl in ihm erstarren.

„Wissen Sie was", fuhr Jaschinsky fort, „schreiben Sie ihm, Sie bedanken sich für sein Testament, er solle seine Panduren cum appertinentiis nur weiter in Frieden behalten, Ihnen vielmehr, wenn er Gutes tun wolle, einige dieser prächtigen ungarischen Pferde schicken, die in drei Tagen und drei Nächten unter dem Sattel nicht ermüden. Geben Sie mir den Brief, ich lasse ihn durch den sächsischen Gesandten in seine Hände gelangen. Er enthält ja keine Staatsgeheimnisse, ist nur eine Familienkorrespondenz. Wenn Ihnen Ihr Vetter ungarische Pferde schickt, bedinge ich mir eins davon aus."

Friedrich von der Trenck ließ sich dazu überreden, einen Brief diesen Inhalts an seinen Vetter zu schreiben. Jaschinsky übernahm den Brief, versiegelte ihn mit seinem eigenen Petschaft und steckte ihn in die Tasche.

Dieser Brief bildete den Wendepunkt, an dem sich Friedrichs Schicksal ins Schlechte kehrte.

Er aber dachte nicht weiter daran.

Er lebte in die Welt hinein wie ein leichtsinniges Kind. In Frauenherzen wohnt die Seligkeit, und wer wünscht sich nicht, der Glückseligkeit teilhaftig zu werden!

Einmal passierte es dann, daß er sich wegen der glücklichen Schäferstunde bei der morgendlichen Parade verspätete.

Der König sah ihm diesmal den Fehler nicht nach. Er schickte ihn nach Potsdam in Arrest. Dort bekam er ein Zimmerchen auf der langen Brücke.

Für eine so geringe Nachlässigkeit im Dienst sind allgemein drei Tage Arrest der entsprechende Preis.

Friedrich wurde jedoch zwei Wochen lang in seinem Zimmerchen vergessen.

In der Zeit kamen unter dem Mantel der Freundschaft *agents provocateurs* zu ihm und redeten ihm zu, er solle sich um Begnadigung an den König wenden.

„Ich habe nichts verbrochen", sagte Friedrich, „und ich bitte nicht um Gnade."

Man ließ ihn weiter im Arrest.

Und er ahnte noch immer nicht, daß dies wegen der schönen Augen der Prinzessin geschah.

Dann traf der König selbst in Potsdam ein; tags darauf suchte sein Flügeladjutant, General Bork, Friedrich im Arrest auf und vertraute ihm Telegramme an, die er sofort nach Dresden bringen sollte.

Er freute sich, wieder in den Sattel steigen zu können.

Aus Dresden zurück, meldete er sich beim König auf der Parade.

Die Leibgardisteneskadron, bei der er Kornett war, lag in Berlin.
„Befehlen Eure Majestät, daß ich zur Eskadron nach Berlin zurückkehre?“
„Wo kommt Er her?“
„Aus Dresden, wohin ich Depeschen gebracht habe.“
„Wo war Er ehedem?“
„Im Arrest.“
„So geh Er wieder hin, wo Er gewesen ist.“
Und Junker Friedrich mußte brav wieder zurück in Arrest auf die lange Brücke.
Ach, die Liebe, ach die Liebe ist ein tiefer Brunnenschacht ...

XI.

Die Feuertaufe

Die Potsdamer lange Brücke war für Friedrich von der Trenck als eine gehörige Lehre gedacht, sozusagen ein Wink mit dem Zaunpfahl.

Er aber begriff das noch immer nicht. Er träumte unaufhörlich von dem Ideal seiner Liebe und beklagte sich über die Strenge des Königs. Ein so langer Arrest wegen einer kleinen Verspätung! Daß es wegen der Ursache dieser Verspätung war, bedachte er nicht.

Der Gefangene durfte auch beim Spaziergang nur über die lange Brücke gehen, immer hin und zurück auf dem Mittelweg. Er blickte durch das Gitter des Fensters hinaus und sah, daß die Weiden am Spreeufer die ersten Knospen trieben. Als dann die Weidenbäume schon grüne Zweige hatten, schlug endlich die Stunde der Befreiung. Der Platzkommandant von Potsdam suchte ihn in seinem Gefängnis auf und teilte ihm mit, der König habe ihn begnadigt, nun solle er nach Berlin eilen, er habe drei Tage, um seine Sachen zu ordnen, dann steige er sofort aufs Pferd und beeile sich, den König einzuholen, der mit der Garde nach Schlesien unterwegs sei. Ein neuer Feldzug habe begonnen.

Man ließ ihn also nur frei, damit er in den Krieg zöge.

Immerhin hatte man ihm drei Tage gewährt, um seine Angelegenheiten zu ordnen.

Und was wäre für ihn dringender gewesen, als die Göttin seines Herzens aufzusuchen. Völlig unbesonnen eilte er in das fürstliche Palais und stürmte bei hellichtem Tage die Haupttreppe hinauf. Eine große Überraschung harrte da seiner. Statt der entzückenden Fee empfing ihn der Prinz, der Gemahl. Auch er war aus der Wiener Gefangenschaft freigekommen; man hatte ihn gegen einen österreichischen General ausgetauscht.

Prinz A. Z. empfing den Jüngling höchst liebenswürdig. Er machte ihm Vorwürfe, daß er sich im fürstlichen Palais so lange nicht habe sehen lassen. Die Prinzessin zürne ihm sehr, weil er sie so vernachlässige. Sie habe ihn den ganzen Winter hindurch nicht gesehen. Er sei auch nicht zu den Bällen gekommen. Wo habe er nur die ganze Zeit gesteckt? Schließlich lud der Prinz ihn zum Abendessen ein. Es würde eine schöne Gesellschaft zusammenkommen, auch Damen, darunter sei vielleicht eine, die den jungen Herrn interessiere.

Friedrich biß sich die ganze Zeit vor Zorn auf die Lippen. Er bedankte sich artig für die freundliche Einladung, entschuldigte sich aber, da er sogleich dem König und seiner Garde nacheilen müsse. Er bat den Gatten, der gnädigen Frau Gemahlin seinen untertänigsten Gruß auszurichten, und verließ beklommenen Herzens das Paradies seiner Wonnen, ohne mit seinem Idol auch nur einen Abschiedsblick gewechselt zu haben.

Nichts hielt ihn länger in Berlin; er beeilte sich, den König und sein Lager zu erreichen.

Friedrich II. war ausgezogen, das eroberte Schlesien zu verteidigen.

Das Kriegsglück hatte sich gewendet; nun gewannen die Feinde des Preußenkönigs die Oberhand. Engländer und Holländer griffen mit starken Armeen den Verbündeten Friedrichs II., den König von Frankreich, an, dessen Armee von einem Kranken, Moritz von Sachsen, geführt wurde; kurz bevor er ins Feld zog, hatte er sich einer gefährlichen Unterleibsoperation unterziehen müssen. Maria Theresia und der Fürst von Sachsen schlossen ein Bündnis mit dem Endziel, Preußen unter sich aufzuteilen. Sie hatten eine Armee, die stark genug war: neunzigtausend Mann, viel Kavallerie, denen Friedrich II. im ganzen nur sechzigtausend Mann entgegenstellen konnte.

Nun zählte aber König Friedrich selbst soviel wie eine Armee. In seinem Lager herrschte strenge Ordnung. Er sorgte persönlich für alles, führte an der Spitze der Garde die Vorhut an und ritt selbst rekognoszieren. Die Garde mußte überall ihren Mann stehen. Schon um zwei Uhr nach Mitternacht stieg sie in den Sattel, und keiner schlief täglich mehr als drei oder vier Stunden; aber dieselbe Regel galt auch für den König. Die Garde hatte die persönlichen Anordnungen des Königs weiterzugeben. Die anderthalbhundert tapferen, geübten edlen Ritter, lauter kluge Köpfe, teilten innerhalb von wenigen Stunden dem ganzen Lager mit, was der König beschlossen hatte. Darum gab es nie ein Durcheinander, nie ein Mißverständnis: Jeder kannte seine Aufgabe und wußte nach Erledigung derselben, was die nächste war, was unterdesssen beim benachbarten Korps geschah und wie er daran mitzuwirken hatte. Diese wunderbare Organisation befähigte die Armee Friedrich II. so siegreich zu kämpfen.

Aber auch die Göttin des Glücks ist launisch. Diese Dame kennt keine Treue. Der kranke Moritz von Sachsen schlug bei Fontenoy (schon nach verlorener Schlacht) die vereinigten englischen, hannoveranischen und holländischen Armeen, und dem englischen König erwuchs ein gefährlicher Rivale in Albion selbst, in der Person des jungen Eduard Stuart, Prinz von York, der als Kronprätendent auftrat und an der Spitze aufständischer Schotten bis zu Londons Toren vordrang.

Friedrich II. blieb mit zwei Gegnern auf dem Kampfplatz.

Diese waren bereits gemeinsam in Schlesien eingefallen und suchten den König.

König Friedrich hielt auch die Schlauheit durchaus nicht für eine verächtliche Waffe in der Kriegsführung. Er schickte Spione aus, die sich als Anhänger der Österreicher ausgaben. Sie brachten Karl von Lothringen die Nachricht, der König von Preußen sei erschrocken wegen der Übermacht seiner Feinde und wolle aus Schlesien retirieren. Der Prinz von Lothringen nahm die falsche Nachricht für wahr und stellte dementsprechend seine Schlachtordnung auf. Er beabsichtigte, König Friedrich den Weg des Rückzugs zu verstellen. Zu diesem Zweck gab er sein starkes Lager in den Bergen auf und stieg in langen Kolonnen in die Ebene herab.

„Da habe ich sie, wo ich sie hinhaben wollte!“ rief der König, als er ihre Regimenter auf den Bergstraßen herabkommen sah.

Wo sich die preußischen Truppen befanden, wurde durch nichts verraten. Kein Trommelschlag, kein Trompetenzeichen war zu hören, kein Lagerfeuer wurde angezündet und niemand ging ans Flußufer zum Tränken; still war es in der ganzen Gegend.

Als es dann Abend wurde, setzte sich die preußische Armee in Marsch und ging ohne jedes Zeichen dem Gegner entgegen. Um zwei Uhr nach Mitternacht wurde den Regimentern die Schlachtparole ausgegeben, die höchsten Offiziere erfuhren die Dispositionen für die Schlacht. Beim ersten Morgengrauen wurden die Trompeten geblasen, und der Sturm setzte ein.

Das Gefecht zwischen der sächsischen Reiterei und den preußischen Kürassieren und Dragonern begann um vier Uhr morgens. Um sechs

Uhr war die sächsische Reiterei vom Schlachtfeld gefegt. Doch um so stärker und mutiger hielt sich unter dem Schutz eines niedrigen Waldes die Infanterie, die die Preußen mit mörderischem Feuer empfingen. Dennoch schlugen die preußischen Grenadiere sie aus dem Wald hinaus. Die Sachsen zogen sich hinter ein mit Büschen bewachsenes sumpfiges Gelände zurück, dessen hüglige Erhebungen durch Hecken umzäunt waren. Ein langer Damm führte durch den Sumpf, hinter dem sich die Sachsen verschanzt hatten und Brust an Brust mit Gewehrkolben und Bajonetten verzweifelt kämpften. Die preußischen Grenadiere überwanden die Gräben, die Zäune und den Sumpf und zwangen die Sachsen hinaus auf die Ebene. Die standen auch da noch ihren Mann. Auf ein Kommando nahm die ganze Infanterie eine Dreieckformation an und wies den Angriff der Grenadiere zurück.

Da ließ König Friedrich seine Reiterregimenter auf das furchterregende Dreieck los: Ein Kürassier- und ein Dragonerregiment, und allen voran ritt die Garde. Jaschinskys Gardisten brachen als erste in die Flanke des Dreiecks ein; sie metzelten zwei Abteilungen sächsischer Grenadiere nieder.

Hier befand sich Friedrich von der Trenck zum erstenmal in einem ernsten Gefecht. Er kämpfte tapfer und seiner Kameraden würdig. Jetzt stellte sich heraus, welchen Wert die prächtig uniformierte, aber durch schwere Übungen trainierte kleine Truppe besaß. Diese einhundertfünfzig Reiter entschieden das Schicksal der Schlacht. Das Dreieck wurde zerstört, die sächsische Infanterie warf ihre Gewehre weg und flüchtete in wildem Lauf vom Schlachtfeld.

Da war es sieben Uhr morgens.

In vollem Schwung wandten sich die Preußen nun gegen die Österreicher.

Diese hatten den Kanonendonner schon vom Morgengrauen an aus nächster Nähe gehört, sich aber in dem guten Glauben gewiegt, der Fürst von Sachsen greife König Friedrich an und verstelle ihm die Retirade. Erst als die auseinandergejagte sächsische Kavallerie die Schreckensnachricht brachte, die Angreifer seien die Preußen und die Sachsen befänden sich in großer Gefahr, entschloß sich Erzherzog Karl, seinem Waffengefährten Hilfe zu schicken.

Zu der Zeit war der Vormarsch der preußischen Infanterie auf dem von Gräben durchzogenen Gelände bereits zu sehen. Erzherzog Karl bemühte sich, die Preußen mit Kanonenfeuer aufzuhalten. Als ihm das absolut nicht gelang, schickte er die Kavallerie nach vorn. Die aber blieb beim Strigauer Wasser stehen und ließ dem Oberkommandierenden melden, sie könne nicht über den Fluß kommen, das Gelände sei überall sumpfig, die Ufer sehr steil, man könne ohne Brücke nicht ans andere Ufer gelangen. Es fehlte Franz von der Trenck mit seinen Husaren und Panduren! Die hätten das Strigauer Wasser überqueren können.

Sechsundfünfzig Schwadronen wurden insgesamt von Erzherzog Karl befehligt. Bald darauf kam die Kavallerie König Friedrichs II. an, die aber nur aus fünfundzwanzig Schwadronen bestand. Für die Preußen war das Strigauufer nicht zu steil, der Sumpf nicht zu unwegsam, sie wateten hindurch und zerschlugen in weniger als einer Stunde die doppelt so zahlreiche österreichische Reiterei.

Auch hier verdiente sich Friedrich von der Trenck den Ruf der Heldenhaftigkeit. Zwei Pferde wurden unter ihm erschossen, da ließ er sich noch ein drittes von seinem Reitknecht geben. Überall war er im Kampf an der Spitze und wehrte jeden Säbelhieb ab. Als sie aber die zerschlagene feindliche Kavallerie verfolgten, zückte ein Dragoneroffizier, dem Friedrich zurief, er solle sich ergeben, statt einer Antwort die Pistole und durchschoß Friedrich die Hand.

Damit war er kampfunfähig.

Die Schlacht ging um elf Uhr vormittags mit dem vollen Sieg Friedrichs II. zu Ende. Die verbündeten feindlichen Armeen verloren viertausend Tote und fünftausend Gefangene, außerdem sechsundsechzig Fahnen und vierzig Kanonen. König Friedrich II. schrieb über seine Soldaten, sie hätten wie Löwen für das Vaterland gekämpft und die alten Römer hätten nie etwas Glänzenderes geleistet. Auch die Preußen kostete der Sieg tausendzweihundert Tote. Die Zahl der Verwundeten machte sechzehntausend aus.

Gleich auf dem Schlachtfeld verlieh König Friedrich allen Offizieren den Orden Pour le mérite. Nun konnte ihn auch Friedrich von der Trenck mit Stolz tragen; er hatte ihn sich redlich verdient.

Aber mit seiner Verwundung mußte er ins Lazarett nach Schweidnitz, wo er vier Wochen lang gepflegt wurde, bis seine Hand geheilt war. Zum Säbelschwingen konnte er sie zwar noch lange nicht gebrauchen. Als er zur Garde zurückkehrte und sich als gesund meldete, empfing ihn der König sehr gnädig.

„Nun hat Er die Feuertaufe hinter sich. Betrag Er sich auch weiterhin, wie es sich für einen Mann gehört."

Auch Prinz A. Z., der ein Regiment kommandierte, war sehr freundlich zu ihm.

„Ich habe der Prinzessin geschrieben, Sie seien verwundet worden, und sie trug mir auf, Ihnen ihr tiefes Mitgefühl auszudrücken."

Der König teilte Friedrich von nun für Kurierritte ein und verschonte ihn von schwereren Aufgaben.

Der Prinz beschenkte ihn mit einer guten Jagdflinte.
„Ich weiß, daß Sie ein leidenschaftlicher Jäger sind. Sie gaben mir Gelegenheit, das zu erfahren. Nun läßt Ihnen der Militärdienst Zeit. Der König wünscht nicht, daß Sie bei der Parade zugegen seien. Sie können gehen und Fasanen schießen."
Friedrich machte Gebrauch von der gnädigen Erlaubnis, in der auch eine gute Portion beißender Spott lag.

XII.

Die Heu- und Strohfee

Der glänzende Sieg bei Hohenfriedberg beendete den Feldzug nicht. Die Kriegsmacht der Gegner Friedrichs II. war immer noch ebenso stark wie die seine. Nun kam es so, daß die anderen ihre Armeen in zwei Teile gliederten, von denen sich keiner auf eine entscheidende Schlacht einließ, sondern in alle Richtungen umherstreifend, ohne jeden Kriegsplan, mit dem preußischen König die langen Sommermonate hindurch Kleinkrieg führte. England gab Geld genug zur Kriegsführung, und die russische Zarin versprach Maria Theresia, ihr auch Truppen zu Hilfe zu schicken.
König Friedrich verbrachte den ganzen Sommer im Zelt.
Gegen Ende des Sommers marschierte er – nicht mit strategischer Absicht, sondern lediglich, um seine Armee im Feindesland zu verpflegen – mit einem Teil seiner Truppen nach Böhmen. Seine sämtlichen Brigaden umfaßten nicht mehr als zwanzigtausend Mann. Die übrigen Korps waren nach Sachsen und Schlesien detachiert.
Mit dieser Zerbröckelung seiner Streitmacht beging Friedrich II. einen schweren Fehler, und es hing an einem Haar, daß er es nicht schwer zu büßen hatte.
Und es war ein Frauenhaar.
Friedrich von der Trenck genoß immer noch das Leben eines verhätschelten Kindes. Der König erlaubte ihm nicht, seine verwundete Hand zu überanstrengen. Schon seit drei Monaten hatte er den Säbel nicht mehr gezückt.
Dagegen war sein Jagdgewehr immer geschultert; ohne seinem Obersten Meldung zu machen, schweifte er ganze Tage in den an Wild reichen böhmischen Waldrevieren umher und kehrte in der Regel mit beträchtlicher Jagdbeute in sein Zelt zurück.

Sie lagerten im Elbtal, ungefähr in derselben Gegend, wie ein Jahr zuvor.

Vielleicht erinnerte sich der junge Held an den einen oder anderen Vorfall? Etwa an die Feengestalt im Schloß Beneschau? Er war ihr jetzt wieder ganz nahe.

Eines Abends, als Trenck von seiner seit dem Morgen anhaltenden Pirsch mit Fasanen beladen zurückkehrte, fand er höchst verwundert und erschrocken die preußische Armee nicht mehr dort, wo er sie am Morgen verlassen hatte. Kein einziges Zelt stand auf dem Gelände. Auch sein eigenes war verschwunden, die Lagerfeuer waren ausgelöscht, die Schutzschanzen abgerissen, nicht einmal ein Trommelschlag oder ein Trompetenschall verrieten, wohin die Armee gezogen war.

Friedrich von der Trenck befand sich allein auf dem abgebrochenen Lagerplatz – zu Fuß.

Irgendwo am Fluß sah er Rauch aufsteigen und eilte dorthin.

Zu seiner großen Freude fand er dort eine Abteilung Ziethen-Husaren; der Leutnant war ein guter Bekannter von ihm.

Die Husaren waren zurückgeblieben, um die unnütz gewordenen Schanzenkörbe zu verbrennen.

Der Husarenleutnant teilte ihm mit, der König habe um die Mittagsstunde plötzlich befohlen, die Zelte abzubrechen, und sei mit seiner ganzen Armee in Richtung Trautenau abmarschiert. Aus guter Freundschaft versorgte der Kamerad Friedrich von der Trenck mit einem Pferd, damit dieser das Lager des Königs erreichen konnte.

Trenck mußte einen tollen Galopp anschlagen, um zu seinem Zug zu gelangen. Die Garde bildete immer den Vortrab. Und er fand den König gerade bei der Garde.

„War Er schon wieder auf der Jagd?“ rief der König dem jungen Gardisten zu, als er ihn erblickte.

Friedrich vermochte kein Wort zu seiner Entschuldigung vorzubringen. Was sollte er auch sagen?

Des Königs Gesicht drückte aber diesmal statt Strenge wohlwollende Bonhomie aus.

„Diesmal hat Er's noch zu gute, wegen Potsdam. Das erhielt Er anticipando. Aber nun sind wir quitt! Nimm Er sich künftig in acht! Und denk Er besser an Seine Schuldigkeit.“

Der König verzieh ihm die arge Disziplinlosigkeit, für die er die Kassation verdient hätte. Und beim Mittagessen am nächsten Tag, als sämtliche Gardeoffiziere im Zelt des Königs speisten, schlug der König selbst den spaßigen Ton an.

„Könnte wetten, daß diese große Jagdleidenschaft wieder nur ein Vorwand ist, um eine galante Affäre zu verhüllen. Würde mich nicht darüber wundern, wenn sich die Heu- und Strohfee hier irgendwo in der Nähe versteckt hielte."

Friedrich von der Trenck errötete bei dieser Anspielung bis über beide Ohren. Die schöne Miranda hatte allgemein den Spitznamen „Heu- und Strohfee".

Der König hielt die Hand vor den Mund: „Oh, pardon! Das war geplaudert. Unser Freund ist schnell mit dem Säbel zur Hand, wenn man vor ihm auf eine schöne Dame anspielt. Aber mich wird er vielleicht doch nicht niederstrecken ..."

„Nein! Für diese Dame niemanden!"

Das neue Lager war in der Gegend von Soor aufgeschlagen. Nur fünf Kavallerieregimenter befanden sich im königlichen Lager.

An einem schönen warmen Septemberabend trat Friedrich von der Trenck mit folgenden Worten in das Zelt des Königs: „Majestät! Die Heu- uns Strohfee ist da!"

Der König sah ihn erstaunt an.

„Wie kommt eine Frauensperson in mein Lager?"

„Sie kam als Marketenderin verkleidet."

„Und warum ist sie gekommen? Um Ihn zu besuchen?"

„Nein! Sie wünscht Eure Majestät zu sprechen. Sie hat wichtige Entdeckungen über die Absichten des Feindes gemacht."

Der König forderte Friedrich von der Trenck auf, die Dame in sein eigenes Zelt zu führen. Dort wollte er mit ihr sprechen.

Trenck kehrte mit der Antwort zurück, die Dame wolle mit dem König allein sprechen, und betrete nicht das Zelt eines Offiziers.

„Dann laß Er sie kommen. Er bleibt vor dem Eingang und achtet darauf, daß niemand unsere Unterredung stört."

Die Dame trat in das königliche Zelt. Sie trug ein regelrechtes Marketenderinnenkostüm: ein kurzes, geschnürtes Kamisol aus schwarzem Samt mit Schulterband, darunter eine Bluse mit Spitzen, einen kurzen roten Rock und Stiefel bis zum Knie. Ihren Kopf schmückte ein goldverschnürter Hut mit breiter Krempe und Pfauenfederbusch; in den Ohren glitzerten große Silberringe. Eine vollkommene Regimentstochter. Beim Eintreten begrüßte sie den König mit einem tadellosen Knicks, die Hand soldatisch bis zur Hutkrempe erhoben.

„Madame", sprach der König und zeigte auf ein Taburett.

Die Dame bewies ihre vornehme Herkunft, indem sie ohne jede Eile den angebotenen Platz annahm und den kurzen Rock artig über die Knie zog.

„Ihr Name ist Gräfin Sch…n, Madame.“

„Jawohl, Majestät.“

„Sie wohnen hier in der Nähe, in Beneschau? Weiß schon. Sie waren so gnädig, mir voriges Jahr Furage zu schicken, als ich sie sehr nötig hatte. Trenck hat mir alles berichtet.“

„Alles?“

„Nur das, was für ihn kompromittierend war. Er hatte sich in einer Falle verfangen, aus der ihn Ihre Voraussicht befreite. Deswegen bin ich Ihnen zu großem Dank verpflichtet. Jetzt bringen Sie mir Nachrichten, Madame?“

„Ja, noch dazu recht dringende. Eure Majestät sind von allen Seiten umzingelt.“

„Ach – und woher wissen Sie das, Madame?“

„Mein Schloß liegt an der Heeresstraße; dadurch habe ich die Ehre, das Offizierskorps jeder durchmarschierenden Truppe zu bewirten. Die ungarischen Herren haben die gute Sitte, bei Tisch alle ihre Pläne auszuplaudern; sie leeren die Becher auf den bevorstehenden Sieg und wetten miteinander, wer von ihnen König Friedrich gefangennimmt. Vor mir wahren sie keine Geheimnisse, da ich doch die Witwe eines österreichischen Generals bin. So habe ich erfahren, daß die Armee Eurer Majestät zwischen Elbe und Aupa in der Nähe des Dorfes Soor von der doppelt so starken Armee Erzherzog Karls angegriffen werden wird, und zwar am morgigen Tag.“

„Schon morgen? Aber wo befindet sich denn der Feind?“

„Burkersdorf ist der Treffpunkt der österreichischen und sächsischen Truppen, von dort wollen sie mit ihrer Infanterie und ihren Kanonen angreifen. Aber das wird nur ein Scheinangriff sein, der richtige Kampf soll im Engpaß zwischen den beiden Bergen von der Kavallerie begonnen werden, die der Armee Eurer Majestät in die Flanke fallen soll. Zugleich werden von dem Burkersdorf gegenüberliegenden Berg einundzwanzig Schwadronen Reiterei herabkommen und die preußische Armee am linken Flügel angreifen. Schließlich, zur Krönung des ganzen Schlachtplans soll Franz von der Trenck mit seinen Husaren durch die Elbe schwimmen und dem Lager Eurer Majestät in den Rücken fallen.“

„Ein verflixter Plan, wenn das wahr ist“, sagte der König und blickte der Dame mißtrauisch in die Augen. „Sagen Sie, Madame, was haben Sie, eine Gräfin Sch…n, die Witwe eines österreichischen Generals, für einen Grund, mir, dem Feind Ihrer Königin, das alles zu verraten?“

„Daß alles wahr ist, was ich Eurer Majesät berichtete, will ich damit beweisen, daß ich auch die Kavallerieregimenter benenne, die den linken Flügel des Lagers Eurer Majestät attackieren werden: die Württembergischen Kürassiere, die Preising-Dragoner und die Philbert-Ulanen, alle mit je sieben Schwadronen."

„Und welche Antwort geben Sie mir, Madame, auf meine zweite Frage?"

Bei dieser Frage stand Miranda auf und hob schmollend ihren Kopf.

„Kennen Eure Majestät das Nibelungenlied?"

„Auswendig!"

„Dann werden sich Eure Majestät daran erinnern, warum Krimhilde ihrem eigenen Bruder Gunther das Haupt abschlagen ließ, warum sie in Etzels Burg ihrem eigenen Geschlecht ein Blutbad bereitete. Auch ich habe meine Brunhilde! Und meinen Hagen."

In diesem Augenblick hörte man vor dem Zelt des Königs einen lebhaften Wortwechsel. Prinz A. Z. war zu Pferde herangaloppiert, aus dem Sattel gestiegen und direkt auf das Zelt zugeeilt. Trenck, der Wache hielt, hatte ihm den Weg verstellt.

„Serenissime! Jetzt könnt Ihr nicht zum König gehen. Eine Dame ist bei ihm."

„Was kümmert es mich, und wenn es die Göttin Cytherea selbst wäre! Ich muß sofort mit dem König sprechen."

Und damit riß der Prinz den Teppich vor dem Eingang beiseite, stürzte ins Zelt und begann ohne Umschweife:

„Majestät, ich melde, daß sich ein starkes Korps feindlicher Reiterei unserem linken Flügel nähert. Unsere Feldwache hat es soeben gemeldet."

Kaltblütig, die Arme über der Brust gekreuzt, antwortete der König dem Prinzen:

„Ich bin darüber bereits informiert. Es sind die Preising-Dragoner, die Philbert-Ulanen und die Württembergischen Kürassiere mit einundzwanzig Schwadronen."

Prinz A. Z. sah sich verwundert im Zelt um. Die angekündete Dame war nicht zu sehen. Sie hatte sich, als sie den Wortwechsel vor dem Zelt vernommen hatte, eilig hinter dem Vorhang der Ankleidenische des Königs verborgen.

Bald darauf kamen die Generäle Buddenbrock und Goltz in das Zelt des Königs, um zu melden, daß auf den Höhen bei Burkersdorf kolonnenweise feindliche Infanterie anmarschiere.

„All das ist mir bekannt", sagte der König. „Aber der richtige Angriff wird nicht von dort kommen. Das ist alles nur Täuschungsmanöver."

Und er ging zu seiner Ankleidekammer, faßte Miranda an der Hand und führte sie zu den Generälen.

„Hier, meine Herren, unsere getreueste Berichterstatterin, die so freundlich war, mir den ganzen Kriegsplan des Gegners mitzuteilen: Die Herrin von Beneschau, Generalsgattin, Gräfin Sch...n."
„Ah! Die Heu- und Strohfee!" entfuhr es dem Prinzen A. Z.
Man nahm sich Zeit, darüber zu lachen.
„Die Gefahr ist groß. Ein Glück, daß wir im vorhinein verständigt worden sind. Treffen wir jetzt schnell Gegenmaßnahmen."
Der König setzte sich auf sein Feldbett, breitete auf dem Tischchen die Militärkarte aus und hielt Kriegsrat.
„Bitte, Madame, bleiben Sie hier. Wir werden Ihre Angaben brauchen, wenn Sie so freundlich sein wollen, uns diese zur Verfügung zu stellen."
So nahm Miranda am Kriegsrat teil.
Und sie konnte sehr gute Ratschläge erteilen.
Die ersten Regimenter der durch die Talenge heranrückenden Kavallerie würden ungarische Husaren sein. Diese beherrschten das Kunststück, daß sie sich, wenn die Möglichkeit zum Angriff bestand, von keinem Kanonenfeuer, keiner Infanteriesalve aufhalten ließen: Sie preschten durch jedes Hindernis. Wurden sie aber selbst vom Feind überrannt, dann zogen sie es vor, kehrt zu machen, um nach einer fingierten Flucht wieder aufzutauchen. Dieses Mal aber würden sie durch diese alte skythische Kampfweise die ihnen nachdrängende zweite Kavalleriebrigade, die aus böhmischen, sächsischen und mährischen Reitern bestand, in Verwirrung bringen. (All das hatte die Gräfin aus den Trinksprüchen beim fröhlichen Zechen erfahren.) Ei, viele große Taten hätten die Ungarn fertiggebracht, wenn sie beim Trinken nicht all ihre Pläne ausgeplaudert hätten!
Der König entwarf seinen Schlachtplan ganz unter Beachtung dieser Umstände.
Den neunzehntausend Preußen stand ein Gegner mit sechsunddreißigtausend Mann gegenüber, besser gesagt, die Preußen waren von einer feindlichen Überzahl umzingelt: Die Kavallerie des Feindes hatte die dreifache Stärke der eigenen.
Friedrich II. gruppierte seine Kavallerie in Richtung des Engpasses, um auf dem linken Flügel mit seiner ganzen Macht eine Entscheidungsschlacht zu beginnen. Das Lager ließ er völlig schutzlos zurück. Dort blieben nur die Reitknechte mit den Handpferden, der Troß, die Artillerie und das Lazarett. Sollte sich der Feind auch auf dem rechten Flügel rühren, mußte er mit Kanonade so lange wie möglich zurückgehalten werden. Die Zelte sollten leer bleiben.
Die Befehle wurden sofort weitergegeben.

Prinz A. Z. flüsterte dem König etwas ins Ohr, worauf der König erwiderte: „Ich hab schon selbst daran gedacht."

Er wandte sich an die schöne Marketenderin:

„Madame, wir sind Ihnen für Ihre unschätzbaren Dienste unendlich verpflichtet. Sie können meiner königlichen Dankbarkeit versichert sein, sobald sich Gelegenheit ergibt, diese zum Ausdruck zu bringen. Aber was wird mit Ihnen während der Schlacht geschehen, die noch in dieser Nacht beginnt?"

„Oh, eine Marketenderin wurde noch niemals im Krieg getötet."

„Sie kennen also keine Furcht. Meine Pflicht dagegen ist es, mißtrauisch zu sein. Ich lasse Sie vor dem Gefecht nicht fort von hier. Ich sehe mich genötigt, auch in Rechnung zu stellen, daß Sie vielleicht eine Spionin des Feindes sein könnten."

„Ich bleibe gern hier", gab die Dame lächelnd zurück, „solange Eure Majestät es wünschen."

„Ruft mir den Trenck herein."

Friedrich wurde ins königliche Zelt befohlen; Prinz A. Z. selbst ging ihn holen.

„Kornett, Er bleibt hier, während wir in die Schlacht ziehen. Er kann mit Seiner kranken Hand ohnehin nicht den Säbel schwingen. Sein Auftrag lautet, die als Spionin zu uns gekommene Dame zu bewachen, damit sie nicht davonläuft."

„Ich soll die Gräfin bewachen?" fragte Friedrich verlegen.

„Ich kann mir denken, daß Er keine Angst vor ihr hat. Und die Gräfin wird wohl nichts dagegen haben?"

„Aber in meinem Zelt gibt es nicht einmal ein Bündel Stroh, auf das sich die Gräfin setzen könnte."

„Mach Er sich keine Sorgen. Ich überlasse der Gräfin für diese Nacht mein eigenes Zelt, ich werde es nicht brauchen. Madame kann sich bequem auf dem Feldbett ausruhen. Ich stelle ihr alles zur Verfügung. Niemand wird sie stören. Hier in der Schublade des Tischchens liegen Spielkarten. Es kann Pikett gespielt werden."

„Ein teuflisches Glück hat dieser Trenck!" meinte Prinz A. Z. lachend. „Er bleibt der Schlacht fern und bekommt doch die schönste Fahne!"

Friedrich von der Trenck war in größter Verlegenheit. Dieser Befehl war von seiten des Königs die reine Malice.

Er sollte die schöne Fee (welche er doch schon lange kannte) die ganze Nacht im Zelt des Königs bewachen!

Wenn Prinz A. Z. nach Berlin zurückkam, würde er diesen Spaß sicher der Prinzessin Amalie erzählen, und dann war es aus mit der bisherigen schönen Idylle.

Merkwürdig, daß der König – selbst in einem so kritischen Augenblick – genug Humor hatte, ihn so bloßzustellen.

Friedrich von der Trenck machte ein ernstes Gesicht und zeigte seine völlig geheilte Hand.

„Schon gut, Trenck! Schon gut !" sagte der König besänftigend. „Er wird auch eine andere Aufgabe haben, derentwegen Er zurückbleiben muß. Er braucht die Gräfin nicht an sich zu binden. Achte Er auf andere Dinge. Das ganze Lager bleibt Seiner Vorsorge überlassen. Es kann geschehen, daß sich der Feind auch auf dem rechten Flügel rührt. Für diesen Fall hat die Artillerie die Anweisung, dem Feind mit starkem Kanonenfeuer den Durchmarsch durch den Engpaß unmöglich zu machen. Auch hier vor meinem Zelt ist eine Haubitze aufgestellt mit einer Pyramide von Kugeln. Dem Schein nach ist das nur ein Ehrenzeichen für das königliche Zelt, ebenso wie die Hauptstandarte hier gehißt ist. Geh Er, probier Er, eine von den Kugeln aufzuheben."

Der König ging mit Trenck vor das Zelt und zeigte ihm die Kugelpyramide.

Dem Ansehen nach waren die aufgehäuften Haubitzenkugeln gewöhnliche Zehnpfünder, aber als Friedrich von der Trenck eine mit der rechten Hand aufheben wollte, stöhnte er arg: Der kaum verheilte Muskel tat entsetzlich weh.

„Gesteh Er, die Hand schmerzt noch immer", sagte der König. „Versuch Er's mit der linken Hand."

„Die wiegt einen Zentner", schätzte Trenck das Gewicht der Kugel in seiner Linken.

„Genau soviel! Sie enthält fünfzehntausend Dukaten. Alle elf Kugeln sind derart innen leer. Schraubt man aber den Luntenzapfen ab, teilt sich die Kugel in zwei Hälften. In den Kugeln ist das Reservegeld des Lagers: hundertfünfzigtausend Dukaten! Die hat Er zu schützen. Bleib Er also hier und denk Er daran, wenn es zu einer Kanonade kommt, dürfen die Artilleristen nicht ahnungslos diese Kugeln abfeuern, das wäre eine allzu schöne Überraschung für die Österreicher, wenn wir sie mit fünfzehntausend Dukaten pro Schuß kartätschen würden. Die Dukaten sind Ihm anvertraut!"

So bekam Friedrich von der Trenck doch noch eine wichtige Aufgabe: Er sollte die Kriegskasse bewachen.

Die Verfügungen des Kriegsrates wurden sofort ausgeführt. Die Generäle gingen in die Zelte der Offiziere, weckten sie und erteilten die Befehle. Die Offiziere weckten die Mannschaft, ohne daß ein Trommelschlag, ein Trompetenschall zu hören gewesen wäre, die ganze Vorbereitung verlief in größter Stille. Die Wachtfeuer wurden gelöscht und auch die Vorposten zurückgezogen. Der Feind sollte sich in dem Glauben wiegen, er überrumpele die Preußen in tiefstem Schlaf.

Sämtliche Truppen verließen das Lager, nicht einmal eine Wache mit Gewehr ließ man vor dem Zelt des Königs stehen, nur das ferne Rattern der Lafettenräder verkündete, daß sich der Leviathan vorwärts bewegte.

Friedrich von der Trenck blieb allein vor dem Zelt des Königs.

Er überdachte seine Situation.

Alleingelassen mit einer verführerischen Fee, die ihm mit ihrem Zauber schon einmal das Herz gestohlen hatte. Welch eine Erinnerung an die erste berauschende Begegnung! Und diese zweite war noch bezaubernder, weil sie von allen Geboten der Minnegesetze geheiligt war.

Wer von einem so zauberhaften Glück keinen Gebrauch machte, war ein Feigling.

Falsch! Ein Feigling war, wer nach einem solchen Glücksfall griff.

Auf dem Altar der babylonischen Ischtar zu opfern, während seine Kameraden und der König selbst dem Tod ins Auge sahen; mit Feenlippen Küsse zu wechseln, während die anderen dort Säbelhiebe austeilten! Im Liebesrausch zu vergessen, daß in diesen Stunden das Schicksal des Vaterlandes auf dem Spiel stand! Und nicht dorthin zu stürmen, um mit jedem Blutstropfen dem Schicksal den Sieg abzutrotzen ... Einer schönen Frau zuliebe einem schönen Tod entsagen ...

Friedrich kam ein kühner Gedanke.

Er rief durch den Vorhang des Zeltes hinein:

„Madame, darf ich eintreten?"

„Ja."

Friedrich betrat das Zelt des Königs.

Auf dem Tisch brannte ein Wachslicht.

Die Dame ruhte schon auf dem Feldbett, in eine Lamadecke gewickelt. Das Kostüm der Marketenderin lag auf dem Taburett.

„Frau Gräfin haben sich bereits zur Ruhe begeben?"

„Ja. Nur kann ich diese verflixten Schaftstiefel nicht allein ausziehen. Dazu brauche ich Hilfe. Kommen Sie her, helfen Sie mir, die Stiefel loszuwerden."

Einen solchen Dienst zu erweisen, war eine ritterliche Pflicht.

Friedrich trat näher.

Miranda warf die Decke ab. Sie hatte nur ein Hemd mit gesticktem Rand an und an den Füßen eben die Stiefel. Diese hielt sie Friedrich hin, der, um den Dienst zu leisten, vor ihr niederknien mußte.

Dann warf sich die Dame wieder auf das Feldbett, zog die Decke über sich, schüttelte sich, als ob sie fröre, und ließ ein leises Lachen hören.

„Na, setzen Sie sich nicht auf den Bettrand?"
Da auf dem Taburett die abgelegten Kleider lagen, mußte er sich tatsächlich aufs Bett setzen.

„Nun, mein kleiner Freund", begann die Dame, „ich sagte Ihnen ja, daß wir uns noch treffen würden. Und zwar hier, an dieser Stelle."

Sie lachte laut auf.

„Bedenken Sie! Wenn mich jemand hier überraschte, der würde sagen, ich sei die Geliebte König Friedrichs."

Diese Worte ließen Trencks Gefühle vollständig erstarren.

Für diese Frau war selbst der Anschein einer Schande ein Triumph.

„Ja, nun? Sie wollten mir etwas sagen, als Sie hereinkamen."

„Ja, Frau Gräfin. Ich wollte Ihnen sagen, daß ich meinen Kameraden folge. Ich kann nicht untätig bleiben, wenn jene kämpfen."

Miranda zuckte ärgerlich die Achseln.

„Das hätten Sie tun können, ohne es mir mitzuteilen. Ohne Sie habe ich noch weniger Ursache, mich hier zu fürchten. Kamen Sie zu mir herein, um mir Ihre hohe Verachtung kundzutun?"

„Im Gegenteil, Frau Gräfin. Sie werden sogleich verstehen, daß mich der höchste Respekt vor Ihnen hier hereingeführt hat. Der König hat nur Spaß gemacht, als er mich damit betraute, Sie zu bewachen. Er hatte nicht den geringsten Grund, mißtrauisch zu sein. Sie sehen, er hat seine sämtlichen Aufzeichnungen hier zurückgelassen – auch zu Ihrer Einsicht. Sie können daraus die Dislokation seiner Truppen entnehmen. Hier steht auch die Kabinettskassette; der Schlüssel steckt im Schloß. Ich will Ihnen aber noch weit größeres Vertrauen entgegenbringen. Der König betraute mich mit der Bewachung der Kriegskasse. Wenn ich mich jetzt aufs Pferd schwinge und hinter der Garde hergaloppiere, muß ich jemandem das Geheimnis vom Versteck der Schätze anvertrauen. Ich wage es keinem anderen zu entdecken als eben Ihnen, Frau Gräfin!"

„Vorsicht! Flüstern Sie mir das ins Ohr!"

Friedrich mußte sich über Miranda beugen, um ihr das Geheimnis ins Ohr flüstern zu können. Dabei schlangen sich die hellen Arme der Dame erregt um den Hals des wispernden Mannes.

Die Weitergabe eines so großen Geheimnisses war tatsächlich der Beweis größter Hochachtung.

„Ich fühle mich sehr geehrt ob dieser Mitteilung. Und ich werde darauf aufpassen", sagte die Dame schnippisch. „Ich wünsche Ihnen gute Unterhaltung!"

Damit drehte sie ihm den Rücken zu, blies die Kerze aus und wickelte sich in die Decke.

Friedrich von der Trenck verließ eilig das Zelt.

Sein Reitknecht wartete vor dem Zelt mit gesatteltem Pferd auf ihn. Friedrich sprang in den Sattel und sprengte davon. Eine Stunde später hatte er den König erreicht.

„Er hier?“

„Bestrafen mich Euer Majestät nach dem Gefecht; ich kann einfach nicht tatenlos herumhocken, während meine Kameraden kämpfen.“

Der König hatte jetzt keine Zeit, weitere Fragen zu stellen.

„Es ist gut, daß Er hier ist. Die Garde geht heute nicht ins Gefecht. Nimm Er Seinen Platz ein.“

Jawohl: Der Leibgarde fiel diesmal die Aufgabe zu, das Nervensystem des Gefechts zu bilden. Der ganze Kampf war improvisiert. Die sechs Gardeoffiziere mußten in einem fort hin und her galoppieren und von einer Brigade zur anderen Nachrichten überbringen.

Dic feindliche Kavallerie begann bereits in langer Kolonne auf dem Engpaß vorzudrängen. Als vier Regimenten aufgezogen waren, nahmen sie eine Kriegsformation auf beiden Seiten des Weges ein.

Friedrich II. wartete die Formierung in aller Ruhe ab.

Nun kamen die österreichische und die sächsische schwere Kavallerie in gewaltiger Zahl auf der Aufmarschstraße heran.

Da ließ König Friedrich die Trompeten blasen, und seine im Wald versteckte Kavallerie sprengte mit verhängten Zügeln hervor.

Die österreichische Kavallerie, die einen schlafenden Feind zu überraschen glaubte, geriet durch diesen unerwarteten Angriff aus der Ordnung. In einer direkten offenen Schlacht war die preußische Kavallerie mit ihrer eingeübten Taktik den Gegnern immer überlegen.

Die aufgeschreckte leichte Kavallerie des Feindes machte plötzlich kehrt und traf, zusammengedrängt, auf die von hinten folgenden schweren Kürassiere.

Da wandte sich der König an Trenck.

„Geh Er jetzt und helf Er dem Prinzen A. Z. Er liebt es doch, ihm Hilfe zu leisten. Nein, nicht dahin. Sieht Er dort rechts den Hügel, jenen mit einer hohen Tanne in der Mitte? Galoppier Er geradewegs in diese Richtung. Er findet dort den Artilleriekommandeur. Überbring Er ihm den Befehl, jetzt sofort in Aktion zu treten.“

Trenck jagte über alle Hindernisse hinweg auf den Hügel zu. Auf der anderen Seite des Hügels waren acht Kanonen versteckt.

Auf das königliche Kommando hin wurden die Kanonen sofort auf dem Hügel in Stellung gebracht.

Im tiefen Tal unten war die österreichische und sächsische Reiterei zu einem verworrenen Haufen zusammengedrängt.

Da begannen die acht Kanonen mit Kartätschen in das Durcheinander der feindlichen Kavallerie zu schießen.

Das war keine Schlacht, das war ein Schlachten. Menschen und Pferde fielen wie bei der Mahd nach jedem Schuß. Die nachrückenden Regimenter waren am meisten betroffen. Auf diejenigen, die mit den Preußen in ein Säbelgefecht verwickelt waren, konnte kein Kanonenfeuer gerichtet werden. In einer Stunde war das österreichisch-sächsische Kavalleriekorps vollständig zerschlagen. Wer konnte, war in die Wälder geflohen und kam nicht mehr zum Vorschein. Friedrich von der Trenck kehrte zum König zurück.

An der starken Kanonade hatte auch die österreichische Hauptmacht gemerkt, daß Friedrich II. ihr mit seinem Angriff zuvorgekommen war.

Es tagte, ein sonnenklarer St.-Michaels-Morgen brach an. Die Bergrücken standen im Sonnenschein; im Tal lag weißer Nebel, aus dem nur der Kirchturm des Dorfes Soor herausragte.

Der Berghalde gegenüber lag Burkersdorf. Dort hatten die Österreicher in den Gärten ihre vierzig Kanonen aufgestellt.

Die österreichischen Grenadierregimenter gingen in geschlossenen Formationen auf das Dorf Soor zu, weil sie dort das Hauptquartier König Friedrichs vermuteten. Aus den an der Bergseite stehenden Kanonen flogen die Kugeln über ihre Köpfe hinweg auf das Dorf.

Beide Gegner konnten in diesem Feldzug Dörfer als Befestigungen nutzen. Die preußischen Grenadiere schlugen den Bajonettangriff der Österreicher ab; aber die riesige Batterie auf der Berghöhe zerstörte ihre Schanzen und steckte hinter ihrem Rücken die Häuser in Brand.

Da sagte König Friedrich zu Trenck:

„Galoppiere Er zu Prinz A. Z. hinüber. Er soll mit drei Kavallerieregimentern in das Zentrum des Feindes einfallen und die Batterien zum Schweigen bringen. Begib Er sich dann auf dem kürzesten Weg ins Dorf und überbring Er dem General den Befehl, mit sechs Grenadierbataillonen die Burkersdorfer Batterien zu stürmen."

Friedrich von der Trenck führte die Aufträge aus.

Zuerst verständigte er den Prinzen, der sofort mit dem Reiterangriff begann.

Und er, der junge Held, mußte zusehen, wie der alte Mann mit wallender weißer Perücke vor seinen Kavalleristen herritt und sagenhafte Heldentaten vollbrachte! Der alte, verhöhnte, betrogene Gatte! Während er, der tapfere Jüngling, der große Eroberer, der Glückspilz all das aus der Ferne betrachtete.

Er mußte ja mit dem zweiten Auftrag ins Dorf gelangen.

Eine gefährliche Aufgabe war auch das! Der kürzeste Weg führte vor der Front des Feindes vorbei, innerhalb der Schußlinie von vierzig Kanonen. Die Kugeln sausten über seinen Kopf hinweg. Eine pfeifende Granate schlug gerade vor den Füßen seines Pferdes ein; er sprengte über die Granate hinweg und hörte sie hinter sich explodieren. Da ging sein Pferd durch und wäre um ein Haar mit ihm ins feindliche Lager gestürmt. (So war es König Georg bei Dettingen ergangen.) Als Trenck am Dorfrand von Soor ankam, mußte er absitzen, sein Pferd an einen Baumstamm binden und es dort zurücklassen, denn die Wege waren dermaßen aufgewühlt, daß ein Pferd nicht durchkommen konnte. Trotzdem gelang es Trenck, den königlichen Befehl an General Goltz rechtzeitig zu überbringen, der sofort seine Grenadiere zum Angriff trommeln ließ.

Vom Kirchturm aus sah Friedrich von der Trenck diese lebenden Bastionsmauern im Takt wie die Arme einer Maschine gegen die feuerspeienden Batterien losgehen. Wo die Kanonenkugel eine Bresche in sie schlug, schloß sich die lebende Mauer sofort wieder. Sanitäter kamen, legten die Verwundeten auf Tragbahren und brachten sie weg. Die Menge ging unbeirrt vorwärts. Und nicht nur die Kanonen richteten Unheil unter ihnen an, auch die Schützen, die in den Gräbern versteckt lagen. Die Art, wie die österreichische Infanterie schoß, nannte man „Rollfeuer“. Dieses fortwährende Getöse bildete den Grundton des schauerlichen Konzerts. Die Grenadiere gaben keinen Schuß ab, bevor sie der feindlichen Kampflinie nicht auf hundert Schritt nahe gekommen waren, erst dann schossen sie ihre Salven ab, ein Regiment nach dem anderen, und dann rannten sie mit vorgehaltenem Bajonett auf die Höhe zu.

Aber da stieß auch schon die Kavalleriebrigade im Galopp auf das Hochplateau vor, stürmte auf die 40-Kanonen-Batterie los und rollte die Bataillone, die sie aufhalten wollten, einfach auf.

Friedrich von der Trenck eilte wieder zu seinem Pferd, fand es auch und ritt im Galopp zum König zurück, um ihm Meldung zu erstatten.

Der König war mit der Garde und einer Reserveschwadron näher an Soor herangekommen. Auch die acht Geschütze hatte er mitgebracht. Den Engpaß bewachte nur noch ein Kavalleriezug.

„Die große Batterie ist erobert, Majestät!“

„Nur zum Schweigen gebracht, Trenck.“

Jedenfalls hatten die österreichischen Geschütze zu donnern aufgehört.

„Eine Kriegsmeldung muß korrekt sein“, sagte der König.

„Ich sah die Kavallerie des Prinzen A. Z. auf die Kanonen losstürmen.“

„Sie können sich auch nur zurückgezogen haben.“

Bald darauf stellte sich heraus, daß der Gardist recht hatte. Die Kanonen auf dem Hügel begannen von neuem zu donnern, nur daß ihre Flammen eben nicht auf das preußische Lager hin zuckten, sondern in entgegengesetzter Richtung. Die Preußen hatten die Batterie tatsächlich erobert und ließen sie nun von ihren eigenen Kanonieren bedienen; sie beschossen die in Burkersdorf zusammengedrängten österreichischen Truppen. Es dauerte nicht lange und das ganze Dorf brannte. Der Angriff richtete sich auf das Zentrum des österreichischen Oberkommandos. Erzherzog Karl schickte einen Reiter nach dem anderen zum Brigadekommandeur des linken Flügels, General Preising, er solle ihm eiligst zu Hilfe kommen; der aber rührte sich nicht vom Fleck. Er berief sich auf den schriftlichen Tagesbefehl, wonach es seine Aufgabe war, König Friedrich den Rückzug zu verstellen. Die drei braven Regimenter saßen dort bis zum Mittag im Sattel und rührten sich nicht von dem Hügel, der seit damals „Bataillenberg" heißt.

Erzherzog Karl blieb keine andere Wahl, als mit seiner zerschlagenen Truppe das Schlachtfeld zu verlassen.

Gegen Mittag halfen dann die Preußen auch General Preising, einen Entschluß zu fassen: Sie verjagten ihn aus seiner Stellung.

Die österreichische Heeresleitung hatte wieder einmal den Fehler begangen, daß sie sich auf ihre Übermacht verließ und ihre Armee in drei Teile gliederte, um die Preußen mit einem zentralen Angriff aufzureiben. König Friedrich indessen hatte die drei Truppenteile einzeln geschlagen.

Aber ein vierter war noch übrig.

So wie die schöne Marketenderin verraten hatte, war Franz von der Trenck mit seinen Husaren und Panduren durch die Elbe geschwommen, und während die Schlacht zwischen Burkersdorf und Soor fest im Gange war, überfiel er das preußische Lager, dessen Hauptquartier vollständig ohne Bedeckung geblieben war.

Eben als die Eroberung der großen Batterie erfolgte, kam ein Ordonanzoffizier zum König gesprengt:

„Majestät, Franz von der Trenck hat mit seinen Panduren unser Lager besetzt!"

„Und was treiben sie dort?"

„Sie plündern unsere Bagage!"

„Desto besser, so haben sie was zu tun und hindern mich nicht in der Hauptsache."

Und der König ließ nicht einmal eine Erkundungstruppe ins Lager schicken. Er kannte diese Leute. Die wurden am besten durch den Troß aufgehalten.

Zu Mittag konnte man bereits in beiden Dörfern die Glocken läuten. Die Schlacht war entschieden. Da kehrte auch der König mit seiner Leibgarde ins Lager zurück. Franz von der Trenck und dessen Krieger traf er dort nicht mehr an, aber das Lager war gründlich ausgeplündert worden. Auch aus dem Königszelt hatte man alles mitgenommen. Sogar das silberne Tafelservice. Und verschwunden waren auch die mit den Dukaten gefüllten elf Haubitzenkugeln. Doch wer kümmerte sich jetzt um solche Bagatellen!

Im Zelt des Königs fand sich – unter dem Feldbett – ein rotes Röckchen, dasselbe, welches gestern die schöne Marketenderin getragen hatte. Was war wohl mit ihr passiert?

XIII.

Der teure Cotillon und das noch teurere Röckchen

Miranda erwachte von einem heillosen Lärm vor dem Zelt, Pistolenschüsse, Pferdegetrappel, Fluchen – alles durcheinander.

Die Räuberbande des Franz von der Trenck war angekommen.

Sie hatte nicht einmal Zeit genug, sich anzukleiden. Da kam Franz von der Trenck auch schon in das Zelt gerannt.

Bisher war nur seine Fratze so häßlich wie die des Teufels gewesen, jetzt hatte er auch noch ein Hinkebein, um dem Höllenfürsten noch mehr zu gleichen.

Es war schon Morgen, durch die Zeltöffnung fielen die Sonnenstrahlen, genau auf die vom Bett aufstehende Gestalt.

„Ah! Sieh da!“ rief der Pandurenführer. „Was sehen meine Augen? Meine tugendhafte heilige Frau in König Friedrichs Bett! Gräfin Miranda! Sind Sie die Geliebte des Preußenkönigs?“

Miranda kannte keine größere Sehnsucht als zufällig in einer solchen Lage überrascht zu werden, und nun wurde ihr dieser Ruhm ohne eigenes Verdienst zuteil.

Die Sitten des französischen Hofes (und zu einem nicht geringen Teil auch die des bayerischen) machten es verständlich, daß bei einer Frau die Unsitte zum Ehrgeiz wurde. Bekanntlich regieren ja die Frauen, die auf der linken Seite sitzen.

Aber daß es gerade Franz von der Trenck sein mußte, der das Geheimnis enthüllte, war nicht nach Mirandas Geschmack.

Ärgerlich griff sie nach ihren abgelegten Kleidern.

Doch Franz kam ihr zuvor und riß sämtliche Kleidungsstücke an sich.

„Aber mein Herr! Was wollen Sie mit meinen Kleidern? Geben Sie sie her!"

„Nicht doch, schöne Göttin! Ich muß Sie so meinen Harampaschas zeigen! Die sollen sehen, was für ein Täubchen König Friedrich in seinem Nest hält. Dann nehme ich das schöne Engelchen mit nach Wien und stelle es der Hofgesellschaft vor."

Miranda sprang zu ihm hin, und wollte ihm ihren gestickten Unterrock entreißen. Es gelang ihr nicht. Da versuchte sie es mit Schmeichelei.

„Lieber Trenck! Mein lieber Franz, machen Sie keinen Unsinn. Geben Sie mir meinen Cotillon her!"

(So hießen die gestickten Unterröcke zu La Fontaines Zeiten.)

„Ach, sie streichelt sogar mein pockennarbiges Gesicht. Jetzt wäre die beste Zeit zum Küssen! Beelzebub selbst hätte keinen geeigneteren Augenblick für eine Liebelei wählen können! Nein, Madame, heute gebe ich nichts für Küsse!"

„Ich biete keinen so billigen Preis, Franz. Ich bin in Ihrer Macht: Sie können mich vernichten, in den Schmutz zerren und darin versinken lassen. Die Verzweiflung spricht aus mir. Ich biete Ihnen ein hohes Lösegeld an, wenn Sie mich freilassen. Sie wissen, daß dies das Zelt des Königs ist?"

„Darum bin ich selbst hierhergekommen."

„Sie finden hier eine reiche Beute. Dort sehen Sie des Königs silbernes Tafelgeschirr."

„Das nehme ich mir auch ohne Ihren gnädigen Hinweis."

„Aber das sind doch alles nur Kleinigkeiten für Sie. Wichtiger wäre es, die Kriegskasse zu finden."

„Auch auf diese lege ich meine Hand. Ich weiß, daß sie hier ist. Meine Spione haben es mir mitgeteilt."

„Dann suchen Sie sie. Ohne mich werden Sie sie nicht finden."

Damit ging die Dame zu ihrer Lagerstatt zurück und wickelte sich in die Decke.

Franz von der Trenck drehte im Zelt alles um und schnitt mit dem Säbel die Sitzflächen auf. Er fand die Kasse nicht. Zornig wandte er sich an Miranda.

„Na, also wo ist die königliche Kasse?"

„Wo ist mein Cotillon?"

„Hier, da haben Sie ihn."

Und er warf der Frau das eine Kleidungsstück hin.

Miranda band es sich um die Taille und zog dann die Stiefel an. Sie war nun zur Hälfte angekleidet.

„Na, jetzt zeigen Sie mir die Kasse."

„Zuerst müssen wir handelseinig werden. Sie haben mir gedroht, mich nach Wien mitzunehmen und mich dort dem Hof als die Bettgefährtin König Friedrichs zu präsentieren. Versprechen Sie mir, daß Sie das nicht tun werden."

„Wenn Sie mir die königliche Kasse übergeben."

„Das tue ich. Sie müssen mir aber Ihr ritterliches Ehrenwort geben, daß Sie mich freilassen und ich gehen kann, wohin es mir beliebt."

„Ich gebe Ihnen darauf mein Ehrenwort."

„Na, dann sollen Sie wissen, daß die Kasse des Königs in den Haubitzenkugeln versteckt ist, die vor dem Zelt zu einer Pyramide geschichtet sind."

Franz von der Trenck rief aus dem Zelt seinem wachthabenden Panduren zu:

„Bring mir eine von diesen Kugeln herein!"

Der Pandur schleppte mühevoll die Kugel herein und bemerkte, eine so schwere Haubitzenkugel noch nie in der Hand gehalten zu haben. Aber die anderen seien ebenso schwer.

Miranda zeigte Franz von der Trenck, wie man den Luntenzapfen von der Kugel abschrauben mußte, damit sie sich öffnete. In den auseinanderfallenden Kugelhälften war hinter einer dünnen Glasplatte der Schatz zu sehen.

Da hob Trenck auf seinen anderthalb Beinen einen Freudentanz an.

„Die ganze Staatskasse ist in meiner Hand!"

Miranda nutzte diesen Augenblick des Entzückens.

„Nun, mein Herr, jetzt geben Sie mir mein Röckchen."

Aber wenn sie glaubte, bei Franz von der Trenck auch nur einen Schatten von Dankbarkeit oder Gerechtigkeit zu finden, dann hatte sie sich geirrt.

„Ihr Röckchen?" fragte er mit sonderbarer Verwunderung. „Das habe ich Ihnen nicht versprochen; ich habe nur versprochen, daß ich Sie laufen lasse."

„Was, zum Teufel, wollen Sie denn mit meinem Röckchen?"

„Anziehen kann ich's nicht, dazu bin ich ein wenig zu alt. Auch habe ich keine Geliebte, der ich das Kleid als Geschenk mitbringen könnte. Dabei ist es ein hübsches Stück: sehr schön bestickt!

„Bewundern Sie nicht meine Kleidung! Zum Teufel mit Ihnen! Sie haben mir Ihr Ehrenwort gegeben, mich freizulassen. In einem Cotillon kann ich doch nicht auf die Straße gehen."

„He, Moment, mein Liebchen. Ich weiß genau, worauf ich mein Ehrenwort gegeben habe. Erst rufe ich aber mal meine Harampaschas herein, sie sollen meine Zeugen sein, die mir in Wien bestätigen werden, daß ich Sie, teure Schöne, hier und so vorgefunden habe. Die sollen Sie hier in diesem Anzug sehen, im Zelt König Friedrichs mit einem Cotillon bekleidet, ohne Rock und Kamisol."

Und Trenck schrie auch schon seinen Panduren draußen zu:

„Ruft mir sofort die Harampaschas Todbitter, Buntevicz und Köppenik her!"

Miranda war verzweifelt; sie weinte, bettelte, raufte sich die Haare und rutschte auf den Knien hinter Trenck her. Der lachte nur um so mehr über sie.

Da stand die Dame auf, wischte sich die Tränen ab, lockerte ihr dichtes langes Haar und ließ es wie eine Decke über ihre nackten Schultern und ihre Brust fallen. Als die Harampaschas eintrafen, war sie ganz ruhig und steif wie eine Statue.

Die drei Oberoffiziere kamen ins Zelt. Grimmige Gestalten alle drei.

„Edle Harampaschas", sprach Franz von der Trenck, „seht hin, Ihr kennt doch diese entzückende Dame? Ihr habt sie doch oft genug sehen können, als sie noch die Gattin Eures Generals war. Sie ist meine kleine Schwägerin! Ihr habt oft an einem Tisch mit ihr gesessen. Jetzt hütet diese schöne Göttin, die Witwe eines Generals, hier das Bett des Königs Friedrich."

„Das ist nicht wahr! Du lügst!" fiel ihm die Dame ins Wort. „Ich habe die Staatskasse des Königs gehütet, und dir habe ich sie ausgeliefert. Du aber willst jetzt vor deinen Harampaschas die Kriegskasse verheimlichen, damit sie nicht ihren Anteil fordern können!"

Franz von der Trenck erschrak.

„Bist du wohl still, du Viper!"

„Aha! Das gefällt ihm nicht", gab die Frau mit höhnischem Lachen zurück. „Seht mal nach, was er unter dem Mantel versteckt hält. Diese Kugel! Darin steckt das Gold!"

„Anführer! Du versteckst das Geld vor uns? Welch eine Gemeinheit!" schrie Todbitter, während die beiden anderen zu Trenck hinrannten und ihn zwangen, seinen Mantel auszubreiten. Die versteckte Haubitzenkugel fiel dabei zu Boden und rollte in die Mitte des Zeltes.

Franz von der Trenck zückte das Schwert.

„Ich zerspalte jeden, der es wagt, die Kugel anzurühren."

Da waren aber schon die Läufe von drei Pistolen auf seine Stirn gerichtet.

„Ruhig, Anführer! Steck dein Schwert weg, sonst machen wir aus dir einen kalten Mann“, brummte Todbitter.

Franz von der Trenck kannte seine Leute. Die waren zu allem fähig, wenn es um Geld ging.

Unterdessen war Miranda zu der Haubitzenkugel hingesprungen. Sie fürchete sich nicht vor Trencks gezücktem Schwert. Sie schraubte von der Kugel den Luntenzapfen heraus, die Kugel zerfiel in zwei Hälften, und sie ließ die Dukaten herausrollen.

Fünfzehntausend Stück machen einen hübschen Haufen aus.

Die Harampaschas waren ganz berauscht von dem Anblick.

Diese Frau wußte genau, mit wem sie es zu tun hatte. Drei Wölfe gegen einen Bären.

„Ei, Herr Kommandeur! So viel Geld wolltest du uns verheimlichen?“ sagte Todbitter.

„Es ist noch viel mehr davon da!“ rief Miranda.

„Bist du still, Satan! Oder ich erschieße dich!“ brüllte Trenck und zog mit der Linken die Pistole aus der Tasche. (Diese mörderische Pistole.)

„Na, na, Anführer! Sei vernünftig!“ meinte Todbitter.

Die beiden anderen Harampaschas hielten mit der Hand Trencks Arm fest, während der Lauf ihrer Pistolen in der anderen Hand seine Schläfen küßten. Todbitter hatte seine Schußwaffe auf Trencks Stirn gerichtet.

„Laß uns vernünftig miteinander reden, Anführer. Du weißt, daß zwischen uns ein Vertrag besteht: Von jedem Bargeld, das wir erbeuten, gehört die Hälfte dir, die andere Hälfte den Harampaschas. Einmal ist es dir schon übel bekommen, als du die zwanzigtausend Gulden des Apothekers für dich behalten wolltest, damals hätte dich fast der Teufel geholt.“

„Also, da habt ihr es. Freßt es auf. Soll das Ganze euch gehören! Ihr sollt daran krepieren!“

Das war schon vernünftiger gesprochen. Die Harampaschas ließen es sich nicht zweimal sagen. Alle drei rannten gleichzeitig los und stopften mit der Linken, soviel sie greifen konnten, in ihre Taschen. Die Rechte mit der Pistole blieb weiter auf Trenck gerichtet. Sonst hätte der alle drei niedermetzeln können, während sie die Beute zusammenrafften.

„Platzen sollt ihr davon“, röchelte Trenck in tierischer Wut.

Miranda lachte hell auf.

„Na, Franz! Mein Cotillon hat dich viel gekostet.“

„Infame Hure!“ schrie Trenck (und gab der Gräfin damit den Namen, den die verkommensten Weibspersonen trugen, die unter den

gemeinen Soldaten herumlungerten). „Da, nimm sie, Todbitter, ich geb sie dir als Zugabe. Tu mit ihr, was du willst."
Er ergriff die Frau am Arm und warf sie dem Harampascha auf den Schoß.
„Ist das dein ritterliches Ehrenwort, Trenck?" schrie die Frau.
„Du hast dich auch nicht an die Bedingung gehalten. Du hast ihnen die Kriegskasse verraten! Jetzt kommst du mit mir nach Wien."
„Dann gib mir wenigstens meinen Rock her."
„Kriegst du auch nicht. Lauf nur so herum, wie du bist. Die Huren zeigen sich gern im Unterrock!"
Da drohte die Frau Trenck mit der Faust.
„Daran sollst du dich erinnern, Franz von der Trenck! Dieser Rock wird dir teuer zu stehen kommen!"
Mit diesen Worten rannte sie aus dem Zelt.
„Na, die Beute habt ihr bekommen. Nun geht zum Teufel!" Damit entließ Trenck die Harampaschas.
„Nur nacheinander, Anführer, wir kennen dein Wohlwollen."
Sie wußten, wenn sie zusammen vor ihm aus dem Zelt gingen, würde Trenck sie einzeln niederschießen.
Darum verdrückte sich als erster nur Köppenik aus dem Zelt. Todbitter flüsterte ihm dabei etwas ins Ohr.
Als nächster ging Buntevicz.
Als letzter folgte ihnen Todbitter, aber rückwärts gehend.
Unterdessen zerschnitten die beiden Unterführer draußen die Seile vom Vorderteil des Zeltes, so daß dem nacheilenden Anführer das Zelttuch auf den Kopf fiel, und während er sich zornig freizumachen bemühte, die drei davongelaufen waren.
Todbitters Pferd hielt ein Reitknecht am Zügel, so daß er sofort aufsitzen konnte.
„Hast du nicht gesehen, wo die Frau hingelaufen ist?"
„Doch, ja! Sie hat sich dort im Graben versteckt."
Todbitter ritt zum Graben.
Die weiße Gestalt lag zwischen den Sträuchern im übelriechenden Schlamm.
Als sie Todbitter erblickte, richtete sie sich auf und streckte ihm die Hand entgegen.
„Lassen Sie mich mit aufsitzen."
Der Harampascha hob die Frau aufs Pferd.
„Decken Sie mich mit Ihrem Mantel zu. Mir ist kalt."
Der Reiter tat auch das.
Dann ritt er mit seiner teuren Last zu seiner Truppe.

Eine teure Last war es in der Tat! Im Ranzen dreiunddreißig Pfund Gold und im Sattel eine schöne Frau!

Seine Soldaten waren nicht weniger gut ausgerüstet. Wie fleißige Bienen hatten sie im Preußenlager die Beute aufgeladen, hinzu kam noch, was sie unterwegs in den Dörfern geplündert hatten.

„Wer von euch hat einen Rock und ein Kamisol? Ich geb dafür fünf Dukaten!" rief Todbitter seinen Soldaten zu.

Zehn auf einmal rannten mit den gewünschten Kleidungsstücken zu ihm hin – wie sollte bei einem gut ausgerüsteten Panduren eine solche Ware wohl auch fehlen?

Der Harampascha überließ es Miranda zu wählen, welches Stück ihr am besten gefiel.

So gehörte es sich auch. Wenn das Frauchen nun einmal sein Eigentum geworden war, mußte er sich um die Kleidung kümmern.

Miranda zog etwas von den geraubten Kleidern an; statt eines Hutes konnten sie ihr aber nur einen versilberten Helm geben. Doch der stand ihr gar nicht schlecht.

„Hier hast du das Geld für die Kleider", sagte der Harampascha.

Der Pandur strich sich den Schnurrbart nach beiden Seiten.

„Ich würde sie der Dirne lieber für ein paar Küsse geben."

Todbitter versetzte ihm eine Ohrfeige und warf ihm die fünf Dukaten vor die Füße.

„Weg da! Die ist meine Frau!"

(Der taugte ja mehr als sein Anführer!)

„Jetzt schafft mir noch einen Marketenderkarren herbei."

Auch ein solcher war bald zur Stelle. Hier herrschte Ordnung. Den Branntwein hatten sie zwar aus dem Faß ausgetrunken, aber das Ponypferdchen war noch da, hübsch angeschirrt zwischen den Deichseln.

„Das ist ja mein Pferdchen!" rief Miranda erfreut. „Mein liebes kleines Tatarenpony. Und es erkennt mich!"

„Na, da kannst du dich reinsetzten, mein Liebchen, und mit uns kommen, bis zum Wasser auf dem Trockenen. Dort nehm ich dich wieder in den Sattel und am anderen Ufer schnappen wir dir ein anderes Wägelchen."

„Ich danke Ihnen, mein lieber Herr, für Ihre Güte. Und ich werde mich dafür revanchieren, und zwar sofort."

Der gute Gegendienst bestand darin, daß Miranda Todbitter die Geschichte von Laudon erzählte, woraus der Harampascha entnehmen konnte, was einem Pandurenoffizier bevorstand, wenn er es wagte, von Franz von der Trenck seinen Anteil an der Beute zu fordern.

Während der ganzen Zeit donnerten die Kanonen und knallten die Gewehre aus der Kampflinie zwischen Soor und Burkersdorf.

Wäre Franz von der Trenck ein ebenso guter Soldat gewesen, wie er Räuber war, hätte er begriffen, was zu dieser Stunde seine Pflicht sein mußte. Er wäre mit seiner ganzen Husaren- und Pandurentruppe dahin gejagt, wo die Kanonen donnerten, und König Friedrich in den Rücken gefallen. Aber eben das unterließ er.

Miranda hatte dem König tatsächlich einen guten Dienst erwiesen, als sie Franz von der Trenck das Geheimnis der mit Dukaten gefüllten Haubitzenkugeln verraten hatte. Dem waren noch zehn solcher teuren Kugeln als Beute geblieben!

Auch das gesamte silberne Tafelservice des Königs konnte Trenck behalten, die prächtigen vergoldeten Schüsseln und Pokale. Hatte der König auch manchmal nichts anderes als Speck und Schwarzbrot zu beißen gehabt, so hatte er wenigstens von silbernen Tellern gespeist.

Was kümmerte sich Franz von der Trenck jetzt um Erzherzog Karl und um den Ausgang des Kampfes, da er ja seinen Sieg bereits errungen hatte. Soviel Schätze auf einem Haufen! Die Frage war nur, wie er alles abtransportieren sollte.

Die Dukaten aus den Kugeln herauszuholen, war nicht ratsam, denn wenn die Panduren erfuhren, welche Riesensumme hier erbeutet worden war, würden auch sie alle ihren Anteil haben wollen.

Wenn er die Kugeln in Säcke tat und sie so an den Sätteln festband, dann würden sie die Pferde beim Zurückschwimmen über die Elbe durch ihr Gewicht unter Wasser ziehen. Dem findigen Trenck fiel trotzdem eine gute Lösung ein. An jeden Sack, in dem eine Dukaten-Kugel lag, ließ er einen leeren Krug binden, der im Wasser das Gewicht der Kugel ausglich. Für das Silber aber ließ er aus Futtertrögen ein Floß zimmern und auf diesem den Schatz über den Fluß bringen.

Währenddessen mochten die Kürassiere des Prinzen A. Z. die österreichischen Regimenter niedermähen und das Hauptquartier des Erzherzogs Karl mit dessen eigenen Batterien beschießen.

Franz von der Trenck hatte einen vertrauten Kumpan. Das war ein türkischer Räuber namens Khankiar (auf türkisch bedeutet der Name etwa: Henker). Diesen pflegte er mit geheimen Aufträgen zu betrauen, die das Ziel hatten, den einen oder anderen Harampascha, dem er zürnte oder dessen Beute er kapern wollte, aus dem Weg zu schaffen. Die Methode war recht einfach. Der ausersehene hohe Offizier bekam den Befehl, mit einer Truppe Husaren und doppelt so vielen Panduren den Feind anzugreifen. Die Kampfweise war so, daß neben jedem Husaren zwei Panduren zu Fuß liefen. Die konnten mit den Pferden wettlaufen.

Der Pandur schoß, der Husar stach, und im Handgemenge schnitt der Pandur zu Fuß mit seinem Handschar die Sehnen der Pferde feindlicher Reiter durch. (Das war die Kampfmethode der Janitscharen.) Wenn das Ziel jedoch nur darin bestand, den Offizier umzubringen, bekam dieser, so wie die Schießerei begann, die ihm zugedachten Kugeln; danach ergriffen die Panduren die Zügel des Opfers und jagten mit dem tödlich Verwundeten ins Lager zurück. Das alles hatte Miranda dem Todbitter erzählt; sie selbst hatte durch Laudon von dieser Hinterlist erfahren.

Als das Gefecht schon auf dem Hochplateau im Gange war, brachte Khankiar Franz von der Trenck gegenüber die Sache zur Sprache: Es wäre doch klug, den Feind ein wenig zu erschrecken.

Franz von der Trenck gab ihm daraufhin die nötigen Weisungen.

Drei Truppen Husaren und Panduren solten in drei Richtungen losgehen, den Feind zu ermitteln. Die Truppenführer waren Todbitter, Buntevicz und Köppenik. Jede Truppe bestand aus hundert Reitern und zweihundert Panduren. Die gefährlichste Aufgabe fiel Todbitter zu. Er sollte den rechten Flügel der preußischen Truppe angreifen, wo noch vollkommene Stille herrschte und er folglich auf einen völlig ausgeruhten Feind stieß.

Als sie Khankiar mit den zweihundert Panduren kommen sahen, sagten Miranda und Todbitter fast gleichzeitig: „Jetzt kommt der Uriasbrief!"

Der Pandurenoffizier übergab Todbitter den Befehl.

Der Harampascha erschrak.

„Ich soll mit meinen im ganzen dreihundert Mann die ausgeruhte Brigade der Preußen angreifen? Der reinste Wahnsinn!" gab er Khankiar zu bedenken.

„Wenn du auch nur ein Gegenargument vorbringst und nicht sofort losziehst, habe ich Befehl, dich erschießen zu lassen."

Und da waren auch schon zwölf Gewehre schußbereit auf Todbitters Kopf gerichtet.

Miranda rief ihm auf deutsch zu:

„Nimm den Auftrag an! Die Preußen haben auf dem rechten Flügel überhaupt keine Truppen, nur ihre Artillerie, und auf der anderen Seite des Berges triffst du sogleich auf die österreichische Kavallerie, der kannst du dich anschließen."

„Also, dann, los!" rief Todbitter, und die Truppe zog in gewohnter Aufstellung in langsamem Trab auf den Bataillenberg zu.

Bald schon erblickten sie die preußische Batterie, die auf einem Hügel Stellung bezogen hatte, von dem aus sie den Engpaß beherrschen konnte.

Trencks Truppen hatten eine traditionelle Abneigung gegen Kanonen. Niemals griffen sie Kanonen an. Die Batterie selbst wiederum attackierte nicht. So zogen sie also schön ruhig an der Batterie vorbei und machten außer Schußweite einen Umweg durch den Wald.

Miranda fuhr mit ihrem kleinen Wagen die Straße entlang und traf hinter dem Wald wieder mit der Pandurentruppe zusammen. Sobald sie den Bergrücken erreicht hatten, sahen sie eine Reitertruppe vor sich, aufgestellt in dreireihiger Kampfordnung. Ein ganzes Bataillon.

„Na, jetzt beginnen wir zu schießen", sagte Khankiar zu Todbitter.

„Einen Teufel werdet ihr beginnen! Keine Schießerei!" schrie Miranda von ihrem Wägelchen aus. „Das sind doch österreichische Reiter! Siehst du nicht ihre gelben Fahnen?!"

Es waren Soldaten vom Kürassierregiment Preisings.

Sobald der Kürassiermajor die Trenckschen Soldaten auftauchen sah, schickte er seinen Adjutanten mit dem Befehl, ihr Truppenführer solle zu ihm kommen.

Todbitter ritt im Galopp, aber mit ihm lief auch Khankiar, sich an dessen Sattelknopf festhaltend.

„Seid ihr von den Räubern Trencks?" fragte der Major.

„Kapitän Todbitter."

„Was habt ihr hier zu suchen?"

„Wir haben Befehl von unserem Kommandeur, den Feind zu stürmen."

„Dann teile ich euch den Befehl des Oberkommandierenden mit. Die Fußsoldaten verstecken sich im Wald, keiner darf verraten, daß wir hier sind! Wer einen Schuß abgibt, den lasse ich am nächsten Baum aufhängen. Die Gewehre legt in Pyramiden."

Khankiar brummte, wagte aber nicht zu widersprechen.

Der Kürassiermajor hielt sich immer noch an die Verfügungen des gestrigen Kriegsrates. Die Ordonanz des Oberkommandeurs hatte sich irgendwo verirrt und das Lager Preisings nicht erreicht.

Zusammen mit den beiden Harampaschas ritt auch der Major mit seinen Gefolgsleuten zu der Trenckschen Truppe.

Todbitter gab den Befehl des Majors an die Panduren, in deren Sprache weiter.

„Die Fußsoldaten ziehen sich in den Wald zurück und rühren sich nicht. Die Husaren stellen sich hinter den Kürassieren auf; zuvor werfen sie jeden überflüssigen Ballast vom Sattel, der sie an schnellen Bewegungen hindern kann."

Die zusammengetragene Beute ablegen!?

„Drugi put!" riefen daraufhin die Reiter, drehten um und stoben in alle Richtungen auseinander. So kam es, daß Todbitter mit seiner Marketenderin allein blieb.

„Die sind wir glücklich losgeworden“, sagte die Dame zu dem Harampascha.

„Aber was fangen wir jetzt an?“

„Du, mein Freund, bist nunmehr bei Trenck ein zum Tode verurteilter Mann. Am gescheitesten handelst du, wenn du jetzt gleich nach Wien fliehst. Mich kannst du mitnehmen, quasi als deine Frau.“

Todbitter hatte fünftausend Dukaten bekommen und dazu eine schöne Frau. Wozu sollte er da noch weiter Krieg führen?

Eine Stunde später war auch die Preising-Brigade geschlagen. Jeder konnte davonlaufen, wohin es ihm beliebte.

Von den beiden anderen Truppen, die Trenck ausgesandt hatte, geriet die eine in den Rachen der Kanonen des preußischen Königs, machte aber rasch kehrt und rannte samt Buntevicz unversehrt zurück. Köppeniks Truppe dagegen, die in die Richtung gezogen war, wo sie Rauch gesehen und Kanonendonner gehört hatte, wurde Augenzeuge vom Zerfall der braven österreichischen Armee. Die aus Burkersdorf flüchtenden Truppen überfluteten alle Wege. Die Panduren brachten Franz von der Trenck die Schreckensnachricht, daß die Armee des Erzherzogs vollständig geschlagen und der Feind bereits hier sei.

Da packte auch Franz von der Trenck seine erbeuteten Schätze zusammen, und seine einzige Taktik bestand darin, Sorge zu tragen, daß alle Beute mitgenommen werden konnte. Er nahm auch die beiden Pferde seines Vetters mit, die dieser bei seinem Reitknecht zurückgelassen hatte.

Als die Preußen nach der gewonnenen Schlacht in ihr Lager zurückkehrten, war Franz von der Trenck mit seinen Husaren, seinen Panduren und seiner herrlichen Beute schon jenseits der Elbe.

XIV.

Auf dem Triumphwagen

Eine alte Sitte der Feldherren ist es, daß sie den Ausgang einer verlorenen Schlacht in einer so verhohlenen, tröstlichen Weise der Welt bekanntgeben, als handelte es sich eigentlich nur um eine veränderte Truppenposition. Geht es aber um einen kleinen, unbedeutenden Sieg, posaunen sie ihn wie einen entscheidenden Triumph aus.

So geschah es auch nach der Schlacht bei Soor. Das österreichische Oberkommando sandte über das verlorene Gefecht ein so kompliziertes, schlau formuliertes Bulletin nach Wien, daß ein jeder, der es las, nicht einmal herausbekam, wo es Vorwärts- und wo es Rückwärtsbewegungen gegeben hatte.

Mit dem Triumph des Franz von der Trenck hingegen wurde die totale Niederlage der Preußen verkündet. Das preußische Lager war besetzt, die Kanonen waren zugenagelt worden, das gesamte Hauptquartier hatte man gefangengenommen und sogar die Equipage und das Tafelsilber des Preußenkönigs waren erbeutet worden. Das silberne Tafelservice hatte Franz von der Trenck nach Wien vorausgeschickt, wo es im Wirtshaus Matschakerhof, in den Fenstern des ersten Stocks ausgestellt war, damit es das Publikum bewundern konnte.

Sein gewöhnliches Quartier hatte Franz von der Trenck wie jeder Magnat aus Ungarn im Haus des Matthäus Csák. Hier gab er jeden Tag einen Gulden aus. (Diese Angabe machten seine Biographen zum Beweis seiner Knauserigkeit. Wir müssen aber wissen, daß im herrschaftlichen Speisesaal des Matschakerhofes der Preis eines Mittagessens nach zeitgenössischen Speisekarten vierundzwanzig Kupferkreuzer betrug und dieses Mahl aus sieben Gängen, darunter zweierlei Braten, bestand. Demnach blieben dem Franz von der Trenck von seinem Rheinischen Gulden noch sechsunddreißig Kreuzer übrig. Wir könnten also eher fragen, wofür er denn dieses viele Geld ansonsten ausgab.)

Das leicht zu begeisternde Wiener Publikum erkor Franz von der Trenck mit einem Schlag zu seinem Günstling. Auf den Straßen verkaufte man Pamphlete mit seinem Bildnis; und die Harfner sangen Schauerballaden über ihn.

Zu seinem Glück gehörte auch, daß zur gleichen Zeit, wie Erzherzog Karl mit der immer noch kampffähigen österreichischen Hauptarmee nordwärts zog, Trenck in die entgegengesetzte Richtung eilen mußte, und zwar in der Tat „mußte", weil seine Truppe nach einem großen Sieg, beladen mit der Beute, zu keiner neueren Schlacht bereit war, bevor nicht ein jeder die ihm zufallenden Reichtümer heimwärts in Sicherheit gebracht hatte. Das war schon zu einer Gewohnheit geworden. Später kamen sie dann wieder ehrenhaft zurück. Auf diese Weise war nur die berittene Leibgarde bei Trenck geblieben, an deren Spitze er in die Stadt Wien einzog.

Seine Ankunft war ein richtiges Siegesfest; von der Rotenturmbastei bis zum Burgtor wogte in allen Straßen die „Vivat" rufende Menschenmenge; aus den Fenstern streuten schöne Damen Blumen auf seinen Weg; sein Name war auch dazu geeignet, aus der Kehle eines tausendlippigen Riesen die Luft zu erschüttern: „Franz von der Trenck!!!“ Sein Aussehen übertraf die tollsten über ihn verbreiteten Gerüchte. Fürsorgliche Familienväter verdeckten die Augen ihrer Frauen, damit sie sich nicht in ihn verguckten. Einen vollkommeneren Beelzebub hätte nicht einmal der Höllen-Brueghel auf die Leinwand zaubern können.

Und dann seine Reiter! Diese Wunderhelden! Die Husaren in ihrem Wolfsfellüberwurf! Die Seressaner mit ihren roten Mänteln, auf dem Kopf die goldenen Kasketten, die sie den Preußen weggenommen hatten. Ein Haufen landesweit berüchtigter Übeltäter! Eine Legion, die dem Henkersschwert entgangen war!

Als Franz von der Trenck auf dem Burghof anlangte, präsentierte die Hauptwache das Gewehr und neigte bei Trommelwirbel die Fahne vor ihm. Die Gardisten halfen ihm vom Pferd und führten ihn die Gesandschaftstreppe hinauf. Da sein durchschossenes rechtes Bein kürzer war als das linke, gebrauchte er, wenn er zu Fuß ging, eine Krücke.

Die ungarische Königin empfing den Helden im Gobelin-Saal, und als sie sah, daß er mit der Krücke kam, bot sie ihm einen Stuhl an, er sollte sich setzen, während die gesamte höfische Begleitung stehen blieb. Das war eine hohe Ehre, der nur fürstliche Gäste teilhaftig wurden.

Ihre Majestät überhäufte den Helden mit lobpreisenden Worten und als höchsten Gnadenbeweis stattete sie den ungarischen Baron mit dem Titel eines Obersten aus, einem den Oberoffizieren der regulären Armee gleichkommenden Rang. (Bekanntlich ist ein ausländischer Baron in Ungarn, solange er nicht im Corpus Juris inartikuliert ist, nur „ein armer Reisender“ und nichts anderes.)

Am selben Abend wurde Wien illuminiert, und im Burgtheater, das Maria Theresia vier Jahre zuvor hatte erbauen lassen, fand eine Galavorstellung zu Ehren des Barons von der Trenck statt.

... Eine Woche später bekam Franz von der Trenck einen versiegelten Brief von Feldmarschall Cordua, in dem er vor ein Sonderkriegsgericht geladen wurde, welches in den gegen ihn erhobenen Anklagepunkten Recht sprechen sollte.

Da wurde aber auch schon in der ganzen Stadt von den Vergehen des Franz von der Trenck gesprochen.

Die Geistlichen predigten in allen Kirchen, daß Franz von der Trenck ein Gotteslästerer, ein Kirchenräuber und Sakrilegschänder sei; er lasse Geistliche quälen, unschuldige Jungfrauen vergewaltigen und sei ein fluchbeladener Ketzer.

Dreiundzwanzig Pandurenoffiziere trieben sich in Wien herum, die Franz von der Trenck selbstherrlich davongejagt hatte. Einer von ihnen war Todbitter.

Diese dreiundzwanzig gekränkten Gegner verkündeten allenthalben in den Kaffeehäusern und Bierhallen von Wien, daß Franz von der Trenck in der Schlacht bei Soor keineswegs einen Sieg errungen hätte; vielmehr wäre er daran schuld, daß Erzherzog Karl die Schlacht verloren hätte, denn anstatt befehlsgemäß König Friedrich in den Rücken zu fallen, hätte er keinen einzigen Schuß auf den Preußenkönig abgegeben, während der ganzen Schlacht nur die Beute zusammengetragen und der preußischen Kavallerie so Zeit gelassen, frei zu operieren; er hätte somit die Vereitelung des Kriegsplanes verursacht.

Die Anklagepunkte enthielten viel Wahres.

Die Königin äußerte den Wunsch, zur Rechtfertigung des von ihr bevorzugten Helden ein Sonderkriegsgericht aufzustellen, dessen Urteil die vielen Verleumdungen endgültig zum Schweigen bringen sollte. Die Absicht war also, Franz von der Trenck zu retten, ihn reinzuwaschen.

Der Vorsitzende des Kriegsgerichts war Feldmarschall Cordua, ein Mann von sauberem Charakter, der Franz von der Trenck wegen seiner militärischen Verdienste zu schätzen wußte. Die Klage vertrat Kriegsrat Weber.

Im Laufe des Streits wurde noch eine ganze Reihe von Trenckschen Missetaten vorgebracht: Er hätte seine Panduren beim geringsten Fehler eigenhändig ermordet, er hielte den Sold seiner Offiziere zurück, und er hätte die Tochter eines Müllers ihres größten Schatzes beraubt. (In den Augen der Königin war letzteres die schwerste ihm zur Last gelegte Beschuldigung.)

Franz von der Trenck verteidigte sich während der ganzen Untersuchung sehr gelassen. Wegen des Versäumnisses auf dem Schlachtfeld berief er sich auf Erzherzog Karl, von dem er am Tage der Schlacht keinerlei Befehl erhalten habe. Den Preußenkönig hingegen habe er auch ohne Befehl angegriffen; nur wären eben die Klage führenden Offizier, Todbitter, Buntevicz und Köppenik diejenigen gewesen, die feige vor dem Kampf davongelaufen wären. Alle übrigen Klagen seien frei erfunden. Die Tochter des Müllers wäre eine gewöhnliche Hübschlerin gewesen, der er nicht etwa mit Gewalt die Unschuld geraubt hätte, die er vielmehr wegen ihrer Zudringlichkeit mit der Rute hätte davonjagen müssen.

Der einzige nicht zu erschütternde Anklagepunkt gegen ihn blieb, daß er Offiziere willkürlich davonjagte und ihren Sold zurückbehielt.

Franz von der Trenck wollte auch diesen Anklagepunkt nicht gelten lassen.

Als man ihn mit Todbitter konfrontierte, verließ ihn die Ruhe.

„Du hast also von mir auch kein Geld bekommen, du Hundsfott?“
„Nein!“
„Ein verlogener Hund bist du! Hast du dir nicht mit vollen Händen die Taschen gestopft, du Lügenbold?“
„Nicht von deinem Geld.“
„Oh, du schmählicher Halunke!“
„Dixit cacabus ollae. (Sagte der Kessel dem Topf.) Sag doch, wo hast du mir das Geld gegeben?“

Bei diesem zornigen Wortwechsel mußte Trenck aus vollem Hals lachen. Da begann auch Todbitter laut zu lachen. Sie stimmten im Duett ein Gelächter an, als wäre vor dem Gericht die lächerlichste Hanswurstiade im Gange.

Die Richter waren außerstande, zu begreifen, worüber die beiden so lachen mußten.

Der Grund ihres Lachens war, daß Trenck den wirklichen Widerspruch, der auf der Hand lag, nicht vorbringen konnte. Er durfte nicht sagen, daß er Todbitter fünftausend Dukaten als Anteil an der Beute im Zelt König Friedrichs gegeben hatte, denn nach der Kriegsregel gebührte die eroberte Kasse des Feindes dem Ärar. Hätte er davon gesprochen, hätte er den Gesamtbetrag sofort abliefern müssen. Verraten konnte ihn nur Todbitter, der aber mußte ebenfalls den Mund halten, sonst hätte man auch ihm die fünftausend Dukaten abgenommen. Das war es, was beide so zum Lachen reizte.

Franz von der Trenck schleppte die mit Dukaten gefüllten Haubitzenkugeln überallhin mit. In seinem Wiener Quartier bewahrte er den Schatz in einem großen Glasschrank auf; so zeigte er den Besuchern seine Trophäen von Soor. Anrühren aber ließ er den Schatz von niemandem.

Schließlich fällte das Gericht, das sich zurückgezogen hatte, sein Urteil. Und es fiel in bezug auf Franz von der Trenck wirklich gnädig aus. Alle gegen ihn erhobenen Anklagen wurden für grundlos erklärt. Nichts als Klatschgeschichten! Nach den Kriegsregeln stand Franz von der Trenck ohne Tadel da. Er wurde nur dazu verurteilt, den entlassenen Offizieren den rückständigen Sold auszuzahlen. Summa summarum: zwölftausend Gulden.

Was waren schon zwölftausend Gulden! Für so einen Pappenstiel aus dem Limbus befreit zu werden?

Und doch brachte diese Bagatelle den Triumphwagen des Franz von der Trenck zum Stürzen. Wegen elender zwölftausend Gulden verlor er seinen Ruhm, sein ererbtes Vermögen, seine Millionen, seine Zukunft, seine Freiheit – alles!

XV.

Unter dem Triumphwagen

„Wie bitte?“ rief Franz von der Trenck laut, als man ihm dieses gnädige Urteil vorlas. „Ich soll diesen Räubern zwölftausend Gulden zahlen?! Niemals! Nicht einen Kreuzer bekommen die von mir zu sehen!“

Damit setzte er sich, eh man sich versah, in den Wagen und reiste, ohne jemandem Adieu zu sagen, auf sein Gut in Slawonien; dort jagte er Damwild und Keiler und kümmerte sich nicht mehr um seine ganze Pandurentruppe. Er dachte sich, die Wiener Herrschaften würden ihn schon rufen, wenn sie wieder einmal in Not gerieten. Er blieb auch dort, als der winterliche Frost einbrach.

Nun nahm aber die Weltgeschichte in dieser Zeit wieder eine große Wende.

Friedrich II. zerschlug bei Kesselsdorf die mit den Österreichern verbündete Armee des Kurfürsten von Sachsen. In der blutigen Schlacht zeichnete sich wieder der alte Prinz A. Z. aus, dessen Mantel nach der Schlacht wie ein Sieb von Kugeln durchlöchert war. Erzherzog Karl sah dem Zusammenbruch seines Verbündeten untätig zu. Daraufhin schloß Maria Theresia mit den Preußen Frieden und überließ ihnen ein zweites Mal das verlorene Schlesien. Dann wandte sie sich mit ihrer ganzen Armee gegen die Franzosen und Spanier, die in der Zwischenzeit sämtliche italienischen Provinzen Österreichs besetzt hatten. Unbarmherzig zerschlug sie die feindlichen Kräfte und vertrieb sie aus Italien. Bei diesem Feldzug hatte sie jedoch überhaupt keine Verwendung für die Trencksche Freischar.

Als Franz von der Trenck wahrnahm, daß man ihn nicht mehr rief, brachte er es doch über sich, nach Wien zu reisen. Bis dahin hatte er nichts von alldem gehört, was sich inzwischen ereignet hatte.

In Wien eingetroffen, war die erste Überraschung, die er erlebte, daß man ihn auf der Straße mit Schneebällen bewarf. Das konnte, so glaubte er, nur auf einem Mißverständnis beruhen.

Als er aber auf dem Hohen Markt ankam, fingen die Leute schon an, laut seinen Namen zu nennen und diesem Ausdrücke wie „Du Verfluchter! Du Verräter!“ hinzuzufügen.

Mitten auf dem Markt stand ein großer eiserner Käfig, in dem man Diebe, Raufbolde und Hübschlerinnen, die von der Polizei aufgegriffen wurden, einzusperren pflegte.

Jemand aus dem Schandkäfig rief seinen Namen.

Er ließ den Schlitten halten und ging hin. Da fand er einen von seinen Harampaschas im Ketterhäuschen.

Der brave Mann beklagte sich, er sei festgenommen und eingesperrt worden, obgleich er nichts anderes getan habe, als das, was sie auch in anderen Städten zu tun pflegten. Er habe einigen Deutschen den Kopf eingeschlagen und eine goldene Uhr gekauft zu dem festgesetzten Preis (ein Fausthieb auf den Kopf des Uhrmachers), und dann habe er noch ein Nonnenkloster für einen Gasthof gehalten.

Franz von der Trenck schlug sogleich den Weg zu Marschall Cordua ein, um sich wegen seines gefangengenommenen Harampaschas zu beklagen.

„Ach, mein Freund", antwortete ihm der Marschall, „zerbrich dir jetzt nicht den Kopf wegen deines Harampaschas; kümmere dich um deine eigenen Angelegenheiten. Du selbst bist edictaliter currentiert propter feloniam."

Franz von der Trenck riß die Augen auf.

„Ich hab doch schon meinen Freispruch bekommen!"

„Von mir ja. Aber du hast dich in das Urteil nicht dreingefunden. Jetzt hast du einen neuen Prozeß am Hals, und jetzt bin nicht ich dein Richter, sondern der General Löwenwalde."

Mit Löwenwalde hatte Franz von der Trenck eine alte Bekanntschaft. Einmal war er ihm nach dem ersten Preußenfeldzug im Saal des Erzherzogs Karl begegnet; der General hatte den Pandurenführer vor dem Erzherzog wegen dessen in Bayern verübten Grausamkeiten, Erpressungen und Verwüstungen arg beschimpft; Franz von der Trenck hatte auf die Beschuldigungen kurz, aber sehr wirksam mit einer einzigen Bewegung geantwortet; danach war an der weiten samtenen Hose des Generals, eben an der Stelle, auf der man zu sitzen pflegt, ein vollkommener Abdruck von Trencks Stiefelsohle zu sehen gewesen. Der Erzherzog hatte so herzlich über diese Erwiderung gelacht, daß zwei Knöpfe von seiner Weste gesprungen waren.

Derart denkwürdig war die Bekanntschaft Trencks mit General Löwenwalde. Und der sollte jetzt sein Richter und der Vorsitzende des Kriegsgerichts sein.

Trenck erfuhr auch noch, daß jetzt keine geringere Persönlichkeit die Anklage vertreten werde, als Graf Gossau, kaiserlicher Kämmerer, Chef der Verpflegungsabteilung, ein sehr einflußreicher Mann bei Hofe.

Schließlich wurde ihm auch der Befehl zur Kenntnis gebracht, und zwar sollte er sich auf direkten Wunsch der Herrscherin sofort nach seiner Ankunft in Wien als Gefangener betrachten und sein Quartier im Gasthaus nicht verlassen, bis man ihn holen würde.

Als Trenck diesen Befehl vernommen hatte, eilte er sofort in den Matschakerhof, suchte in der Wagenremise den prächtigsten Schlitten aus, ließ vier Pferde mit Klingelgeschirr einspannen und fuhr damit in raschem Tempo durch alle bevölkerten Straßen der Innenstadt, die Kärtnerstraße, die Himmelpfortgasse, den Graben, das Glacis, die Tuchlauben, den Fleischmarkt und über den Petersplatz, wo die meisten Leute herumliefen; er kutschierte selbst und ließ auf ungarische Art laut die Peitsche knallen.

Für den Abend nahm er sich eine Loge im Burgtheater, wo gerade das klassische Theaterstück „Iphigenie" von Racine gespielt wurde. In der Loge saß er der Königin beinahe gegenüber, die Nachbarloge gehörte dem Erzherzog Karl.

Bis dahin trotzte er den höfischen Herrschaften noch ganz kavaliersmäßig.

Während der Aufführung, die Trenck mit edler Aufmerksamkeit verfolgte, hörte er auf einmal in der Nachbarloge ein lautes Gespräch. Auch seinen Namen hörte er nennen.

Er blickte in die Loge und sah dort der Bühne gegenüber Graf Gossau sitzen, hinter ihm einen Offizier, von dem er nur die Revers sehen konnte, den er aber an der Stimme erkannte. Es war Todbitter.

Als die Nachbarn seine Gegenwart bemerkten, setzten sie ihr Gespräch französisch fort.

Schon das allein kränkte ihn. Wie konnten sie von einem Franz von der Trenck annehmen, er könne nicht Französisch! Und dann erst der Inhalt des Gesprächs. In einer Tour wurde er schlecht gemacht und beschimpft.

Das Blut stieg ihm zu Kopf, er verlor völlig den Verstand, rannte aus der Loge hinaus und in die Nachbarloge hinein.

Todbitter, der ihm den Weg verstellen wollte, erhielt einen Faustschlag auf den Schädel, daß er im selben Augenblick zu Boden fiel. Dann packte Trenck Graf Gossau an der Kehle und begann, ihn mit Faustschlägen zu traktieren.

Der Graf zückte seinen Degen, den Trenck aber mit der Linken abfing, wodurch er sich die Hand zerschnitt. Inzwischen versetzte er seinem Gegner mit der Rechten so viele Faustschläge, daß dieser ohnmächtig in einer Ecke der Loge zusammenbrach. Und all das geschah vor dem gesamten Theaterpublikum, in Anwesenheit Ihrer Majestät, der allerentzückendsten Kaiserin und Königin, zum Glück im Zwischenakt.

Die brutale Rauferei überraschte alle dermaßen, daß man den Pandurenführer, nachdem er seine Rache befriedigt hatte, ungehindert zu seinem Schlitten zurückkehren und unter lautem Geklingel zum Gasthaus fahren ließ.

Eine Stunde später allerdings stand eine bewaffnete Wache vor seiner Tür, und er wurde, sobald er heraustrat, überall von Bewaffneten begleitet, zwei vor und zwei hinter ihm mit schußbereitem Gewehr.

Am nächsten Tag führte man ihn vor das Kriegsgericht, das seine Sitzung im vierten Stock des Arsenals hielt.

Als er den Korridor entlangging, sah er eine ganze Reihe von Gestalten mit unangenehm bekannten Fratzen auf den Bänken an der Wand sitzen.

Die Erinnerung daran, daß er seine *manupropria* einst auf der Visage dieser Herren vergessen hatte, war kein allzu beruhigendes Gefühl. Lauter geohrfeigte Gesichter oder zumindest solche, die die Ohrfeigen zwar noch nicht bekommen hatten, bei deren Anblick einem aber die Hand juckte.

Lauter gegen ihn vorgeladene Zeugen.

Dreiundfünfzig Zeugen hatte man gegen ihn aufgetrieben. General Löwenwalde hatte sie herbeigeschafft, und zwar dadurch, daß er verkünden ließ, ein jeder, der wider den Trenck etwas zu klagen hätte, sollte sich melden, er bekäme für die Dauer des Prozesses täglich einen Dukaten Diäten. Fünfzehntausend Gulden wurden allein für die Tagegelder der Zeugen gegen Franz von der Trenck ausgegeben.

Er aber spuckte nur aus beim Anblick der Zeugen.

„Verlogene Hunde! Prügel verdient ihr!“

Es gab unter den Zeugen auch einen, der gekommen war, um zu bestätigen, er habe Franz von der Trenck kein einziges Mal bei der Kirchweih von Mariazell gesehen. Auch das war eines seiner Kapitalverbrechen.

Dann aber folgte die gewichtigere Anklage.

Löwenwalde trug vor, die Strategen beschuldigten Oberst Franz von der Trenck, die Schlacht bei Soor hätte wegen seines absichtlichen Versäumnisses für die österreichische Armee einen verhängnisvollen Ausgang genommen, denn er hätte den Befehl des Oberkommandierenden, mit seiner ganzen Truppe König Friedrich in dessen Hauptquartier bei Soor in den Rücken zu fallen, nicht befolgt.

Auf diese Beschuldigung hin zog Franz von der Trenck in aller Ruhe einen Brief des Erzherzogs Karl aus seiner Tasche hervor, in dem der Oberkommandierende selbst bezeugte, daß sich sein Ordonnanzoffizier, den er mit dem Befehl zu Trenck geschickt hatte, in dem Schlachtgetümmel verirrt hatte und erst nach dem Rückzug bei Trenck eingetroffen war, als der befohlene Angriff schon unausführbar und überflüssig geworden war. Trenck legte dem Gericht den Brief des Oberkommandierenden vor.

„Sieh mal einer an!" rief Löwenwalde aufgeblasen. „Erzherzog Karl steckt mit seinem Pandurenführer unter einer Decke."

Bei diesem Wort bekam Trenck wieder einen Wutanfall. Mit einem Sprung stand er vor dem Kriegsrechtsrichter (obgleich er nur ein Bein richtig gebrauchen konnte), ergriff Löwenwalde an der Kehle und riß ihn – wie der Tiger eine Katze – von seinem Stuhl hoch. Er stürzte mit ihm ans Fenster und riß es auf, offenbar in der Absicht, Löwenwalde zum Fenster hinauszuwerfen. Der Vorsitzende konnte von Glück sagen, daß sich sein weiter Talar im Fensterschloß verfing, sonst wäre er vom vierten Stockwerk hinuntergeflogen.

Daraufhin rannte die Polizei herein. Sie packte Trenck und befreite den halbtoten Vorsitzenden aus seinen Händen. Trenck wurde geknebelt, damit er nicht fluchen konnte, und sie zerrten ihn aus dem Gerichtssaal.

Der nächste Schritt war, daß man ihn in Eisen legte.

Er wurde jetzt bereits in ein Militärgefängnis gesperrt.

Das Eisen schlug man ihm an das lahme Bein, das eine preußische Kanonenkugel zerschmettert hatte, gerade über den zusammengewachsenen Knochen, wo der Knöchel fehlte; das andere Ende der Kette wurde an seinem Handgelenk befestigt.

So brachte man also zügellosen Knaben gehorsames Betragen bei! Eine schöne Geschichte. Generäle mit dem flachen Säbel zu verprügeln! Gerichtsvorsitzende zum Fenster hinauszuwerfen! Jetzt würde er sich eine andere Redeweise angewöhnen müssen.

Ein paar Tage behielten sie ihn im Kerker bei Wasser und Brot.

Dann mußte er aus der Kellerhöhle wieder in den vierten Stock humpeln, vor das Kriegsgericht. Aber auch dort ließ man ihn zwischen zwei Soldaten stehen, die mit aufgepflanztem Bajonett dafür sorgten, daß er Ruhe bewahrte.

Den Vorsitz führte wieder Löwenwalde.

Franz von der Trenck hatte sich vorgenommen, dieses Mal dem Gericht durch Kaltblütigkeit zu imponieren.

„Oberst Franz von der Trenck!" begann Löwenwalde. „Der Herr wird angeklangt, bei Soor König Friedrich in seinem Zelt gefangen und dann gegen ein hohes Lösegeld freigelassen zu haben."

„Wer ist der Hal..., will sagen: der brave Mann?"

„Der mit Ihnen bei dieser Gelegenheit zusammen war."

„Ich möchte die Fratze, oder sagen wir, seine rechtschaffene Physiognomie sehen."

Der Vorsitzende wies den Auskultanten an, den Zeugen hereinzuführen.

Es war Todbitter.

„Das also ist das feine Stück! Das heißt: Der feine Herr! Der feine Herr!"

„Tragen Sie vor, Herr Kapitän!"

„Hund, was heißt hier Kapitän!" rief Trenck dazwischen. „Ein Harampascha war er bei mir."

„Angeklagter! Schweigen Sie! Sonst laß ich Ihnen den Mund knebeln! Übrigens sollen Sie wissen, die Pandurentruppe zählt neuerdings zu den ordentlichen Regimentern Ihrer Majestät. Und aus der Kavallerie wurde ein Husarenregiment, die Offiziere erhielten die ihnen zustehenden Chargen."

(Nun hatte man ihm also auch seine Freischar weggenommen.)

„Tragen Sie vor, Herr Kapitän, wie sich die Gefangennahme König Friedrichs bei Soor ereignete."

„Na, darauf bin ich selbst neugierig", brummte Franz von der Trenck.

„Das geschah folgendermaßen", begann Todbitter, „und ich bin bereit, auf meine Aussage den Eid abzulegen."

(„Für gutes Geld! – Ich hab nichts gesagt.")

„Es war gegen Morgen, als wir mit Trenck beim preußischen Lager ankamen. Die Preußen hatten die Elbe hinter ihrem Rücken und darum keine Wachen auf dieser Seite aufgestellt. Sie fühlten sich in völliger Sicherheit. Wir haben das Zelt des Königs an der gehißten Standarte und an den Kanonen vor dem Eingang sofort erkannt; die eine war eine Haubitze; neben jedem Geschütz waren elf Granaten zu einer Pyramide gestapelt und ebensoviele Kugeln. Zwei Grenadiere standen vor dem Zelteingang. Als sie uns erblickten, schrien sie uns an: ‚Was ist die Losung?' Daraufhin schlug Trenck den einen nieder, ich den anderen, so daß sie keinen Ton mehr von sich gaben. Dann befahl mir Trenck, ich solle draußen bleiben. Er trat allein ins Zelt, den gezückten Säbel in der Hand. Ein paar Minuten lang war aus dem Zelt ein leiser Wortwechsel zu hören, verstehen konnte ich nichts, und Falsches will ich nicht aussagen, zumal unter Eid. Ich weiß nur soviel, daß bald darauf hinter dem Königszelt Pferdegetrappel zu hören war. Es sei gesagt, daß das Königszelt mit dem Verschlag für seine Equipage verbunden war, wo die Pferde standen, das war hinter dem Zelt. Von hier kam ein Bursche, sah aus wie ein Reitknecht, mit zwei Pferden: Auf dem einen saß er, das andere führte er am Zügel. Ich hielt den Burschen an: ‚Wer bist du? Wohin willst du?' Der Bursche antwortete, er sei der Reitknecht von Friedrich von der Trenck, dem Adjutanten des Königs. Der Pandurenführer schicke ihn zu seinem Herrn mit den beiden Pferden und einem Brief, der nicht verschlossen sei. Ich nahm ihm den Brief ab und las ihn. Darin stand: ‚Der ungarische Trenck hat keinen Krieg mit dem preußischen Trenck, seinem Vetter! Es ist ihm ein Vergnügen, daß er zufällig von seinen Husaren die ihm weggenommenen Pferde zurückerhalten konnte, welche er ihm hiermit übersendet'."

An Franz von der Trencks Hand klirrte die Kette.

„Ist das nicht alles wahr?" wandte sich Todbitter ihm zu.

„Doch, wahr. Du sollst in der Hölle auf deinen Wahrheiten schmoren! Es hat sich nur nicht in dieser Reihenfolge ereignet."

„Der Zeuge soll seine Aussage fortsetzen!" erklärte der Vorsitzende.

„Erst nachdem ich den Reitknecht weitergehen lassen hatte, fiel mir ein, wie sehr dieser den Porträts ähnelte, die man von König Friedrich auf allen Pamphleten sehen kann."

„Hahaha!" lachte Franz von der Trenck. „Lachen darf ich doch?" Und die Kette klirrte wieder an seiner Hand.

„Ich dachte, ich sollte dem Reitknecht nachlaufen und ihn gefangennehmen. Im selben Augenblick schrie aber Franz von der Trenck aus dem Zelt heraus und rief mich, ich solle hereinkommen, mit mir zugleich noch zwei meiner Offizierskameraden, der Jotzl Buntevicz und der Hans Köppenik. Trenck wollte uns offenbar daran hindern, den flüchtenden König zu verfolgen. Denn der Grund, weswegen er uns alle drei ins Königszelt rief, war ganz offensichtlich eine Nichtigkeit und hatte nichts mit Kriegstaktik zu tun. Jede militärische Autorität, der man den Fall vortragen würde, käme zu dem Schluß, daß durchaus keine Notwendigkeit für den Brigadeführer bestand, drei Zugführer im heißesten Augenblick des Gefechts zusammenzurufen und ihnen derlei Anweisung zu geben."

„Wie lautete denn die Anweisung?" fragte der Vorsitzende.

„Nun, wir sollten mit eigenen Augen sehen und bezeugen, daß in König Friedrichs Bett eine junge Frauensperson im Schlafrock lag. Wenn ein Kavalier so etwas entdeckt, dreht er sich um und sagt nichts. Vor allem aber ruft er nicht seine Kameraden, um eine Dame aus guter Familie zu beschämen. Aus moralischen Gründen hat Franz von der Trenck das bestimmt nicht getan, er tat es, damit niemand bemerken sollte, daß das Bett des Königs noch so warm war, wie in dem Augenblick, als er herausgesprungen war."

Franz von der Trenck fühlte, daß sich das Netz, das man ihm über den Kopf geworfen hatte, immer enger zusammenzog. Er tobte mit gefesselten Händen und Füßen und protestierte:

„Es war so – und ist doch alles Lüge!"

„Warten Sie das Ende der Zeugenaussage ab!" versuchte der Vorsitzende ihn zurückzuhalten.

„Doch gerade das wurde dem Obersten von der Trenck zum Verhängnis, denn die beschämte Dame bekannte rundheraus, König Friedrich habe mit ihr im Bett gelegen; Trenck habe sie beide überrascht und den König dann für eine Unmenge Dukaten laufen lassen."

So war also der Reitknecht von Friedrich von der Trenck tatsächlich der König selbst.

„Höllische Intrige!" brüllte Franz von der Trenck und drohte dem Zeugen mit der gefesselten Rechten, wobei er sein gelähmtes Bein hochheben mußte, denn es war ja an das Handgelenk gekettet.

„Vielleicht lassen Sie das Tanzen", rügte der Vorsitzende Trenck mit grausamem Hohn.

„Lüge! Lüge! Jedes Wort gelogen!"

„Man rufe den nächsten Zeugen", verfügte der Vorsitzende.

Durch die Tür des Gerichtssaals trat eine Dame ein. Das schwarze Kleid ließ ihre schlanke Gestalt noch größer erscheinen. Das Antlitz war tief verschleiert.

Den Schleier hob sie aber, sobald sie den Tisch des Gerichts erreicht hatte. Sie war wirklich eine sehr schöne Frau: Gräfin Miranda!

Franz von der Trenck schrie auf, als er sie erkannte.

„Du hier?!"

„Ja, ich bin hier. Ich bin nicht umgekommen, wie du es so gern gehabt hättest."

„Und du kommst jetzt hierher, um gegen mich auszusagen?"

„Ja. Ich, die Witwe des Generals Graf Sch…n, bin gekommen, um gegen der Obersten Franz von der Trenck Zeugnis abzulegen."

„Und du, eine Generalswitwe, eine Gräfin Sch…n, du schämst dich nicht, hier vor dem Gericht auszusagen, du seiest die Geliebte König Friedrichs gewesen?!"

„Der Kuß eines Königs hinterläßt keinen Fleck auf dem Gesicht, vielmehr eine Glorie."

Franz von der Trenck sah Miranda in die Augen. Sie erwiderte den Blick.

Trenck fühlte es, begriff in diesem Moment, daß er jetzt einem gleichrangigen Gegner gegenüberstand. Der Blickwechsel war so, als würde ein Löwe einer Riesenschlange begegnen und die Schlange würde sich vor ihm erheben und die Zunge zwischen ihren Giftzähnen herausstecken. Trenck spürte, daß er bei diesem Duell seine ganze

Kaltblütigkeit aufbringen mußte, um dem tödlichen Biß zu entgehen und die Schlange im richtigen Augenblick am Hals zu packen.

Er zitterte vor Zorn und zerbiß sich die Lippen.

„Frau Gräfin, bitte nehmen Sie Platz."

Löwenwalde ließ einen Stuhl für die Dame bringen.

„Wollen Sie jetzt vortragen, wie die Gefangennahme König Friedrichs bei Soor, in seinem Zelt vor sich gegangen ist."

Die Frau begann mit ihrem Märchen.

„Am Abend zuvor hatte der König sehr viel Punsch getrunken und war davon in tiefen Schlaf gesunken. So hörte er auch die Ankunft der feindlichen Reiterei nicht. Ich aber erwachte und weckte den König aus seinem tiefen Schlaf. Doch schon im selben Augenblick wurde der Vorhang des Zeltes beiseite gerissen und herein trat eine kriegerische Gestalt mit gezücktem Säbel in der Hand. ‚Wer wagt es, hier hereinzukommen?' rief der König. Ich erkannte den Mann und flüsterte dem König ins Ohr: ‚Majestät, das ist Franz von der Trenck.' Der König bewahrte auf bewundernswerte Weise die Ruhe. Ganz überlegen sprach er fast jovial zu dem furchterregenden Eindringling: ‚Ah, Er ist der berüchtigte ungarische Trenck. Er ist mir einmal schon sehr nahe gewesen, bei Kolin. Auch dort wäre es beinahe dazu gekommen, daß Er mich gefangengenommen hätte.' – ‚Ja, es lag an einer Kanonenkugel, die mein Bein zerschmetterte; mein verkürztes Bein erinnert mich an unsere Begegnung.' – ‚Diesmal hat Er mehr Glück', meinte Friedrich. ‚Er hat den König matt gesetzt. Nun, welchen Nutzen hat Er, wenn Er mich den Wienern ausliefert. Ich werde gezwungen, Frieden zu schließen und der Königin Schlesien zurückzugeben. Bekommt Er vielleicht einen Teil von Schlesien? Der Krieg wird zu Ende sein und man wird Ihn mit Seinen Panduren nach Hause schicken, nach Slawonien. Man wird vergessen, daß Er je auf der Welt war. Die gute Ernte ist dann zu Ende. Ich dagegen kann Ihm eine Belohnung geben, die Ihn in Ungarn auf einen Schlag zu den vornehmsten Dynastien aufsteigen läßt. Ich biete Ihm als Lösegeld hundertfünfundsechzigtausend Dukaten an, wenn Er mich jetzt freiläßt.' – Diese Worte machten tiefen Eindruck auf Trenck. ‚Dann muß das Geld doch hier sein!' rief er lachend. ‚Dann nehme ich mir das Geld und den König!' – ‚Aber Er wird das Geld nicht finden.' – ‚Das wollen wir erst einmal sehen!' Trenck begann mit seinem Säbel die Kisten im Königszelt zu zerspalten, aber er fand nichts als Silber. Nach der erfolglosen Sucherei steckte Franz von der Trenck den Säbel in die Scheide und wandte sich an den König: ‚Wo also ist das Gold?' – ‚Gib Er mir zuvor sein ritterliches Ehrenwort, daß Er mich freiläßt und mir die Flucht erleichtert.' Da zog der Pandurenführer den Handschuh von seiner Hand und streckte sie dem König hin. König Friedrich gab ihm die Hand. ‚Mein Ehrenwort ist Eisen!‘ sagte Trenck. ‚Mein Ehrenwort ist Gold!‘ sprach der König. Dann setzte sich Trenck an den Tisch, riß ein Blatt aus seinem Notizbuch und schrieb seinem Vetter einen Brief des Inhalts, daß er ihm die Pferde zurückschicke, die seine Husaren samt Reitknecht gefangengenommen hätten. In der Livree dieses Kuriers sollte der König fliehen.“

Franz von der Trenck hatte die ganze Märchenerzählung mit keinem Wort unterbrochen; er preßte die Lippen zusammen und blickte der Sprechenden starr ins Gesicht, mit einem verzerrten Grinsen, wie man es von den zur damaligen Zeit modischen Gipsbüsten kennt. Erst als sich die Dame eine kurze Ruhepause gestattete, tat er eine pantomimische Handbewegung, wies zu dem Kruzifix auf dem grünen Tisch und dann zum Himmel hinauf.

Die Dame verstand die stumme Ermahnung, und als Antwort legte sie die Hand zuerst auf die Brust und hob sie dann hoch über ihren Kopf: Es war das Zeichen dafür, daß sie bereit war, auf alles, was sie hier sagte, zu schwören.

Miranda fuhr fort: „Dann verriet König Friedrich dem Franz von der Trenck das Versteck des Schatzes. Die Reservekriegskasse war in den Haubitzenkugeln versteckt, die pyramidenförmig neben der Kanone gestapelt waren: fünfzehntausend Dukaten in jeder Kugel! Franz von der Trenck ging aus dem Zelt und brachte eine Kugel herein.“

„Das habe auch ich gesehen“, bestätigte Todbitter.

„Man mußte den Luntenzapfen von der Haubitzenkugel abdrehen, dann zerfiel die Kugel in zwei Teile, und man konnte durch eine dünne Glasscheibe die versteckten Dukaten sehen. Ist das vielleicht nicht wahr, mein Herr von der Trenck?“

Trenck trommelte sich mit der Faust auf die Stirn.

„Daß ich diese Viper nicht erwürgt habe ...!“

Miranda sprach weiter: „Oberst von der Trenck reichte dem König seinen Säbel und gestattete ihm, mit dem Brief, den er an Friedrich von der Trenck geschrieben hatte, durch den hinteren Ausgang des Zeltes in den Verschlag für die Pferde hinauszuschleichen.“

„Bist du fertig?“ fragte Franz von der Trenck, als die Dame eine Pause machte, damit der Auditeur ihre Aussage niederschreiben konnte.

„Ich habe beantwortet, wozu ich aufgefordert worden bin.“

„Also meine gnädige Frau und exzellente Gräfin, feenhaft schöne Frau, meine liebste Verwandte und Schwägerin! Du hast mit jedem deiner Worte gelogen wie das letzte schmierige Marktweib.“

Der Vorsitzende schrie Trenck an:

„Arrestant, beleidigen Sie die Zeugin nicht oder ich lasse Ihnen einen Sack über den Kopf ziehen."

Miranda sprach darauf mit eiskalter, grausamer Ruhe:

„Mag er nur in seiner echten Sprache reden, damit charakterisiert er sich selbst. Jedes meiner Worte bezeichnet er als Lüge. Dabei sind die mit Dukaten gefüllten Haubitzenkugeln, das Lösegeld, das er vom König von Preußen bekam, auch jetzt dort in seinem Quartier im Matschakerhof."

Trenck brüllte:

„Warum habe ich die Teufelin nicht umgebracht!"

Die Richter kamen auf diese Entdeckung hin in heftige Erregung.

„Ungeheuerlich! Den Sündenlohn hat er hierher gebracht! Unerhörter Verrat!"

Löwenwalde gab einem Ordonnanzoffizier sofort den Befehl, mit einer Patrouille in den Matschakerhof zu gehen und in Begleitung eines Assessors die Haubitzenkugeln aus dem Quartier des Obersten versiegelt als Corpus delicti zum Gericht zu bringen. Bis dahin würde die Inquisition in eine Pause treten.

„Wozu eine Pause?!" rief Franz von der Trenck dazwischen. „Ich erkenne an, daß die Haubitzenkugeln mit Dukaten gefüllt sind. Ich gebe auch zu, daß ich dieselben aus dem Königszelt mitgebracht habe."

„Wie kommen Sie dann dazu, der Zeugin vorzuwerfen, sie lüge?"

„Sie lügt, indem sie sagt, das Geheimnis des verborgenen Schatzes hätte König Friedrich mir aufgedeckt, als Lohn für den Verrat."

„Wer sonst hat Ihnen das Geheimnis verraten?" wollte der Richter wissen.

„Sie selbst! Diese Frau!"

Miranda gab darauf ihrer höchsten Verwunderung Ausdruck.

„Woher hätte ich dieses Geheimnis wissen sollen? Und welchen Grund hätte ich gehabt, Franz von der Trenck mit einem so unerhört großen Schatz zu beschenken?"

„Du tatest es, damit ich dich freilasse! Und damit ich dir dein Röckchen zurückgebe!"

„Nun und? Hast du mich freigelassen? Hast du mir vielleicht meine Kleider zurückgegeben? Hast du mich nicht halb nackt aus dem Zelt des Königs hinausgejagt? Zum Hohngelächter der Panduren, denen du mich, die Gräfin, deine Schwägerin, als Beute vorgeworfen hast!"

„Dumm genug, daß ich das tat", murmelte Franz von der Trenck zähneknirschend.

„Wenn damals nicht in einem deiner Harampaschas viel mehr menschliches Mitgefühl gesteckt hätte als in dir, wenn er mich nicht bedauert, mir Kleider gegeben und mich beschützt hätte, dann läge ich jetzt dort in irgendeinem Straßengraben, gebrochen und geschändet. Ist das nicht die lautere Wahrheit, Franz von der Trenck?"

„Verdammter roter Rock", brummte Franz von der Trenck. „Sie hat schon damals gesagt, er werde mir teuer zu stehen kommen! Und dennoch lügt diese Frau."

„Meine Herren, hochgeehrtes Kriegsgericht!" wandte Miranda sich den Richtern zu. „Wenn es auf der Welt Logik, Ethik und Psychologie gibt, und wenn all das ewige, unverrückbare Regeln hat, ist es dann möglich, daß ich, Gräfin Sch...n, eine nahe Verwandte des Franz von der Trenck, ihm einen gut verborgenen Schatz, ähnlich dem im Rhein versenkten Schatz der Nibelungen, verrate und dieser von mir märchenhaft beschenkte Mann mich, seine Wohltäterin dann der letzten Kleidungsstücke beraubt und in einem einzigen Hemd zum Hohngelächter der Panduren in die herbstliche Kälte hinausjagt? Das wäre doch noch unvorstellbarer als die mythologische Chimära, das wäre die Verkörperung des Absurden und Paradoxen. Eine Karikatur des Teufels wäre das. Kann man von einem Menschen einen solchen Grad der Verblödung voraussetzen?"

Nach dieser logischen, ethischen und psychologischen Deduktion fühlte sich Franz von der Trenck als geschlagener Mann. Er ließ die Hände mitsamt den klirrenden Ketten sinken.

Er hätte doch nur antworten können: Ja, wahrlich, ich bin eine solche Karikatur des Teufels! Ich habe all das getan.

Statt dessen sprach er leise auf ungarisch (eine Sprache, die im Wiener Kriegsrat keiner verstand) zu Miranda: „Du bist mein Verderbnis, Frau! Wegen meines Verschuldens wird man mich nicht verurteilen, aber wegen meines Goldes bricht man mir den Hals."

Bald darauf brachte man die beschlagnahmten Haubitzenkugeln und legte sie auf den grünen Tisch des Gerichts. Die Luntenzapfen wurden einer nach dem anderen entfernt, und die Kugeln öffneten sich.

Es war also wahr! Was die Dame gesagt hatte, war goldrichtig.

Was mit soviel barem Gold bewiesen wurde, das konnte keine Lüge sein.

„Ja, das sind unleugbare Beweise des Hochverrats!"

„Was kann der Angeklagte angesichts dieser einhelligen Beweisstücke vorbringen?" fragte der Vorsitzende Löwenwalde.

„Daß ich den Schatz des Königs von Preußen mitgebracht habe, gebe ich zu; daß ich den Schatz vom König bekommen habe, leugne ich."

Nach kurzer Beratung mit dem Richterkollegium erklärte Löwenwalde, die Zeugin Gräfin Sch...n könne ihre belastende Aussage beeiden.

„Und du wagst das, was du hier vorgetragen hast, zu beschwören?" fragte Trenck Miranda auf ungarisch. „Fürchtest du nicht, daß dich der Teufel holt?"

„Wenn du Gott verleugnen kannst, kann ich den Teufel verleugnen."

Damit trat sie vor das Kruzifix, legte eine Hand darauf, erhob die andere über den Kopf und schwor, daß alles, was sie gegen Franz von der Trenck ausgesagt hatte, wahr sei!

Die Richter hörten sich die Eidesablegung stehend an.

Der Vorsitzende gab den Bütteln ein Zeichen, sie sollten den Arrestanten in den Kerker zurückbringen.

„Und das hast du mir alles wegen deines Röckchens angetan?" brummte Franz von der Trenck zu Miranda.

Die Dame blickte mit ihren schönen Augen wie eine mörderische Bestie, so daß sie fast schon ein grünes Licht schossen, und flüsterte zurück:

„Das hast du für meine ermordete Schwester bekommen, Franz von der Trenck!"

XVI.

Das verhängnisvolle Pamphlet

Nach dem siegreichen Feldzug kehrte König Friedrich II. in seine Hauptstadt zurück. Die Saison der Opern und Hofveranstaltungen hatte begonnen.

Dieses Mal war das Palais der Prinzessin Amalie der Mittelpunkt der allerhöchsten Gesellschaft, wo sich der Geburtsadel mit der geistigen Elite traf. Die Schauspieler spielten Komödien für die hohen Herrschaften, und jene taten das gleiche für die Schauspieler. Prinzessin Amalie war die Sonne dieses Planetensystems. Neben ihrer Schönheit konnte keine andere bestehen, sie war unvergleichlich.

Eigentlich ist es schwer zu bestimmen, worin diese Schönheit zur Zeit Friedrichs des Großen bestand. Es gab weder schwarze Haare noch kastanienbraune, auch blonde und goldrote gab es nicht. Alle Haare waren weiß, und über der Stirn trug man den Lockenbau; das Gesicht war kreideweiß und karminrot mit zwei oder drei Schönheitspflästerchen; die schwarzen Augenbrauen waren genau gezeichnet; die Augen wirkten groß, schon wegen der bemalten Lider. An den Schläfen hatten die Damen blaue Äderchen, und die Lippen waren feuchtrot. Von Figur konnte man schon überhaupt nicht sprechen; der Oberkörper war flach und platt gepreßt von einem Korsett aus Fischbein und Stahlplatten; unterhalb der Taille aber folgte ein aus Reifen und weißem Roßhaar gefertigtes Gestell, das den einem Ballon gleichenden Vertugadin auseinanderspannte. Vervollständigt war all das noch durch Bouffants sowie quer und ringsherum verlaufende Girlanden. Neben dem Fächer war es Mode, ein an den Arm gehängtes Retikül zu tragen, ein besticktes Säckchen, in dem das Spitzentuch, das Riechfläschchen, das Kämmchen, das Spiegelchen, die Stifte für Lippen und Augenbrauen, das Döschen mit Pillen und zumeist auch ein Miniaturbüchlein von irgendeinem modischen Dichter, etwa Fabeln von Grécourt oder La Fontaine, in Nonpareille gedruckt und mit pikanten Stahlstichen geschmückt, Platz fanden.

Dieser letzteren Mode wegen zürnte auch der König. Für französische Damen paßte eine solche Lektüre, aber für deutsche Damen war sie gefährlich. Der König hatte einen jungen deutschen Dichter entdeckt, der den Schriftstellernamen Raymund führte. Dieser schrieb ehrenhafte Gedichte und widmete sich besonders dem Epos. Sowie der König seinen großen Feldzug beendet hatte, beendete auch Raymund seine Äneis, in der er den Zweiten Schlesischen Krieg und dessen sämtliche Helden verewigte. (Nur sich selbst zu verewigen, gelang dem Dichter nicht.)

Der König stellte den jungen Schriftsteller der Prinzessin Amalie vor und bat ihn zugleich, der illustren Gesellschaft aus seinem Heldenepos vorzulesen.

Selbstverständlich und der Historie entsprechend war die Gestalt des Königs in der Dichtung in den blendendsten Farben hervorgehoben, aber gleich an zweiter Stelle folgte der Hausherr, Prinz A. Z., dem an dem Sieg in der Schlacht bei Soor der Löwenanteil zukam. Wie viele Kugeln seinen Mantel durchlöchert hatten und wie viele Pferde unter ihm erschossen worden waren – das alles war zu Strophen geformt, und die Reime klangen ganz korrekt: „Kugellöcher“ – „Amors Köcher“ (mit zarter Anspielung auf die schöne Prinzessin), „Tote Hengste“ – „keine Ängste“. Mit lebhaftem Applaus honorierte die Gesellschaft die schwungvollen Reime des Dichters. Nur Prinzessin Amalie gab keinerlei äußere Zeichen ihres Gefallens von sich. Wahrscheinlich war sie zu bescheiden. Es wäre vielleicht auch etikettewidrig gewesen, die Heldentaten des eigenen Gemahls mit Applaus zu feiern.

Der Dichter indessen zollte, nachdem er den Haupthelden die schönsten Lorbeerkränze geflochten hatte, auch den Rittern der Episoden Anerkennung. Dergestalt kam auch Friedrich von der Trenck an die Reihe. Er war als Achilles dargestellt.

Nun begann Prinzessin Amalie bereits aufmerksam zuzuhören und gab mit ihrem Fächer den Hofdamen das Zeichen, nicht zu plaudern.

Achilles stürzt mit Todesverachtung auf den Feind los, sein Schwert teilt nach rechts und links tödliche Hiebe aus, bis dann plötzlich eine „mörderische Kugel“ seine Hand durchbohrt. Er bleibt auch da noch fest im Steigbügel. Obgleich der Reim an dieser Stelle nicht ganz vollkommen war, übten die Zeilen auf die Prinzessin eine solche Wirkung aus, daß Tränen in ihre schönen Augen traten; sie war genötigt, ihr Retikül zu öffnen, das Spitzentuch herauszunehmen und ihre Augen abzutupfen.

Ist ja auch eine natürliche Sache! Tränen müssen abgewischt werden. Denn wenn sie über das Gesicht rinnen, hinterlassen sie einen Makel im Kolorit.

Wahrscheinlich hatten es alle Gäste bemerkt. Wohl mit Ausnahme des Gatten. Menschen seines Schlages gab die gesegnete Natur den Vorzug, daß sie nichts bemerkten.

Der König ärgerte sich. Die geflüsterten Bemerkungen, die vielsagenden Mienen reizten ihn noch mehr.

Er konnte es kaum erwarten, daß der Poet seine Lesung beendete.

Gleich wies er den Oberhofmeister an, den Tyrtaeus ins Buffet zu geleiten, ihm Speise und Trank zu servieren, fünfundzwanzig Dukaten zu bezahlen, ihn dann in einen Tragstuhl zu setzen und nach Hause tragen zu lassen.

Während des Menuetts ging der König zur Prinzessin und setzte sich neben sie. Die übrigen Gäste waren mit dem Tanzen oder sonstigem beschäftigt.

„Sie haben sich diese Reimerei sehr zu Herzen genommen, ganz besonders, wo von einem gewissen Fritz Trenck die Rede war.“

„Ich glaube zu wissen, daß auch Eure Majestät ihn besonders bevorzugen.“

„Freilich, freilich, ich könnte ohne ihn gar nicht leben. Er ist einer meiner feurigsten Krieger. Auch Ihr Gatte ist ein großer Held, aber mit dem Fritz kann er sich nicht messen. Der fromme Prinz eroberte nur die Batterien von Soor; mein Namensvetter kann starke Burgen einnehmen. Seine Siege übertreffen die meinigen.“

Die Prinzessin lächelte.

Der König beabsichtigte eine heroische Kur zu unternehmen. Mit starken Worten wollte er die Prinzessin von ihrer verhängnisvollen Leidenschaft heilen. Diese Worte sollten Amalie wie ein vergifteter Dolch ins Herz treffen.

„Sie stehen auf vertraulichem Fuß miteinander, soviel ich weiß. Fragen Sie einmal den Herrn Achilles in einem idyllischen Augenblick, was er von jener schönen, goldhaarigen Fee weiß, die im Schloß Beneschau lebt. Und fragen Sie ihn dann auch nach der zauberhaften Marketenderin im Lager von Soor. Er wird Ihnen von einem wunderbaren Sieg erzählen können, dieser junge Lancelot."

Die Prinzessin lächelte noch immer.

„Majestät, ich bin aus einer sehr zuverlässigen Quelle informiert. Ich kenne die Ballade von der Beneschauer Fee und der Marketenderin von Soor. Sollten Eure Majestät diese noch nicht kennen, kann ich bereitwillig damit dienen."

Sie griff nach ihrem Retikül, entnahm ihm ein mit winzigen Buchstaben gedrucktes Miniaturbüchlein und reichte es dem König.

Es war ein in Wien herausgegebenes Pamphlet, in dem der skandalöse Prozeß des Franz von der Trenck besungen wurde.

Und König Friedrich konnte in dem Pamphlet jene entzückende Geschichte lesen, die von seinem amourösen Stelldichein mit der Dame von Beneschau berichtete; wie er sich berauscht durch deren Zauber von Franz von der Trenck hatte überraschen lassen, so daß er genötigt gewesen war, für teures Geld seine Freilassung zu erkaufen.

An den Einzelheiten war von dem weisen Wiener Zensor nur soviel verändert worden, daß er aus der Gräfin Sch...n eine Tochter des Generals Sch...n gemacht hatte. Die Witwe des österreichischen Generals hatte er in die Tochter eines preußischen Generals verwandelt.

Der König verfügte über viel Selbstbeherrschung. Sein Gesicht verriet keinerlei Erregung. Er steckte das Pamphlet in die Tasche.

„Sie brauchen das Büchlein nicht mehr? Kennen es sicher schon auswendig", meinte er zu der Prinzessin, stand auf und durchquerte die Kriegskolonne der Menuettänzer. Er ging geradewegs zu Jaschinsky, der zwischen den Säulen des Tanzsaals an einem dort aufgestellten Kartentisch spielte. Er berührte Jaschinsky an der Schulter.

„Steh Er auf! Ich will mit Ihm reden."

„Majestät, ich bin am Verlieren ..."

Der König warf ihm seine Börse hin.

„Da, nimm Er. Zahl Er Seine Schulden und komm Er mir nach in die Bibliothek."

„Dann muß ich zuvor noch meinen Pelz holen."

Die Bibliothek war ein ungeheizter Raum. Der König wartete dort schon ungeduldig auf Jaschinsky.

„Na, kommt Er endlich? Ich dachte schon, Er wäre geflohen. Hat Er dieses Pamphlet gelesen?"

Jaschinsky war verlegen. Er wollte erst leugnen, aber der scharfe Blick des Königs las ihm sein schlechtes Gewissen vom Gesicht ab.

„Also – gelesen. Alle haben es schon bei Hofe gelesen. Sicherlich auch die Königin. Ich bin der letzte, der die Geschichte erfährt."

„Majestät, das Ganze ist doch der reinste Blödsinn. Eine bloße Erfindung."

„Keine Spur von Blödsinn! Wenn ein hohes Gericht mir den Stempel aufdrückt. Jetzt singt man in der ganzen Welt: König Friedrich hat sich in den Armen seiner Geliebten feige gefangennehmen lassen und mußte sich mit Gold von einem Verräter freikaufen."

Zornig warf der König das Pamphlet auf den Tisch.

„Und wenn sie wenigstens die Wahrheit lögen! Sie hätten ja sagen können, mich habe eine teuflisch schöne Frau mit den Reizen einer Kalypso verführt, doch sie machen aus der Gräfin Sch...n die Tochter eines meiner Generäle, eine fromme alte Jungfer, die so dürr ist wie eine *mantisa religiosa*, die die Oberin eines Feldlazaretts ist und die in dieser Eigenschaft wirklich bei uns war. Ein ganzer Ozean reicht nicht aus, um jetzt die Schmach, daß die alte Emerencia meine heimliche Geliebte ist, von mir zu waschen."

Jaschinsky versuchte vergeblich, den König zu beruhigen.

„Nein, der Blitz soll jene treffen, die diese Verdrehung erfunden haben! Ich hatte nicht das geringste mit jenem Weibsbild zu tun. Sie ist ja die Geliebte von Friedrich von der Trenck. Ihn hatte ich im Zelt zurückgelassen. Er sollte sie bewachen, damit sie unseren Kriegsplan nicht an den Feind verraten konnte. Nun schiebt mir dieser närrische Kerl seine eigene *aventure* in die Schuhe."

„Das ist die *rancune* der Wiener, die sich auf diese Weise eine Revanche holen wollen für den verlorenen Krieg. Sie erfinden eine Verleumdung Eurer Majestät."

„Was kümmert mich der Wiener Janhagel! Die sollen erst mal beweisen, daß sie besser spucken als schießen können. Und wenn sie damit diesem verdammten ungarischen Trenck das Genick brechen können, dann sage ich sogar zu ihnen: ‚Gut gebrüllt, Löwe!'"

Allerdings zeigte der König mit beiden Händen ein ganz anderes Tier.

„Ich habe aber mit dem anderen Trenck eine Rechnung zu begleichen. Dieser junge Seladon bringt Schande über mich in meiner eigenen Familie. Er kann kein Geheimnis für sich behalten. Die Prinzessin nennt er ‚meine Sonne'. Aber zugleich hält er sich auch einen ‚Mond'. Wenn das die Prinzessin erführe, verschlösse sie ihre Tür vor ihm. Sie kann es aber nicht erfahren! Au contraire! Dieser Bursche schiebt die Sünde der doppelten Untreue auf mich und verschafft jetzt mit diesem Pamphlet seiner Geliebten ein Privileg. Wenn es dem König erlaubt ist, sich bei einem offenen Ehebruch ertappen zu lassen, warum sollte nicht das ganze Land seinem Beispiel folgen und auch der Hof, bis hinauf zu der herrschenden Familie."

Der König konnte seine ungewöhnliche Erregung vor Jaschinsky nicht verbergen, vielleicht wollte er es auch nicht.

„Ganz Europa lacht über mich! Ich kann mir denken, wie viele Chansonnetten man in Paris über mich dichtet. Ich wage es nicht, Voltaire zu begegnen. Ich will auch Trenck nicht wiedersehen. Ich fürchte, wenn ich ihn sehe, bringe ich ihn um. Dieser Narr verjagt mich aus der menschlichen Gesellschaft. Ich muß diesen Verrückten unschädlich machen."

„Ich wüßte die rechte Art dafür, Majestät."

„Und die wäre?"

„Den Jungen hinter Schloß und Riegel zu setzen, sagen wir für ein Jahr, bis er wieder ernüchtert ist. Das Gefängnis ist ein gutes Spital für Liebeskranke."

„Gut. Denk Er sich was aus. Ich weiß nicht, wofür man ihn ein Jahr lang einsperren könnte. Der Halunke ist im übrigen ein braver Junge, ein guter Soldat, ein edler Charakter und treu! Ich kenne keinen Fehler an ihm. Wenn er nur nicht ein so verflixter Narr wäre."

„Ich wüßte etwas, Majestät."

„Erledig Er es. Ich überlasse es Ihm ganz!"

XVII.

Der Brief des Vetters

So war es denn eine beschlossene Sache, daß Friedrich von der Trenck für ein Jahr ins Gefängnis kommen sollte. Es mußte nur noch der Grund dafür gefunden werden.

Gründe für eine Arretierung waren zwar vorhanden, und zwar gleich zwei: zum einen Amalie, zum anderen Miranda. Nur verurteilt eben kein europäisches Gericht jemanden wegen einer Amalie oder wegen einer Miranda – wir sind ja nicht in der Türkei. Der Sultan oder der Schah hätten wegen solcher Missetaten den Delinquenten köpfen oder mit der Seidenschnur erwürgen lassen können, aber ein europäischer (ein deutscher) Herrscher mußte einen anderen Vorwand erfinden, um den Erreger seines Zorns zu strafen.

Wir erinnern uns, daß Friedrich von der Trenck einmal von seiner Mutter einen Brief bekommen hatte. Anlaß war das beigefügte Schreiben seines Vetters Franz gewesen, der den jüngeren darin zum Erben seiner Güter in Ungarn bestimmte.

Soweit ist alles wahr.

Warum hatte Franz von der Trenck diesen Entschluß gefaßt? Das werden wir später noch erfahren. Es war dämonische Bosheit, die ihn dazu veranlaßte, und nicht verwandtschaftliche Zuneigung.

Friedrich von der Trenck hatte den Brief Jaschinsky gezeigt und sich auf dessen Zureden entschlossen, seinem Vetter zu antworten. Der Sinn der Antwort war, daß Friedrich die ungarländische Erbschaft dankend ablehnte, da er seine Heimat gegen eine andere nicht zu vertauschen wünschte, wenn ihm der Vetter hingegen ein paar gute ungarische Pferde schickte, nähme er diese mit Dank.

Den Brief hatte Friedrich Jaschinsky mit der Bitte um Beförderung übergeben.

In dieser Angelegenheit der beiden Trenck ist so viel Wahres mit Falschem und so viel Wahrscheinliches mit Unglaublichem vermischt, daß man erst ganz zum Schluß dahinterkommt, daß hier das Unglaubliche das Wahre und das Wahrscheinliche das Falsche ist.

In Franz von der Trencks Hochverratsprozeß hatte sich Todbitter auf einen Brief des Pandurenführers an seinen Vetter berufen, mit dem dieser ihm die weggenommenen Pferde zurückschickte. Dieser Brief war kurz, bestand nur aus wenigen Zeilen. Das ist wahr.

Als König Friedrich nach dem siegreichen Gefecht zu seinem Lager zurückgekehrt war, hatte er dieses vollständig ausgeraubt vorgefunden. Friedrich von der Trenck hatte gebarmt, daß man ihm zwei gute Handpferde gestohlen hätte, worauf der König ihm sogleich eines seiner eigenen Pferde schenkte. Das war eine große Gnade und Auszeichnung. Am selben Abend war dann Friedrich von der Trencks gefangener Reitknecht mit den beiden Pferden und dem Brief des Franz von der Trenck wieder im Lager. Dem König gefiel das nicht. Er sagte zu Friedrich von der Trenck: „Da Sein Vetter ihm Seine Pferde zurückgeschickt hat, braucht Er das meinige nicht." Und er nahm ihm sein königliches Geschenk wieder ab.

Der Brief jedoch, den der freigelassene Reitknecht Friedrich von der Trenck übergab, enthielt nicht das, was Todbitter vorgetragen hatte, sondern lautete wie folgt:

„Lieber Vetter! Aus Dero Schreiben de dato Berlin ersehe ich, daß Sie gerne ungarische Pferde von mir haben möchten, um sich gegen meine Husaren und Panduren herumzutummeln. Ich habe bereits in voriger Campagne erfahren, daß der preußische Trenck auch ein guter Soldat ist. Zur Bezeugung, daß ich Sie schätze, habe ich Ihnen Ihre von meinen Leuten gefangenen Pferde zurückgeschickt. Wollen Sie aber ungarische reiten, so nehmen Sie mir im nächsten Feldzuge die meinigen im offenen Felde ab, oder kommen Sie zu Ihrem Vetter, der Sie mit offenen Armen empfangen und als seinem Sohn und Freund Ihnen alle Zufriedenheit verursachen wird."

Nachdem Friedrich diesen Brief gelesen hatte, übergab er ihn sofort seinem Kommandanten Jaschinsky, der ihn behielt. Sie lachten über den Brief.

Es mag sein, daß Franz von der Trenck diesen Brief geschrieben hat. Die List, die darin steckt, paßt genau zu seinem Charakter. Wenn er jemandem dem Anschein nach eine Wohltat erwies, dachte er sich diese nur aus, um den Betreffenden in eine Falle zu locken und dann gehörig über ihn zu lachen. Doch es wäre auch glaubhaft, daß Jaschinsky selbst den Brief erfunden hat. In unklaren Fällen fragt der Rechtsgelehrte: „Cui prodest?" Wer hat den Nutzen davon? Jaschinsky schuldete Friedrich von der Trenck vierhundert Dukaten, und diese Schuld auf Ehrenwort hätte er bei der Ankunft in Berlin bezahlen müssen. Der Fall war ihm also nützlich!

Friedrich von der Trenck wurde noch in derselben Nacht arretiert und mit einer Bedeckung von fünfzig Husaren nach Glatz auf die Festung gebracht: Ohne jedes Verhör, ohne gerichtliches Urteil! Jaschinsky sagte ihm nur, als er ihn arretieren ließ, er werde des Hochverrats und des Paktierens mit dem Feind angeklangt. Die Anklage beruhe auf dem Brief des Franz von der Trenck.

Und Friedrich von der Trenck glaubte das!

Er besaß eine Sonne und besaß einen Mond, doch sehen konnte er trotzdem nicht!

Seine Schuld bestand allein darin, daß ihn die Frauen so überaus gern hatten.

Jaschinsky war ein boshafter Mann von niedrigem Charakter, ein Kundschafter und heimlicher Zuträger des Königs. Später aber stürzte er und wurde mit Schimpf und Schande davongejagt.

XVIII.

Im Arrest

Anfangs war die Sache eigentlich nicht so tragisch zu sehen, wie sie Friedrich von der Trenck in seinen Memoiren darstellt.

Keine Rede von einem „Justizmord"!

Der König hatte einen seiner Gardisten dabei ertappt, daß er allzusehr im Verbotenen jagte, noch dazu in seinem Wildpark, und viel Unsinn zu seinem Schaden anstellte; er hatte ihn deshalb in eine kleine Besserungsanstalt unter die Aufsicht des Festungskommandanten geschickt. Was so ein Arrest bedeutet, wissen wir genau: Es ist der reinste Spaß.

Der junge Mann ist nicht eingesperrt, teilt mit dem wachthabenden Offizier das Zimmer, ißt mit diesem zu Mittag und zu Abend, geht spazieren und spielt Schach. Er läßt sich aus der Charcuterie alles, was gut und teuer ist, holen, kann lesen, Gedichte schreiben, aus Brotkrumen Figürchen drehen und im Festungsgarten Nelken züchten. Und was die andere Art von Entbehrung betrifft, so muß sich einer, der erst einundzwanzig Jahre alt ist, darüber noch keine Gedanken machen. Mit einundzwanzig Jahren küßt ein Mann keiner anderen Frau als seiner Mutter die Hand. Dieser kleine Arrest konnte Friedrich von der Trenck in der Tat kaum schaden.

Welch peinliche Szenen der König mit der Prinzessin Amalie hatte, der er den geliebten Cicisbeo arretiert hatte, läßt sich denken. So drückte König Friedrich, soweit es möglich war, über das weitere Betragen der Prinzessin ein Auge zu. Sie durfte heimlich mit Friedrich von der Trenck korrespondieren. Das konnte nicht schaden. Die beiden konnten sich jeden Tag in Versen und Prosa der heißen Gefühle für einander versichern. Die Prinzessin fand auch Gelegenheit, ihrem arretierten Günstling tausend Dukaten zu schicken, damit er sich den Arrest bequemer gestalten konnte. Und tausend Dukaten waren zu jener Zeit ein gewaltiger Betrag. Besonders in der Festung Glatz. Und besonders in der Hand eines Staatsgefangenen. Gewöhnlich standen einem Staatsgefangenen monatlich für die gesamte Verpflegung vier Reichstaler zur Verfügung.

Mit diesen tausend Dukaten wurde Friedrich von der Trenck in der Glatzer Garnison zum Fürsten befördert.

Auch auf dieser Festung bestand die Wache aus einem Regiment, das für den König auf dem Schlachtfeld keinerlei Nutzen mehr hatte. Die

Offiziere waren sämtlich ausgemusterte oder in Ungnade gefallene Krieger, die zur Strafe in die Zitadelle gesteckt worden waren: verschuldete Säufer, zur Feuertaufe ungeeignete Poltrons, unverträgliche Krakeeler und stumpfsinnige Stockfische. In dieser schönen Sammlung erschien der reiche, freigebige Gardist als echtes Lumen.

Auch sein Titel war ein Grund dafür, daß er respektiert wurde.

Ein Vetter des gefürchteten ungarischen Trenck! Den man hier arretiert hatte, damit er mit seinem Verwandten, dem Pandurenführer, nicht paktierte, kurz gesagt: ein prima Bursche!

Als Prinzessin Amalie dem Junker Friedrich die tausend Dukaten zukommen ließ, flüsterten alle, die davon Kenntnis erhielten, das Geld käme aus der ungarischen Pandurenkasse.

Und um so größer war der Respekt, den Friedrich von der Trenck genoß.

Die Offiziere machten vor Friedrich auch kein Geheimnis daraus, welche Gefühle sie für ihn hegten. Alle zürnten dem Herrscher!

Dieser Ort war eine schlechte Besserungsanstalt für den Günstling des Königs.

Hier hörte er von jedem nur Klagen über den König. Keiner sah in dem Monarchen den großen Mann, alle sahen in ihm nur den Tyrannen. Seine Feldzüge waren blutige Bruderkämpfe: Deutsche kämpften gegen Deutsche. Sein Bündnis mit dem französischen König war Gottlosigkeit und Landesverrat! Seine Siege – pure Zufälle! Er selbst wußte nichts davon, wenn seine Grenadiere siegten. Er lief vor den ungarischen Husaren davon, der Sieg war ein Verdienst des alten Dessauer. Und dann die vielen pikanten Anekdoten aus seinem Privatleben! Welche Zügellosigkeit! Welche Unmoral! Wie viele Geliebte hatte er gehabt, und was war aus ihnen geworden?

In fünf Monaten Arrest brachten die Glatzer Offiziere die Gefühle des Friedrich von der Trenck dermaßen durcheinander, daß er nur noch an Flucht dachte.

Die Flucht war gleichbedeutend mit Vaterlandsverrat. Denn der Flüchtling mußte ja irgendwohin fliehen, und dieser Ort konnte kein anderer sein als Wien oder Ungarn. Also Feindesland. Und dies bedeutete zugleich, daß er beim Feind in den Dienst trat.

Wären es bloße Rachegefühle oder Unzufriedenheit mit einer unbequemen Situation gewesen, die Friedrich von der Trenck zu diesem Schritt verleitet hätten, könnten wir sagen, ein solcher Mensch verdient nicht, daß sich die Feder eines Dichters mit ihm befaßt, um so mehr, da er durch die Flucht auch seiner „Sonne“ untreu wird, denn diese kann ihm ja nicht an den Ort seiner Flucht folgen. Dort wird er nur seinen „Mond“ wiedersehen.

Nun, gerade den wollte er wiederfinden!

Und diese Beweggründe werfen ein poetisches Licht auf die Gestalt des Friedrich von der Trenck.

Aus den Briefen der Prinzessin hatte er erfahren, was Franz von der Trenck in Wien passiert war. Auch das Wiener Pamphlet hatte man ihm in den Arrest geschmuggelt, und da erwachte ihn ihm ein Gedanke, der zwar in unehelichem Bett geboren zu sein schien, aber dennoch edler Abstammung war: Er wollte ausbrechen aus dieser Gefangenschaft, nach Wien eilen und die gegen seinen Vetter erhobenen Anklagen widerlegen; er wollte den falschen Zeugen die Larve vom Gesicht reißen, er, der authentischste Augenzeuge, der als einziger beweisen konnte, daß Miranda nicht eine Minute allein mit dem König in dessen Zelt geweilt hatte und niemals dessen Geliebte gewesen war. Franz von der Trenck hatte sie nicht mit König Friedrich zugleich antreffen können. Es galt, ein ganzes Lügengewebe mit eiserner Hand sicher und vollkommen zu zerreißen. Das war sein Leitmotiv. Und damit glaubte er auch, König Friedrich einen guten Dienst zu erweisen.

Nachdem er ein so edles Motiv für seinen Fluchtplan gefunden hatte, dachte er nun Tag und Nacht nur noch über die Ausführung des Plans nach.

Von hier zu entkommen war leicht. Die Offiziere, die Trenck bewachen sollten, waren selbst bereit, gemeinsam mit ihm aus der Festung zu fliehen. Für Geld konnte man alles kaufen, die Wächter, die Bürger, und sogar Pferde wurden bereitgestellt. Trotzdem ging der Fluchtversuch schief. Trenck stolperte nicht über seine Sünden, sondern über seine Tugenden. Im Glatzer Gefängnis saß ein zu Festungshaft verurteilter Offizier, dem Trenck während seines Arrestes viel Gutes getan hatte. Diesen weihte er in seinen Fluchtplan ein, und aus Mitleid wollte er ihn mitbefreien. Doch jener verriet dem Festungskommandanten das Vorhaben. Der Verräter wurde begnadigt und freigelassen, er erhielt sogar seinen Offiziersrang zurück. Friedrich von der Trenck dagegen kam wegen seiner Fluchtabsichten in einen richtigen Kerker, in eine enge Zelle an der Lärmschanze; die Tür war mit einem doppelten Schloß versehen, und die Fenster hatten Eisengitter.

Nun hatte er in der Tat eine Kerkerstrafe verdient.

Sein unruhiges Blut aber veranlaßte ihn zu einem neuerlichen Versuch. Er bestach einen diensthabenden Offizier, und dieser verschaffte ihm eine Feile, mit der Trenck die Eisenstangen des Gitters durchfeilte. Dann schnitt er sein ledernes Felleisen in Riemen, drehte aus diesen und seinem Bettlaken ein Seil und ließ sich in einer stürmischen Nacht aus dem fünfzehn Klafter hohen Turm herab. Unten aber fiel er in die Senkgrube der öffentlichen Kloake, aus der er sich nicht herausarbeiten konnte. Er wurde geschnappt und in diesem erbärmlichen Zustand dem Festungskommandanten vorgeführt.

Der hieß Fouquet und war ein alter Menschenfeind. Die Familie von der Trenck war ihm außerdem nicht eben in guter Erinnerung. Als junger Leutnant hatte er sich mit Friedrichs Vater duelliert und war von ihm blessiert worden; ein Säbelhieb hatte ihm sein Gesicht verunstaltet und ihm auch die Nase abgeschnitten. Seit dieser Zeit trug er eine silberne Nase. Nun gelangte der Sohn, Friedrich von der Trenck, in die Klauen dieses Mannes mit der Silbernase.

Friedrich kam jetzt in noch strengere Kerkerhaft.

Er wurde jeden Tag visitiert, ob er nicht wieder irgendeinen Fluchtversuch vorbereitete.

Eines Tages erschien der Platzmajor, begleitet von seinem Adjutanten und dem wachthabenden Offizier, in Trencks Gefängnis, und nachdem er jeden Winkel und jedes Loch visitiert hatte, hielt er dem Missetäter eine harte Lektion wegen seiner niederträchtigen Verbrechen.

Schon allein die Beschimpfungen brachten das Blut des Jünglings in Wallung, und als der Major von Geduld zu sprechen begann, fragte Trenck ihn trotzig:

„Auf wie lange bin ich vom König verurteilt?"

Hätte der Major auch nur einen Funken menschlichen Gefühls aufgebracht, hätte er Friedrich die Wahrheit gesagt: „Du bist auf ein Jahr verurteilt, in vier Wochen wirst du frei sein und kannst nach Berlin zurückkehren."

Diese vier Wochen hätte der Arrestant sicher irgendwie geduldig ertragen.

Aber der Platzmajor antwortete ihm statt dessen mit grausamem Hochmut:

„Die Strafe eines Vaterlandsverräters hat keine bestimmte Zeit, nur die Gnade des Königs."

Diese Antwort versetzte Friedrich von der Trenck in flammenden Zorn. Er sprang auf den Major zu, riß ihm den Degen von der Seite, stieß die Offiziere und den Gefängniswärter aus dem Weg und rannte zur Tür hinaus. Dort stand eine Schildwache. Die warf er die Treppe hinunter und rannte mit dem Degen in der Faust weiter.

Am Stockhaustor wurde gerade die Wache abgelöst. Die beiden Gruppen standen mit geschulterten Gewehren einander gegenüber. Friedrich rannte ihnen wie ein Wahnsinniger auf den Leib, verteilte Hiebe nach rechts und links und blessierte vier Mann; dann sprang er auf die Brustwehr des Hauptwalles und von dort aus zwei Klafter Höhe hinunter. Auch den zweiten niederen Wall überwand er ebenso glücklich, ohne Schaden zu nehmen. Die Wache war über diese Tollkühnheit dermaßen verblüfft, daß es niemandem einfiel, den Flüchtling zu verfolgen; keiner hatte ein geladenes Gewehr, mit dem er ihm hätte nachschießen können, und keiner hatte den Mut, ihm nachzuspringen. Bis die Wache aber den Umweg zum Tor machte, war der Flüchtling lange über Berg und Tal. Offiziere und Soldaten hatten also das Nachsehen.

Friedrich von der Trenck kam glücklich bis zum Außenwerk, wo er noch die Palisaden zu überwinden hatte, die zu überspringen wohl nicht allzu schwer war.

Doch da stellte sich ihm eine Schildwache mit vorgehaltenem Bajonett in den Weg. Trenck schlug mit dem Degen das Gewehr samt Bajonett zur Seite und versetzte dem Soldaten einen Hieb über das Gesicht, an dem dieser genug hatte.

Auf das Wehgeschrei des verwundeten Posten kam vom Außenwerk eine andere Schildwache auf Trenck zu; der wartete nicht lange, schwang sich vielmehr schleunigst über die Palisaden. Dabei ereilte ihn das Unglück: Er blieb mit einem Fuß zwischen den Palisaden stecken und konnte sich nicht befreien. Die Wachtsoldaten kamen heran, verletzten ihn mit einem Bajonettstoß an der Oberlippe, stießen ihn mit dem Gewehrkolben und brachten ihn blutspeiend und mit verrenktem Fuß zurück ins Gefängnis.

Der mit der Silbernase tobte vor Zorn über diesen erneuten Fluchtversuch. Jetzt ließ er Friedrich von der Trenck nicht nur einsperren, sondern auch Tag und Nacht von zwei Soldaten bewachen, die sechsstündlich abgelöst wurden, damit Trenck sie nicht verführen konnte. Und was tat Friedrich von der Trenck? Er verführte sie alle. Er hatte bereits zweiunddreißig Soldaten überredet, mit ihm zusammen aus der Festung zu fliehen. Sie alle waren preußische Soldaten, die mit ihrem König unzufrieden waren. Zum Anführer hatte Trenck den Unteroffizier Nikolai gewählt. Zu ihrem Unglück vertrauten sie sich auch einem österreichischen Deserteur an, der die ganze Verschwörung dem Gouverneur verriet.

Der Gouverneur schickte seinen Adjutanten auf die Zitadelle mit dem Befehl, sogleich den Unteroffizier Nikolai arretieren zu lassen. Als aber der Hauptmann mit der Patrouille in das Zimmer der Soldaten kam, um Nikolai in Eisen legen zu lassen, zückte der Wachtmeister den Degen und rief seinen Kameraden zu: „Brüder! Zum Gewehr! Wir sind verraten worden!" Daraufhin nahmen die neunzehn die Gewehre, schlugen den Hauptmann nieder und rannten hinaus auf den Hof zum Tor, das von sechs Mann bewacht wurde. Sie nahmen auch diese Wachtsoldaten mit und stürmten mit vorgehaltenen Bajonetten durch die Stadt; die Bauern, die sie aufhalten wollten, überrannten sie geradezu. Und es gelang ihnen, bis nach Böhmen zu kommen.

Friedrich von der Trenck dagegen blieb im Kerker sitzen, denn die eiserne Tür hatten die Kameraden so schnell nicht aufbrechen können.

Nun hatte sich Trenck schon eines wirklichen Verbrechens schuldig gemacht. Er hatte preußische Soldaten verführt und sie überredet, zum Feind überzulaufen. Er sollte alle Beteiligten nennen, gab aber auf keine der Fragen eine Antwort. Er erklärte geradeheraus, daß er, der ohne ein Urteil unschuldig arretiert sei, jedes Mittel nutzen werde, um seine Freiheit wiederzugewinnen.

Nach diesem neuerlichen Unterfangen steigerte sich der Zorn König Friedrichs gegen Trenck ins unerbittliche.

Prinzessin Amalie schrieb an Friedrich von der Trenck einen Brief, der ihm jede Hoffnung nahm:

„Ich trauere mit Ihnen, Ihr Übel ist ober ohne Hilfe. Dies ist mein letzter Brief, ich darf weiter nichts mehr für Sie wagen. Retten Sie sich, womöglich! Ich bin für Sie allezeit und in allen Vorfällen die alte Freundin, wo es nur möglich ist, Ihnen nützlich zu sein. Leben Sie wohl, unglücklicher Freund! Sie verdienen ein ganz anderes Schicksal!"

Nun befahl der mit der Silbernase, daß statt der gemeinen Soldaten immer ein Offizier Trenck in seinem Kerker bewachen sollte. Und die Offiziere wechselten oft in der Garnison. In Glatz Dienst zu tun, kam für sie einer Strafe gleich.

Einmal wurde ein gewisser Leutnant von Bach nach Glatz versetzt, ebenfalls zur Strafe, weil er sich allerlei hatte zuschulden kommen lassen. Er war ein großer Raufbold und zeichnete jeden im Duell. Natürlich behielt er seine Gewohnheiten auch in Glatz bei.

Kaum hatte er sich in der Garnison umgesehen, fand er auch schon einen Vorwand, mit einem jungen Offizier anzubändeln, der ebenfalls gerade eingetroffen war und Schell hieß, ein schmächtiger Mann, mit dem der Goliath Bach leicht fertigwerden konnte.

Am nächsten Tage sollte eben dieser Bach Trenck in seiner Zelle bewachen. Wie es Raufbolde so zu tun pflegen, prahlte er dem Arrestanten gegenüber sogleich mit seinen neuesten Heldentaten.

„Sei dankbar dafür, daß ich ohne Waffe bin", sagte ihm Friedrich von der Trenck. „Von mir würdest du eine Lektion erhalten, wie sie dir noch keiner erteilt hat."

Da geriet der Offizier in Wut, rannte hinaus und brachte zwei Säbel, wie sie gemeine Musketiere trugen.

„Na, also hier sind die Waffen. Jetzt zeig, was du kannst, du Großsprecher!"

Friedrich von der Trenck protestierte umsonst. Bach drückte ihm den Säbel in die Hand und zwang ihn, mit ihm zu fechten. Gleich beim ersten Gang bekam Bach einen Hieb an den Arm, und zwar so, daß ihm die Waffe aus der Hand fiel.

„Freund, du bist mein Meister! Von heute an sind wir gute Freunde."

Er fiel dem Gefangenen um den Hals und küßte ihn. Dann ging er zum Feldscher, um sich die Wunde verbinden zu lassen.

Der Festungskommandant wäre am liebsten vor Zorn aus der Haut gefahren, als er von dem Vorfall erfuhr: Im Kerker wurde also auch duelliert!

Von nun an verbot er den Offizieren, die Zelle Friedrichs zu betreten. Das Essen wurde ihm durch ein Fenster in der Mitte der Zellentür geschoben. Den Schlüssel zum Kerker hatte der Major.

Die Offiziere ließen aber einen Nachschlüssel machen, gingen zu Trenck hinein, rauchten mit ihm Pfeife und spielten Karten.

Eines Abends trat Bach bei ihm ein mit den Worten:

„Sag, Kamerad, bist du ein Weidmann?"

„Weidmann? Soll ich etwa hier in der Zelle Mäuse jagen?"

„Nein! Hirsche! Im Wald von Glatz! Ich bekam eine Einladung vom Gutsherren, dem Grafen B..., an einer Treibjagd teilzunehmen und darf noch einen zweiten Offizier mitbringen. Ich dachte an dich. Willst du mitkommen? Natürlich mußt du dich auf Ehrenwort verpflichten, die Gelegenheit nicht zu einem Fluchtversuch zu nutzen. Du mußt nach der Jagd mit mir auf die Festung zurückkehren. Übermorgen kommen wir zurück."

„Und meine Zelle soll inzwischen leer bleiben? Das wird man erfahren, wenn man mir das Essen bringt."

„Keine Angst! Die Zelle bleibt nicht leer. In der Zwischenzeit legt sich der arme kleine Schell auf dein Bett, der ist auch jetzt noch marode von dem Hieb, den er von mir bekommen hat, und er tut uns beiden zuliebe den Dienst. Ein kreuzbraver Junge. In seiner Uniform kannst du in allen Ehren mit mir die Festung verlassen."

Und dank der Freundschaft der beiden Offiziere konnte es geschehen, daß der streng bewachte Trenck sechsunddreißig Stunden lang Hirsche im Glatzer Forst jagte. Dort sah er den kleinen Fluß vor sich, der die Grenze zwischen Preußen und Böhmen bildet. Es hätte ihn nur einen Sprung gekostet. Aber das einem guten Freund gegebene

Ehrenwort ist stärker als Schloß und Riegel! Am dritten Tag saß Friedrich von der Trenck wieder im Kerker.

„Bist ein braver Junge, Kamerad!“ sagte Bach zu ihm, als sie mit Hilfe des Nachschlüssels wieder im Gefängnis angelangt waren. „Du bist eben ein echter Edelmann. Es wäre schade um dich, hier im Kerker zu verfaulen. Ich an deiner Stelle würde nicht hierbleiben.“

„Ich will ja fliehen, habe es schon dreimal vergeblich versucht.“

„Weil du es allzu poetisch angestellt hast. In finsterer Nacht, bei Sturm und Hagel! Durch zersägtes Eisengitter, an zusammengewundenem Bettlaken läßt du dich durch das Turmfenster herunter; den Degen in der Faust versuchst du die Schildwache auseinanderzutreiben. Das sind alles Geschichten aus einem Roman. Nun habe ich dir gezeigt, wie einfach es ist, aus der Festung Glatz herauszukommen. Am frühen Morgen, am hellichten Tag bestellst du dir den Wagen vor das Tor, und du tust es zu zweit in Gesellschaft des Ordonnanzoffiziers, in der Uniform eines Offiziers der Musketiere. So spazierst du hinaus, die Wache präsentiert das Gewehr, du setzt dich in den Wagen und Adieu auf Nimmerwiedersehen! Bis die Silbernase erfährt, daß du verschwunden bist, hast du die preußische Grenze längst hinter dir.“

„Warum wagst du es nicht mit mir?“

„Weil ich, Kamerad, noch etwas bei der preußischen Armee zu erreichen hoffe. Es wird wieder Krieg geben, dann wird man mich brauchen. Man wird meinen Mut zu schätzen wissen. Mir steht noch eine glänzende Karriere bevor, auf die will ich nicht verzichten, auch nicht deinen schönen Augen zuliebe. Aber, sieh dir einmal diesen braven Jungen, den Schell, an. Der hat bei den Preußen überhaupt keine Aussichten, weder im Frieden noch im Krieg, denn dem ist vor dem Feuer bange. Die Österreicher dagegen würden ihn wegen seiner theoretischen Kenntnisse schätzen. Er spricht und schreibt sechs Sprachen. Fouquet kann ihn nicht ausstehen, weil er alle gelehrten Offiziere haßt. Schell desertiert mit dir, sobald er bei dir auf der Zitadelle zur Wache eingeteilt ist.“

Der kleine Schell tauschte unterdessen mit Trenck die Kleider zurück.

Man brauchte ihm nicht viel zuzureden. Gleich beim ersten Wort bot er sich an: Er sei bereit, mit Friedrich von der Trenck aus der Festung zu fliehen.

XIX.

Der Flüchtling

Wieder wurde Friedrich von der Trenck verraten und wieder von einem Mitgefangenen. Der Kerker züchtet Schimmel und abscheuliche Charaktere! Ein gewisser Kapitän von Damnitz, der wegen Diebstahls, Desertion und Spionage zum Galgen verurteilt und zu lebenslänglichem Gefängnis begnadigt worden war, saß in der Zelle, die der von Trenck gegenüber lag. Durch das Schlüsselloch erspähte Damnitz, daß sich Leutnant Schell mittels Nachschlüssels in Trencks Zelle einschlich und dort stundenlang verweilte; dies verriet er dem Adjutanten bei der Visitation.

Beim Mittagessen meldete es der Adjutant dem Kommandanten. Daraufhin erteilte die „Silbernase" den Befehl, Leutnant Schell gleich nach dem Essen arretieren zu lassen. Das hörte zufällig ein anderer Leutnant namens Schröder; der schlich sich aus dem Zimmer, suchte und fand Schell auf der Zitadelle und warnte ihn, daß er in einer Stunde verhaftet werden würde.

Schell glaubte, der ganze Fluchtplan sei verraten worden, und begab sich eiligst in das Gefängnis zu Friedrich von der Trenck. Unter seinem Rock versteckt brachte er ihm einen Unteroffizierssäbel mit.

„Freund, wir sind verraten. Beeile dich! Lebendig sollen sie uns nicht festnehmen. Wir haben keine Minute zu verlieren."

Friedrich von der Trenck fand nur eben Zeit, sich die Stiefel anzuziehen, die unter dem Fußboden versteckten Dukaten konnte er in der Eile nicht mehr mitnehmen.

Der Schildwache vor der Zellentür sagte Schell, er bringe den Arrestanten in die Offiziersstube. Diese hatte aber einen Nebenausgang zum Flur, von wo sie glücklich auf den Hof gelangten. Schell hatte den Plan, unter dem Zeughaus vorbei bis zum Außenwerk zu gehen, dort wollten sie auf den Pferden, die Schröder bereithielt, davongaloppieren.

Doch kaum waren sie an der Ecke des Zeughauses, als ihnen der Adjutant und Major Quadt entgegenkamen.

Schell erschrak, schwang sich ohne Zögern hinauf auf die Brustwehr und sprang vom steilen Wall hinunter. Friedrich von der Trenck ihm nach. Letzterer kam auch heil unten an, Schell aber verrenkte sich den Fuß am Knöchel, und konnte nicht aufstehen.

„Erstich mich, Kamerad, die sollen mich nicht lebendig kriegen. Lauf du allein weiter!"

„Dich erstechen?! Kommt nicht in Frage! Ich laufe nicht ohne dich weiter.“

Trenck nahm den Ledergürtel des Kameraden zwischen die Zähne und rannte mit ihm wie ein Tiger, der die Beute im Maul trägt, zu den Palisaden und kletterte hinüber. Dann nahm er den lahmen Kameraden auf den Rücken und lief mit ihm in die weite Welt hinaus.

Ein einziger Helfershelfer blieb ihm: der dichte Nebel.

In der Festung war der Lärm gewaltig; die Kanonen auf der Mauer feuerten drei Alarmschüsse ab; das war das Zeichen dafür, daß jemand aus der Festung desertiert war.

Nachdem Trenck ein gutes Stück gelaufen war, blieb er stehen und setzte Schell auf die Erde. Er bemühte sich, dessen Fuß wieder einzurenken, aber ohne Erfolg.

Während er sich damit abquälte, hörte er starkes Pferdegetrappel.

Durch den Nebelschleier zeichnete sich wie ein Schattenbild ein Zug Husaren ab.

Die beiden Flüchtlinge legten sich flach auf den Boden.

Nun hatte aber der Rittmeister, der weit vorausgeritten war, die beiden Flüchtlinge bemerkt. Er trabte direkt auf sie zu. Die beiden hielten sich für verloren, sie konnten auch schon das Gesicht des Rittmeisters erkennen: Es war Zerbst.

Als er den beiden nah kam, rief er Trenck, ohne den Trab zu verlangsamen, auf französisch zu:

„Bruder! Haltet euch links. Dort ist die böhmische Grenze!“

Er ritt seitwärts und führte seine Husaren nach rechts.

Soweit waren die Flüchtlinge also gerettet.

Doch jetzt hörten sie bereits von allen Seiten den Ruf: „Waffen heraus! Ergreift die Deserteure!“ In der Stadt und in den Dörfern läutete man Sturm. Hier herrschten genaue Regeln! Gleich nachdem sie die Alarmkanonen gehört hatten, waren die Bauern herbeigeeilt, ergriffen Sensen und Heugabeln und besetzten den Desertionskordon.

Wohin jetzt?

Schell erblickte durch den Nebel die regelmäßige Reihe der Weidenbäume.

„Dort fließt die Neiße!“

Trenck nahm den Kameraden wieder auf den Rücken und eilte mit ihm, so gut er konnte, in die angezeigte Richtung. Tatsächlich kamen sie ans Neißeufer. Der Fluß war stellenweise drei Klafter tief. Er führte Eisschollen. Es war Weihnachtsabend.

Friedrich von der Trenck schwamm durch den vereisten Fluß, und er schleppte auch den Kameraden mit, der sich mit einer Hand an

Friedrichs Haarzopf festhielt. Den blanken Säbel hatten beide zwischen den Zähnen. Die Sehnsucht nach Freiheit verleiht unglaubliche Kräfte!

Am anderen Ufer konnte sie niemand mehr verfolgen. Einen so getreuen Bauern gibt es nicht, der den Flüchtlingen noch in eisigem Wasser hinterherschwimmt!

Nachdem sie am Ufer hochgeklettert waren, setzten sie die Flucht fort. Jedes Kleidungsstück an ihnen war zu Eis gefroren.

Friedrich von der Trenck nahm Schell wieder auf den Rücken; ihm wurde vom Laufen und der Last, die er zu tragen hatte, ziemlich bald warm. Ja – er schwitzte sogar; sein Kamerad aber, der an der Bewegung nur passiven Anteil hatte, litt unaussprechlich in der Kälte.

„Freund, laß mich fallen, ich erfriere ohnehin, überlaß mich meinem Schicksal."

„Kommt nicht in Frage! Dort drüben ist ein Wald. Halte nur bis dorthin aus."

Im dichten Nebel zeichnete sich dunkel so etwas wie ein Gehölz ab. Als sie es erreicht hatten, setzte Friedrich von der Trenck seinen Kameraden ab, grub ihn in den Schnee ein, fällte dann mit seinem Säbel eine junge Buche, stutzte sie zu einem Stock und brachte ihn Schell.

„Nimm den! Nun kannst du auf eigenen Füßen gehen, dann wird dir warm."

Auf den Stock gestützt, auf einem Bein hüpfend, konnte Schell mit dem Kameraden Schritt halten, und so erwärmte auch er sich nach und nach.

Im Wald fanden sie einen Weg, der bergauf führte. Nur war dieser Weg ziemlich stark verschneit, stellenweise versanken sie bis zum Bauch im Schnee. Trenck mußte immmer wieder seinen lahmen Freund aus den Schneemassen befreien.

Am Weihnachtsabend wird es früh dunkel. Vier Stunden war es her, seit sie aus der Festung geflohen waren und ihren Weg ins Gebirge genommen hatten. Sie setzten sich, um auszuruhen. Es war finster, der Nebel wurde immer dichter, sie hatten keine Ahnung, wo sie waren.

Doch schließlich erfuhren sie auch das.

Sie hörten die Uhr schlagen. Die Turmuhr von Glatz schlug fünf.

„Wir sind ja noch immer unterhalb von Glatz", rief Schell verzweifelt. Während ihres ganzen Laufes hatten sie einen Halbkreis rund um ihren Fluchtort zurückgelegt.

Die Grafschaft Glatz streckt sich wie eine Halbinsel tief ins Böhmische hinein, etwa wie die Krim in das Schwarze Meer. In gerader Richtung hätten sie nach vierstündigem Lauf die österreichische

Grenze erreichen müssen. Der Nebel hatte den Flüchtlingen übel mitgespielt. Auch er ist ein Knecht der Tyrannen und Büttel!

Jetzt überfiel sie auch schon der Hunger. Zur Mittagszeit waren sie ausgebrochen, ihnen knurrte der Magen. Das anstrengende Laufen steigerte noch den quälenden Hunger.

„Wir müssen hier zugrunde gehen“, wisperte Schell, während er sich im Schnee ausstreckte.

Da aber ging der Mond auf. Der Mond – die Sonne der Verfolgten! Mit dem aufgehenden Mond verschwand der Nebel, die ganze Gegend war von Reif bedeckt und leuchtete hell. Nun konnten sie sich orientieren. Der Wald, in den sie sich verirrt hatten, reichte bis zum Schneeberg Habelschwerdt, dort gab es keinen von Menschen bewohnten Ort. Unten am Zusammenfluß der beiden Flüsse erhob sich die Festung Glatz mit ihren in den Felsen eingeschnittenen Terrassen, den altertümlichen Basteitürmen, und daneben lag die Stadt mit den fünf Türmen. (Die jetzige Burg Glatz am linken Ufer der Neiße gab es damals noch nicht, nur die alte Festung.) In der Nähe sahen sie ein großes Dorf, in dem jedes Fenster hell erleuchtet war. Die Flüchtlinge glaubten, die Beleuchtung habe den Zweck, sie aufzuhalten. Es fiel ihnen nicht ein, daß ja heute Weihnachtsabend war und in jedem Haus das Christkind erwartet wurde.

„Bis zum Morgen erfrieren und verhungern wir hier“, sagte Friedrich von der Trenck. „Schau, dort ist ein einsamer Meierhof außerhalb des Dorfes, dort kriegen wir etwas.“

„Dann müssen wir doch noch einmal die Neiße durchschwimmen. Ich geh kein zweites Mal durchs Wasser. Lieber sterbe ich.“

„Du brauchst nur hinter mir her zu hüpfen, ich sehe dort einen Kahn.“

Tatsächlich fanden sie am Ufer einen angeketteten Fischerkahn. Sie schlugen das Schloß ab und fuhren über den Fluß.

Aber was sollten sie jetzt beginnen?

Solche „anderthalb“ Soldaten wie sie würden den Bauern keinen Schreck einjagen. Einen Hut hatte keiner von den beiden. Den hatten sie verloren, als sie vom Wall heruntergesprungen waren. Trencks roter Gardistendolman verriet, daß er nicht zur Festungswache gehörte. Schell dagegen hatte noch seine Schärpe und seinen Ringkragen als wachthabender Offizier.

So dachten sie sich das folgende Märchen aus: Trenck schnitt sich in den Finger und beschmierte sich die Stirn mit Blut, als wäre er am Kopf verwundet. Er trug Schell bis zum Meierhof und ließ sich dort von ihm die Hände auf den Rücken binden, Schell sollte dem Bauern sagen, er sei der Offizier, der den fliehenden Gardisten zu Pferde eingeholt habe, der Deserteur habe ihm aber das Pferd erstochen, wobei er sich den Fuß verrenkt habe. Trotz allem habe er den Deserteur verwundet und gefangen. Nun bringe er ihn zurück in die Festung. Das würde der Bauer sicher glauben. Er würde ihnen Abendessen geben, die Kleider trocknen und zwei Pferde leihen, auf denen sie in die Festung zurückreiten konnten. Wenn sie dann erst im Sattel säßen, würden sie schon wissen, wo die Welt nicht mit Brettern vernagelt ist.

Während sie vom Berg hinuntergestolpert, über den Fluß gefahren und bis zum Meierhof gegangen waren, war es heller Tag geworden. Im Dorf wurde die Morgenmesse eingeläutet.

Nahe beim Meierhof begann Schell, um Hilfe zu rufen. Daraufhin kamen zwei Knechte herausgelaufen. Trenck spielte den Schwerverwundeten, der nicht aufrecht stehen konnte.

„Hier ist der Deserteur! Ich habe ihn geschnappt!“ rief Schell den Bauern zu. „Haltet ihn fest! Schleppt ihn ins Haus! Der Spitzbube hat mein Pferd erstochen, ich habe ihn dennoch zusammengehauen. Lauft schnell ins Dorf, der Richter soll einen Wagen anspannen, damit ich den Verbrecher in die Festung zurückbringen kann. Er soll gehenkt werden, bevor er krepiert.“

Die beiden Knechte schleppten Friedrich von der Trenck ins Haus. Schell humpelte, so gut er konnte, hinter ihnen her; im Zimmer befanden sich ein altes Mütterchen und ein schönes Mädchen.

„So, nun lauft schnell ins Dorf“, rief Schell, „ruft die Bauernschaft herbei!“

Die beiden Knechte rannten um die Wette, wer zuerst mit der guten Nachricht im Dorf ankommen würde. Die Flüchtlinge blieben mit den beiden Weibspersonen allein zurück. Das Mütterchen sah ihnen an, daß sie Hunger hatten. Sie setzte ihnen Brot und saure Milch vor. Trenck aß so gierig, wie es zuweilen die Sterbenden zu tun pflegen.

Das junge Mädchen holte weiße Leinwand und ein feuchtes Handtuch, um dem armen Verwundeten das Blut vom Gesicht zu waschen und die Wunde zu verbinden.

„Halt! Wisch mir das Blut nicht von der Stirn“, flüsterte der Jüngling dem Mädchen zu. Aber da hatte es ihn bereits gewaschen und gesehen, daß da keinerlei Wunde war. Trotzdem verband es ihm den Kopf mit dem Tuch und hauchte ihm als vielsagende Antwort einen Kuß auf die Wange. Dann ging es aus dem Zimmer, winkte aber von der Tür aus Trenck noch etwas zu.

In dem Augenblick trat der Bauer, die Pfeife im Mund, ins Zimmer.

Schell erzählte auch ihm das ausgeschmückte Märchen von dem geschnappten Deserteur. Der Bauer hörte sich die Erzählung in aller Ruhe mit verschränkten Armen an. Als Schell geendet hatte, sagte er:

„Schon gut, meine jungen Herren. Ich weiß alles. Am Abend war der Kurier da, der hat mich verständigt. Der mit dem roten Rock ist Trenck, der Arrestant, und der dort mit dem Ringkragen ist Schell, der Leutnant. Ihr seid beide gemeinsam geflohen."

Da zerriß Friedrich von der Trenck geistesgegenwärtig die dünne Schnur, mit der seine Hände zusammengebunden waren, ergriff seinen Säbel und rannte aus dem Zimmer.

„Mag er laufen, meinetwegen!" brummte der Bauer und klopfte die Asche aus der Pfeife. „Warum läuft der Herr nicht mit ihm davon?!"

„Weil mein Fuß verrenkt ist!"

„Wie sind Sie denn dann bis hierher gekommen?"

„Mein Freund hat mich auf dem Rücken getragen."

„Auf dem Rücken getragen? Und er hat Sie nicht runtergeworfen, damit er leichter laufen kann?"

„Er ist sogar mit mir durch den Fluß geschwommen!"

„Dann muß er ein rechtschaffener Mensch sein."

Unterdessen war Trenck in den Stall gelaufen. Die schöne Tochter des Hauses hatte ihm von der Tür aus gewunken, er solle ihr nachkommen.

Im Stall standen zwei Pferde.

„Auf diesen können die Herren weiterkommen."

„Ohne Zaumzeug?"

Das Mädchen konnte auch das herbeischaffen. Zäume waren da, aber kein Sattel!

„Es wird auch so gehen!"

Vom Dorf her hörte man Lärm: Die Bauern kamen scharenweise, die Deserteure zu fangen. Diese konnten von Glück sagen, daß am Weihnachtsfeiertag die meisten in der Kirche gewesen waren, und die Boten erst hatten warten müssen, bis die Messe zu Ende war.

Sobald die Pferde gezäumt waren, kehrte Friedrich von der Trenck wieder ins Zimmer zurück.

„Haben Sie Dank für die Gastfreundschaft, Herr Wirt!" sagte er, nahm den Kameraden über die Schulter, rannte mit ihm hinaus und half ihm auf ein Pferd. Er selbst schwang sich auf das andere.

„Oho! Meine Pferde!" schrie der Bauer. „Die gebe ich nicht her!"

Das Mädchen aber fiel dem Vater um den Hals und flehte ihn an, den beiden armen Flüchtlingen die Pferde zu lassen.

„Herr Wirt! Mein Name ist Friedrich von der Trenck! Hier meine Hand! Ich gebe Ihnen als Edelmann mein Wort, daß ich Ihnen Ihre Pferde zurückschicke."

Der Bauer nahm das Ehrenwort des Edelmannes an, und die beiden ritten los, das heißt, sie wären losgeritten, wenn Trencks Pferd nicht störrisch gewesen wäre: Es wollte sich keinen Schritt fortbewegen. Da ergriff das Mädchen das Halfter und führte das Pferd aus dem Hof hinaus. Als Schells Pferd zu traben begann, machte das andere es ihm nach. Bis die bewaffneten Bauern auf dem Meierhof ankamen, waren die Flüchtlinge über alle Berge.

Mittags kamen sie in Braunau, der nächsten Grenzstadt in Böhmen, an. Als erstes schickte Friedrich von der Trenck die beiden Pferde ihrem Eigentümer zurück. Dem Festungskommandanten von Glatz aber schickte er einen Brief, der diesen dermaßen in Wut versetzte, daß er alle Schildwachen Spießruten laufen ließ und vier Schergen in Zivil ausschickte, die die Deserteure auch in fremdem Land verfolgen, fangen und zurückbringen sollten.

In Braunau war Friedrich von der Trenck bekannt. Im ersten preußischen Feldzug war er längere Zeit an diesem Ort bei einem rechtschaffenen Leinweber in Quartier gelegen. Den suchte er nun wieder mit seinem Kameraden auf. Der brave Mann erinnerte sich daran, daß ihm Trenck einst tapfer seine Habseligkeiten vor der Plünderungen der Soldaten gerettet hatte. Dankbar empfing er ihn. Ach, wie anders war Trencks Einzug beim ersten Mal gewesen! Mit neun Pferden und fünf Bedienten. Jetzt kam er ohne Hut, mit einem Goldstück in der Tasche; sein Kamerad hatte vierzig Kreuzer.

Schell mußte zunächst hier bleiben, um seinen verrenkten Fuß heilen zu lassen. Drei Wochen vergingen, bis er seinen Fuß wieder gebrauchen konnte.

Dabei hatte er diesen Fuß im höchsten Maße nötig. Ein schwerer Weg stand den beiden bevor.

Wohin dieser Weg führen sollte? Das wußte Trenck selbst noch nicht. Sollte er nach Wien gehen? Oder nach Rußland? Am liebsten wäre er nach Ostindien gegangen.

Aber zu alldem brauchte man Geld. Die erste Aufgabe war also, Geld zu beschaffen.

Trenck hatte zwar in Braunau einen Freund, dem er ab und zu hundert Dukaten geliehen hatte; der wollte aber jetzt davon nichts mehr wissen. Als Almosen gab er ihm drei Dukaten, eine Flinte und zwei Sackpistolen.

Trenck hatte sich einen Plan ausgedacht. Er wollte auf einem großen Umweg durch Polen nach Preußen zurückkehren und sich bei seiner Schwester, die den vornehmen brandenburgischen Gutsherrn von Waldow geheiratet hatte, in Sicherheit bringen. Von dort wollte er seiner Mutter schreiben, die in zweiter Ehe in Litauen lebte. Von ihr hoffte er soviel Geld zu bekommen, wie sie beide benötigten, um standesgemäß weiterreisen zu können. Pässe hatten sie sich besorgt, und zwar mit umgekehrten Namen: Der eine hieß Knert, der andere Lesch.

Es herrschte eiskaltes Januarwetter, als sie, dem Hunger und dem Frost trotzend, aufbrachen. Die Not zwang sie, stückweise ihre Sachen zu verkaufen, die Uhr, die Schärpe, den Ringkragen und die Halsschnalle; schließlich verkauften sie auch ihre Uniformen und kauften sich dafür Kommißmäntel von gefallenen Soldaten.

In Bielitz, einer Grenzstadt zwischen Österreich und Polen, ließ sie der dortige Garnisonshauptmann als Landstreicher arretieren, und sie mußten von Reitern begleitet zu Fuß nach Teschen zurück, zu dem dortigen Kommandanten, einem Oberstleutnant. Diesem entdeckte Trenck seinen richtigen Namen und seine Flucht. Der Oberstleutnant war ein rechtschaffener Mann, er erledigte ihre Pässe und gab ihnen zwei Pferde, auf denen sie bis zur polnischen Grenze weiterreiten konnten. Als Reisespesen gab er ihnen vier Dukaten, von denen Schell drei aus seiner löchrigen Tasche verlor. So kamen sie, hungernd und frierend, nach Czenstochau, wo das berühmte Paulinerkloster steht. Dort kehrten sie bei einem Gastwirt namens Lazar ein, aber da hatten sie schon keinen einzigen Kreuzer mehr in der Tasche.

Der alte Schankwirt war von Trencks aufrichtigen Worten gerührt: Er habe kein Geld und bitte um nichts anderes als um ein Stück Brot und eine vom Wind geschützte Unterkunft für die Nacht. Der Wirt ließ sie an seinem Tisch Platz nehmen und teilte mit ihnen das Abendbrot. Er traktierte sie auch mit Bier und Schnaps, und dabei erzählten sie sich gegenseitig ihre Lebensgeschichten. Lazar hatte früher einmal als Leutnant in kaiserlichen Diensten gestanden. Welches Schicksal hatte ihn wohl zum Gastwirt werden lassen?

Zwischendurch trafen neue Gäste ein, sie kamen im Wagen, drei Herren und ein Bedienter.

Diesen Reisenden waren Trenck und Schell schon wiederholt begegnet, und sie hatten sie auch angesprochen. Sonderbar, daß sie sich jetzt wieder trafen. Die Herren saßen an einem besonderen Tisch, sie sprachen nur wenig und leise miteinander.

Den beiden müden Wanderern wies Herr Lazar eine gute warme Stube an, in der sie auf großartigem Heubett liegen konnten. Sie waren schon eingeschlafen, noch ehe sie ein Gebet hätten sprechen können.

Doch lagen sie gerade erst im ersten Schlaf, als der Wirt zu ihnen hereinkam und sie weckte.

„Ach, meine lieben Freunde, schaut, daß ihr weiterkommt, weg von hier. Die vier Gäste, die bei mir Quartier genommen haben, sind Leute vom Festungskommandanten aus Glatz. Drei geben sich als Herren aus, der vierte als Bedienter. Sie sind ausgeschickt worden, um euch in fremdem Land zu fangen und in den Kerker zurückzubringen. Mir haben sie fünfzig Dukaten angetragen, wenn ich einwillige, euch in meinem Hause zu überfallen. Aber ich bin nicht darauf eingegangen. In einem polnischen Haus sollen keine unschuldigen Flüchtlinge gefangen werden. Da haben sie mir, damit ich schweige und euch nichts von ihren bösen Absichten sage, sechs Dukaten in die Hand gedrückt. Ich aber sage es euch trotzdem und gebe euch die sechs Dukaten als Reisespesen. Lauft davon, im Dunkel der Nacht, soweit ihr könnt. Ich will an eurem Unglück ganz und gar keine Schuld haben."

Diese Entdeckung machte Friedrich von der Trenck bis zur Raserei zornig.

„Ich soll davonlaufen?! Vor diesem Lumpenpack?! Ich gehe gleich auf sie los und steche und schieße sie sämtlichst nieder!"

So klug, wie Trenck war, hätte er das auch getan, aber der Wirt und Schell hielten ihn zurück und redeten ihm zu, vernünftig zu sein; er solle sich doch als einzelner nicht mit vier Leuten einlassen.

„Also gut", sagte Trenck, „aber ich bleibe hier und laufe nicht davon. Für die sechs Dukaten bedanke ich mich sehr; ich werde sie zurückzahlen, sobald ich zu Geld komme. Mein lieber Herr Lazar, gehen Sie nur zurück zu diesen Feiglingen und sagen Sie ihnen, Sie nehmen die angebotenen fünfzig Dukaten an. Sollen sie doch herkommen und uns beide gefangennehmen, so wie sie es wünschen."

Der polnische Gastwirt vermochte jedoch Trenck einigermaßen zu besänftigen, so daß dieser sich schließlich auf das Heubett zurücklegte und mit gutem Gewissen weiterschlief.

Es war ein schöner hellichter Morgen, als sie sich von dem ehrenwerten polnischen Gastwirt verabschiedeten, bereichert um sechs Dukaten. Kaum waren sie eine Stunde lang gegangen, als sie von weitem einen Wagen auf der Straße sahen, der allem Anschein nach im Schnee steckengeblieben war.

Vier Leute saßen im Wagen, und sie riefen den beiden laut zu, sie sollten ihnen helfen, den festgefahrenen Wagen aus dem Schnee zu befreien.

Die beiden Flüchtlinge erkannten die vier Herren aus dem Wirtshaus.

Statt ihnen zu Hilfe zu eilen, gingen sie seitlich von der Straße weg aufs freie Feld.

Da sprangen die vier Fahrgäste vom Wagen herunter, zückten Pistolen und rannten auf die beiden Flüchtlinge zu, mit dem Geschrei: „Halt, Spitzbuben, bleibt stehen!"

Trenck und Schell begannen zu laufen, worauf die Verfolger aus ihren Pistolen Schüsse auf sie abgaben. Eine Kugel streifte Schell am Hals und brachte ihm eine leichte Wunde bei. Trenck drehte sich um, schoß mit seiner Flinte auf einen der Verfolger und traf ihn ins Herz. Der andere machte kehrt und lief davon. Trenck rannte ihm nach, erreichte ihn und streckte ihn mit dem Säbel nieder. Als er sich umdrehte, sah er, daß dic beiden anderen Schell in der Gewalt hatten und ihn zum Wagen zerrten.

Tobsüchtig raste Trenck ihnen nach, worauf diese Schell losließen, zu ihrem Wagen rannten, hinaufsprangen und abfuhren. Einer von ihnen erlag dem Säbelstich, den er während der Streiterei von Schell bekommen hatte.

Aber auch Schell war verwundet, hatte einen Streifschuß am Hals und einen Säbelhieb an der Hand. Infolge der Wunden hatte er viel Blut verloren. Wieder mußte Trenck ihn tragen, nachdem er recht und schlecht die Wunden verbunden hatte.

Sie wanderten weiter. Ihr Geld hatten sie bis auf den letzten Groschen ausgegeben. An manchen Orten stießen sie auf preußische Werber, die in Polen Rekruten für die Grenadierregimenter des Königs warben. Denen gefiel der imposant gewachsene Friedrich von der Trenck überaus. Deshalb traktierten sie die beiden tüchtig mit Met, Bier und Branntwein. Es war ein Kunststück, ihnen nachher wieder davonzulaufen.

Anderswo mischten sie sich in die Gesellschaft tanzender Bauern. Friedrich von der Trenck konnte Violine spielen, er geigte für die Bauern bis zum Morgen, dann begannen diese nach altem Brauch eine Schlägerei, und er nahm mit seinem Kameraden Reißaus. An manchen Tagen hatten sie nichts anderes zu beißen als einen Hasen oder eine Krähe, die Trenck mit der Flinte schoß. Für die Nacht gruben sie sich in Misthaufen ein, um nicht zu erfrieren.

Ihre Kleider hatten sie inzwischen alle bis auf das Hemd auf dem Leibe verkauft.

Auf dem ordentlichen Weg durften sie sich nicht zeigen, um nicht mit den preußischen Grenzsoldaten im Brandenburgischen Bekanntschaft zu schließen.

Endlich erreichten sie, nachdem sie sich durch einen unwegsamen Wald hindurchgeschlagen hatten, das Ziel ihrer Reise: das Schloß der Schwester Friedrichs von der Trenck in der Ortschaft Hammer.

Sie klopften an die Tür.

Ein Mädchen öffnete und erschrak sehr, als sie die zerlumpten Gestalten erblickte.

Trenck hingegen erkannte das Mädchen, es war die kleine Mitsche, die im Haus seines Vaters aufgewachsen war und nun bei seiner Schwester diente.

„Erkennst du mich nicht?" fragte Friedrich und nannte seinen Namen. „Ist mein Schwager zu Hause?"

„Ja, aber er liegt krank zu Bett."

„Und meine Schwester?"

„Der sage ich gleich Bescheid; bitte, sich zunächst hier ins Vorzimmer zu bemühen."

Sie führte die beiden zerlumpten Landstreicher in ein Seitenzimmer.

Bald darauf erschien Trencks Schwester. Sie war bestürzt, ihren Bruder in solchem Zustand vor sich zu sehen.

„Wie kommst du hierher?"

„Ich bin aus der Festung Glatz geflohen."

Da lief die Schwester davon und – kam nicht mehr zurück.

Nach geraumer Zeit kam wieder die kleine Mitsche zu ihnen, weinte bitterlich und überbrachte dem jungen Herrn die Botschaft des gnädigen Herrn: Sie sollten sofort sein Haus verlassen, sonst würde er sie arretieren und gefesselt zum Militärkommando bringen lassen.

So wurde Trenck mit seinem Gefährten aus dem Hause seiner Schwester gewiesen und in die kalte Nacht hinausgestoßen!

„Sollte ich nicht einer solchen Schwester das Dach über dem Kopf anzünden?" brummte er zornig seinem Kameraden ins Ohr.

Der aber besänftigte ihn mit klugen, beschwichtigenden Worten.

Die arme Magd drückte ihm drei Dukaten in die Hand, die sie von ihrem Lohn erspart hatte.

Von diesen gab Friedrich von der Trenck zwei Dukaten der Bauersfrau, die ihnen den Weg von dem vermaledeiten Schloß bis zur litauischen Grenze zeigte. (Später ließ er diese Bäuerin ausfindig machen und sorgte für sie bis an ihr Lebensende.)

Friedrich von der Trenck beabsichtigte nun, geradewegs seine Mutter aufzusuchen.

Das war ein weiter und gefährlicher Weg. Friedrichs Mutter lebte in Preußen, neun Meilen hinter Königsberg, fast schon an der Ostseeküste. Von Brandenburg aus mußte er also die Provinz der ganzen Länge nach durchwander.

An einem Tag schafften sie zu Fuß drei bis vier Meilen.

Sie hatten ihren letzten Groschen ausgegeben, und der jüdische Schankwirt in Rogosen jagte sie in die Nacht hinaus. Auf der Straße sahen sie in einem Bauernhaus ein Licht. Die Küchentür stand offen, und der Duft von frischgebackenem Brot wehte ihnen in die Nase. Ein altes Weib zog gerade das Brot aus dem Backofen.

Friedrich von der Trenck stieg das Blut zu Kopf. Schon zwei Tage lang hatte er keinen Bissen mehr im Munde gehabt. Er ergriff seine Flinte und blieb einen Augenblick auf der Schwelle stehen. Dann drehte er sich plötzlich um und riß den hinter ihm stehenden Schell mit sich fort.

„Weg von hier! Da gehen wir nicht hinein!“

„Warum sind wir davongelaufen?“ fragte Schell, als sie wieder auf der Straße standen.

„Wenn wir hineingegangen wären, hätte ich diese Frau getötet – für ein einziges Stück Brot!“

Sie suchten einen Trödler, dem verkauften sie die Flinte. Nun konnten sie auch keine Krähe mehr als Braten schießen. Aber von dem Geld für die Flinte wurden sie wenigstens satt.

Und sie zogen weiter durch Schnee und Matsch in Richtung Sonnenaufgang.

In einem Wald stießen sie auf eine Zigeunerbande. Die Braungesichter mochten etwa vierhundert an der Zahl sein: Männer, Frauen, Kinder; sie hausten in Zelten und in Wagen.

Die Zigeuner hielten die beiden Flüchtlinge für ihresgleichen, luden sie in ihre Zelte ein und gaben ihnen aus ihren Kesseln zu essen. Fürstlich erging es ihnen, solange sie mit den Zigeunern zusammen bleiben konnten. Dann aber schlugen diese einen großen Umweg ein, und die beiden Flüchtlinge sahen sich genötigt, die „lieben Verwandten“ zu verlassen, die sich ihnen gegenüber auch beim Abschied großmütig erwiesen: der Anführer schenkte ihnen einen Taler und Brot und Speck, soviel sie tragen konnten.

Kein Wunder, daß Friedrich von der Trenck in seiner Lebensbeschreibung die im Elend geborenen und für den Galgen bestimmten Zigeuner lobt, ganz anders, als er da von den reichen, hochwürdigen Jesuiten spricht, die in seinem nächsten Abenteuer eine Rolle spielen sollten.

Vom Speck war kaum noch etwas übrig, als die beiden die Stadt Thorn an der Weichsel erreichten.

Es war eben Jahrmarkt, als sie dort eintrafen. Ein schöner Einzug mag das gewesen sein: Zwei abgerissene, elende Kerle, Pistolen im Gürtel, einen großen Pallasch an der Seite, und der eine mit blutigem Verband an Hals und Hand.

Die Stadt Thorn und ganz Ostpreußen am linken Ufer der Weichsel waren damals noch eine Provinz des polnischen Königreichs; im Westpreußen am rechten Ufer herrschte bereits der König von Preußen. Trencks Mutter wohnte im polnischen Preußen.

Vor den preußischen Schergen brauchten sie sich hier nicht zu fürchten, um so mehr aber vor den preußischen Werbern, die kreuz und quer durch Ostpreußen Jagd auf Rekruten machten.

Sofort umringten sie die athletische Gestalt des Riesen. Trenck wies aber ihre freundliche Einladung zurück, die er unterwegs wiederholte Male in Anspruch genommen hatte; er wäre ihnen – satt gegessen – ja doch wieder ausgerückt.

Trenck erinnerte sich, daß es in Thorn ein berüchtigtes, reiches Jesuitenkollegium gab, das Asylrecht besaß. Dort konnte jeder verfolgte Missetäter Unterschlupf finden und auch Absolution von allen seinen Sünden erhalten.

Der Pförtner ließ die beiden verkommenen Gestalten bereitwillig durch die Nebentür herein. Hier mußten sie ihre Waffen niederlegen und wurden dann dem Pater Rektor vorgeführt, der sie recht gnädig empfing, da er sie für Diebe hielt.

Sowie aber Friedrich von der Trenck sich zu erkennen gab, das ihm angetane Unrecht und die Geschichte seiner Flucht vortrug, änderte sich Zug für Zug der Gesichtsausdruck des Jesuitenpaters, wurde kälter, verdrießlicher und überheblicher.

„Mach Er's kurz!" rief er dazwischen. „Ich habe notwendigere Geschäfte!"

Als Trenck seinen Vortrag beendet hatte, sagte der Rektor zu ihm:

„Er ist kein Missetäter, sondern ein politischer Flüchtling. Wir haben mit der Politik nichts zu tun. Geh Er in Gottes Namen. Von uns bekommt Er nichts."

Damit drehte sich der Pfaffe um und schlug Trenck die Tür vor der Nase zu.

Trenck rannte zornig aus dem Jesuitenkloster hinaus und beschimpfte die Jesuiten, die einem Dieb die Freiheit wiedergaben, einen rechtschaffenen Flüchtling aber aus dem Hause jagten. Wieder kehrten die beiden in das Wirtshaus zurück, wo man sie schon zuvor kaum hatte hereinlassen wollen. Dort hielten sich die preußischen Werber auf. Trenck setzte sich zu ihnen, trank von ihrem Wein und aß von ihrem

Braten; natürlich bewirteten sie ihn, denn sie wollten ihn ja überreden, sich als Rekrut des Preußenkönigs anwerben zu lassen. Der Werbeoffizier versprach ihm fünfhundert Taler Handgeld und den Korporalsstock, wenn er zuschlüge. Zum Schluß, als das alles nichts nutzte, drohte er ihm, er wisse mit Bestimmtheit, daß er es mit einem Dieb zu tun habe, den die Schergen suchten, es gebe für ihn keine andere Rettung, als in die preußische Armee einzutreten, dann würden ihn die Polen laufen lassen. Diese Verdächtigung versetzte Friedrich von der Trenck derart in Wut, daß er dem Werbeoffizier eine gewaltige Ohrfeige gab. Daraufhin griffen die anderen preußischen Soldaten zu ihren Degen und stürzten sich auf Trenck. Dieser aber zückte seinen Pallasch, bahnte sich durch die Soldaten den Weg und war bald draußen auf der Straße.

Sich ihm in den Weg zu stellen, wagte keiner! Nur hinter seinen Rücken schrien die Marktleute: „Dieb! Räuber! Faßt den Halunken!"

Anders erging es dem kleinen Schell. Den ergriffen sie und fesselten ihn.

Friedrich von der Trenck flüchtete zum zweiten Mal in das Jesuitenkloster.

Jetzt wurde er von allen mit offenen Armen empfangen.

Das Geschrei des Pöbels: Dieb! Räuber! verlieh dem Flüchtling die Würde, für die die Jesuiten das Patent in Anspruch nahmen.

Einen verfolgten Missetäter empfingen sie in ihrem Haus.

Jetzt bekam er zu essen und zu trinken, man bereitete ihm ein gutes Lager und verwöhnte ihn auf jede Weise. Er galt nun als Räuber, und diese Qualität wog mehr als die eines politischen Flüchtlings.

Die Herrlichkeit dauerte aber nur bis zum nächsten Morgen. Inzwischen hatte sich der Bürgermeister aus den Pässen, die man bei dem Gefangenen Schell fand, davon überzeugt, daß der Arrestant und dessen ins Kloster geflüchteter Kamerad nicht die gesuchten Straßenräuber waren, sondern zwei preußische Deserteure. Man ließ Schell frei; Friedrich von der Trenck wiederum wurde ein zweites Mal aus dem Jesuitenkloster ausgestoßen.

Was war das doch für ein gemeiner Hochstapler, der sich als Räuber ausgab, um bei den Jesuiten unentgeltlich ein Abendessen zu bekommen!

Wieder waren sie auf der Straße.

Der Bürgermeister gab Schell für die ungerechte Arretierung einen Laubtaler.

Was sollten sie sich dafür kaufen?

Einer, der schon sein Hemd verkauft hat, findet leicht eine Antwort darauf.

Und doch war nicht das Hemd das notwendigste, damit konnte man warten, bis bessere Zeiten anbrachen. Was unentbehrlich war, war eine Karte. Der Weg von Thorn bis Königsberg betrug gut dreißig Meilen. Sie mußten auch über die Weichsel kommen. Die preußische Grenze war nahe. Wenn sie irrtümlich ein preußisches Dorf betraten, würde man sie sogleich arretieren.

So begaben sie sich zu allererst in einen Laden, angefüllt mit allerlei altem Papierkram.

Die Krämerin war ein altes Mütterchen mit buckligem Rücken. Friedrich von der Trenck trat zu ihr und bat sie, ihm Landkarten zu zeigen, er sei unterwegs zu seiner Mutter, kenne sich aber im Land nicht aus.

Dem braven alten Mütterchen traten Tränen in die Augen.

„Ach Gott! Ich hatte auch einen Sohn; der ist jetzt auch auf der Flucht, sein Stiefvater hat ihn aus dem Haus gejagt; er wurde bei den Österreichern Soldat; seitdem habe ich nichts von ihm gehört."

Friedrich von der Trenck kam eine gute Idee.

„In welchem Regiment dient der Sohn?"

„Bei Hohenems."

„Bei Hohenems? Da habe auch ich gedient. Von dort komme ich jetzt auf Urlaub; aber unterwegs haben mich die Räuber ausgeplündert. Der Sohn ist blond, nicht wahr?"

„Ja, blond!"

„Und von meiner Größe?"

„Ja, ebenso groß."

(Das Regiment Hohenems bestand aus Grenadieren.)

„Wie ist sein Name?" wollte Trenck wissen.

„Will!"

„Will?? Der ist doch mein liebster Kamerad, wir schliefen auf einer Pritsche; wir haben zusammen gekämpft."

„Also lebt mein Sohn?"

„Er lebt und ist gesund. Oft hat er mir von seiner Mutter erzählt. Er sagte, wenn wir nach Thorn kämen, sollten wir seine Mutter besuchen und von ihm Grüße bestellen."

Bei diesen Worten fiel die gute Alte Trenck um den Hals, küßte ihn von allen Seiten ab und netzte ihm das Gesicht mit ihren Tränen. Nicht nur die gesuchte Landkarte gab sie ihm umsonst, sie lud ihn auch zum Mittagessen ein und nannte ihn „ihren lieben Sohn". Sie schenkte ihm ein sauberes Hemd und ein Paar Strümpfe.

Friedrich von der Trenck schlug Nutzen aus diesem glücklichen Irrtum der Mutterliebe. Er erzählte der braven Frau, er führe jetzt zu seiner Mutter, würde aber in vier Wochen in dieses Haus zurückkehren, in anderer Gestalt und anderem Gewand. Bis dahin bitte er sie schön, seinen Kameraden, den die preußischen Werber verwundet hätten, hier zu behalten und gesundzupflegen. Die gute Alte war auch dazu bereit. Sie gab Friedrich sechs Lüneburger Gulden und Proviant für drei Tage.

Trenck verabschiedete sich hier von seinem Freund, gelobte ihm aber, zurückzukommen, um ihn abzuholen. Als er dann allein weiter wanderte, überkam ihn ein Gefühl vollkommener Verlassenheit. Er wurde ganz schwermütig. Bisher hatte er das Elend mit einem guten Freund teilen können; da war jemand gewesen, den er gegen andere hatte verteidigen können und bei dem er Schutz vor sich selbst gefunden hatte.

Welche Bruderliebe konnten zwei solche Landstreicher füreinander empfinden! Sie waren ja nicht viel besser als Wegelagerer, aus der Gesellschaft Verbannte, die vor Hunger fähig waren, für ein Stück Brot eine Mordtat zu begehen. Während dieser bitteren Fluchttage entwikkelte sich der Charakter des Friedrich von der Trenck richtiggehend zum Idealisten. Ein Gegenstück dazu findet man unter den Waffenbrüdern im Mittelalter, wo sich zwei Helden in der Schlacht aneinander ketten ließen, und wenn einer verwundet wurde, der andere Rache übte, ihn befreite oder sich mit ihm zusammen begraben ließ.

Alleingeblieben kam Trenck schneller vorwärts.

In zwei Tagen legte er zu Fuß dreizehn Meilen zurück. Er mußte nicht mehr auf einen kranken Gefährten Rücksicht nehmen. In Mewe nächtigte er. Er schlief unter allerlei Fuhrleuten auf Stroh. Als er erwachte, wurde er dessen gewahr, daß man ihm sein ganzes Geld gestohlen hatte und auch seine Pistolen. Dem Wirt mußte er sechzehn Groschen bezahlen; ihm blieb nichts weiter übrig, als wieder das einzige Hemd hinzugeben, das ihm das Mütterchen in Thorn geschenkt hatte.

Nun lief er ohne einen Heller weiter, seine einzige Waffe war der Säbel.

Unterhalb von Marienburg angekommen, mußte er über die Weichsel gelangen, denn am hiesigen Ufer begann das Königreich Preußen.

Er fand einen Kahn mit zwei Fährleuten. Die verlangten aber zwei polnische Schillinge für die Überfahrt.

Und Trenck hatte kein Geld.

Was sollte er tun? Er sprang in den Kahn und zog den Säbel. Er drohte den beiden Fährleuten, sie zu zerstückeln, wenn sie ihn nicht unentgeltlich ans andere Ufer brächten.

Friedrich von der Trenck war tatsächlich an dem Punkt angekommen, daß er wegen zwei Schillinge zwei Menschenleben ausgelöscht hätte.

Das war ein Attentat, wofür er, hätte er verloren, gerädert worden wäre, und die Menschen hätten gesagt, er habe es verdient.

Zum Glück waren die beiden Fährleute feige, sie erschraken und ruderten mit ihm ans andere Ufer.

Dort wartete Trenck nicht erst, bis sie anlegten, er sprang ins Wasser, stieß den Kahn zurück und lief, so gut er konnte, um nicht eingeholt zu werden, in Richtung Marienburg.

Er hatte weder Geld noch Hemd. Aus freien Stücken suchte er die sächsischen und preußischen Werber auf. Die gaben ihm zu essen und zu trinken, bis er sich betrunken stellte. Da schlossen sie ihn in eine Kammer. Trenck hob die Tür aus den Angeln, und im Dunkel der Nacht lief er weiter.

Jetzt hatte er nicht einmal mehr einen Säbel. Den hatten die Werber als Pfand zurückbehalten. Er lief in die weite Welt hinaus wie der aus dem Paradies vertriebene Urmensch – ohne Schutz, ohne Hilfe und halb nackt.

Vier Stunden lang rannte er keuchend, bis er erschöpft ein Stadttor erreichte, das in seiner Karte unter dem Namen Elbing verzeichnet war. Ein Glück, daß ihm die Diebe wenigstens die Landkarte gelassen hatten.

XX.

Frau Potiphar

Er lungerte in der bevölkerten Straße herum wie ein Verrückter, der eben erst aus dem Narrenturm entlassen worden war. Rings um ihn sprachen die Leute eine fremde Sprache. In ihrer ungewohnten Volkstracht kamen sie ihm alle wie Bewohner einer anderen Welt vor. Sprach er sie an, lachten sie ihm ins Gesicht. In dem Gedränge trachtete jeder, ihn von sich fernzuhalten.

Doch auf einmal rief ihm aus der fremden Menge eine Stimme zu:

„Fritz! Fritz von der Trenck!"

Die Stimme war ihm sehr bekannt und vertraut. Eine liebe Erinnerung aus vergangener Zeit. – Ein goldverschnürter Offizier strebte aus der Menge auf ihn zu. – Es war sein ehemaliger Instrukteur, der brave Brodowsky. Jetzt war er Offizier in der polnischen Armee.

Als sie sich wiedererkannten, umarmten sie sich, der elegante Offizier und der zerlumpte Flüchtling.

„Sei mir gegrüßt, lieber Sohn!“, der Offizier weinte vor Rührung. „Ich habe schon auf dich gewartet, wirklich! Wir haben gehört, daß du aus Glatz geflohen bist. Wir dachten uns gleich, daß du dich zu deiner Mutter auf den Weg machen wirst und uns unterwegs aufsuchst. Heiliger Himmel! In was für einem Zustand du bist! Na, was willst du zuerst? Baden oder zu Mittag essen.“

„Baden“, stammelte Friedrich. Der Schmutz belästigte ihn mehr als Hunger und Durst.

Brodowsky nahm ihn mit ins Bad. Das herrliche warme Wasser und die Seife waren für Friedrich wie eine Neugeburt. Der Barbier rasierte und frisierte ihn – er fühlte sich wie im Himmel!

Als er dem Bad entstiegen war, lag reine Leinenwäsche bereit und ein respektabler bürgerlicher Anzug.

Aber Friedrich wollte sich nicht recht von den abgelegten Lumpen trennen. Die waren für ihn schon zu Reliquien geworden. Er war stolz auf sie wie ein Soldat auf die zerrissene Fahne.

„Schau! Dieses Loch riß die Kugel der Schergen, und hier traf mich der Säbel der Werber. Ich möchte mich gern so gewandet im Spiegel betrachten. Wenn mich nur jemand so malen könnte.“

„Na ja, für einen Maler wie Kupecký wärst du in diesem Lumpen eine unschätzbare Figur. Aber meiner Frau möchte ich dich doch nicht in solchem Kostüm vorstellen.“

„Du hast eine Frau?“

„Ja, gewiß. Stell dir vor, ich auf meine alten Tage, mit grauen Haaren, habe geheiratet. Im Karneval ist es passiert. Jetzt verleben wir unsere Flitterwochen mit mehr Wabe als Honig. Ich bin sechzig, meine Frau ist dreißig. Ein vorzügliches Weibsbild. Du wirst sie sehen. Sie war eine Offizierswitwe. An das Leben im Quartier ist sie gewöhnt. Du wirst sie kennenlernen. Sicher wird sie dich gleich umarmen. Bei den Polen ist es Brauch, sich zu umarmen. Aber jetzt komm essen.“

Dazu brauchte Friedrich keine zweite Einladung. Er stürzte sich förmlich auf das Mahl, das ihm im Gästezimmer der Badeanstalt aufgetragen wurde. Er futterte wie eine neunköpfige Raupe, kaute nicht, verschlang jeden Bissen. Bier trank er nicht aus dem Glas, sondern gleich aus dem Krug, und während er das Essen in sich hineinstopfte, hielt er den Henkel des Bierkruges fest, als würde er ihm davonlaufen.

Der einstige Jugendlehrer ergötzte sich an dem gesunden Appetit seines Zöglings, und er sprach auch nicht eher zu ihm, als bis dieser sich satt gegessen hatte.

Erst als Friedrich den letzten Schinkenknochen abgenagt und den Bierkrug leer getrunken hatte, begann Brodowsky, von vernünftigen Dingen zu reden.

„Mein lieber Sohn, du bleibst jetzt hier bei mir. Du ziehst nicht weiter. Du solltest deine Mutter nicht persönlich aufsuchen. Schreib ihr einen Brief, in dem du sie bittest, zu dir zu kommen. Du weißt ja nicht, ob dich ihr Gatte in seinem Hause sehen möchte."

„Diesbezüglich habe ich bereits eine Lektion erhalten, aus der ich a posteriori die Konsequenz ziehen kann. Aus dem Haus meiner Schwester bin ich schon verjagt worden."

„Also dann wollen wir Papier und Tintenfaß bringen lassen. Zuerst schreibst du einen schönen Brief an deine Mutter, dann werde ich einen Nachtrag an die gnädige Frau Gräfin schreiben."

Jetzt erst bemerkte Friedrich, wie seine Hand des Schreibens entwöhnt war. Drei Monate hielt nun schon sein Vagabundenleben an; er war ganz verwildert in der Zeit. Schwitzend und einen Federstiel zerbeißend, brachte er den Brief irgendwie zustande. – Der begeisterte Dichter hatte ganz verlernt, einen Brief zu schreiben.

Nach ihm nahm Brodowsky die Feder in die Hand, und verfaßte einen langen Brief in schöner Kalligraphie.

Unterdessen brachte der Wirt den Herren Pfeifen und auch mit Honig gesüßten Branntwein in schmalhalsigen Gläsern. Außerdem erfreute er den Gast mit einer Lektüre, deren zerknautschte Blätter davon zeugten, daß sie schon durch viele Hände gegangen war. Auch Holzschnitte zierten die Ausgabe.

Es war die Geschichte vom Hochverratsprozeß des ungarischen Trenck.

Friedrich schimpfte wie toll, als er sich in die Geschichte vertiefte. Er hämmerte mit der Faust auf den Tisch, Brodowsky konnte kaum schreiben. „Gemeinheit! Eine Schmach! Lüge! Jedes Wort könnte ich widerlegen!"

Und als er erst die falsche Zeugenaussage einer gewissen Dame las!

„Schamlose Isebel! Solche Verleumdungen zu erfinden!! Über meinen Vetter und auch über den König. Vor allem über den König!"

„Du nimmst König Friedrich in Schutz?" fragte Brodowsky, während er schrieb.

„Natürlich verteidige ich ihn! Er verfolgt mich, aber ich verehre ihn. Er ist mir gegenüber ungerecht, doch das ist kein Grund, daß auch ich mich ihm gegenüber ungerecht verhalte. Ich weiß, daß diese Frau lügt! Sie lügt tollkühn und gemein! Gott soll sie davor bewahren, daß sie noch einmal in meine Hände gerät, diese Circe, diese Messalina! Ich würde sie mitsamt ihren Lügen erwürgen!"

Der Offizier lachte.

„Du bist ein großer Narr, mein Sohn. Wenn du mit einer schönen Frau nichts anderes anzufangen weißt, als sie zu erwürgen."

Er faltete den Brief zusammen und steckte ihn in die Tasche.

„Nun kommst du mit zu mir, in mein Haus; ich möchte dich meiner Frau vorstellen."

Der ehemalige Erzieher führte seinen Schüler am Arm bis zu seinem Quartier, und ließ ihn, dort angekommen, ins Empfangszimmer eintreten. Die Dame des Hauses kam herein und – brach in Lachen aus: „Ach! Wir kennen uns doch!" Sie fiel Trenck um den Hals und küßte ihn dreimal. Der machte nur große Augen und wußte nicht, was er sagen sollte. Brodowskys Gattin war keine andere als Miranda. Die Dame ließ die Herren nicht lange in der Verwirrung. Mit der Gemütlichkeit einer echten Polin ergriff sie die Hand Friedrichs von der Trenck, als wollte sie ihn ihrem Gatten vorstellen.

„Wir sind nahe verwandt – Friedrich von der Trenck ist der Vetter von Franz von der Trenck, dem Gatten meiner Schwester, und Franz ist der unglückliche Held, der in Wien durch die Intrigen seiner Neider in eine so fatale Lage geriet."

Jetzt war Brodowsky noch mehr überrascht.

„Ach, du glaubst also, daß Franz von der Trenck ungerechterweise angeklagt wurde?"

„Lügen und falsche Zeugenaussagen – daraus besteht die ganze gegen ihn erhobene Anklage!" sagte Miranda in Rage. „Wenn ich nach Wien fahren dürfte, könnte ich beweisen, daß Franz von der Trenck unter falscher Anklage steht. Er hatte König Friedrich weder gefangengenommen noch ihn für Geld laufen lassen. Nicht wahr, Friedrich, ich weiß das am besten. Ich darf mich aber in Wien nicht zeigen. Den Grund habe ich schon einmal meinem Mann erzählt."

„Dann erkläre es jetzt auch Friedrich. Ich lasse ihn bei dir zurück. Ihr seid doch Verwandte. Ich beeile mich, einen Kurier zu suchen, mit dem ich der Frau Gräfin den Brief senden kann."

Brodowsky ging hinaus und ließ Miranda mit Friedrich allein.

Friedrich von der Trenck fühlte sich wie der verzauberte Prinz im Märchen, der der Fee gegenübersteht. Hier hatte er die Frau vor sich, die ihn angefangen von paradiesischen Wonnen bis hin zu den Leiden im Purgatorium alles hatte erleben lassen. Er fühlte ihre Küsse und ihre

Bisse. Es war noch keine Stunde her, daß er gelobt hatte, sie grausam zu erwürgen, bekäme er sie noch einmal in die Hände. Und jetzt traf er sie hier als Gattin seines Wohltäters. Und diese Frau hatte Mitleid mit Franz von der Trenck! Sie war empört über die Anklage, die man gegen den unglücklichen Helden erhoben hatte.

Wo lag die Lösung dieses Rätsels?

Gleich nachdem Brodowsky die Tür hinter sich geschlossen hatte, warf sich Miranda voller Leidenschaft an Friedrichs Brust, schlang die Arme um ihn und nahm ihm, solange sie es vermochte, mit ihren Küssen den Atem.

Der junge Mann war völlig verwirrt und wußte sich nicht zu helfen. Weder mit dem Verstand noch mit den Sinnen konnte er sich etwas zu seinem Schutz ausdenken. Er spürte nur die süßen Küsse. Wie sollte er auch nicht? Seit vierzehn Monaten hatte er den betörenden Duft des Frauenatems nicht mehr auf seiner Wange wahrgenommen. Und doch so viele Küsse, so viele Sünden! Diebstahl, Betrug, Treuebruch!

Und wie viele zügellose Worte, wieviel Geschwätz und Schmeichelei zwischendurch.

Er duldete nur und schwieg.

Die Dame ließ ihn neben sich auf dem Sofa Platz nehmen.

„Na, du bist wohl stumm geworden?“ sagte sie und zog ihn an sich. „Du bist ja wie erstarrt!“

„Madame“, begann Friedrich, „mich läßt in der Tat ein Gedanke zur Statue erstarren. Das haben Sie verursacht, als Sie meinen Vetter erwähnten. Sie geben sich den Anschein, das Unglück des Franz von der Trenck zu bedauern. Waren Sie es nicht, die vor dem Wiener Kriegsgericht gegen Franz von der Trenck aussagte?“

„Ich?? Wie kommst du darauf?“

„Gerade heute hatte ich das Wiener Pamphlet in der Hand, in dem der Hochverratsprozeß des Franz von der Trenck behandelt wird.“

„Na und? Hast du meinen Namen in diesem Pamphlet gefunden?“

„Zugegeben, es wird da nicht die Witwe des Generals Sch...n erwähnt, sondern die Tochter des Generals Sch...in. Doch letztere kenne ich sehr gut. Sie ist eine alte Jungfer und Oberin des Feldspitals. Die ist nicht nach Wien gegangen, um gegen Franz von der Trenck auszusagen und sich der Liebe König Friedrichs zu rühmen. Es kann also nur die eine oder die andere gewesen sein. Tertium non datur! Das sagt die Logik.“

„Na schön! Aber auch ich kann etwas Latein: Purus, putus logicus; purus, putus asinus. Habt Ihr, mein Herr Dichter, eine so geringe Phantasie, daß Ihr von selbst nicht das Punctum saliens findet? Auch bei tertium non datur kann es doch heißen: tertia datur. Die Dame, die Meineid geleistet hat, war weder die Witwe des Generals Sch...n noch die Tochter des anderen Generals Sch...in, sondern eine ganz gewöhnliche Hübschlerin, die Mätresse des Barons Ripperda, die unter falschem Namen aussagte."

„Aber wie hat das Wiener Fräulein von Dingen wissen können, von denen außer Ihnen kein anderer Kenntnis hatte? Die Person war doch nicht im Zelt König Friedrichs."

„Du wirst den Zusammenhang sogleich verstehen, du mußt nur gut aufpassen. In dieser Schauergeschichte ist Lüge mit Wahrheit so eng verknüpft, daß man Verstand braucht, um eines vom anderen zu unterscheiden. Wahr ist, daß mich Franz von der Trenck im Zelt des Königs angetroffen hat. Ich war es, die, um die Freiheit wiederzuerlangen, als Lösegeld das Geheimnis der dukatengefüllten Haubitzenkugeln verriet. Das kannst du mir nicht als Schuld anrechnen. Welche Frau würde nicht die Diamantengruben von Golkonda opfern, wenn sie ihre weibliche Ehre vor Schmach bewahren muß. Über diese Beute zerstritt sich dann Franz mit seinen Harampaschas: Er war gezwungen, mit ihnen zu teilen. Was danach geschah, weiß ich nicht, denn er ließ mich dann sogleich frei, und ich konnte mit meinem Marketenderinnenkarren, Schnaps austeilend, den Panduren entkommen. Aber du kennst ja die Gewohnheiten des Franz von der Trenck. Er pflegt die Offiziere, die ihren Anteil an der Beute fordern, in so schwierige Umstände zu verwickeln, daß es sie das Leben kostet. Und wenn sie mißtrauisch werden, mäht er sie erst recht infam nieder. Diese drei Offiziere traten im Strafprozeß als Zeugen gegen ihn auf. Sie richteten die Dirne von Baron Rippenda, der Assessor beim Kriegsgericht ist, als falsche Zeugin ab. Das weiß heute bereits jeder in Wien. Ich aber saß unterdessen zu Hause in meinem Schloß in Beneschau, wo ich die Bekanntschaft deines einstigen braven Instrukteurs machte; ich reichte ihm die Hand und bin jetzt hier im polnischen Ostpreußen."

Miranda erzählte Friedrich dieses ganze Märchen mit so unschuldigem, aufrichtigem Gesicht, daß er es ihr glaubte. Ein schwerer Stein fiel ihm vom Herzen. Er mußte also sein Gelübde – diese Frau, wenn er sie wiedertreffen sollte, umzubringen – nicht einlösen. Auch sie zu hassen, hatte er nun keinen Grund mehr.

An die Stelle des entschwundenen Hasses tritt sehr bald ein anderer Dämon, nicht besser als der erstere. Wenn zwischen einem jungen Mann und einer jungen Frau Haß bestanden hat, folgt darauf genau das Gegenteil.

Friedrich fragte nicht mehr weiter. Er ergab sich seinem Schicksal.

Und doch schwebte er während seiner ganzen wechselvollen Flucht niemals in größerer Gefahr als gerade jetzt.

Bezeichnend ist, daß Friedrich von der Trenck diesen ganzen Abschnitt seines abenteuerlichen Lebens aus seinen „für das deutsche Publikum" geschriebenen Lebenserinnerungen ausgelassen hat; nur im französischen Text gewährte er einen kleinen Einblick. Madame Potiphar nennt er die Gattin des rechtschaffenen Brodowsky. Daß er selbst ein biblischer Joseph gewesen sei, behauptet er mit keinem Wort, ganz im Gegenteil heißt es, wenn Frau Potiphar, diese berüchtigte Verführerin mit so außerordentlichen Reizen gesegnet gewesen wäre, wie seine Hausfrau, dann wäre das Gewand des keuschen Josephs kaum in ihrer Hand zurückgeblieben, vielmehr hätte es als Zudecke ihrer Wonne gedient.

Der brave Brodowsky war nicht eifersüchtig. Ein sechzigjähriger Gatte schmückt sich besser mit Großmut.

Soviel nüchternen Verstand bewahrte sich Friedrich von der Trenck jedoch, daß er auf den Plan Mirandas, sie sollten zusammen nach St. Petersburg fliehen, nicht einging. Obgleich der junge Mann große Lust hatte, in russischen Militärdienst zu treten, denn dort hätte sich ihm sicher eine glänzende Karriere geboten. Aber es wäre undankbar von ihm gewesen, seinem einstigen Erzieher und jetzigen Wohltäter einen so tödlichen Stich ins Herz zu versetzen. Solche Gewissenlosigkeit hätte nur zum Charakter des anderen Trenck gepaßt. Allerdings war er manchmal nahe daran, auf den Plan einzugehen. „Ein Narr macht hundert andere!" heißt ein Sprichwort. Wie viele werden es dann durch eine närrische schöne Frau!

Zum Ehrgefühl gesellten sich auch noch die Erinnerung und die Freundschaft. Die Erinnerung an Amalie und die Freundschaft zu dem zurückgelassenen Kameraden Schell.

Wäre Friedrich von der Trenck mit Miranda nach Rußland geflüchtet, hätte der verwundet zurückgelassene Schell möglicherweise als Bettler auf dem fremden Bauernhof elend zugrunde gehen müssen.

Doch können die drei Regungen – Ehre, Freundschaft und Erinnerung – den Kampf mit dem Löwen der Gefühle, mit der Liebe, aufnehmen? Mit der höllischen Liebe? Nur wenn ihnen eine andere Großmacht zu Hilfe kommt: die himmlische Liebe.

Und die kam!

Acht Tage, nachdem Brodowsky den Brief an Friedrichs Mutter abgeschickt hatte, traf die Gräfin in Elbing ein. Es wurde ihr das Wunder zuteil, daß sie ihren Sohn neu gebären konnte. In den Armen der Mutter erwachte wieder jener rechtschaffene Trenck zum Leben, den das Ehrenwort sogar zur Rückkehr in den Kerker gezwungen hätte.

Die scharfen Augen der Gräfin erkannten auf den ersten Blick die Situation. Sofort erriet sie das Verhältnis zwischen Frau Miranda und ihrem Sohn. Auf die erste Aufforderung Brodowskys quartierte sie sich in dessen Haus ein, und von diesem Augenblick an standen die Verliebten unter so sicherer Obhut, daß sie sich nicht einmal mit Blicken ein Zeichen geben konnten.

Die Gräfin brachte ihrem Sohn tausend Taler und ein diamantenes Halskreuz, das fünfhundert Taler wert war. Nun konnte er sich ein Roß und eine prächtige Uniform kaufen.

Über die Frage der Uniform gerieten die beiden Frauen in Streit.

Miranda wünschte, man solle für Friedrich eine Ulanenuniform schneidern lassen, während die Gräfin den Wunsch hatte, ihn als Dragoneroffizier zu sehen. Beide hegten dabei ihre geheimen Gedanken. Die Ulanenuniform hätte in St. Petersburg einen sehr guten Eindruck gemacht, wäre aber in Wien unpassend gewesen; die Dragoneruniform dagegen war in Wien üblich.

Die Mutter wünschte, ihr Sohn solle nach Wien gehen, wohin ihm Miranda nicht folgen konnte. Miranda hingegen appellierte an die besten Gefühle des jungen Mannes, an die Treue zu seinem Vaterland. Ein Friedrich von der Trenck könne und dürfe nicht in den Dienst der Feinde des Vaterlandes treten. Er könne seinen Waffendienst nur einem neutralen Land anbieten. Und ein solches war nur Rußland. Dieses edle Gefühl, die Vaterlandsliebe, spielte sehr überzeugend die Verführerrolle. Friedrich gab Miranda recht. Er konnte nicht nach Wien gehen, auch wenn ihn sein eigenes Vaterland ungerecht verfolgte. Er durfte seine Waffe nicht gegen dieses Land wenden.

Die Gräfin aber hatte ihren letzten Trumpf noch nicht ausgespielt.

Sie blieb vierzehn Tage in Elbing im Hause Brodowskys. Beide Frauen verzögerten absichtlich Friedrichs Abreise. Die Anfertigung der Uniform war ein guter Vorwand. Ein Schneidermeister brauchte damals für eine solche Arbeit seine Zeit. Als die Uniform dann fertig war, fand bald die eine, bald die andere Frau etwas daran auszusetzen, mal an der Verschnürung, mal an den Posamenten, dann wieder am Kragen und an den Manschetten! Das eine mußte enger, das andere weiter gemacht werden. Die Ziselierung des Helmes nahm besonders viel Zeit in Anspruch. Die Frauen wollten einander zum Nachgeben zwingen. Miranda hoffte, die Gräfin würde endlich von der Elbinger Zerstreuung genug haben und abreisen; Trencks Mutter dagegen wartete auf einen Brief, der als Antwort auf ihren Brief aus Berlin eintreffen mußte.

Am vierzehnten Tag kam der ungeduldig erwartete Brief an.

Die Gräfin verschob mit großer Raffinesse das Vorzeigen des Briefes bis zum Ende des Mittagessens. Erst dann holte sie die Nachricht hervor und reichte sie ihrem Sohn.

„Erkennst du diese Handschrift?“

Friedrich unterhielt sich gerade im Flüsterton mit Miranda. Er erblaßte, als sein Blick auf den Briefumschlag fiel. Er erkannte die Handschrift der Prinzessin Amalie.

Und erst der Inhalt des Briefes!

Prinzessin Amalie sprach der Gräfin ihren wärmsten Dank aus für die Mitteilung, daß ihr Sohn glücklich in Elbing eingetroffen sei. Für sein weiteres Fortkommen schickte sie ihm in dem Brief einen Wechsel über vierhundert Dukaten, die in Danzig zahlbar waren. Sie bat die Gräfin, ihren Sohn zu veranlassen, sofort nach Wien zu gehen und die Verleumdungen, mit denen man König Friedrichs Namen und Ehre beschmutzt hatte, zu widerlegen.

Dieser Brief versetzte Friedrich von der Trenck ganz plötzlich auf einen anderen Planeten!

Der Instinkt des Blutes verstummte vor den Worten der edlen Regungen.

Das Ideal hatte seinen Platz auf dem Altar zurückerobert.

Das Bild jener glorreichen Gestalt, die wenn auch verletzt und in ihren heißesten Gefühlen gekränkt, ohne jede Eifersucht und ohne jede Hoffnung auf Befriedigung ihrer Sehnsüchte ihrem Liebsten zu Hilfe eilte, führte ihn auf dem Pfad der Ritterlichtkeit und Ehre weiter und zeigte ihm das Ziel, die Richtung, die er erreichen und befolgen mußte: Er hatte den Ruf seines Königs reinzuwaschen, jenes Königs, der ihn wie ein Tyrann zertrat, der aber im Recht war, selbst dann, wenn er ihn zertrat.

„Ich fahre! Noch heute, noch in dieser Stunde“, sprach Friedrich von der Trenck und erhob sich.

Mirandas Augen schossen Höllenfeuer auf die Gräfin.

„Ich begleite dich bis Danzig“, sagte die Gräfin.

Alle wollten sie zurückhalten. Nachts sei es nicht gut zu reisen. Auch ihr Sohn sprach zu ihr in diesem Sinn.

„Nein, mein Sohn!“ flüsterte ihm die Gräfin zu. „Von diesem Augenblick an esse ich keinen Bissen mehr von dem, was Frau Miranda kocht.“

Diese wäre imstande gewesen, ihr Aqua tofana ins Essen zu mischen.

In seinen Memoiren in französischer Sprache schreibt Friedrich von der Trenck, der Abschied sei überaus bitter gewesen.

Das versteht, wer es verstehen kann.

XXI.

In Wien

Bis Danzig reiste Friedrich zusammen mit seiner Mutter. Dort nahmen sie Abschied voneinander, und sie sollten sich nie wiedersehen. Fatale Zufälle verhinderten es.

Von Danzig aus begab sich Friedrich eiligst nach Thorn, um seinen als Pfand zurückgelassenen Freund Schell auszulösen. Die brave Krämersfrau machte große Augen, als sie ihren Gast, der vor Tagen noch völlig zerlumpt bei ihr eingetreten war, wiedererblickte. Er kam auf einem englischen Vollblut geritten, in prächtiger Uniform, begleitet von einem Diener und einem Reitknecht. Die beiden guten Freunde umarmten sich herzlich. Friedrich beglich freigebig die Rechnungen und bekannte jetzt aufrichtig, wer er war. Er versprach der guten Frau, daß er sich, sobald er in Wien eintreffe, als erstes nach ihrem in österreichischen Diensten stehenden Sohn erkundigen und ihr Nachricht geben werde.

Dieses Versprechen löste Friedrich auch ein, allerdings mit wenig Glück. In Wien ermittelte er, was Will zugestoßen war. Dieser war vom Regiment desertiert, auf der Flucht gefangengenommen und nach kurzem Prozeß gehängt worden. Friedrich von der Trenck ließ es sich hundert Dukaten kosten, vom Kommissariat das Attestatum zu erlangen, daß Will eines natürlichen Todes gestorben war, und er schickte dieses Dokument seiner Thorner Wirtin, die nun völlig beruhigt war.

Friedrichs guter Freund Schell trat sogleich bei der österreichischen Armee in den Dienst und kam zu einem Regiment nach Italien. Zuvor hatte Trenck mit ihm noch redlich seine Dukaten geteilt.

Friedrich von der Trenck ging nun seiner eigentlichen Mission, die ihn nach Wien geführt hatte, nach. Er sprach bei Seiner Majestät, dem Kaiser vor. (Franz von Lothringen, der Gatte Maria Theresias, war der gewählte Kaiser, der allerdings nicht zugleich König von Ungarn war; Ungarns Königin war seine Gemahlin.)

Der Kaiser empfing ihn gnädig, und noch liebenswürdiger verhielt sich Erzherzog Karl. Beide schätzten die Verdienste des gerichtlich verfolgten Franz von der Trenck und ermunterten Friedrich von der Trenck, seinem Vetter beizustehen.

Durch solche Protektion von höchster Stelle war es für Friedrich nicht schwer, seinen Vetter Franz im Arsenal, wo der Pandurenführer in Arrest gehalten wurde, zu besuchen.

Das war die erste Begegnung der beiden Verwandten.

Franz von der Trenck kannte kein zärtliches Gefühl, das sein Gemüt hätte besänftigen können. Gefühlvolle Menschen und Träumer waren für ihn lächerliche Gestalten. Als ihm sein Vetter beim ersten Besuch mitteilte, er sei eigens nach Wien gekommen, um als kompetentester Zeuge die gegen ihn erhobene unwahre Anklage, er habe König Friedrich gefangen und gegen ein Lösegeld freigelassen, zu widerlegen, nahm das Gesicht des Franz von der Trenck einen spöttischen Ausdruck an. Doch Friedrich fuhr fort, er wisse ganz sicher aus erster Quelle, daß die Frau, die als Zeugin im Hochverratsprozeß gegen ihn ausgesagt habe, nicht Miranda, sondern die Geliebte des Barons Ripperda gewesen sei.

Da brach Franz in zorniges Lachen aus.

„Gut, mein Junge, schwör darauf; auch deine Seele wird einen guten Platz in der Hölle bekommen."

(Die gewisse Frau war ja wirklich Miranda gewesen.)

Friedrich konnte aber dem Kaiser und dem Erzherzog Karl Angaben machen, aufgrund welcher das Kriegsgericht den Anklagepunkt, Franz hätte den König von Preußen gefangengenommen und laufengelassen, fallenlassen mußte. Von da an wurde die schwere Kerkerstrafe des Franz von der Trenck gemildert. Er saß nun in gewöhnlichem Hausarrest, konnte frei herumgehen und seine Kameraden empfangen. Unter ihnen waren drei berühmte Haudegen, mit denen sich Franz im Beisein Friedrichs stundenlang im Degenfechten übte. Friedrich selbst hielten die berüchtigten Spadassins – ganz so, als wäre er noch ein halbes Kind – nicht für würdig, auch nur einen Gang mit ihnen zu fechten.

Trotz der gemilderten Haftbedingungen war Franz von der Trenck aber noch weit davon entfernt, freigelassen zu werden. Ihm standen noch dreißig Prozesse bevor, derentwegen er weiterhin arretiert bleiben mußte.

Der Kaiser und Erzherzog Karl rieten Friedrich von der Trenck, er solle seinem Vetter zureden, ein Gnadengesuch an die Monarchin zu richten. Maria Theresia würde den Pandurenführer daraufhin freilassen und wieder in seinen Rang einsetzen.

„Was soll ich? Um Gnade bitten?“ brüllte Franz wütend. „Missetäter mögen vor den Füßen der Königin auf den Knien rutschend um Gnade betteln. Ich will Gerechtigkeit haben! Ich bitte nicht um Gnade, und ich gewähre keine Gnade. Sobald ich von hier freikomme, werde ich danach trachten, meine niederträchtigen Feinde zu vernichten, wo immer ich sie antreffe.“

Diese Antwort sprach sich herum und verschlechterte nur die Sache des Franz von der Trenck. Löwenwalde erklärte Friedrich ganz offen, für Franz gebe es nur einen Weg aus dem Gefängnis, und der führe ins Irrenhaus. Andernfalls nehme die Reihe seiner Strafprozesse nie ein Ende.

Da wurde auch Friedrich über die Wiener Rechtssprechung verbittert. Ihm fielen die eigenen Leiden, die er hatte ausstehen müssen, seine ungerechte Arretierung und seine an Wunder grenzende Flucht ein.

Eines Tages erzählte er dem Vetter seine ganze Fluchtlegende. Wieviel leichter war es im Vergleich dazu, aus dem Wiener Arsenal herauszuspazieren und in einem bereitgehaltenen Kahn nach Ungarn zu rudern, wo die Wiener Schargen keine Macht mehr hatte. Er malte seinem Vetter den Fluchtplan in allen Einzelheiten aus und bot sich sogar selbst an, tatkräftig dabei zu helfen.

Am nächsten Morgen ließ der Gouverneur von Wien, Graf Königsegg, Friedrich von der Trenck in aller Frühe zu sich rufen.

Der Graf war ein gutherziger Mann, der Friedrich in sein Herz geschlossen hatte.

„Mein lieber Fritz“, sprach der Gouverneur zu ihm. „Was zum Kuckuck heckst du hier aus? Willst du deinen Vetter entführen?“

Friedrich wollte leugnen, doch da legte Königsegg den von Friedrich eigenhändig skizzierten Plan vor und berichtete, daß der eigene Vetter ihn verraten habe.

Friedrich war entsetzt über diese unerhörte Tat.

„Da siehst du, mein Sohn, was du für einen Vetter hast. Du solltest ihm keinen schlechten Rat erteilen. Denn er wird sich einen noch schlechteren ausdenken. Deinen Entführungsplan hat er mir nur zugeschickt, um zu diesem Preis seine eigene Freiheit zu erlangen und dich an seiner Statt ins Gefängnis zu bringen. Diesmal ist es ihm nicht gelungen. Aber in Zukunft sieh dir die Leute besser an, mit denen du eine Verschwörung planst.“

Mit dieser väterlichen Ermahnung zerriß der rechtschaffene Königsegg das gefährliche Papier, das Friedrich leicht hätte ins Verderben stürzen können.

Friedrich rannte zutiefst verbittert zu seinem Vetter ins Gefängnis. Nur mit Mühe fand er Worte, die seiner Bestürzung über diesen gemeinen Verrat Ausdruck gaben.

Franz brach über den Wortschwall seines jungen Vetters lauthals in Lachen aus.

„Das hast du davon, du Dummkopf! Warum mischst du dich in meine Angelegenheiten? Ich weiß viel besser, welche Mittel und Wege mir die Tür des Gefängnisses öffnen. Wer hat dich denn hierhergerufen?"

„Meine Ehre und meine verwandtschaftliche Liebe zu dir."

„Auf der ganzen Welt gibt es keinen solchen Esel wie dich, der noch Ehre und Liebe empfindet. Bist du denn wirklich so ehrenhaft – und liebst du wirklich deinen Vetter?"

Friedrich brach vor Wut und Verzweiflung in Tränen aus.

„Na, jetzt ist wohl bei dir das Porzellan in die Brüche gegangen", spottete der ältere Vetter. „Weine nicht, Jüngelchen. Ich kauf dir ein hübsches Pferdchen, wenn ich auf den Markt gehe. Oh, was bist du für ein närrischer Bursche! Du hättest dich am Rockzipfel deiner Mutter festhalten sollen. Ich habe ja Königsegg, als ich ihm deinen Plan schickte, wissen lassen, daß alles nur ein Spaß sei. – Andernfalls gebe ich zu, hätte sich dir leicht den Strick um den Hals legen können. Nun, ich weihe dich jetzt in mein Geheimnis ein. Ich regle meine Sachen nicht so dumm, wie du die deinigen. Ich laufe nicht in die weite Welt, um mein Vermögen meinen Feinden zu hinterlassen und meine Karriere zu ruinieren. Ich will hier bleiben und meine Laufbahn fortsetzen, ich will noch mehr Ruhm und noch mehr Vermögen erwerben. Dafür gibt es nur eine Methode: Man muß die Richter kaufen. Meine Sache ist bereits ins Lot gebracht. Ich habe einen guten Freund: Baron Alfons Lopresti, er ist mein Vermittler. Drei Assessoren sind schon für meine Sache gewonnen, somit also die Mehrheit der Stimmen. Sie haben versprochen, die mich belastenden Akten, auch die schwerwiegendsten, herauszugeben; jeder von ihnen bekommt dafür zehntausend Gulden, und dann fällt der Herr Löwenwalde selbst in die Grube. Ist es nicht gescheiter, wenn ich auf diese Weise hier herauskomme, reingewaschen durch ein gerichtliches Urteil? Dann kann ich auch deine Angelegenheit in Ordnung bringen, du Kind! Na, bin ich für dich ein schlechter Vetter?"

Friedrich fiel Franz besänftigt um den Hals.

„Aber ich bin dir auch ein guter Vetter."

„Das steht fest. Darum habe ich dich ja auch in mein Geheimnis eingeweiht. Dich hat Pluto in einer guten Stunde zu mir geschickt. So ein naiver, ehrlicher Kerl hat mir zu meinem elenden Prozeß noch gefehlt, denn hier sind alle, vom Richter angefangen, für das Höllenfeuer bestimmte Schurken, mich selbst nicht ausgenommen! Du bist jetzt gerade im richtigen Augenblick gekommen. So, wie man bei der Lotterie ein unschuldiges Kind anstellt, das die Zahlen aus dem Glücksrad ziehen soll. Übernimmst du diese Aufgabe?"

„Wenn ich mir dabei die Hände nicht schmutzig mache."

„Keine Angst. Der Schmutz haftet schon bei anderen. Du brauchst nur das Geld in die schmutzigen Hände zu geben. Geld ist genug da. Hätte ich nur schon früher dazu gegriffen! Am Anfang hätten zwölftausend Gulden gereicht, und damals besaß ich noch die Haubitzenkugeln, von König Friedrich. Nun wurden sie vom Ärar als Kriegsbeute beschlagnahmt. Verraten hat dies deine teuflische Miranda. Löwenwalde wiederum hat meine Güter sequestriert, alle meine Habe hält er in den Klauen. Aber Bargeld ist mir noch genug geblieben. Wo es steckt, weiß niemand. Dieses Geheimnis wage ich nicht einmal, meinem besten Freund Lopresti zu verraten. Das ist nun einmal so: Occasio facit furem. Ich habe viel Geld, sehr viel! So viel, daß auch mein bester Freund mir zum Feind werden kann, wenn er meinem Geld auf die Spur kommt. Du aber wirst mich nicht verraten. Du bist von meinem Blut. Dich kann ich damit beauftragen, von dem Menschen, der mein Geld verwahrt, dreißigtausend Gulden in Empfang zu nehmen und sie Lopresti auszuhändigen. Ansonsten sollst du mit dieser abscheulichen Sache nichts zu tun haben."

Friedrich nahm den Auftrag an. Er zweifelte nicht an den Worten von Franz und dachte nicht daran, daß dieser ihn in eine Falle locken könnte. Er brachte Sympathie für dieses Scheusal auf.

Franz übergab ihm einen in Geheimschrift verfaßten Brief, der an einen Geldwechsler in Wien adressiert war, bei dem er die hohen Beträge verwalten ließ, die er im Laufe der Zeit zusammengerafft hatte.

Friedrich suchte den Bankier auf, der ihm auf den Brief hin sofort die dreißigtausend Gulden in Gold auszahlte.

Mit dem Geld eilte Friedrich zu Baron Lopresti. Der Baron gab ihm eine Quittung und bestellte ihn für den nächsten Tag zu sich, um ihm die von den bestochenen Richtern unterschlagenen Prozeßakten aushändigen zu können.

Mit dieser Zusage ging Friedrich zu seinem Vetter ins Gefängnis zurück.

Am nächsten Tag gegen Mittag schickte Baron Lopresti Franz von der Trenck einen Zettel ins Gefängnis. Auf dem Zettel stand: „Die Blüte der teuren Aloe ist aufgegangen."

Damals war es unter den Gärtnern Mode, Aloeblüten zu züchten.

Der Satz bedeutete also, daß die Richter schon bestochen und die gefährlichen Prozeßakten in sicherer Hand waren.

„Na, das hat der Junge gut erledigt!“ sagte Franz. Es waren gerade die beiden Offiziere bei ihm, mit denen er sich im Fechten übte. Den Offizieren im Gefängnis war es gestattet, im Flur unter Aufsicht des Gefängniswärters Leibesübungen auszuführen.

Als Franz den Zettel gelesen hatte, rief er die beiden Fechtkameraden zu sich in die Zelle.

„Na, meine Brüder, über kurz oder lang komme ich hier raus, und dann veranstalten wir ein großes Gelage! Das Jüngelchen hat seine Pflicht getan. Doch jetzt ist das Kücken in Geheimnisse eingeweiht, die nicht zu seinem Wohlbefinden beitragen. Besonders das Geheimnis, wo mein Geld versteckt ist. Mit diesem Wissen könnte der Kerl mich ein Leben lang zu seinem Schuldner machen. Eine Hand von ihm würde immer in meiner Tasche stecken. Könntet ihr dem nicht irgendwie abhelfen? Es täte mir nicht leid, dafür tausend Goldstücke springen zu lassen.“

Die beiden gaben keine Antwort, zeigten aber augenzwinkerd an, daß sie die Anspielung wohl verstanden hatten.

Franz von der Trenck hatte damit Mörder gedungen, die seinen Vetter aus der Welt schaffen sollten, weil dieser das Versteck seines Bargeldes kannte.

Welch ein bodenloser Abgrund menschlicher Bosheit! Eine Bestie, die aus der Falle befreit wird, würde ihren Befreier nicht anfallen!

Als Friedrich von der Trenck Lopresti erneut aufsuchte, lagen dort bereits die von den Richtern ausgelieferten Gerichtsakten. Er band alle Schriftstücke zusammen und steckte sie in die Innentasche seines Dolmans. Er wollte sie in sein Quartier bringen und dort an einem sicheren Ort verbergen.

Als er den Judenplatz erreichte, folgten ihm zwei Leute in grauen Kapoträcken, die mit lauter Stimme vom preußischen Deserteur Trenck sprachen und spöttische Bemerkungen über ihn machten. Friedrich drehte sich um, worauf der eine ihm einen Degenstoß auf die Brust versetzte. Friedrich konnte von Glück sagen, daß er gerade an der Stelle die Prozeßakten des Vetters trug und das Papier die Spitze der Waffe auffing.

Da zog auch Friedrich den Degen und schlug seinem Angreifer die Waffe aus der Hand. Der zweite Held lief davon und schrie, so laut er konnte: „Mörder!“ Friedrich holte ihn ein, warf ihn zu Boden, da war aber auch schon die Wache zur Stelle und wollte den Grund des Streites wissen.

Die beiden Angreifer öffneten ihre Mäntel und legitimierten sich als Offiziere des Kolowratischen Regiments, die dieser Landstreicher mit der blanken Waffe angegriffen habe.

Die Folge war, daß Friedrich von der Trenck in Arrest kam.

Friedrich konnte sich nicht damit verteidigen, daß er den ersten Degenstoß erhalten hatte, denn dann hätte er die Prozeßakten zeigen müssen, die den meuchlerischen Stich aufgefangen hatten, und das hätte eine noch größere Gefahr heraufbeschworen.

So schleuderte er den beiden Offizieren nur den Titel „feige Henkersknechte“ ins Gesicht.

Der Platzmajor bestrafte Friedrich mit sechs Tagen Arrest, und als er ihn entließ, hielt er ihm noch eine harte Lektion über Anstand.

Kaum war Friedrich wieder in seinem Quartier, traten drei Offiziere bei ihm ein. In zweien erkannte er seine Angreifer vom Judenplatz und in dem dritten einen der Fechtmeister, mit denen sich sein Vetter Franz auf dem Gefängnisflur im Degenfechten geübt hatte.

Alle drei übergaben ihm ihre Kartelle; der eine war Leutnant F...g, der andere Leutnant K...n, der dritte Oberleutnant M...f.

Sie forderten Satisfaktion wegen der Beleidigung, die ihnen Friedrich ins Gesicht geschrieen hatte.

Friedrich nahm die Forderung bereitwillig an und überließ die Waffenwahl den Herausforderern.

Als Treffpunkt bestimmten sie den Platz vor dem Schottentor an der Bastei; in einer Stunde wollten sie dort erscheinen.

Friedrich suchte sogleich seinen Vetter im Gefängnis des Arsenals auf. Er fand ihn, Pfeife rauchend, beim morgendlichen Kaffee.

Friedrich erzählte ihm, in welch eine fatale Lage er geraten sei. Zwei Duelle in einer Stunde. Entweder würden seine Gegner ihn töten oder er sie. In letzterem Fall müßte er aus Wien fliehen, denn Maria Theresia hatte das Duellieren streng verboten. Er war indessen während seines Wiener Aufenthaltes all seiner Barschaft verlustig gegangen und bat nun seinen Vetter um hundert Dukaten, damit er entfliehen konnte, falls er lebend davonkam.

„Keinen Groschen, kleiner Vetter“, antwortete der ältere, hochmütig lachend. „Wenn du närrischerweise Händel mit den Offizieren angefangen hast, dann trage auch die bitteren Folgen. Ha, ha, ha, du närrischer Bursche!“

Das teuflische Gelächter ließ Friedrich einen Schauer über den Rücken laufen. Er wußte ganz plötzlich, daß er gerade von seinem Vetter, dem er einen so guten Dienst erwiesen hatte, nichts erwarten durfte. Wortlos drehte er sich um und ging zur Tür hinaus.

Franz rief ihm noch nach:
„Na, hab deswegen keine Angst! Den Nasendrücker will ich noch für dich bezahlen.“

Der dämonische Affekt hatte von Franz derart Besitz ergriffen, daß er ganz versäumte, Friedrich zu fragen, was denn aus den Prozeßakten geworden sei.

Diese wichtigen Dokumente trug Friedrich noch immer in der Tasche, er wollte aber nach der herzlosen Zurückweisung kein weiteres Wort mit seinem Vetter wechseln. Er lief zu Baron Lopresti und erzählte diesem die ganze Geschichte. Lopresti war ein Kavalier; er diente als Oberst bei der Kavallerie. Er gab Friedrich ein gutes Florett, ein Paar Damaszener Pistolen und eine Börse mit fünfzig Dukaten.

„Zahlen Sie es nur Ihren Gegnern heim und fliehen Sie dann, so weit Sie können.“

Die übergebenen Prozeßakten erwähnte auch Lopresti nicht mehr.

Friedrich beeilte sich nun, Sekundanten zu finden. Bekannte in Militärkreisen hatte er nicht. Der Zufall führte ihn mit einem alten Invalidenhauptmann namens Pereira zusammen. Der brave Spanier bot sich, nachdem er den Fall begriffen hatte, mit edlem Eifer als Sekundant an, nahm seinen Säbel und begleitete Friedrich auf das Glacis hinter der Bastei am Schottentor.

Dort wartete schon eine ganze Gruppe von Offizieren auf Friedrich, die alle gekommen waren, um sich an dem Anblick zu ergötzen, wie der Deserteur Trenck aufgespießt wurde.

Die Sekundanten wählten das Florett als Waffe. Als erster trat Leutnant K...n an. Friedrich verwundete seinen Gegner beim ersten Gang am rechten Arm, so daß er kampfunfähig war.

Da stürzte der zweite Gegner, Leutnant F...g, mit lauten Drohungen hervor und erhielt von Friedrich einen Stoß in den Unterleib, an dem er genug hatte.

Damit hatte Friedrich von der Trenck den Regeln der Ritterlichkeit Genüge getan. Bei jeder ordentlichen Affäre wäre das Duell für beendet erklärt worden.

Doch der eine Sekundant, der berühmte Fechtmeister M...f, rief erbittert: „Ich würde Sie anders empfangen, wenn Sie mit mir zu tun hätten! Ich würde Sie ans Schilderhaus nageln, wie einen Schmetterling!“

Gleich sprang Friedrichs Sekundant herbei, der tapfere spanische Invalidenhauptmann, zog seinen langen Toledaner Pallasch und stellte sich vor den Fechtmeister:

„Nicht so, mein Herr! Der Trenck hat mit seinen Gegnern nach den Regeln und den Bräuchen tapfer gekämpft. Wenn sich auch der Herr

Sekundant schlagen will, so tritt ihm der andere Sekundant entgegen. Wenn der Herr die Waffe zieht, hat er es mit mir zu tun."

Die Offiziere, die sich als Zuschauer versammelt hatten, lachten über die Szene, wie der taumelnde Greis mit zitterndem Kopf dem Furcht einflößenden Spadassin mit seinem Pallasch vor der Nase herumfuchtelte, wobei sich seine dichten zotteligen Augenbrauen zornig bewegten.

Friedrich von der Trenck gefiel es ganz und gar nicht, daß man auf sein Konto lachte.

„Bitte nicht, mein Freund", sagte er zu dem alten Spanier. „Noch bin ich gesund und kann mich selbst verteidigen. Wenn dieser Herr so große Lust hat, sich mit mir zu messen, will ich ihn bedienen."

Der gefährliche Fechtmeister gestattete Friedrich keine Atempause; er griff ihn sofort an, mußte aber erfahren, daß er es mit einem ihm ebenbürtigen Meister zu tun hatte. Vergebens wandte er alle seine Finten an, die ihm gewöhnlich zum Sieg verhalfen. Friedrich konnte sie alle abwehren. Und als der Gegner eine seiner unabwendbaren Quarten anbringen wollte, fing Friedrich diese so geschickt auf, daß sich der Angreifer die eigene Hand an der Waffenspitze seines Gegners verletzte.

Da geriet der Spadassin in maßlose Wut und lief brüllend auf den jungen Mann zu. Friedrich wich geschickt zurück und fing die Stöße kaltblütig auf. Beim Retirieren geriet er ganz in die Nähe des Schilderhäuschens.

„Jetzt nagle ich dich ans Schilderhaus! Du Katze!" schrie der Berufsfechter.

Doch Friedrich sprang plötzlich vor, schlug die Klinge des Gegners nieder und brachte ihm einen gewaltigen Stoß in die Brust bei.

Als der Spadassin den Stich fühlte, wollte er sich – von Zorn und Schande geblendet – vorwärtsstürzen. Seine Absicht war, bis zum Griff in die Waffe des Gegners zu laufen, dabei diesen ebenfalls niederzustechen und so mit in den Tod zu reißen.

Friedrich bewahrte aber auch jetzt Geistesgegenwart. Er sprang blitzschnell zur Seite, riß seine Waffe zurück, schlug damit dem anderen das Florett aus der Hand, und als dieser ihn beißen wollte, griff er mit der Linken in dessen Haarbüschel und stieß ihn rücklings zu Boden.

Damit war der Kampf zu Ende.

XXII.

Die Versuchung

Der Spadassin konnte nicht mehr aufstehen; aus seiner Brustwunde schoß das Blut wie aus einem Springbrunnen, und auch aus dem Mund rann ihm Blut. Friedrich sah, daß er diesen Mann tödlich verwundet hatte.

Er warf das Florett aus der Hand und rannte zum Kahlenberger Kloster. Dort hausten die von Leopold II. angesiedelten „Discalceati" (Barfüßer). Dieser Ort war mit besonderem Asylrecht ausgestattet und außerdem berühmt dafür, daß die Aristokratenfamilien in der Kirche des Klosters ihre Hochzeiten hielten.

Vor Verfolgung war Friedrich in diesem Kloster sicher; er konnte aber nicht zum Tor hinaustreten, denn Tag und Nacht lauerten dort die Schergen herum, um ihn zu schnappen.

Sobald Baron Lopresti in Erfahrung gebracht hatte, wo sich Friedrich von der Trenck aufhielt, besuchte er ihn im Asyl und brachte ihm die Nachricht, daß einer seiner Duellgegner, der Spadassin M...f, tödlich verwundet sei und jetzt, da er seinen nahen Tod spüre, eine gefährliche Aussage vor amtlichen Personen gemacht habe. Friedrich tue gut daran, das Asyl nicht zu verlassen.

Ein paar Tage später traf wieder eine Sänfte vor dem Kloster ein, begleitet von sechs Hellebardieren. Ein Herr in reich betreßter Uniform entstieg ihr. Er erkundigte sich nach Friedrich von der Trenck, worauf er in dessen Zelle geführt wurde.

Der Besucher war General Löwenwalde, der Vorsitzende des Kriegsgerichts, höchstpersönlich.

Friedrich war ihm schon wiederholte Male begegnet, aber so nahe hatten sich die beiden noch nicht gegenübergestanden.

„Herr Baron!" begann Löwenwalde. „Ich komme zu Ihnen, um vor allem mein aufrichtiges Bedauern darüber zum Ausdruck zu bringen, daß Sie nicht in der Festung von Glatz umkamen, sich nicht beim Sprung vom Wall den Hals brachen, nicht beim Überqueren der Neiße im Fluß ertranken, nicht von den Werbern in Thorn erschlagen wurden und – was das Schlimmste für Sie gewesen wäre –, auch nicht mit Madame Miranda in die weite Welt flohen."

„Ich danke für Ihr aufrichtiges Bedauern."

„Es ist wirklich aufrichtig gemeint. Ich kann sagen, soviel Unannehmlichkeiten wie Sie, Herr Baron, hat noch niemand der Wiener

Regierung verursacht. Sagen Sie mir, welchen Grund haben Sie, diesen verdammten Franz von der Trenck zu befreien?"

„Den Grund, daß er im Recht ist."

„Tja! Wenn Recht und Politik dasselbe wären! Nehmen Sie zur Kenntnis, daß dieser Franz von der Trenck verschwinden muß. Tot oder lebendig. Er ist aus der Reihe der Menschen gestrichen – ganz einfach wegen höherer politischer Aspekte."

„Und wegen seines Vermögens", gab Friedrich zur Antwort.

„Das mag auch sein: male parta, male dilabuntur – übel gewonnen, übel zerronnen. Das Urteil über ihn war bereits gefällt. Auf Landesverrat steht der Galgen. Der Tag seiner Hinrichtung war schon festgesetzt, auf das Datum, da der Kaiser und Erzherzog Karl nach Galizien zur Jagd fahren. Da kamen Sie, Herr Baron, aus heiterem Himmel, erfuhren aus dem Mund der Hofzofen von unserem Plan und schickten eilends eine Stafette zu den höchsten Herrschaften. Die trafen gerade in der zwölften Stunde ein und hoben das Urteil auf. Der Landesverratsprozeß wurde aufgrund Ihrer Anzeige, Herr Baron, revidiert, und der Kerl glitt uns aus den Händen."

„Ich hatte nicht das geringste mit dem Prozeß zu tun."

„Nein, Sie verlangten nur eben, der gewissen Gräfin Sch...in, die gegen Franz Trenck ausgesagt hatte, gegenübergestellt zu werden. Weshalb wir Ihnen diese Zeugin nicht gegenüberstellen können, wissen Sie, Herr Baron, am besten. So sah sich das Gericht zu der Erklärung gezwungen, Gräfin Sch...in sei verrückt geworden und später aus dem Irrenhaus geflohen. Schließlich und endlich mußten wir infolge Ihrer Wichtigtuerei die Anklage auf Landesverrat fallenlassen."

„Warum haben Sie dann Franz von der Trenck nicht freigelassen?"

„Es lag eine andere kapitale Anzeige gegen ihn vor. Nach Aussage des Zeugen Todbitter hatte der Pandurenführer einen aus vornehmer respektabler Familie stammenden Husaren namens Pál Diák zu tausend Stockschlägen verurteilt, und diese grausame Marter brachte dem Betreffenden den Tod. Das läßt sich denken. Tausend Stockschläge! Die sind selbst für einen Büffel zuviel! Das Gesetz sieht dafür lebenslänglich Festungshaft vor. Doch da denkt sich der Herr Baron wieder etwas aus, fährt auf eigene Kosten nach Ungarn, sucht im Banat die Familie des Pál Diák auf und findet dort den für Tod erklärten Pál Diák bei bester Gesundheit. Er bringt ihn mit nach Wien und stellt ihn dem Gericht vor. Wieder ist uns der Braten entgangen."

„Ich bin mit mir sehr zufrieden."

„Gut so! Aber es standen noch dreißig weitere Prozesse gegen Franz von der Trenck aus. Da besticht der Herr Baron die Richter und erreicht, daß ihm sämtliche Prozeßakten ausgehändigt werden."

Als Friedrich von der Trenck dies hörte, sprang er auf.

„Wer wagt es, mich dessen zu beschuldigen?"

„Wer? Der Anwalt des Franz von der Trenck, der mit den Richtern verhandelte. Als diese ihm die gefährlichen Dokumente ausgeliefert hatten, verlangte er von Franz von der Trenck sein versprochenes Honorar: Zweitausend Goldstücke! Der aber lachte ihn aus und gab ihm hundert. Da rächte sich der Anwalt und verriet mir die ganze Bestechungsaffäre."

Friedrich knirschte mit den Zähnen vor unterdrücktem Zorn. Wieder einmal hatte sein Vetter in seiner wahnsinnigen Knauserigkeit den Ast, auf dem er saß, selbst abgesägt. Einer, der den Advokaten betrügen will, ist der Großmogul der Narren! Zumal, wenn es sich um den eigenen Advokaten handelt!

Löwenwalde ergötzte sich an der Wirkung, die seine Enthüllungen hatten. Die Gesichtszüge des jungen Mannes konnten kein Geheimnis wahren.

Löwenwalde fuhr fort:

„Wir wissen also, daß drei von den stimmberechtigten Richtern bestochen worden sind. Wir wissen auch, daß sie das Geld von Baron Lopresti erhielten, und wissen ferner, daß Sie, Herr Baron, das Geld zu Lopresti gebracht haben. Die Richter haben Lopresti die belastenden Akten ausgeliefert, der sie Ihnen übergab. Jetzt müssen wir nur noch herausbekommen, wo Sie das Geld hergenommen haben und wo Sie die Akten versteckt halten."

Friedrich lachte dem Herrn Vorsitzenden ins Gesicht.

„Sie sind sehr neugierig, Herr Vorsitzender. Sie möchten wohl zu gern die letzten Lücken in Ihrem Wissen schließen?"

„Davon zeugt mein Hiersein. Ich sagte mir: Wozu soll ich zu den Einzelhändlern gehen, wo ich doch auch beim Großhändler einkaufen kann."

„Sie sind also zu einem Handel gekommen?"

„Clara pacta, boni amici! Ich komme nicht mit leeren Händen. Ich bin davon unterrichtet worden, daß Sie, Herr Baron, als Sie vor Ihrem zweifachen Duell standen, Ihren Vetter für eventuelle Reisespesen um hundert Dukaten gebeten haben (da Sie Ihr eigenes Geld bereits völlig für den Prozeß Ihres Vetters ausgegeben hatten). Sie beabsichtigten, sofern Sie einen Ihrer Herausforderer töten sollten, sofort ins Ausland zu fliehen. Die beiden Herausforderer haben keine tödlichen Wunden davongetragen, aber der dritte, der als Sekundant fungierende Fechtmeister, starb an der Wunde, die er bekam."

„Er hat mich mit der Waffe überrannt; ich parierte nur seine Hiebe."

„Sie handelten richtig, als Sie ihn töteten. Er war der Welt zur Last. Seinetwegen wird Sie niemand verfolgen. Sie können frei Ihrer Wege gehen! Hier habe ich Ihren Freibrief in der Tasche und auch Ihren Paß; desweiteren tausend Goldstücke als Reisespesen. Von Franz von der Trenck erbaten Sie sich hundert, ich biete Ihnen tausend."

Bei diesen Worten zog Löwenwalde eine rotbestickte Seidenbörse aus der Tasche; durch das dünne Gewebe leuchteten die schönen Kremnitzer Goldstücke.

„Und für all das verlange ich vom Herrn Baron nichts weiter, als den Namen jenes Bankiers, bei dem die Barschaft des Franz von der Trenck hinterlegt ist, und die Prozeßakten, die Lopresti Ihnen übergeben hat. Auch Lopresti selbst will mit Franz von der Trenck nichts mehr zu tun haben und kündigt ihm die Freundschaft. Ich bringe Ihnen tausend Goldstücke für diese Dokumente."

Friedrich holte die Akten aus seiner Rocktasche hervor. Das Lösegeld dafür lag vor ihm auf dem Tisch. Er hatte keinen Grund, die Akten länger zu verbergen. Denn alle Schriftstücke enthielten nur Lügen, Verleumdungen und falsche Zeugenaussagen! Und derjenige, zu dessen Verderb sie erfunden worden waren, war ein undankbarer Hund! Ein Teufel!

Was aber für ihn sprach, war die Wahrheit!

Man durfte auch einen bissigen Hund nicht erschlagen und einen Teufel nicht in die Hölle verbannen, wenn er recht hatte!

Friedrich von der Trenck packte das ganze teure Aktenbündel, von dem jedes Blatt von der Mordwaffe des Meuchelmörders durchstochen war, den sein Vetter gegen ihn gedungen hatte, und warf den ganzen Packen in den Kamin. Dann stellte er sich selbst mit verschränkten Armen vor den Kamin.

„Das ist meine Antwort auf Ihr Angebot, Herr General."

„Wohl getan, junger Mann. Die Charaktergaben sind zwischen Ihnen und Ihrem Verwandten schlecht verteilt. Ihrem Vetter fiel alle Verlogenheit, Bösartigkeit und Gemeinheit zu, Ihnen alle Großmut, Treue und Opferbereitschaft! Aber mit ihrem jetzigen Opfer ändern Sie nichts an dem Stand der Dinge. Franz von der Trenck muß verurteilt werden! Verstehen Sie mich? Muß! Wenn Sie dreißig Anklagen ins Feuer werfen, ist die einunddreißigste hier bei mir, die zweiunddreißigste folgt, und der neue Prozeß gegen ihn beginnt. Also heizen Sie nur ein mit den teuren Papieren. Ich stecke die tausend

Goldstücke wieder ein. Aber den Hals des Franz von der Trenck halte ich in der Schlinge. Hier ist eine neue Anklage gegen ihn. Susanne Mathes, die Tochter eines Breslauer Müllers, tritt als Klägerin gegen Franz von der Trenck auf: Sie gibt an, er habe sie während des schlesischen Feldzuges mit Gewalt ihres Jungfernkranzes beraubt. Als Zeugen hat sie Major Manstein vom Pandurenregiment benannt."

„Manstein!" rief Friedrich von der Trenck aufgebracht. „Das ist ein Bruder von Franzens Mutter!"

„Ganz recht. Ein ebenso naher Verwandter wie Sie, Herr Baron."

„Was haben Sie diesem rechtschaffenen Mann für seine Zeugenaussage bezahlt?"

„Nichts! Ganz bestimmt nichts! Dieser Herr war Generalquartiermeister des Franz von der Trenck und ist ihm die Abrechnung von vierundachtzigtausend Gulden schuldig, wenn Franz jemals aus dem Gefängnis freikommt. Den Rest können Sie sich denken."

„Eine unerhörte Gemeinheit! Diese Müllerstochter aus Breslau war ein Jahr lang Mansteins Geliebte, bevor Franz von der Trenck sie zu Gesicht bekam."

„Das kann schon sein ...", meinte Löwenwalde lachend. „Aber der Kasus ist nun einmal so eingefädelt. Und Sie wissen doch, daß unsere tugendhafte Herrscherin nichts so streng bestraft wie die Gewalttätigkeit der Soldaten den Frauen gegenüber."

„Ich werde aber beweisen, daß diese Vestalin eine Kurtisane ist."

„Junger Mann! Wie wollen Sie das beweisen? Sie stehen ja selbst unter Anklage. Sie haben einen Offizier im Duell getötet. Den Haftbefehl habe ich hier in meiner Tasche. Ebenso wie den Freibrief. Wollen Sie mit Ihrem Vetter in einem Gefängnis leben?"

Verzagt ergab sich Friedrich von der Trenck seinem Schicksal.

Als Löwenwalde sah, daß er seinen Mann schon weichbekommen hatte, schlug er den Ton eines Protektors an.

„Sehen Sie doch einmal, Herr Baron, Sie selbst sind in der Tat ein mythologisches Wunder an Großmut. Ihr Vetter aber ist ebenso eine Chimära der Sagenwelt. Der Kopf ein Löwe, der Rücken ein Ziegenbock, der Schwanz eine Schlange. Während Sie, Herr Baron, mit großer Selbstaufopferung von einem Land ins andere hasten, um Ihren ‚lieben' Verwandten zu befreien, zerbricht sich dieser den ‚wohlwollenden' Kopf darüber, wie er seinen lieben Vetter aus der Welt schaffen könnte."

„Mein Vetter?"

„Erinnern Sie sich vielleicht nicht mehr daran, daß Sie vor zwei Wochen auf dem Judenplatz von zwei Bravos angegriffen wurden, die

Händel mit Ihnen suchten, und daß einer Sie im Streit meuchlings niederstechen wollte? Nun, die waren von Franz von der Trenck gedungen."

„Mit solchen Märchen lasse ich mich nicht aus der Fassung bringen."

„Märchen?? Da will ich Ihnen etwas zeigen. Ich habe es bei mir, hier: ein beglaubigtes Protokoll von der Aussage des sterbenden M...f. Darin heißt es, Franz von der Trenck habe ihn, den Oberleutnant M...f, gedungen, Sie aus der Welt zu schaffen. Der ausgesetzte Preis betrug tausend Goldstücke. M...f ging darauf ein, denn er steckte bis über beide Ohren in Schulden. Zuerst wollten die beiden Sie mit einem Degen, dessen Spitze vergiftet war, niederstechen. Das ist ihnen erstaunlicherweise nicht gelungen."

„Der Degen war vergiftet?? Das Gift haben die Schriftstücke abbekommen, die jetzt im Kamin brennen."

„In ähnlicher Weise waren die Rapiere beim darauffolgenden Duell vergiftet. Hätten Sie auch nur einen Kratzer abbekommen, würden sich jetzt die Würmer von Ihnen nähren."

Friedrich schauerte es am ganzen Körper.

„Und dieses Wundergift hat ebenfalls Franz von der Trenck seinen Kumpanen gegeben."

„Aber warum tat er das? Ich war doch sein Befreier!"

„Gerade darum. Er sah sich schon freigelassen in Folge Ihrer Vermittlung. Er hatte Sie nun nicht mehr nötig. Sie waren in seine ängstlich gehüteten Geheimnisse eingeweiht, und dieses Wissen wollte er begraben. Zu M...f sagte er: ‚Der Kerl wird nunmehr ewig seine Hand in meiner Tasche halten.'"

„Unmöglich! Ein solch teuflisches Herz gibt es nicht!"

„Er sagte auch zu M...f: ‚Ich gebe diesem Kerl keinen Groschen, höchstens bezahle ich seinen Sargdeckel!'"

Die letzten Worte brachen Friedrichs Widerstand.

Er schrie laut auf und verbarg das Gesicht in den Händen.

„Mein Gott! Soviel Bösartigkeit!!"

Er begann zu schluchzen.

Nun spielte Löwenwalde mit ihm, wie die Katze mit der Maus.

„Da sehen Sie es, Herr Baron. Sie haben tausend Goldstücke zurückgewiesen, um diesen Mann vor seinem unabwendbaren Unheil zu bewahren. Wissen Sie, was das heißt, unabwendbar!? Waren Sie schon einmal auf einer Wildschweinjagd? Feilschen die Bluthunde vielleicht mit dem Wildschwein, wenn sie es aufspüren? Oder feilscht der Jäger mit ihm, wenn er ihm das Messer vorhält? Wird das Wildschwein vielleicht verfolgt und niedergestochen, weil es ein häßliches und böses Tier ist und Strafe verdient? Keine Spur! Nur darum, weil es Speck hat! Dieser Pandurenführer hat zwei Millionen zusammengeraubt. Die wollen wir unter uns aufteilen. Große Menschen, kleine Menschen: je nach Kaliber. Geraubtes Gut – darauf hat der Fiskus Anspruch. Wollen Sie auch etwas abhaben?"

„Mein Herr, lassen Sie mich allein! Mir ist übel, ich muß mich übergeben!"

„Also gut, Sie wollen nicht. Wenn Sie nicht der Spürhund sein wollen, der das Wildschwein aufspürt, werden Sie der Speer in der Hand des Jägers sein, mit dem das Wildschwein niedergestochen wird. Die Aussage des sterbenden Fechtmeisters reicht aus, um Franz von der Trenck aufs Schafott zu bringen. Und das Geständnis wird von Ihren beiden anderen Duellgegnern bestätigt. Die sind schon auf dem Wege der Heilung, ihre Blessuren waren nicht so ernst. Franz von der Trenck hat auch ihnen kein Schmerzensgeld gezahlt. Er warf ihnen vor, sie hätten ihren Auftrag nicht erfüllt! Deshalb sind sie jetzt wütend auf ihn und gestehen alles. Sie aber, Herr Baron, werden als Kläger gegen ihren Vetter auftreten. Sie werden das ausgesuchte Opfer sein, das der Auditor – ob er will oder nicht – gegen den Angeklagten ins Spiel bringt."

„Herr General", stieß Friedrich tonlos hervor, „geben Sie mir den Freibrief. Lassen Sie mich laufen. Ich gehe! Ich verlasse Wien, und werde nicht einmal im Traum hierher zurückkehren."

Löwenwalde lächelte.

„Gut so, junger Mann. So habe ich es mir auch vorgestellt. Hier haben Sie den kaiserlichen Freibrief, und hier ist der Reisepaß, bereits mit Visum versehen. Der Wagen steht vor dem Kloster und bringt Sie bis Krakau. Es tut mir leid, daß Sie das Reisegeld nicht angenommen haben. Ich hatte es Ihnen auf den Tisch gelegt."

„Mein Herr, ich bin kein Jagdhund, der von dem Eingeweide des erlegten Wildes seinen Anteil bekommt!"

...Friedrich von der Trenck verließ noch in derselben Stunde Wien, und er wandte sich nicht zurück, solange der Stephansturm am Horizont zu sehen war.

XXIII.

Der heilige Wundertäter

Franz von der Trenck wurde vom Kriegsgericht tatsächlich zu lebenslänglicher Festungshaft verurteilt.

Warum? Vielleicht für seine Grausamkeiten, die er während des Krieges an schutzlosen Einwohnern verübt hatte? Vielleicht weil er Kirchen ausgeraubt hatte? Weil er Offiziere hatte ermorden lassen? Weil er seine eigene Frau umbegracht hatte? Nein!! All diese Anklagepunkte wogen federleicht auf der Goldwaage des Wiener Gerichts. Franz von der Trenck wurde wegen der mit der schlesischen Müllerstochter verbrachten Schäferstunde zu lebenslänglicher Haft verurteilt; außerdem hatte er achttausend Gulden Geldstrafe als Entschädigung für deren qualifizierte Unschuld und ferner fünfzehntausend Gulden zugunsten des Invalidenfonds zu zahlen.

Appellieren konnte er nur an die ungarische Königin Maria Theresia, die aber war von den Informationen beeinflußt, die sie von ihrem Beichtvater erhielt, der Franz von der Trenck als Propheten eines neuen Höllenschismas darstellte (vielleicht nicht ganz ohne Grund). Die Königin bestätigte das Urteil. Sie strich nur einen Punkt: die Vermögenskonfiskation.

Die Monarchin durchschaute mit scharfem Verstand alle Ränke und strafte die Richter härter als den Sünder.

Denn jenen wurde der Braten vor der Nase weggenommen.

Die ganze Hetzjagd richtete sich ja nicht gegen das Hinkebein, gegen das menschliche Ungeheuer mit dem schwarzen Gesicht, sondern gegen sein angehäuftes Vermögen. Und die gnädige Rechte der Königin schlug ihnen diese Beute aus der Hand. Franz von der Trenck wurde auf die Festung Spielberg gebracht, aber er blieb im Besitz seines ganzen Vermögens, konnte frei darüber verfügen und nach Belieben seine großen Güter verwalten lassen.

Löwenwalde und seine Anhänger gingen leer aus.

Nun griffen die Beutegierigen zu einer neuen Methode; sie wollten den Gefangenen auf dem Wege eines bürgerlichen Prozesses ausrauben.

Alle Schliche, die das ungarische und österreichische Privatrecht gestatteten (und das waren nicht wenige), um die klaren Besitzverhältnisse zu verwirren, wurden angewandt. Falsche Gläubiger, fingierte Stiftungen, erfundene Inskriptionen; verjährte Schulden; närrische

Wetten; gefälschte Verträge; eingeschmuggelte Testamente; Kodizille; Forderungen unbekannter Leute; Bürgschaften, fromme Legate – all das wuchs aus dem Boden wie Pilze nach dem Regen. In kurzer Zeit bekam Franz von der Trenck anstelle der achtunddreißig Strafprozesse fünfundsechzig bürgerliche auf den Hals.

Auch diese Prozesse waren alle Fälschungen.

Doch diese vielfältigen Fälschungen waren dermaßen miteinander verflochten und ineinander verschachtelt, daß Trenck keinen Ausweg mehr fand. Ein armer eingesperrter Sträfling, der nicht frei umherlaufen konnte, um die Gegenbeweise aufzutreiben. Die bösen Schlingpflanzen standen ihm bis zum Kopf und nahmen ihm den Atem.

Als er spürte, man würde ihn auf den Grund des Wassers hinabdrükken, hatte er einen letzten bösen Einfall, einen Plan, bei dem der Teufel Pate stand.

Er begann ganz plötzlich, im Kerker fromm zu werden, gab Spenden für gottgefällige Zwecke, ließ Mönche aus Brünn zu sich kommen, betete mit ihnen und gab ihnen Geld zum Bau einer Kapelle.

Als sich die Kunde verbreitete, Franz von der Trenck sei bekehrt, richtete er ein Gesuch an die Königin, sie möge ihm gestatten, sein Testament zu machen. Die Königin erlaubte es ihm, und Franz von der Trenck diktierte behördlich dazu befugten Beamten sein Testament, in dem er seinen Vetter Friedrich zum Universalerben bestimmte.

Das Testament wurde unterzeichnet, besiegelt und ins Archiv genommen.

„Na, jetzt habe ich meinem Vetter etwas hinterlassen“, sagte Franz, „womit ich ihn noch nach meinem Tode und bis zu seinem Todestag ärgern kann.“

Ja, sogar noch mehr erreichte er damit. Er stellte seinen habgierigen Feinden anstelle seiner im Kerker machtlos eingesperrten Person einen Kämpfer gegenüber, der sie in Grund und Boden schlagen konnte.

Franz von der Trenck hatte nämlich beschlossen zu sterben.

Aber nicht so, wie andere ordentliche Menschen zu sterben pflegten, von denen man noch höchstens zwei Tage nach dem Begräbnis spricht und sie dann vergißt. Er bereitete sich so auf den Tod vor, daß jeder, der später seinen Namen hörte, entweder ein frommes Gebet für sein Seelenheil sprach oder zu fluchen begann.

Eines Morgens sagte er zu seinen Tischgefährten (zu jedem Mittagessen lud er die Offiziere der Garnison ein, was ebenfalls ein Zeichen dafür sein konnte, daß er das Nahen seines Todes spürte): „Kameraden, mit mir ist es aus! In der Nacht ist mir der heilige Franz von Assisi im Traum erschienen und hat mir offenbart, daß ich an meinem Namenstag, der auch seiner ist, um zwölf Uhr mittags sterben werde. Laßt den Brünner Guardian zu mir kommen, damit ich ihm beichten kann."

Die Offiziere brachen in Gelächter aus. Franz von der Trenck war gesund wie Simson, aber trotzdem ließen sie den Beichtvater kommen.

Trenck beichtete dem Geistlichen und speiste dann mit ihm zu Mittag. Dabei ließ er den Guardian aus demselben Glas trinken, aus dem er selber trank. Und dann übergab er ihm Anweisungen auf zweihunderttausend Gulden an seinen geheimen Bankier, die zu wohltätigen Stiftungen bestimmt waren.

Das war nun schon eine ernste Sache!

Am nächsten Tag sagte Trenck zu seinen Tischgefährten:

„Gottlob! Nun ist es gewiß, daß ich in die selige Ewigkeit eingehe. In der Nacht ist mir mein Beichtvater erschienen und verkündete mir, er sei schon vorausgegangen in die Welt der Seligkeit und werde mich am Himmelstor erwarten."

Wieder lachten die Herren Offiziere.

Am dritten Tag aber brachte der Sendbote die Nachricht, der Brünner Guardian sei, sobald er Erzherzog Karl den Brief mit der Verfügung über die wohltätigen Stiftungen übergeben habe, plötzlich erkrankt und noch vor Eintreffen des Arztes gestorben.

Da verging den Leuten das Lachen.

Franz von der Trenck erklärte mit scheinheiligem Gesicht: „Jetzt komme ich an die Reihe." Er ließ sich eine Tonsur machen, zog die Kapuzinerkutte an und sprach das Credo. Er bereute öffentlich seine Sünden und hielt eine stundenlange Predigt, in der er alle Menschen zu einem frommen Leben und zu Wohltätigkeit ermahnte. Dann legte er sich nieder und schlief still ein.

Der nächste Tag war der Tag des heiligen Franziskus. Zum Mittagsmahl fanden sich die Herren Offiziere vollzählig ein; Trenck erschien in der Kapuzinerkutte. Darüber wurden Späße gemacht: Trenck aber blieb ernst.

Man setzte sich zu Tisch. Trenck nahm seine Uhr hervor und sagte:

„Gelobt sei der Name des Herrn! Meine Stunde ist gekommen."

Die Offiziere lachten über das Gaukelspiel.

Als die Turmuhr zwölf schlug, bemerkten die Tischgefährten jedoch entsetzt, daß Trencks Gesicht auf der linken Seite leichenblaß wurde. Er faltete die Hände, sein Kopf fiel nach hinten und seine Augen waren starr an die Decke gerichtet. Man sprach ihn an, doch er gab keine Antwort. Er war tot.

„Miraculum! Miraculum!" riefen alle, die Zeugen der Szene wurden und die Vorgeschichte kannten.

Mit diesem Tod sicherte sich Franz von der Trenck einen Platz unter den heiligen Wundertätern.

Und das war sein ausgeheckter Plan.

Er hatte alles genau berechnet. Er kannte das Geheimnis der Aqua tofana, einem Gift, dessen Wirkung man im voraus genau berechnen konnte. Er hatte seinem Beichtvater und sich selbst jeweils die Menge verabreicht, die ausreichte, um sie beide mit einem Abstand von zwei Tagen ins Jenseits zu befördern.

Damit war es ihm gelungen, an seinen Feinden Rache zu nehmen und sie ihrer mühsam errungenen Beute zu berauben. Sich selbst aber erhob er in die Reihe der Heiligen. Das Volk strömte von nah und fern zu seinem Grab, wie zu einem wundertätigen Weiheort, und die geheilten Lahmen lehnten ihre Krücken an das Gesims seines Grabmals.

FRIEDRICH VON DER TRENCK

I.

Stern ohne Bahn

Als man Friedrich von der Trenck mit der strengen Weisung, er habe Wien innerhalb von vierundzwanzig Stunden zu verlassen, zum Tor des Kahlenberger Klosters hinausließ, stand er nun da in der Welt mit leerem Herzen, leerem Kopf und vor allem leeren Taschen – was das schlimmste war.

Bei dem Duell mit den drei Spadassins hatte er seinem Bedienten Janko, der aus Polnisch-Borussia mit ihm gekommen war, seine Jacke hingeworfen, und in einer Tasche dieser Jacke steckte seine Börse mit fünfzig Dukaten, in der anderen Tasche befanden sich seine beiden Pistolen. Als er seinen Duellpartner niedergestreckt hatte, war keine Zeit mehr geblieben, sich noch nach dem Bedienten umzusehen, da hatte er nichts wichtigeres zu tun gehabt, als davonzulaufen. Er hatte auch noch das Florett weggeworfen. Denn ein davonstürmender Mann mit blutigem Florett in der Hand wäre wohl bald von irgend jemandem festgenommen worden. So hatte er nun weder eine Jacke noch eine Waffe.

Er sann nach – über den Stand der Welt, hatte er doch Philosophie studiert und eine ausgesprochene Neigung zur Meditation.

Dieses Wien war eine schlechte Schule für ihn. Aber auch seine vorangegangenen Schulen waren ihm ja schon mit entsprechenden Präparationen dienlich gewesen.

Hier war die Sünde eine Tugend und die Tugend eine Sünde! Hier wurde der Räuber nicht bestraft, weil er raubte, sondern weil er Geld besaß. Ein Mörder, ein Brandstifter wurde nicht wegen seiner Missetaten verfolgt, sondern weil er seinem Vaterland gute Dienste geleistet hatte und man einen Grund brauchte, die Belohnung dafür zu sparen. Hier wurde eine gute Tat mit Undank und Meuchelmord belohnt. Der Richter selbst bestach, und noch vielmehr ließ er sich bestechen. Diese Korruption setzte sich auf immer höherer Stufe fort: Es konnte einen um den Verstand bringen. Die Sünde hatte es gut, die Tugend litt.

Doch wir sollten keine solche dummen Begriffe wie „Sünde“ und „Tugend“ anführen. Diese Unterscheidung ist an sich schon Idealismus. Sprechen wir lieber von Idealismus und Realismus.

Friedrich von der Trenck konnte anhand seiner eigenen Erfahrungen recht gut zwischen beiden unterscheiden.

Er hatte seinen König schwärmerisch geliebt, ihn mit Verstand und mit der Waffe verteidigt. Das war Idealismus. Dafür hatte er Wunden, Leiden und Verleumdungen hinnehmen müssen.

Daß er aber auch die schöne Schwester des Königs liebte, das war schon Realismus. Er hatte den braven Gatten, den heldenmütigen Feldherrn betrogen und einen Skandal heraufbeschworen, dafür war er belohnt worden mit süßen Schäferstunden, reichlich Geld und Protektion.

Daß er in den Armen der Zauberfee von Beneschau seine militärische Pflicht vernachlässigt hatte, war ebenfalls Realismus. Dafür war er ausgezeichnet worden, hatte den Orden pour le mérite, eine Beförderung und eine fürstliche Belohnung erhalten.

Als man ihn dann mit derselben Fee im Zelt des Königs allein gelassen hatte, damit er sie bis zum Morgen bewachen und zerstreuen sollte, war er vor der liebesdürstigen Dame davongelaufen, hatte sich aufs Pferd geschwungen und in die Schlacht gestürzt: das war Idealismus. Deshalb hatte man ihn eingesperrt, gequält und verfolgt.

Daß er auf der Flucht seinen verletzten Kameraden auf dem Rücken getragen hatte, mit ihm über den eisigen Fluß geschwommen war, einen Menschen getötet hatte, um den Freund zu retten, und für Unterkunft und Verpflegung des Kameraden gesorgt hatte, nun das war Idealismus. Dafür hatte er Schläge bekommen, hatte gehungert und gefroren, war zerlumpt von einer Gefahr in die andere geraten. Das war die Strafe gewesen.

Daß er die Frau seines Wohltäters verführt, bei ihr die Erinnerung an die alte Liebe aufgefrischt hatte, das war wiederum Realismus, dafür war er belohnt worden. Mutterliebe und die Gnade der Fürstin hatten aus dem Landstreicher wieder einen Kavalier gemacht.

Er hätte auf dieser Bahn bleiben können; er hatte das ausgebreitete Zauberbuch mit dem vorgezeichneten Weg und den glänzenden Stationen vor sich gehabt: Mit prallem Geldbeutel wäre er in die Armee der russischen Zarin eingetreten und hätte dort eine glänzende Stellung erhalten. Die verführerisch schöne Frau hätte er mit auf die Flucht genommen; sie hätte ihm auf anderem Wege, aber in paralleler Richtung zu ihrem Geliebten, Erfolge und Siege verschafft – das wäre Realismus gewesen. Hätte er das getan, wäre er seitdem Oberst in Rußland, trüge Sterne an der Brust – den Mond aber hätte er trotzdem nicht auf der Stirn, der gehörte dem Gatten –, und das wäre Realismus.

Er aber hatte die schöne Frau treu bei ihrem greisen Gatten zurückgelassen, war zu seinem verletzten Freund zurückgekehrt und hatte ihm den halben Inhalt seiner Börse gegeben – nun das war Idealismus, dafür büßte er jetzt: Hier stand er unter freiem Himmel, ohne Jacke, ohne Waffen und ohne einen Dukaten.

Das war aber nur die Vorschule gewesen.

Danach hatte er die große Wiener Universität besucht, hatte gründlich gelernt, den Unterschied zwischen Realismus und Idealismus zu begreifen.

Richter, die über einen Angeklagten Gericht hielten, um dessen Vermögen unter sich aufzuteilen; hohe Herren, die dem Gericht ihre Mätressen als falsche Zeuginnen ausliehen; der Angeklagte selbst, der die Richter bestach, und gegen seinen Beschützer Meuchelmörder dang – das alles war Realismus reinster Prägung.

Der närrische Springinsfeld hingegen, der die Wahrheit an den Tag bringen wollte, seinem Vetter zu Hilfe eilte und sich dadurch allerlei Mißlichkeiten aussetzte, war ein verirrter Ritter des Idealismus. Er wurde dreimal eingesperrt, viermal versuchte man, ihn zu ermorden, und schließlich setzte man ihn im Hemd vor das Stadttor. So wurde Idealismus belohnt.

Und wie oft hatte er Gelegenheit gehabt, den Weg zum Realismus einzuschlagen!

Schöne Frauen, lustige Kameraden hatten ihn auf den Weg der Genüsse gelockt. Hohe Herren, Männer mit Macht, hatten ihm eine glänzende militärische Karriere angeboten, der Weg zum Ruhm hatte ihm offengestanden. Kluge Männer, Rechtsgelehrte hatten ihm das Testament vom Vater des Franz von der Trenck offenbart, in welchem der alte ungarische Magnat seinen verkommenen, verfluchten Sohn enterbt und alle seine ungarischen Güter seinem Neffen Friedrich von der Trenck vermacht hatte. Friedrich sollte sein Universalerbe sein. Damit hätte er allen Reichtum in der Hand gehabt – auf völlig gesetzlichem Wege. Er hätte niemanden deshalb betrügen oder bestechen müssen. Es hätte genügt, sich um das ungarische Indigenat zu bewerben, und mit dem entsprechenden Dokument hätte er die Burgen und Ländereien seines Onkels erhalten, die Franz entgegen der testamentarischen Verfügung seines Vaters zu Unrecht in Besitz genommen hatte. Das wäre Realismus gewesen.

Statt dessen hatte sich Friedrich für diesen enterbten Vetter eingesetzt, sich mit dessen Prozeßakten in eine kleine Kammer zurückgezogen, um das Material durchzuarbeiten, hatte Nachforschungen angestellt, war von einem Ende des Landes zum anderen gereist und hatte, um dem Vetter zum Recht zu verhelfen, sein eigenes Vermögen verschleudert und seine Karriere ruiniert. Das war Idealismus. Dafür war er bestraft worden. Der eigene Vetter, für den er sich eingesetzt hatte, dang Meuchelmörder gegen ihn und trieb ihn in die Welt hinaus. Er konnte noch von Glück sagen, daß er nicht „aus der Welt" vertrieben worden war.

Von solchen bösen Gedanken geplagt, schritt Friedrich voran. An einer Wegbiegung öffnete sich vor ihm eine Schneise durch den dichten Wald am Berghang, da sah er den ruhenden Riesen, die Stadt Wien, vor sich liegen, diese Stadt mit ihren verwinkelten roten Bastionen und dem in der Mitte aufragenden, majestätischen Turm. Ihn schauderte beim Anblick. Er hätte damals, als er dieses Wahrzeichen am Horizont erblickte, davonlaufen müssen.

Sollte er jetzt noch einmal dorthin zurückgehen? Die gnädigen Schutzherren, die grausamen „guten" Freunde abklappern und anbetteln? Lieber wollte er als Tagelöhner Schiffsschlepper werden.

Zwischen den schönen Baumreihen standen Steinbänke. Auf einer Bank sah er einen einsamen alten Herrn sitzen, der eine grünlich schimmernde blonde Perücke trug. Friedrich sprach ihn an:

„Mein lieber Herr, könnten Sie mir vielleicht sagen, wo ich einen Weg finde, der vom Kahlenberg zur Spinnerin am Kreuz führt, ohne daß ich durch Wien wandern muß?"

„Junger Mann", entgegnete der alte Herr, „setzen Sie sich zu mir. Nun, setzen Sie sich doch! Sie sind nämlich auf einem ganz falschen Weg, und ich möchte Ihnen den richtigen weisen. Sie sind noch jung und können sich bessern. Es ist eine Eigentümlichkeit der germanischen Rasse, daß sie in ihrer Jugend biegsam, im Alter aber starr ist. Lernen Sie also, daß Sie den Namen dieses Berges falsch aussprechen, genauso wie alle Wiener ihn fälschlich Kahlenberg nennen. Dieser Berg ist nicht kahl, im Gegenteil, er ist bewaldet. In den alten Dokumenten heißt der Berg ‚Kallenberg'. ‚Kallen' ist ein altes germanisches Wort, so bezeichneten die alten Teutonen das ‚Bellen'. Hier stand nämlich das Hundehaus des Erzherzogs, und es steht noch immer hier! Der Berg hat also nach dem Gebell, dem ‚Kallen' der Hunde seinen Namen erhalten..."

„Heiliger Himmel!" fuhr Friedrich auf. „Wo bin ich hingeraten?" Und mit zwei Sprüngen statt einem bemühte er sich, den Krallen des gelehrten Philologen zu entkommen. Erst als er ihn nicht mehr sehen konnte, wagte er es, sich noch einmal umzudrehen.

Einen Nutzen zog er dennoch aus der philologisch-archäologischen Dissertation: Er wurde auf Hundegebell aufmerksam. Ein Stück einwärts vom Weg stand ein gelbgestrichenes Haus; das war der Hundezwinger des Erzherzogs.

Hier blieb er einen Moment stehen und überlegte, ob er anklopfen sollte; Hundehüter sind im allgemeinen gute Menschen.

Doch kaum war er vor dem Haus stehengeblieben, ging auch schon die Tür auf und heraus sprang der brave närrische Bediente Janko und fiel ihm um den Hals.

In einer Hand hielt er die Jacke, in der anderen das Florett.

Er weinte und lachte zugleich, der närrische Bursche, während er seinen Herrn wieder und wieder umarmte und abküßte, fast hätte er ihn „gefressen".

So gab es also doch noch einen treuen Menschen auf der Welt!

„Endlich bist du aufgetaucht, mein lieber Herr!" (Die Masuren sagen zu jedem „du".) „Ich bin dir nachgelaufen, als du von der Schanze wegranntest; ich konnte dich aber nicht einholen, und in das Kloster haben sie mich nicht reingelassen. Seitdem warte ich hier Tag und Nacht in dem Hundehaus auf dich; ich habe mich hier als Hundefütterer verdungen."

Er zog seinem Herrn die Jacke an und band ihm die Waffe um.

„Und hier in der Tasche ist dein Geldbeutel. Fünfzig Dukaten stecken drin, nicht ein einziger fehlt. Ich habe das Geld nicht angerührt! Auch deine Pistolen sind hier."

Also gab es noch einen ehrenhaften Menschen auf der Welt!

„Nicht wahr, wir gehen nicht wieder zurück nach Wien? Nicht in diese Kerkerstadt – unter die ‚Flaschenträger'. Wir sollten fortgehen und uns nicht umdrehen, solange der Stephansturm in Sicht ist."

„Du sprichst mir aus dem Herzen. Aber wohin? In welche Richtung sollen wir gehen?"

„Wohin? Das ist doch keine Frage. Dahin, woher wir gekommen sind. Zurück zur teuren lieben Mama, nach Danzig und dann weiter nach Elbing zu dieser freundlichen, wohlwollenden, schönen jungen Frau, die dich so lieb hat, als wärst du ihr leiblicher Bruder. Nirgends haben wir es so gut gehabt."

Damit war Friedrich der Weg gewiesen.

Das Antlitz der zauberhaften Miranda erschien ihm auf einmal wie ein Leitstern. Die leidenschaftliche Dame, die alles gab und alles forderte.

Jetzt lag auch kein Grund mehr vor, diese aufflammende Leidenschaft mit Verdacht und Haß zu kühlen. Ob sie nun die rätselhafte Zeugin war, die den Ruf König Friedrichs geschädigt und die Ehre von Vetter Franz besudelt hatte, oder nicht. Was gingen ihn noch König Friedrich und Vetter Franz an?

In Polnisch-Borussia konnte er sich mit seiner Mutter, seinen Geschwistern und – Miranda treffen. Da hatte der Bediente Janko wahr gesprochen.

Es gab also auch noch einen klugen Menschen auf der Welt!

Janko hatte indessen die Börse mit den fünfzig Dukaten seinem Herrn noch nicht übergeben.

„Weißt du, mein Herr, wenn ich dir jetzt die fünfzig Dukaten alle hingebe, haben wir übermorgen nichts mehr davon, und wir können den Hut halten: Du spielst dann Geige und ich blase die Flöte. Besser, wir teilen das Geld. Fünfundzwanzig Dukaten steckst du in deine Tasche, damit kannst du um dich werfen, solange es reicht. Von den anderen fünfundzwanzig aber bestreite ich unsere Reise bis nach Hause. Ich sorge für Pferd und Wagen, zahle das Quartier und das Essen. Du brauchst dich um nichts zu kümmern. Was ich übrigbehalte, gebe ich dir am Ende der Reise zurück."

„Ja, so wird es gut sein, mein Janko!" sagte Friedrich und teilte das Geld. Die eine Hälfte gab er dem dummen Janko und war damit, was seine Zukunft betraf, völlig beruhigt.

Denn es gehört schon eine Portion gesegnete Dummheit dazu, um mit Geld umgehen zu können.

Der Wagen seines Lebens stand nun wieder richtig auf der realistischen Bahn: Sorglose Tage, leichtsinniges Leben, das lächelnde Antlitz einer schönen Frau, keinerlei hohe Ziele! Das ist das schöne Leben.

Nur irgendwann hapert's auch beim Realismus; er hat ebenfalls seine Schrecksekunde, die in der Dichtung von verheerender Wirkung ist: den Zufall!

Wenn nun der realistische Held gerade unterwegs ist, um eine ihm gemäße Heldentat zu vollbringen, und ein noch realistischerer Kerl kommt daher und versetzt ihm zufällig einen Schlag auf den Kopf – was wird dann aus dem Roman? Im Leben aber pflegt es gewöhnlich so zu sein.

Eine Zeitlang ging der Zufall dem jungen Abenteurer wie ein Diener zur Hand.

In Nürnberg angekommen, stieß er dort auf das Generalhauptquartier der russischen Armee, das Zarin Elisabeth nach Deutschland geschickt hatte, um den Frieden wieder herzustellen. Der Kommandeur war General Lieven, ein naher Verwandter mütterlicherseits von Friedrich von der Trenck. Zuvor lief Friedrich noch einem guten Freund in die Arme, Major Butschkow, den er in Wien als russischen Residenten kennengelernt hatte. Dieser stellte ihn dem General vor. Lieven empfing den jungen Mann mit echter verwandtschaftlicher Liebe und forderte ihn auf, in russische Dienste zu treten, wozu Friedrich auch ansonsten große Lust hatte. Der General ernannte ihn sofort zum Hauptmann im Tobołskischen Dragonerregiment.

Nun hatte er also bereits einen Rang und eine Uniform. Letztere riß zwar ein großes Loch in Jankos Börse, obgleich die Uniform der russischen Offiziere nicht so luxuriös wie die der Preußen war. Sie trugen blaue Jacken mit Kupferknöpfen und Hirschlederhosen.

Das reichte wahrlich nicht aus, um eine schöne Frau zu entführen. In Friedrichs Tasche klingelten im ganzen zweiundzwanzig Dukaten. Das Monatsgeld sollte vierzig Rubel betragen, wurde aber erst nachträglich ausgezahlt.

Zu Kriegshandlungen kam es nicht. Kein einziger Schwertstreich wurde geführt. Die kriegerischen Parteien schlossen Frieden, und die russischen Truppen zogen wieder heimwärts.

Im mährischen Proßnitz schlug der russische Oberkommandierende sein Winterquartier auf, und hier wurde am Krönungstag der Zarin Elisabeth mit großem Pomp ein Fest gefeiert. General Lieven gab einen Ball zu Ehren der Zarin.

Nach dem Tanz folgte das Spiel. Der Feldoberarzt hielt für die Herren Offiziere am Pharaotisch eine Bank.

Es ist kaum zu glauben und doch die reine Wahrheit: Friedrich von der Trenck erlebte hier zum erstenmal in seinem Leben ein Glücksspiel. Den Offizieren König Friedrichs war das Hasardspiel streng verboten; das geringste Vergehen wurde mit Festungshaft und Degradation bestraft. Später in Wien hatte er auch keine Gelegenheit gehabt. Im Gefängnis spielte man nur Gesellschaftsspiele.

Hier sah er nun plötzlich Gold zuhauf, und Gold hat bekanntlich die stärkste magnetische Wirkung. Das auf dem Tisch blinkende Gold ist imstande, einen Menschen anzulocken, auch wenn er nur ein einziges Goldstück in der Tasche hat.

Friedrich sah sich auf einmal mit den anderen Kartenspielern am Tisch sitzen. Er glaubte, wie jeder Neuling im Kartenspiel, die Göttin Fortuna freue sich, einen neuen Anbeter in ihrer Gesellschaft anzutreffen, und beeile sich, ihm dienlich zu sein.

Nach einer kurzen Stunde hatte er seinen letzten Dukaten verspielt. Schamrot und verärgert stand er vom Kartentisch auf und ging bestürzt in sein Quartier.

Seine leere Tasche wog schwer – von Gewissensbissen.

Er besaß noch die beiden teuren Pistolen, für die ihm General Woyekow zwanzig Dukaten geboten hatte.

Er faßte den Gedanken, die Pistolen gleich jetzt zu verkaufen, mit dem Erlös auf den Ball zurückzukehren und das Glück mit Gewalt zu zwingen.

An diesem heiligen Tag war es bei den Russen alte Sitte, daß jeder, der eine Schußwaffe besaß, aus den Fenstern Freudenschüsse abgab. Friedrich ließ sich von der Schießerei mitreißen. Wenn er sich schon von seinen schönen Pistolen trennen mußte, dann wollte er wenigstens noch ein paar Schüsse zu Ehren der Zarin abfeuern, und so knallte er munter aus dem Fenster. Janko lud die Pistolen. Plötzlich zersprang Friedrich eine Pistole in Stücke, ein Splitter verwundete Janko im Gesicht, ein anderer verletzte seine eigene Hand.

Janko fluchte und Friedrich noch mehr. Die zwanzig Dukaten waren futsch! Es fehlte nicht viel, und Friedrich hätte die zweite geladene Pistole gegen seine Stirn gerichtet.

Er dachte sich dann aber doch eine etwas klügere Narrheit aus.

„Wieviel Geld ist dir noch geblieben?“ fragte er Janko.

„Drei Dukaten.“

„Her damit!“

Er nahm Janko die letzten drei Dukaten ab, machte kehrt und rannte mit blutender Hand zurück an den Spieltisch.

Es hatte den Anschein, als ob der blutigen Hand eine Art Zauber innewohnte.

Er verlor nicht mehr! – In wenigen Minuten hatte er die zwanzig Dukaten zurückgewonnen. Die steckte er wie ein weiser sparsamer Mann in den Beutel und spielte nur noch mit dem zusätzlichen Gewinn weiter. Eine Stunde später sprengte er die Bank des Herrn Doktor, und vor Friedrich häufte sich das Gold. Ein anderer gab die Bank, und Friedrich nahm es auch mit diesem auf. Dem Bankier blieb nur die eigene Haut. Bis zum Morgen hatte Friedrich das Geld der gesamten Gesellschaft eingeheimst. Als man zu spielen aufhörte, lagen sechshundert Goldstücke vor ihm.

Das war das erste und letzte Glücksspiel in Friedrichs Leben!

Sechshundert Dukaten – das war ein schönes Stück Geld! Damit konnte man auf Abenteuer gehen!

Nach diesem Spielgewinn von sechshundert Dukaten schrieb Friedrich von der Trenck eine wirklich rührende Abhandlung gegen die Spielleidenschaft und ermahnte die junge Generation, sich vor den Verlockungen des bösen Dämons zu hüten. Allerdings hat er dieses Essay erst dreißig Jahre später geschrieben, was aber den ethischen Wert der Schrift nicht mindert.

In der Hitze des Geschehens waren ihm wohl die hochmoralischen Erwägungen nicht gleich eingefallen.

Vielmehr war ihm zu tollkühnen Unternehmungen ganz schön der Kamm geschwollen.

Sobald sich das Wetter besserte, machte sich die russische Armee bereit, in die Heimat zurückzukehren. Sie hatte damals einhundertvierzig Kranke bei sich, die nicht auf eigenen Füßen marschieren konnten.

Friedrich von der Trenck erbat sich von seinem Protektor, General Lieven, die Gunst, den Heimtransport dieser Kranken übernehmen zu dürfen; er fühle sich berufen, kranke Menschen zu pflegen.

Na, wir werden sehen, was sich aus diesem Samariterdienst noch ergibt!

Den Auftrag bekam er.

Nun transportierte er die kranken russischen Soldaten von Krakau aus per Schiff auf der Weichsel bis Danzig, von wo sie dann über das Meer nach Riga gebracht werden sollten.

In Danzig war aber gerade kein russisches Schiff. So mußte man warten, bis es dem Schicksal beliebte, eines dorthin zu lenken.

Darüber verging einige Zeit. Ein Aufschub, der Friedrich erlaubt hätte, der schönen Miranda in Elbing eine angenehme Überraschung zu bereiten.

Zu Pferd machte er sich mit seinem Bedienten Janko auch auf den Weg ins Bistum Ermland, wo in einem Grenzdorf das Stelldichein sein sollte. Das Kommando hatte er inzwischen Leutnant von Platen übergeben.

General Lieven gegenüber begründete er den Seitensprung damit, daß er mit seiner Mutter und seinen Geschwistern sprechen wollte, die alle in dieser Gegend wohnten. Wenn man die Vorgeschichte kennt, hat man jedoch keinen Zweifel, daß es die Circegestalt der Miranda war, die ihn lockte.

Da kam der noch realistischere Zufall, den wir weiter oben schon andeuteten, dazwischen.

Friedrich war mit Janko bereits in dem Dorf angekommen, wo er Miranda hätte treffen sollen, als ihn das Fatum dazu verleitete, sein Quartier zu verlassen und einen Blick in die gegenüberliegende Schenke zu werfen, wo Bauernburschen zu schriller Trompetenmusik tanzten.

Nun hatte es sich in diesem Dorf ereignet, daß gerade einige Tage zuvor preußische Werbesoldaten den Sohn eines wohlhabenden Masuren betrunken gemacht und in diesem Zustand als preußischen Rekruten mitgenommen hatten. Das erzürnte die polnischen Jugendlichen gegen die fremden Soldaten. Als Friedrich im Hof der Schenke erschien, glaubten viele (seine Hirschlederhose verursachte diesen

Irrtum), er sei der preußische Werbeoffizier, und sie stürzten sich mit Knüppeln auf ihn, ohne auch nur zuvor ein Wort mit ihm zu wechseln.

Friedrich packte zwei von ihnen am Kragen und schlug ihre Köpfe gegen die Wand. Aber die anderen schlugen zu, wo sie ihn treffen konnten.

Der Bediente Janko verkroch sich vor Schreck im Backofen. Die Pistolen hatte er in der Tasche. Trenck konnte von Glück sagen, daß der Wirt und noch ein Jägerbursche ihm zu Hilfe kamen; auch hatte er inzwischen einen Knüppel in die Hand bekommen, und so vertrieben sie mit vereinten Kräften die angriffslustigen Kerle und blieben Sieger auf dem Schlachtfeld. Nun war Friedrich von der Trenck aber so arg zugerichtet (auch die Nase hatte man ihm zerschlagen), daß er kaum etwas von seinem menschlichen Aussehen bewahrt hatte.

Blutig und zerschunden sprang er eilig auf sein Pferd, damit ihn die übrigen Bauern nicht totschlugen. Mit Unterstützung von Janko, der auch wieder aus dem Backofen hervorgekrochen war, gelang es ihm, aus diesem unangenehmen Ort zu fliehen. Unter schwierigen Umständen fanden sie im Städtchen Ressel einen Chirurgen, der Friedrich die Wunden verband. Der kleine Spaß kostete ihn acht Tage Krankenlager, so sehr war er an Hals und Armen zerschunden. Damit war Friedrich vom Liebesabenteuer gründlich geheilt.

Das sind die Zufälle, die einen realistischen Romanhelden ruinieren.

Friedrich gibt an, er hätte sich wegen dieses Unfalls nicht mit seiner Mutter treffen können, zumal die Mutter das Unglück hatte, daß ihre Kutsche in einen Graben stürzte und sie sich dabei den Arm brach. Seine Schwester mußte daraufhin die Mutter pflegen, und so hätte er sie niemals wiedergesehen.

Welche Gliedmaßen sich Frau Miranda brach, hat Friedrich in seinem Tagebuch nicht notiert.

II.

Auf echt russische Art

Die Knüppel der Bauernburschen von Ressel hatten das Idyll gründlich verdorben. Friedrich mußte, sobald er von seinen Verletzungen wiederhergestellt war, nach Danzig eilen – zu seinem Krankentransport. Ein russisches Schiff hatte sich noch immer nicht im Hafen eingefunden.

Danzig war eine Grenzstadt, bis zur Weichselmündung noch polnisch, doch sobald man zum Stadttor hinausging, sah man auf der anderen Seite die weiß-schwarzen Grenzpfähle mit dem einköpfigen preußischen Adler; das Wirtshaus am Wegrand stand bereits auf preußischem Boden.

Friedrich von der Trenck bildete sich soviel auf seine russische Uniform ein, daß er sich allerlei ausgefallene Prahlerei erlaubte. Auf dem Ball, den der russische Resident gab, forderte er die Gattin des preußischen Residenten zu einer Mazurka auf und machte ihr im Beisein des Gatten auf Teufel komm raus den Hof.

Der russische Resident war Herr von Scheerer, der preußische hieß Reimer; beide vertraten ihr Land auf polnischem Gebiet.

Friedrich ließ es bei dieser Ausgelassenheit noch nicht bewenden. Er freundete sich auch mit dem preußischen Militärattaché an, obgleich er Grund zu der Vermutung hatte, daß auch dieser der schönen Residentin den Hof machte. Das konnte ja bei einem Attaché nicht anders sein.

Den Namen dieses Herrn finden wir in Trencks Autobiographie nur mit N. angegeben.

Der Leutnant war ein braver Bursche und gehörte zu jener Kategorie von Soldaten, die nur dorthin geschickt wurden, wo sie gewiß keinem Feind begegneten.

Wieso sich Friedrich von der Trenck gerade mit diesem Schlappschwanz anfreunden konnte, ist schwer zu erraten. Es gefiel ihm vielleicht, daß er einen Narren hatte, den er betrunken machen konnte, vor dem er mit seinen Erlebnissen prahlen konnte und dem er auch Geld borgen durfte.

Er spielte das gefährlichste Spiel.

Ein Glück war, daß seine Genialität durch die Dummheit seines Bedienten ausgeglichen wurde.

Der Bediente Janko folgte dem Beispiel seines Herrn und schloß mit dem Bedienten des Leutnants N. Freundschaft. – Und unter Dienern gibt es noch wahre Freundschaft. Daß zwei Bediente sich duelliert hätten, so etwas hat die Welt noch nicht gehört.

Eines Abends, als Janko seinem Herrn die Stiefel auszog, sagte er zu ihm:

„Herr, du mußt auf diese schönen Lederstiefel sehr achtgeben, daß du sie nicht schmutzig machst mit preußischer Erde. Weißt du, daß dein lieber Kumpan, Leutnant N., dich verhaften und in Ketten zu König Friedrich schaffen lassen will? Sein Bedienter hat es mir gerade eben erzählt."

Die Mitteilung ließ Friedrich von der Trenck aufhorchen.

„Nimm vier Dukaten aus meiner Tasche und bring sie jenem Bedienten, macht euch einen lustigen Abend. Und versprich ihm, daß ich ihn, wenn ihn sein Herr (dieser Hungerleider) davonjagt, in meine Livree aufnehmen werde."

Janko tat, wie ihm geheißen. Er nahm den Kameraden mit ins Wirtshaus, zechte mit ihm, und bis zum Morgen hatte er die ganze Geschichte aus ihm herausgeholt.

Der Plan war mit Wissen des preußischen Residenten geschmiedet worden:

Friedrich von der Trenck ritt täglich mit dem preußischen Leutnant in die Danziger Vorstadt. Dort gab es eine prächtige Straße, zu beiden Seiten von hundertjährigen Linden gesäumt; parallel dazu verlief ein Graben mit steinbefestigtem Ufer; Steinbrücken führten zu den Toren der Häuser. In den Stockwerken hatten die Häuser alle Erker, und aus den Fenstern blickten hübsche Frauengesichter herunter. Es war ein angenehmer Reitweg.

Wenn zwei Kavallerieoffiziere durch diese Lindenallee ritten, war es unmöglich, daß sie sich nicht über schöne Frauen unterhielten.

Nun wurden letztere aber streng bewacht!

Beim nächsten Spazierritt sollte der preußische Leutnant (wie es ausgeheckt worden war) zu Friedrich sagen: „Ich weiß von einer schönen jungen Frau, die nicht unter Schloß und Riegel gehalten wird. Es ist die schöne Schankwirtin Darinka. Die Frau ist schön, der Mann ist klug und ihr Wirtshaus liegt außerhalb des Tores, gleich neben der Straße."

Daraufhin würde Friedrich von der Trenck sicher gleich das Wirtshaus aufsuchen, er war ja als heißblütiger Bursche bekannt und verrückt nach schönen Frauen. Es würde nicht schwer sein, ihn dazu zu bewegen, vor dem Stadttor aus dem Sattel zu steigen und Arm in Arm mit seinem Freund über den Grenzweg bis zum Wirtshaus zu spazieren. Dort würden dann schon acht preußische Werbeoffiziere auf der Lauer liegen. Die sollten Friedrich, sobald er das Wirtshaus betreten hatte, überfallen, fesseln, knebeln, in einen Wagen werfen und unter Bedeckung der Kavalleristen entführen. Auch sein Bedienter sollte geschnappt werden, damit er in der Stadt keinen Lärm schlagen konnte.

Hätte Friedrich von der Trenck auf seinen klaren Verstand gehört, hätte er sich gesagt: „Die wollen dir eine Falle stellen ... also verzichte auf den Spazierritt." Damit wäre der Spaß zu Ende gewesen. Aber Friedrich ließ sich allzu oft von der Leidenschaft verführen.

„Warte nur, Bruder!"

Als Leutnant N. am nächsten Tag zu ihm kam und für den Nachmittag einen Spazierritt durch Langfuhr vorschlug, antwortete er: „Gern, aber erst morgen, heute habe ich Inspektion.“ Gleich nach dem Gespräch ging er zu dem russischen Residenten, meldete ihm die ganze Intrige und entdeckte ihm auch seinen eigenen Plan: Er wollte noch in derselben Nacht sechs Soldaten aus seinem Kommando hinter dem Roggenfeld beim Wirtshaus verstecken, diese sollten in dem Augenblick, da ihn die Preußen überwältigen wollten, auf einen Pistolenschuß hin mit ihren Waffen hervorstürmen und die Preußen gefangennehmen.

Der brave Herr von Scheerer hielt sich beide Ohren zu.

„Erzähl mir keine solchen närrischen Geschichten! Tu, was du willst, ich weiß nichts davon!“

Friedrich von der Trenck hatte eigentlich schon genug auf dem Kerbholz. Aber das hat er nie im Leben zugegeben. Er war wie eine Katze, die den Kanarienvogel frißt und sich dann wundert, wenn man sie deswegen jagt. Der Kanarienvogel hatte doch gut geschmeckt!

Zuerst brachte er mit geheimer Liebelei die königliche Familie in Verruf; dann machte er mit seinem Miranda-Abenteuer den König selbst lächerlich. Später flüchtete er aus dem Gefängnis, brachte Schande über das gesamte Militär und die tyrannische Macht. Das wäre noch angegangen, aber einen „guten Dienst“ konnte der König ihm nie verzeihen: Er hatte den Großmütigen gespielt und war nach Wien gegangen, um den König reinzuwaschen. Eine solche Verteidigung erzürnt immer diejenigen am meisten, die sich zu hochgestellt wähnen, als daß ihnen eine Verleumdung etwas anhaben könnte.

Nun mußte Friedrich auch noch mit diesem selbstgesuchten Abenteuer sein Sündenregister vervollständigen! In der russischen Uniform steckte wohl irgendein Aberglaube. Wer sie anlegte, wurde auch in seiner seelischen Verfassung verändert.

Der preußische Resident, Herr Reimer, fuhr bereits am frühen Morgen zu dem Wirtshaus am Wegrand. Auch das erfuhr Friedrich durch seine Spione.

Leutnant N. kam um sechs Uhr zu Pferde, um Friedrich abzuholen; dann ritten beide mit ihren Reitknechten nach Langfuhr.

Na, dieser Leutnant N. muß auch ein richtiger Einfallspinsel gewesen sein, daß ihm die großen Vorbereitungen, mit denen Friedrich von der Trenck zu dem Abenteuer aufbrach, nicht auffielen, Zwei Pistolen im Gürtel, den Krummsäbel an der Seite! Zum Besuch einer schönen Frau pflegte man sich nicht so arg zu bewaffnen. Was sollten denn die Pistolen beim Ritt durch die Stadt?

Am Ende der Allee ermunterte der preußische Leutnant Friedrich, vom Pferd zu steigen, um bis zum Wirtshaus zu Fuß zu gehen. Die Reitknechte sollten die Pferde führen.

Zwei gute Freunde spazierten also Arm in Arm zum Wirtshaus.

Am Fenster im ersten Stock rauchte Herr Reimer, auf die Ellbogen gestützt, Pfeife.

„Guten Morgen, Herr Hauptmann! Guten Morgen! Bitte, sich heraufzubemühen, ein paar gute Bissen stehen bereit! Und auch die schöne Frau ist da!“

Friedrich von der Trenck gab ihm eine zornige Antwort:

„Na, wenn der Herr bei der schönen Wirtin meinen Platz schon eingenommen hat, gehe ich zurück zu Seiner Gattin und nehme Seinen Platz ein.“

Damit machte er kehrt und wollte zu seinem Pferd zurück.

Der preußische Kamerad hängte sich ihm aber an den Arm und versuchte, ihn gewaltsam ins Wirtshaus zu ziehen.

Da bekam er von Friedrich eine Ohrfeige, die ihn zu Boden warf.

Nun stürzten die auf der Lauer liegenden preußischen Werber hervor, zückten ihre kurzen Degen und griffen Trenck an.

Auf das Zeichen, das Friedrich mit der Pistole abgab, sprangen die russischen Soldaten mit gespanntem Gewehr aus dem Roggenfeld hervor. Unter argen Flüchen warfen sie sich auf die Preußen, die keine Schußwaffen hatten. Letztere rannten davon, so schnell sie konnten. Vier von ihnen wurden von den Russen geschnappt.

Den vier Gefangenen befahl Friedrich, sich am Wegrand niederzulegen, und sie bekamen jeder fünfzig Rutenschläge. Einen Fahnenjunker, der sich als ein Schulkamerad von Trencks jüngerem Bruder zu erkennen gab, begnadigte er.

Als Leutnant N. sah, daß das Abenteuer eine schlimme Wendung nahm, lief er zurück zu seinem Pferd. Aber Friedrich lief ihm nach, holte ihn ein und zog ihn vom Sattel.

„He, du Verräter, zück deinen Degen und stell dich mir, wenn du ein Mann bist!“

Nein, der war kein Mann für ein Duell! Wäre er ein tüchtiger Offizier gewesen, hätte ihn König Friedrich ja nicht nach Danzig geschickt. Zitternd zog er den Degen und ließ ihn sich zweimal aus der Hand schlagen. Beim dritten Mal entriß Friedrich von der Trenck dem russischen Korporal den Stock und verprügelte damit seinen Gegner, der weinend und Hände ringend um Gnade bat: Er sei unschuldig, das Komplott habe sich der Herr Resident ausgedacht.

„Na, dann lauf, du Schurke, und erzähle deinen Kameraden, wie der Trenck Straßenräuber zu züchtigen weiß."

Damit eilte er zum Wirtshaus, den Stock in der Hand.

Der Resident hatte die ganze Tragödie vom Fenster aus verfolgt.

„Nur zu, gnädiger Herr, jetzt folgt unser Auftritt!" schrie Trenck zu ihm hinauf und drohte ihm mit dem Stock.

Nun fühlte sich aber der Herr Resident diesem Auftritt nicht gewachsen; er lief durch die Hintertür des Wirtshauses davon. Sein Wagen stand bereit, und er ließ sich eilends in die preußische Heimat fahren. Friedrich erwischte nur den Zopf des Residenten, den behielt er in der Hand, denn der Herr Resident trug eine Perücke.

Da erlaubte sich Friedrich obendrein noch den Spaß, daß er die erbeutete Perücke der Gattin des Residenten mit einem Gruß ihres Herrn Gemahls ins Haus schickte.

Das war ein unerhörter Skandal!

Der Bürgermeister von Danzig trug den Zensoren auf, jede Nachricht, die sich auf dieses Abenteuer bezog, unbedingt aus den deutschen und polnischen Zeitungen zu streichen.

Trotzdem erhielt König Friedrich von dem ganzen Insult Nachricht. Der geflohene Resident hatte alles berichtet, was er mit eigenen Augen und Ohren gesehen und gehört hatte. Des Königs Zorn über diesen Vorfall war ungeheuerlich. Die Begebenheit sollte Friedrich von der Trenck das leidvollste Jahrzehnt seines Lebens bringen. Der König übte für jene Stockschläge fürchterliche Rache.

Der preußische Minister, Herr von der Goltz, versäumte nicht wegen des Zwischenfalls in Danzig beim russischen Kanzler Graf Bestuscheff Klage zu führen und Satisfaktion zu fordern. In den russischen Hofkreisen indessen fand man das Vorgehen Friedrichs derart russisch, daß keinerlei Disziplinarverfahren gegen ihn in Gang gesetzt wurde. Man wartete vielmehr gespannt auf die Ankunft des berühmt gewordenen Abenteurers, der seine russische Militärlaufbahn mit einer so vielversprechenden Heldentat begonnen hatte.

Feststeht, daß Friedrich von der Trenck damit viel an Ansehen gewonnen hatte.

Hätte er mit mehr Besonnenheit gehandelt, müßte man sein Vorgehen Klugheit nennen.

III.

Russischer als ein Russe

„Jetzt aber, mein lieber Hauptmann, lassen Sie sich von allen Winden aus Danzig wegblasen", empfahl der russische Resident, der gütige Herr von Scheerer, Friedrich von der Trenck nach diesem Abenteuer. „Ihr Schiff liegt im Hafen, schiffen Sie die marschunfähigen Leute ein und segeln Sie in Gottes Namen hinaus aufs Meer. Wenn das Glück mit Ihnen ist, bleibt die See ruhig."

Friedrich gab noch ein Abschiedsgelage für die Danziger Kameraden. Es wurde gut gegessen und getrunken, eine durchaus nicht unerläßliche Vorbereitung zu einer Seereise.

Die Folgen des großen Festessens blieben nicht aus. Sobald das Schiff von der Weichselmündung auf die offene See hinausgelangte und die Segel hißte, kam vom Meer her ein starker Westwind auf. Die Wellen warfen das Schiff von einer Seite auf die andere. Friedrich erfuhr nun am eigenen Leibe, was berühmte Helden schon berichtet hatten, daß es auf dem Meer nämlich mit der Heldenhaftigkeit nicht so weit her ist.

Trenck hatte jetzt zwei Bediente: zu Janko war noch Branko, der Bediente des Leutnant N., gekommen, dem Friedrich wegen der Enthüllung des Komplots zu Dank verpflichtet war. Die beiden Burschen waren zum Glück seetüchtig; sie wurden nicht seekrank wie ihr Herr, dem sofort übel wurde, als die Wellen das Schiff zu schaukeln begannen.

Gegen Mitternacht, als sich Friedrich in seinem Hängebett gerade am elendsten fühlte, kam Janko zu ihm gelaufen und sprach mit ängstlicher Miene:

„Mein Herr, wir sind übel dran!"

„Das weiß ich, Dummkopf, auch wenn du es mir nicht meldest. Das Schiff geht unter."

„Das wäre das geringste, wenn wir untergingen. Das Übel ist größer."

„Für dich eine Kleinigkeit, weil du, Galgenvogel, nicht im Wasser ertrinkst. Was gibt es denn, was noch schlimmer ist?"

„Der Steuermann steuert das Schiff auf den Hafen von Pillau zu, um dem Sturm zu entgehen."

„Nach Pillau??" Friedrich schreckte hoch und vergaß urplötzlich seine Seekrankheit. Er sprang aus dem Bett. Der Schreck bewirkte eine heroische Kur. „Dann ist es um uns geschehen! Pillau ist ein preußischer Hafen, dort kennt mich jeder Offizier. Wenn wir da ankommen, werde ich sofort ergriffen und erhalte den Lohn für den Spaß in Langfuhr."

Eilig zog er sich an, steckte die Pistolen in den Gürtel, bewaffnete auch seine Bedienten und stürzte an Deck.

„Wohin fahren wir," fragte er den Schiffer.

„In den Hafen von Pillau."

„Ich verbiete Ihnen, von der geraden Richtung abzuweichen!"

„Ich weiche nicht ab! Der Wind treibt mich dorthin."

Da verlor Friedrich keine weiteren Worte, sondern lief schnurstracks zum Steuermann.

„Wende das Schiff sofort gegen den Wind!" schrie er den Mann an.

„Bin doch nicht verrückt geworden. Wer hat mir denn hier zu befehlen?"

„Die Pistole in meiner Hand!"

Und Friedrich drückte dem Steuermann den Lauf der Pistole an die Stirn. Der hatte nun die Wahl zwischen dem sicheren und dem etwaigen Tod.

Nun packten auch die beiden Bedienten das Ruder und zwangen den Steuermann mit aller Gewalt, der Fahrt eine andere Richtung zu geben und das Schiff auf die hohe See zu wenden.

Die hundertfünfzig kranken Soldaten im Schiffsbauch brüllten im Chor vor Qual und Verzweiflung, aber hundertfünfzig kranke Männer haben alle zusammen nicht den Mut, sich einem Tollkühnen zu widersetzen.

Die Wellen hoben das Schiff bis zum Himmel.

Ein Glück, daß es nur ein flüchtiges Gewitter war. Vor dem Morgengrauen zerstreuten sich die Wolken, und das Meer beruhigte sich. Sie konnten wieder die Segel hissen, bis Riga fuhr das Schiff bei gutem Wind und lief glücklich im Hafen ein.

Friedrich von der Trenck ließ die hundertfünfzig ihm anvertrauten Kranken an Land bringen und meldete sich beim Gouverneur von Riga, Feldmarschall Lascy.

Nun begab sich aber auch der Schiffspatron zu dem Gouverneur und verklagte Friedrich wegen seiner Unbotmäßigkeit in der vergangenen Nacht.

Der Feldmarschall stellte Trenck zur Rede: Wie hatte er es wagen können, das Leben von hundertfünfzig Mann so tollkühn aufs Spiel zu setzen.

„Euer Exzellenz", entgegnete Friedrich von der Trenck, „ich hatte von General Lieven den Befehl, hundertfünfzig Soldaten per Schiff nach Riga zu bringen. Ich habe gelernt, daß es russichen Soldaten nicht gestattet ist, die Modalitäten zu bekritteln, sie müssen vielmehr auf dem geraden Wege dorthin gehen, wohin man sie schickt. Ich habe die Soldaten hergebracht, sie sind hier und alle lebendig. Ich habe mein Leben genauso aufs Spiel gesetzt wie das ihrige, und ich glaube, die Angelegenheit auf echt russische Art durchgeführt zu haben."

„Noch etwas russischer als nötig", sagte Lascy auf französisch – und fuhr dann den Schiffspatron an:

„Sie können abtreten! Ich habe mit Ihnen nichts zu schaffen."

Etwas später nahm sich der Gouverneur Trenck unter vier Augen vor, er sollte ihm – wie der Sohn dem Vater – beichten, woher er den Mut zu solchem Heroismus genommen hätte.

Friedrich lieferte ihm die Erklärung.

„Ich hatte größere Angst vor dem Gefängnis der Preußen als vor dem Meeresboden!"

Lascy gab ihm recht und entließ ihn mit einer Rekommandation an den Kanzler in Moskau.

Der Ruf des Friedrich von der Trenck kam seiner Ankunft zuvor: Es hieß, er sei ein Held, der auch dem stürmischen Meer zu trotzen wagte und Sieger blieb.

IV.

Der Glücksstern

Der Hof der Zarin war in Moskau, Friedrich von der Trenck mußte sich mit dem Empfehlungsschreiben, das er von seinem Onkel, dem General Lieven, erhalten hatte, dorthin begeben. Er hatte zwei Reisebegleiter: Oettinger und Weisman. Ersterer war Oberstleutnant, letzterer Leutnant. Beide waren Deutsche und am russischen Hof bereits bekannt. So konnten sie den Neuling entsprechend einweisen.

Oettinger war ein Hausfreund des Kanzlers Bestuscheff. Die Frau des Kanzlers galt als eine stolze Schönheit. Nun ja, sie war stolz auf ihre Erscheinung. Friedrich versprach, daß er die Rechte der Anciennität respektieren und hors concours bleiben wolle.

Oettinger selbst führte Friedrich zu Kanzler Bestuscheff, der auf die Empfehlung des Hausfreundes den jungen Mann herzlich empfing.

In Moskau wimmelte es damals von fremden Offizieren.

Kaum war Friedrich einmal die Straße entlangspaziert, traf er schon einen Bekannten, den Grafen Hamilton, den er aus Wien kannte. Dieser führte ihn zu Graf Bernes, dem österreichischen Botschafter am russischen Hofe. Auch Bernes war ein freundlicher Mensch. Er kannte Trenck dem Namen nach, Friedrich von der Trenck und auch seinen Vetter. Er lud Friedrich zum Essen ein, und Friedrich begegnete bei dem Grafen Bernes abermals einem alten Bekannten, dem englischen Gesandten.

Es war derselbe Lord Hyndford, in dessen Beisein König Friedrich seinen Namensvetter Trenck nach dem berühmten Beneschauer Heu- und Stroh-Eroberungsfeldzug in seinem Lagerzelt so gelobt hatte.

Als Lord Hyndford Friedrich erblickte, begrüßte er ihn lachend.

„Ah! C'est le matador de ma jeunesse!"

„Tempi passati", meinte Friedrich, und darüber lachten alle. Offensichtlich war sein bisheriges abenteuerliches Leben allgemein im Gespräch.

Vor der Tafel des österreichischen Botschafters nahm Lord Hyndford den jungen Trenck mit zu sich und erkundigte sich mit väterlicher Fürsorge nach seinem Wohlergehen.

„Was machen Sie in diesem Lande, Trenck?"

„Ich suche Brot und Ehre, weil ich in meinem Vaterland beides verlor, ohne ein Verbrechen begangen zu haben."

„Lassen Sie es gut sein. Ich weiß genau, was Sie sich zuschulden kommen ließen und weshalb man Sie verfolgt. Hier in Moskau können Sie sich zu Ihren Sünden bekennen, denn hier zählen sie als Tugenden. Haben Sie Geld?"

„Mein ganzes Vermögen besteht aus dreißig Dukaten."

„Sie haben doch erst vor kurzem auf Lievens Ball sechshundert Dukaten gewonnen. Haben Sie die schon aufgegessen?"

„Ich nicht, das taten die hundertfünfzig Kranken, die man mir anvertraut hatte. Ich konnte nicht mit ansehen, daß die Elenden trockenen Zwieback aßen, und ließ für sie jeden Tag Schtschi kochen, damit sie keinen Skorbut bekämen."

„Da haben wir's! Die alte Narretei. Er traktiert die gemeinen Soldaten mit Schtschi! Ein anderer Offizier hätte die Hälfte der Lazarusse an Skorbut sterben lassen und ihre Löhnung in die Tasche gesteckt. Nun hören Sie mal gut zu: Mit Bescheidenheit und Ruhmestaten bringen Sie es in diesem Land zu nichts. In den höheren Kreisen ist das Betteln verboten. Sie müssen mit einem Mal als große Sensation in die vornehme Gesellschaft hineinplatzen, nicht bettelnd, sondern erobernd. Dazu brauchen Sie eine schöne Livree, Handpferde, Brillanten, und Sie müssen freigebig mit Trinkgeldern sein."

„In alldem war ich schon einmal Meister, aber wie schaff ich das mit dreißig Dukaten?"

„Sie haben doch einen großen Namen. Ein Freiherr von der Trenck! Universalerbe des berühmten Pandurenführers Franz von der Trenck, dem man in diesen Tagen den Kopf abschlagen wird. Damit werden Sie auf einen Schlag ein vielfacher Millionär sein. Darauf bekommen Sie Kredit. Zu welchem Wucherzins allerdings – das fragen Sie mich lieber nicht."

„Aber einmal muß ich doch das geliehene Geld wieder zurückzahlen, da werde ich meine Ehre einbüßen."

„Machen Sie sich nichts daraus! Bis dahin entdeckt Sie das Glück wieder. Und im äußersten Fall bin ja auch ich noch da und Ihre anderen Freunde ebenfalls. Die lassen Sie nicht untergehen."

Friedrich von der Trenck befolgte den guten Rat und beschaffte sich all den Pomp – die Uniform, die Rösser – auf Kredit. Und vor dem stattlichen Kavalier taten sich überall beide Flügeltüren auf. Eine Aureole umgab seinen Namen und die beiden Titel: Erbe des Pandurenführers Trenck und Günstling der Prinzessin Amalie, dem der Preußenkönig zürnt. Der eine Titel bezauberte die Männer, der andere die Frauen.

Eines Abends erschien Friedrich aufgeregt, fast atemlos bei Lord Hyndford.

„Was ist los, Trenck?"

„Gestattet, Mylord, daß ich Euch meinen Dank zu Füßen lege."

„Warum?"

„Ihr habt mir aus einer großen Verlegenheit geholfen, Mylord. Ich hätte morgen eine Fälligkeit zu begleichen und verfügte über keinen Rubel. In derselben Stunde ließ sich bei mir ein Bankagent melden und präsentierte mir einen Wechsel über tausend Dukaten zu meinen Gunsten. Die zahlte er mir aus."

„Und was habe ich damit zu tun?"

„Ich habe geglaubt, Ihr wäret so gnädig gewesen, Mylord."

Lord Hyndford lachte hell auf.

„Nein, Trenck! Sosehr bin ich denn doch nicht in Sie vernarrt. Sie müssen Ihren geheimen Wohltäter hinter einem anderen Vorhang suchen. Haben Sie sich Ort und Datum des ausbezahlten Wechsels nicht angesehen?"

„Doch, ja! Er trug die Aufschrift Berlin."

„Und Ihre Phantasie (besser gesagt, Ihr Gedächtnis) ist so schwach, daß Sie nicht erraten können, wer die wohltätige Fee sein könnte, die

Sie am Schopf packt und aus dem Wasser zieht, wenn Berlin auf dem Wechsel steht?"

Friedrich errötete.

„Ich gestehe, ich wagte nicht an sie zu denken. Ich glaubte, sie habe mich endgültig vergessen. Den letzten Brief und das letzte Zeichen ihrer edlen Anteilnahme erhielt ich während meines Aufenthaltes in Elbing, nach meiner gelungenen Flucht aus dem Gefängnis. Seitdem hat sie mir nicht mehr geschrieben, obgleich ich ihr wiederholte Male aus Wien Briefe sandte. Nie bekam ich eine Antwort."

Lord Hyndford schlug nun einen ernsten Ton an:

„Hören Sie mal, Trenck, Sie hätten einen ganz brauchbaren Verstand, wenn Sie nicht Ihre Narrheiten immer wieder aus dem Gleichgewicht brächten. Sie wundern sich, daß Prinzessin Amalie Ihre Wiener Briefe nicht beantwortet hat. Was taten Sie denn in Wien? Stellen Sie sich vor den Spiegel und fragen Sie sich selbst. Sie sind jenem anderen Trenck, dem Pandurenführer, zu Hilfe geeilt, dessen Name in ganz Deutschland wie kein anderer verhaßt ist, der überall, wo er mit seiner Räuberbande durchzog, Ruinen und Friedhöfe hinter sich ließ, der mit seinen teuflischen Abenteuern einen Feldzug König Friedrichs zum Scheitern brachte, der des Königs Schätze raubte und damit prahlte und dessen Name mit dem König Friedrichs in lächerliche Verbindung gebracht wurde. Als dann endlich die österreichische Regierung dieses von allen gehaßte und gefürchtete Subjekt im Sumpf ertränken wollte, da kamen Sie daher, zogen ihn heraus und wuschen ihn rein, bis er Sie bei dieser dummen Hilfeleistung selbst hinabstieß, um auf Ihrem Rücken zu stehen. Denken Sie vielleicht, man ist in Berlin deswegen in Liebe für Sie entbrannt?"

„Aber Franz von der Trenck war doch im Recht!"

„Da haben Sie eine ganz falsche Auffassung! Er kann, was die Anklagen betrifft, im Recht gewesen sein. Die Anklagepunkte haben die Richter erfunden, aber von der öffentlichen Meinung war er bereits verurteilt. Man tut auch einem tollwütigen Tier Unrecht, wenn man es erschießt. Man tötet es, damit es niemanden beißt. Glauben Sie mir, Ihr eifriges Bemühen zur Befreiung Ihres Vetters in Wien hat Ihnen in Berlin mehr geschadet als all Ihre anderen Leichtfertigkeiten. Darum hat auch die Prinzessin auf Ihre Briefe nicht geantwortet. – Nun wendet sie Ihnen wieder ihre frühere Sympathie zu. Dieses Geld haben Sie von ihr bekommen. Wenn sie selbst Sie nicht glücklich machen kann, so will sie, daß Sie bei anderen Trost finden."

Lord Hyndford nahm von da an seinen Schützling richtiggehend in die Schule. Friedrich mußte jeden Tag auf einige Stunden zu ihm kommen, in denen er ihm so viel Wissenswertes über das Leben an den europäischen Höfen mitteilte, über die Gewohnheiten und Schwächen der Monarchen und der führenden Staatsmänner, über die Ränke der Konkurrenten und die Parteienintrigen, über nichtige persönliche Momente großer Ereignisse, daß Friedrich allmählich klar zu sehen begann und sich über die anderen Sterblichen erhob.

Gleich zu Beginn machte der Lord den jungen Mann darauf aufmerksam, daß hier in Moskau die vornehme Welt in zwei Faktionen gespalten war. Zu der einen gehörte die Anhängerschaft des derzeit regierenden Bestuscheff, die andere war die Familienfaktion Woronzoffs, der den Kanzler zu Fall bringen wollte. Bei den großen Empfängen der Zarin würde Friedrich den Adel beider Faktionen vertreten finden, aber er solle es auf gar keinen Fall wagen, sich mit den Anhängern Woronzoffs anzufreunden oder mit deren Damen zu tanzen, er würde damit sein Glück riskieren. Lord Hyndford gab ihm auch die Namen der zu meidenden Woronzoffschen Freunde an, und zwar aufgrund sehr authentischer Informationen. Sooft der Botschafter einer ausländischen Macht in seinem Palais einen Ball gab, mußte er zuvor dem russischen Kanzler die Liste der Eingeladenen vorlegen. Wenn er dann die Liste zurückbekam, waren die Namen der Bestuscheff-Faktion rot markiert, die der Woronzoff-Faktion trugen ein blaues Zeichen. Letztere wurden nicht eingeladen. Nach einmaligem Lesen hatte Friedrich intus, vor wem er sich wie tief zu verbeugen hatte und wem er den Rücken kehren mußte, welcher Gräfin er – natürlich ungeschickt – auf die Schleppe treten konnte und welcher er den fallen gelassenen Fächer graziös aufzuheben hatte. – Das alles war eine sehr „wichtige“ Wissenschaft.

Bald darauf jährte sich erneut der Krönungstag der Zarin Elisabeth:

Auch im vorigen Jahr hatte Friedrich von der Trenck dieses Ereignis gefeiert, mit Pistolenschüssen und einer verwundeten Hand. Diesmal fand er eine klügere Art, seine Huldigung darzubringen. Auf Anregung Lord Hyndfords schrieb er ein Gedicht auf den Krönungstag in französischer Sprache, und der Botschafter ließ das Gedicht durch Bestuscheff der Zarin zukommen.

Zarin Elisabeth gefiel die schöne Ode. Sie ließ sich den Poeten präsentieren. Und dieser gefiel ihr noch besser. Die Zarin vermochte den Wert eines sechs Fuß hohen Hauptmanns wohl zu schätzen.

Friedrich notierte über dieses Ereignis nur, die Zarin habe ihn für sein Gedicht mit einem goldenen Degen beschenkt, der tausend Rubel wert war. Aus den da und dort verstreuten Aufzeichnungen läßt sich rekonstruieren, daß solch ein Tausendrubeldegen nur die Gardekürassiere trugen. Die Rittmeister der Kürassierregimenter hatten Majorsrang und bekamen das Gehalt eines Obersten.

Nach dieser Auszeichnung durch die Zarin begann man in der hohen Gesellschaft, Friedrich von der Trenck den Hof zu machen.

V.

Die schöne Jelwira

Friedrich von der Trenck gesteht in seiner Autobiographie offen ein, daß es immer sein höchstes Ziel war, die Gunst der Damen zu gewinnen, wobei er überall die reizendsten, die edelsten und die schönsten für seine Gesellschaft wählte.

„Frauen der ersten Klasse bildeten mich als Jüngling und hielten mich in Ehrfurcht vor Ausschweifungen zurück. Frauen lehrten mich männliche Sitten im verfeinerten Weltgeschmacke; Frauen unterstützten mich mehr als Männer im Unglück. Meine wenigen guten Tage habe ich Frauen zu verdanken ... Frauen, schöne und muntere Frauen erquicken noch gegenwärtig meine mit Altersschwäche, Weltekel und Schwermut kämpfende Seele."

Zu einer großen Tafel, die Lord Hyndford für das diplomatische Korps gab, war auch Friedrich eingeladen.

Einzeln kannte er bereits jeden, die Botschafter und ihre Gattinnen, die russischen Minister, die Würdenträger bei Hofe mit ihren jungen und alten Damen. (Pardon, Damen sind niemals alt, sie haben eine langanhaltende Jugend.) Unter den Ministern war nur ein Junggeselle, der Befehlshaber der Marine, Fürst P...ff. Na, für den war es auch besser, unbeweibt zu bleiben. Er war dermaßen dick, daß man ihm bei Tisch einen eisernen Stuhl unterschieben mußte; jeder andere Stuhl wäre unter seiner Last zusammengebrochen. Allgemein bekannt war auch seine Verschrobenheit: Aus seiner Zeit als Schiffskapitän hatte er sich so an das Schaukeln des Schiffes gewöhnt, daß er nicht anders einschlafen konnte als in einem Lehnstuhl, den eine Maschinerie ständig in Schaukelbewegung hielt. Außerdem war er auch schon über die Sechzig, wenngleich er Schnurrbart und Augenbrauen tiefschwarz färben ließ.

Seine Mitarbeiter neckten ihn immer: „Wann heiratest du endlich?" – „Ich bin noch zu schwach dazu."

Noch eine angenehme Eigenschaft hatte der Minister: Er war in hohem Maße schwerhörig. Diesen Mangel versuchte er durch eine gute Beobachtungsgabe auszugleichen. Er konnte mit den Augen hören. Er sah den Menschen auf den Mund, und die Bewegung der Lippen verrieten ihm, was sie sprachen; darin entwickelte er eine solche Meisterschaft, daß er im Theater oft die Unterhaltung der Leute in der Loge gegenüber aushorchte – mit den Augen. Diese Kunst nutzte ihm natürlich nichts, wenn die anderen sich in einer ihm fremden Sprache unterhielten, zum Beispiel in Englisch.

Die Gäste des Botschafters wurden im Vorsaal vom Hofmeister empfangen, der den Herren ein goldenes Billet übergab, das auf der einen Seite den eigenen Namen des Gastes enthielt und auf der anderen den Namen der Dame, die neben ihm sitzen würde und die er am Arm zu Tisch führen sollte.

Friedrich von der Trenck las auf seinem Kärtchen den Namen Jelwira Asturowna.

Er hatte diesen Namen bis dahin noch nicht gehört.

Asturow klang nicht russisch. Der Name Elvira stand auch nicht im griechischen Kalender. Die Russen pflegten vor Namen, die mit einem weichen Vokal begannen, ein Jot zu setzen; so zum Beispiel hieß es Jelisaweta statt Elisabeth und Jewgeni statt Eugen. So war auch Jelwira entstanden.

„Wessen Gattin ist diese Dame?“ fragte er den Hofmeister.

„Ich weiß es nicht. Sie ist eine Prinzessin.“

Bald darauf erfuhr Friedrich, was er wissen wollte.

In dem mit orientalischer Pracht und englischem Komfort ausgestatteten Konversationssaal begrüßte er Lady Hyndford mit Handkuß und überreichte ihr das mitgebrachte Bukett. Die Lady hing sich sogleich bei ihm ein und führte ihn zu der Kanzlerin, die auf dem Diwan saß. Sie war für Friedrich schon eine alte Bekannte.

Neben dem Diwan der Fürstin aber stand eine Dame. Was heißt Dame? Eine Erscheinung! Der Umstand, daß sie stand und nicht Platz nahm, ließ erkennen, daß sie noch unverheiratet war.

Wie aber kam ein unverheiratetes Mädchen an die Tafel der Diplomaten? Unter die Minister- und Botschaftergattinnen? Sie war eine schlanke junge Dame von herrlichem Wuchs und trug eine pompöse, südrussische Tracht: Das Oberteil war mit Edelsteinen bestickt, den Schmuck am Busen bildete eine diamantene Rose, um den Hals trug sie eine echte Perlenkette. Ihr Gesicht war blaß, hatte aber dennoch eine verborgene Röte, ihre vollen Lippen waren zu vielsagendem Schweigen geöffnet, ihre großen schwarzen Augen strahlten von betörendem Zauber, ihr kohlrabenschwarzes Haar lag wie eine Krone um ihren Kopf, geschmückt mit durchschimmernden Perlenketten, von denen der Karfunkelstein der Ferronière auf ihre gewölbte Stirn herabhing.

Lady Hyndford stellte Friedrich von der Trenck dem Mädchen vor.

„Ihr Cavalier servant."

Das also war Jelwira? Diese Fee?!

Trenck bemerkte, daß das blasse Gesicht errötete, die Lippen öffneten sich zu einem geflüsterten Wort – und es war ein englisches Wort.

Mehr Zeit zur Lösung des Rätsels blieb ihm nicht, denn plötzlich baute sich eine dunkle Masse vor ihm auf und verdeckte seine Sonne: die immense Gestalt des Ministers P...ff.

Er konnte immerhin sehen, daß der Koloß der schönen Fee ein Rosenbukett überreichte, das diese mit der linken Hand entgegennahm, während sie ihm graziös die Rechte hinstreckte, derart einen Handkuß provozierend. Und der Minister küßte dem Mädchen tatsächlich die Hand.

Als Friedrich dies sah, verließ ihn für einen Augeblick der Verstand.

Er vermochte nicht, seine Erregung zu meistern.

„Ist die Prinzessin die Braut des Ministers?" flüsterte er der Kanzlerin zu.

Die hochgestellte Dame zeigte ein kaltes, unbewegtes Gesicht.

„Ja. Die Zarin wünscht diese Ehe."

Friedrich beobachtete, wie sich die hohen Herrschaften beeilten, dem glücklichen Bräutigam zu gratulieren, und wie dieser mit triumphalem Gesicht die Glückwünsche entgegennahm.

„Na, gehen Sie auch! Gratulieren Sie dem Bräutigam", meinte Lord Hyndford zu dem verstörten jungen Mann.

„Ich möchte ihm schon gratulieren – aber mit dem Degen in den Bauch", murmelte Friedrich zwischen den Zähnen.

„Seien Sie vernünftig! Nicht Sie trifft das Unheil, sondern ihn. Seit wann bewerben sich die Wölfe um einen Jagdschein?"

Der Majordomus meldete: Die Tafel sei eröffnet. Jeder Herr beeilte sich, seine Tischdame gemäß der Hofetikette in den Speisesaal zu führen.

Bei Tisch war die dem Rang entsprechende Reihenfolge kühn verändert worden. Friedrich von der Trenck hätte als Hauptmann protokollarisch irgendwo am Ende des Tisches seinen Platz haben müssen. Keinerlei Rang und Titel berechtigte ihn, den vierten Platz nach Lady Hyndford und Gräfin Bestuscheff, die bei Tisch den Vorsitz führten, einzunehmen. Ganz offensichtlich betrachtete man Trenck nicht als echten russischen Offizier, sonst hätte er nicht einem Admiral gegenübersitzen dürfen, das war nur dem Günstling der Zarin erlaubt. So hatte Friedrich an der Seite der schönen Braut, ihrem Bräutigam gegenüber, seinen Platz erhalten.

Das dicke Wunder – der Admiral – verfolgte, während er aß (und er aß dauernd), aufmerksam die Lippen der beiden ihm gegenüber Sitzenden. Seine hervorstehenden Haifischaugen horchten ununterbrochen sein Visavis aus.

Die beiden aber konnten gut schauspielern.

Die kleine junge Fee, die sechzehnjährige Prinzessin, wußte sehr wohl, daß ihr Bräutigam kein Englisch verstand, deshalb unterhielt sie sich mit Friedrich nur in dieser Sprache. Die Augen des Ministers konnten ihren Lippenbewegungen nichts entnehmen. Und damit auch ihre Mimik nichts verriet, begleitete sie ihre Worte mit einem völlig entgegengesetzten Mienenspiel. Als Friedrich ihr ein Glas Tokajer Wein reichte, hob sie es an die Lippen und sagte zu ihm:

„Ach, wäre doch bloß Gift in diesem Glas, damit ich auf der Stelle von diesem Ungeheuer befreit wäre."

Dabei warf sie ihrem Bräutigam ein betörendes Lächeln zu und hielt ihm das halb ausgetrunkene Glas hin, er sollte den Rest ausschlürfen und mit dem Wein zugleich die Liebe seiner Braut.

„Ich bin verzweifelt!" sprach Jelwira zu Friedrich. „Die Zarin zwingt mich. Mein Vater wurde nach Sibirien verbannt. Seine Begnadigung hängt davon ab, daß ich die Gemahlin dieses unmöglichen Menschen werde. Ich besitze ein fürstliches Vermögen, doch auch das erhalte ich erst, wenn ich mit diesem Hippopotamus vor den Altar trete."

Bei diesen Worten richtete sie schelmische Blicke auf ihren Zukünftigen und warf ihm Brotkügelchen ins kupferrote Gesicht.

Vom Rosenstrauß des Bräutigams fiel ein Blütenblatt ab. Friedrich griff schnell danach. Jelwira forderte es zurück. Da nahm Friedrich das Rosenblatt in den Mund. Jelwira machte ein würdevolles Gesicht, zog die Augenbrauen zusammen und sagte in hartem Befehlston zu Friedrich:

„Geben Sie mir sofort das Rosenblatt zurück. Kommen Sie morgen nachmittag in mein Sommerschloß auf Poklonnaja-Gora, dort bekommen Sie das ganze Bukett."

Nach dieser strengen Zurechtweisung gab Friedrich das Rosenblatt zurück, bat um Entschuldigung, und die beiden sprachen kein einziges Wort mehr miteinander. Jedermann konnte sehen, wie energisch die junge Prinzessin ihr Ansehen zu wahren wußte.

Da der glückliche Bräutigam nun – nachdem, was er gesehen hatte – von den strengen Grundsätzen seiner Braut völlig überzeugt war, konnte er sich mit großem Eifer seinen gastronomischen Studien widmen. Auch bei anderen, gewöhnlichen Menschen ist Essen ein Vergnügen; bei diesem aber war es ein echtes Studium. Er hatte die Lieblingsspeisen aller Nationen der Welt in die russsiche Kochkunst eingeführt.

Die spiritistischen Scharaden, die zum Schluß des russischen Festmahles vorgetragen wurden, konnten sich ebenfalls der Mitwirkung des fürstlichen Admirals rühmen. Da das Wort Spiritus gefallen ist, müssen wir hier jene Arten des Spiritus, die die Seelenbeschwörer heraufzitieren, von denen unterscheiden, die durch den Korkenzieher aus ihrem Versteck hervorgelockt werden. Aus den Spirituosen letzterer Art entstand die spiritistische Scharade: In ein undurchsichtiges Glas mit langem Hals füllte man mehrere verschiedene Liköre, sorgfältig und langsam, damit sie sich nicht vermischten. Derjenige, der das Glas leerte, mußte dann die Liköre nach Geschmack und Aroma unterscheiden und schließlich mit flotter Zunge ein Wort aus den Anfangsbuchstaben der richtig bestimmten Worte aussprechen.

Darin war Fürst P...ff ein großer Meister.

Er schlürfte das lange Glas bis zur Nagelprobe aus und löste sogleich das Buchstabenrätsel:

„Chragamabar!“

„Bravo! Bravissimo!“ applaudierte die Tischgesellschaft. „Die Lösung stimmt!“

*C*hartreuse
*R*um
*A*bsinth
*G*in
*A*nisette
*M*araschino
*A*rac
*B*orowitsch
*A*llasch
*R*ostopschin

ergeben zusammen Chragamabar

Als man soweit war, erhoben sich die Damen und begaben sich in den Teesalon der Gastgeberin, den nach russischer Etikette kein Mann betreten durfte. Diese Sitte kannte Friedrich noch nicht, er meinte vielmehr, seine Tischdame, die er am Arm in den Speisesaal geführt hatte, auch hierher geleiten zu müssen. Aber der Minister fuhr ihn an:

„Sitzen bleiben! Wer ein Mann ist, der bleibt am Tisch sitzen – oder unter dem Tisch!"

Friedrich von der Trenck nahm auch diese Herausforderung an und trotzte allen Heldentaten der russischen Tafel.

Diesmal endete das Turnier damit, daß Fürst P...ff sich vergaloppierte. Vier Diener mußten ihn samt seinem Lehnstuhl aus dem Speisesaal tragen. Friedrich behielt (zwischen so vielen gefallenen Helden) den Kopf oben und fand ohne Führer den Weg in die Vorhalle, wo er seinen Degen und seinen Helm abgelegt hatte.

Der viele Wein und Schnaps war ihm nicht zu Kopf gestiegen. Trunken war er dennoch, aber das hatte der Duft jenes einzigen Rosenblattes bewirkt, das er in den Mund genommen hatte.

Die Damen waren bereits nach Hause gegangen. Man hatte die Kutschen am Tor vorfahren gehört.

Als Friedrich seinen Helm aufsetzen wollte, durchzuckten ihn Freude und Schreck zugleich. Dort in seinem Helm lag das Rosenbukett.

Das war ein Gnadenstoß für den nüchternen Verstand! Was der Alkohol nicht fertiggebracht hatte, schafften die Rosen.

Friedrich rannte schnurstracks in den Stall zu seinem Pferd. Sowohl Janko als auch Branko lagen total besoffen im Stroh. Friedrich mußte also eigenhändig das Pferd satteln. Er saß auf und ritt im Galopp auf die Straße hinaus.

Er wollte noch heute Poklonnaja-Gora ausfindig machen.

Moskau war nicht die Stadt, in der sich ein Fremder ohne Führer leicht zurechtfand.

Friedrich besaß aber einen Stadtplan von der großen Stadt, den er selbst nach dem Original seines Freundes Oettinger kopiert hatte. Mit Hilfe des Planes machte er sich auf, das Schloß zu suchen, nach dem laut zu fragen, nicht erlaubt war.

Moskau strotzte damals in seiner ganzen barbarischen Pracht. Die krummen Gassen mit den bemalten und vergoldeten Herrschaftspalästen und den kleinen Häusern mit bemoosten Dächern fügten sich in wunderbarer Harmonie zu den alten Kirchen von ungewohnter Bauart, deren vier, fünf oder sechs Zwiebeltürme einander überragten und von denen der eine rot, der andere grün, der dritte blau bemalt und mit blaugoldenen emaillierten Sternen bestreut oder mit silbernen Muscheln überhäuft war. Die höchste Kuppel glänzte in reinem Gold! Das Dach einer Kirche sah aus, als hätte man über drei Stockwerke fünfzig

Altäre nebeneinander errichtet. Auf den Märkten standen Denkmäler nationaler Helden und ruhmreicher Zaren. Und erst der glorreiche Kreml! Eine Stadt aus lauter Türmen, Palästen und Denkmälern – das aus Stein und Gold geschaffene Geschichtsbuch einer großen Nation!

Dem Fremden schwindelte es inmitten so vieler traditioneller Pracht, die nur von massiven Bastionen unterbrochen wurde, welche mit ihren Umrissen die Entwicklung der Stadt markierten: Jedes Tor war der Buchdeckel eines Heldengedichtbandes. Der Volksmund wußte zu erzählen, bei diesem Tor ist der verwundete Held Bojawsky gefallen, der Moskau gegen die Eroberer verteidigte. Und er ist von den Toten wiederauferstanden, um die Eroberer durch das andere Tor aus der heiligen Stadt zu vertreiben.

Während Friedrich den Volkssagen zuhörte, wurde sein Kopf allmählich wieder klar, und auch der Zaubernebel der Liebe begann zu schwinden. In Rußland mußte man auf russische Art leben.

Hier war der Sommer kurz und heiß. Die Tage waren lang. Morgengrauen und Abenddämmerung berührten sich fast. Hier mußte man vom Sommer und von der Liebe raschen Gebrauch machen.

Es war noch ganz hell, als er in die hügelige Gegend von Poklonnaja-Gora kam. Das war – noch vor dem großen napoleonischen Feldzug – der bevorzugte Sommeraufenthalt der russischen Bojarenfamilien. Hier lag der berühmte Troitzer Garten, den außer den ewigen Tannen auch Bäume aus dem tropischen Süden zierten, die man im Winter mit Holzhäusern schützte und durch Bodenheizung warm hielt.

Am Gartentor mußte Friedrich vom Pferd steigen. Auf den Hauptstraßen durften nur die Kutschen fahren, auf den Nebenwegen konnte man zu Fuß gehen oder sich im Tragsessel befördern lassen. Friedrich fand das Schloß, ohne danach fragen zu müssen.

Dort übergab er einem Diener das Rosenbukett mit der Nachricht, dieses schicke der Herr Minister seiner Braut.

Friedrich von der Trenck war trotz Elie doch so vorsichtig gewesen, über seine glänzende Offiziersuniform die Joppe seines Reitknechtes anzuziehen und statt des Helms einen spitzen Hut zu tragen. So hielt man ihn für einen Dienstboten. Der Diener, dem er das Bukett übergeben hatte, kehrte nach kurzer Zeit mit einem in Papier gewickelten Geldstück als Trinkgeld zurück.

Friedrich verließ das Schloß und faltete das Papier auseinander. In englischer Sprache las er darauf:

„Morgen, wenn es dunkel wird, im Garten.“

Nun war aber das Schloß von allen Seiten bewacht; Posten machten ihre Rundgänge, und auf jeder Bank döste ein Polizeispion vor sich hin.

Ach, wie lang wurde ihm der nächste Tag!

Diesmal spazierte er zu Fuß in dem Troitzer Garten, mit einem großen Buch unter dem Arm. Er hatte sich als Student der Universität gekleidet, trug ein weites Gewand mit herabhängender Kapuze. Die verschlungenen Wege im Troitzer Garten waren für einen Studenten, der sich auf das Examen vorbereitete, besonders geeignet, um mit lauter Stimme hier die Lektionen aufzusagen.

Die herumlauernden Polizeispione sagten sich: „Na, der ist wirklich ein fleißiger Student! Der frißt das ganze in Pergament gebundene Buch auf einmal in sich hinein."

Während Friedrich die griechischen Wörter hersagte, wechselten in seinem Innern tausenderlei Regungen. Er verfluchte diesen langen Tag, es wollte und wollte nicht dunkel werden! Auch nach zehn Uhr abends war es noch taghell. Noch immer konnte er die Buchstaben in seinem Buch erkennen. Schließlich aber ging bald hier, bald dort ein Stern auf und leuchtete am gelben Himmel. Die Buchstaben waren nun verschwommen. Auch die Nachtfalter erschienen: jene, die in der Luft herumfliegen und auch jene, die auf den Wegen spazieren. Der „Student" klappte das Buch zu, hörte aber nicht auf, das griechische Pensum zu murmeln. Plötzlich verstellte ihm ein Flittchen den Weg, sie wechselten ein paar Worte, dann verschwanden sie, wo die Sträucher am dichtesten waren.

„Na, der Student hat jemanden gefunden, dem er sein Pensum aufsagt", brummten die wachsamen Polizisten einander zu.

Der Nachtfalter aber war die Kammerjungfer der Prinzessin Jelwira. Sie hieß Delifa und war eine Georgierin. Bei der Begegnung hatte sie Friedrich mit seinem Namen angesprochen.

Es wurde Nacht, die Geräusche der Stadt verstummten, das Tor des Paradieses tat sich auf. Durch einen hinteren Eingang des Schlosses, über eine versteckte Treppe führte die Kammerjungfer Friedrich in das Zimmer der schönen Jelwira, und der verliebte Jüngling bekam nun den ganzen Rosenstrauß.

Im Herzen des schönen Mädchens pulsierte mit armenischem verwandtes russisches Blut. Das verheerende Feuer der ersten Liebe hatte sie erfaßt, und diese Flammen schöpften noch mehr Nahrung aus dem Haß gegen den Bräutigam. Abscheu steigerte die Sehnsucht und Ekel die Begierde. Die Wonne der Hingabe ließ die Rache zur Extase werden.

Bis drei Uhr früh waren sie zusammen: drei dunkle Stunden lang. Während dieser Zeit schmiedeten sie Pläne für ein ganzes Leben miteinander. Sie wollte fliehen, damit sie der verabscheuten Heirat entginge. Der Zorn der Zarin, die Schwierigkeiten des Lebens, die

Verfolgungen, der verbannte Vater und das verlorene Vermögen sollten sie nicht kümmern.

Um zwei Uhr nach Mitternacht begann der Himmel wieder hell zu werden.

Es kam das verhaßte Morgengrau. Es gibt Tatsache Menschen, die den Morgenstern verfluchen.

Als die Krähen zu rufen begannen und ihre Nester verließen, da lief der Student schon wieder in dem grünen Labyrinth herum und sagte laut seine Lektion auf.

Und so ging es von nun an jede Nacht. Die Sommernächte waren ja so kurz!

Die Verliebten schmiedeten den Plan, sobald die Zarin mit ihrem Hof nach St. Petersburg übersiedelte, gemeinsam ein englisches Schiff zu besteigen und nach Großbritannien zu segeln. Aus Moskau zu flüchten war unmöglich. Damals gab es schon Telegraphen von Moskau bis zum Hafen. Es waren die ersten primitiven optischen Telegraphen mit Türmchen und beweglichen Plattformen. Mit diesen konnte man schneller Nachricht geben, als die Flüchtlinge hätten an Bord gehen können.

Zur großen Verzweiflung der jungen Leute änderte nun aber die Zarin ihre Absicht und verschob die Abreise nach St. Petersburg bis zum Spätherbst, was in Rußland bereits Winter bedeutete.

Der für die Hochzeit anberaumte Tag, der 1. August, rückte immer näher. Die Zarin duldete keinen Aufschub.

Die schöne Jelwira mußte sich die Tränen fortwischen und das Brautkleid anziehen. Die Zarin, der Bräutigam und die hohen Würdenträger überschütteten die entzückende Braut mit wertvollen Geschenken: Die Morgengabe lag in Goldmünzen neuester Prägung in einem Jaspiskästchen; das Geschenk der Zarin wurde in einem Reliquienschrein prächtigster Arbeit überreicht. Aber die Augen der schönen Braut sahen nichts als den Talismanring, den ihr Liebster unter die vielen Schätze geschoben hatte.

Die Hochzeitszeremonie begann früh am Morgen, damit sie bis zum Mittag beendet war. Die Zarin gewährte die grausame Gnade, Friedrich von der Trenck zum Brautführer zu bestimmen, der die Braut zum Altar geleitete.

Auf die prächtigen Zeremonien folgte im Palast des Bräutigams ein großartiges Hochzeitsmahl, das bis zum Aufgehen des Abendsterns anhielt.

Als die Zeit gekommen war, die Pfeifen anzuzünden, zog sich die Braut in ihren Wohnflügel zurück, und die Damen begaben sich nach

Hause. Nicht so die Herren. Sie blieben, um auf das Glück des strahlenden Bräutigams zu trinken. Das war so Brauch.

Das Ende war wie gewöhnlich: Fürst P...ff schlief am Tisch ein. Man brachte ihn in sein Zimmer, wo der mechanische Schaukelstuhl stand, in dem er zu schlafen pflegte. Da setzte man den Speckwanst hinein und ließ ihn schnarchen.

Nun hatte aber mit dem Bräutigam zugleich auch Friedrich von der Trenck übermäßig getrunken. Er fügte sich und ließ sich willig von den Dienern in den Garten hinausführen. Doch konnte er nicht mehr auf den eigenen Beinen stehen. Er schimpfte und schickte die Diener fort, sie sollten ihm Opoponax bringen. Diese legten den Herrn auf ein Rasenbett nieder, und dann holten sie Opoponax oder auch nicht, und ob sie bei ihrer Rückkehr Friedrich von der Trenck noch auf dem Rasenbett fanden oder nicht, ist auch nicht aufgezeichnet worden.

Ein Fenster zum Garten hingegen wurde ganz leise geöffnet und von dort eine Strickleiter heruntergelassen. Hinter dem Vorhang guckte schelmisch die Georgierin hervor. Der betrunkene Ritter war im selben Moment von seinem Rausch geheilt, in der nächsten Minute stieg er bereits durchs Fenster, die Fensterläden schlossen sich – Nachtfalter und Fledermaus flatterten weiter.

Der glückliche Bräutigam träumte unterdessen auf seinem automatischen Schaukelstuhl von paradiesischem Glück. Auch die Braut träumte von ihrem Paradies – wer weiß, von welchen Händen geschaukelt...

Mit diesem Liebesabenteuer übernahm Friedrich von der Trenck eine wichtige Mission.

Diese Liebe war für ihn keine vergängliche Wonne, sondern eine verheerende Leidenschaft, die seine ganze Seele erfüllte. Er war wie verrückt, sah weder die Gefahr noch ein Lebensziel vor sich, und er setzte alles aufs Spiel, was einem jungen Mann teuer sein sollte.

Er wollte seine Geliebte jeden Tag sehen, und sie war ja nun schon eine verheiratete Frau. Ihr Gatte war einer der Minister des Landes, vor dessen Palais eine ganze Schar Marinesoldaten Wache stand und wo Polizisten überall herumgingen. Eine Treppe führte zu den Wohngemächern und jedes wurde von einem Türsteher bewacht, der ohne Legitimation niemanden durchließ. Wenn Jelwira ausfahren wollte, begleiteten zwei berittene Polizisten ihre Kalesche, und die hielten den Minister darüber auf dem laufenden, wohin sich seine Gattin begeben hatte.

Dennoch konnte sich Friedrich von der Trenck jeden Tag mit ihr treffen. Ihnen gehörten die dunklen Stunden: In den Herbstmonaten herrscht in der Welt der Verliebten eine umgekehrte Astronomie. Die „Tage“ werden länger.

Mit dem Einverständnis zweier bestochener Dienstboten, des Pförtners und der Kammerjungfer, kam Friedrich jeden Tag in einem anderen Kostüm durch das wohlbehütete Tor. Das eine Mal als Matrose, das andere Mal als armenischer Goldschmied, dann wiederum als Schneider oder Schuster. Als man zu heizen begann, konnte er jeden Tag – das Gesicht mit Ruß verschmiert – als Heizer erscheinen. Der Pförtner ließ ihn in den Garten ein, dort versteckte er sich im Gartenhäuschen, und wenn es dunkel wurde, ging für ihn das Fenster zum Garten auf.

Wäre er einmal erwischt worden, hätte niemand etwas davon erfahren; er hätte zweihundert Riemenschläge mit dem Kantschu bekommen, wäre auf einen Schlitten geworfen und nach Sibirien gebracht worden.

Jeden Tag mußte er sich den Kopf zerbrechen, mit welcher List er am nächsten Tag in das Heiligtum des Palais P...ff eindringen würde.

Diese Liebe hatte dermaßen von seiner Seele Besitz ergriffen, daß alles andere für ihn nicht mehr existierte. Er leistete überhaupt keinen militärischen Dienst mehr. Seine ganze Beschäftigung bestand darin, daß er im Kabinett seines Freundes Oettinger die Ingenieurpläne zeichnete. Dabei brachte er ein erwähnenswertes Werk zustande: die architektonische Zeichnung des neu zu erbauenden Bestuscheffschen Palais in verschobener Perspektive. Bei dieser Arbeit bewies er großes Talent und erhielt von der Kanzlerin auch das obligate Lob. Ansonsten aber vernachlässigte er sogar die Hofdamen – und das war durchaus ein schwerer Fehler!

Drei Monate hielt das wahnsinnige Abenteuer nun schon an. Jeden Tag dachte sich Friedrich ein neues Komplott aus, jedesmal schwamm er durch den Strudel und stahl das Paradies.

Die beiden Liebenden hatten völlig den Verstand verloren. Sie beschlossen, dieser peinlichen Lage ein Ende zu bereiten. Gemeinsam wollten sie aus Moskau fliehen und nicht länger darauf warten, wann es der Zarin beliebte, nach St. Petersburg abzureisen.

Ihr Plan baute darauf auf, daß die Zarin Jelwiras Vater begnadigt hatte. Das war der Lohn für den Eheschluß mit dem Minister gewesen. Der alte Bojar war schon unterwegs. Es dauerte freilich eine Weile, bis jemand aus Irkutsk nach Moskau kam. Dann würden sie mit Erlaubnis der Zarin die zurückerhaltenen Güter besuchen, die in der Provinz Kiew lagen. Sie würden zusammen fahren: Jelwira, ihr Vater und ihr Gatte. Der Marineminister durfte sich im Winter auf Reisen begeben, die russischen Häfen waren zugefroren. Auf der ganzen Strecke würden für die vornehmen Reisenden die Pferde bereitstehen. In der Nacht vor dem geplanten Abreisetag wollte das Liebespaar durch den Garten entfliehen, und überall die bereitstehenden Pferde nutzend, in rasendem Galopp ohne Rast bis zur polnischen Grenze gelangen. Das Land lag in dichtem Nebel, so daß die Telegraphen nicht arbeiten konnten.

Der Plan war gut ausgearbeitet, nun mußten nur noch die Reisekosten aufgebracht werden.

Jelwira gab Friedrich all ihren Schmuck, ihre Wertsachen und auch das Hochzeitsgeschenk ihres Gemahls. Das alles erschien ihr aber noch immer nicht genug. Sie wollte ihren Geliebten auch für die ruinierte Karriere materiell entschädigen.

Deshalb verfiel sie auf die List, zuerst mit gespielter Huldigung die Zarin für sich zu gewinnen. Sie warf sich ihr zu Füßen und dankte ihr für die Begnadigung ihres Vaters. Ein vorausgeschickter Tatarenreiter hatte ihr einen Brief gebracht, in dem der Kasaner Gouverneur sie darüber verständigte, daß ihr Vater dort bereits angekommen sei und nach ein paar Ruhetagen in einer Woche eintreffen werde.

Diese Freudennachricht wollte Jelwira mit einer guten Tat verewigen.

Die Zarin hatte in diesem Jahr ein Krankenhaus für die Pockenkranken einrichten lassen. Jelwira beabsichtigte, für das Krankenhaus eine Stiftung von zehn Betten im Werte von siebentausend Goldstücken zu leisten; der Betrag sollte zu Lasten der rückerstatteten Güter ihres Vaters gehen. Für diese wohltätige Stiftung erbat sie die gütige Erlaubnis der Zarin.

Die Zarin nahm den edelgesinnten Antrag gnädig auf und erteilte Jelwira durch den Kanzler die Permission.

Nun ging Jelwira zuerst zum Direktor des Krankenhauses und übergab ihm die nach allen gesetzlichen Formalitäten bestens ausgefertigte Stiftungsurkunde über siebentausend Goldstücke.

Gleich darauf suchte sie einen Moskauer Bankier auf, legte ihm die Permission der Zarin vor und ließ sich gegen eine dem Gesetz entsprechend abgefaßte und von Zeugen gegengezeichnete Schuldverschreibung die siebentusend Goldstücke in bar auszahlen.

Auch diesen Betrag überreichte sie Friedrich von der Trenck.

Die Schätze, die sie ihm anvertraute, waren insgesamt fünfzigtausend Rubel wert.

Nun konnten sie fliehen.

Und Friedrich kam es nicht in den Sinn, daß das, was er jetzt zu tun gedachte, Diebstahl, Betrug und gemeines Verbrechen war.

Sein besserer Verstand flüsterte ihm nicht einmal ins Ohr, daß die Strafe dafür in der Bleigrube am Kolywansee oder im „Totenhaus" abzubüßen sein würde.

Was für ein undurchdringlicher Nebel ist doch die Liebe!

Noch Jahrzehnte später nennt Friedrich von der Trenck in seiner Lebensbeschreibung mit jugendlicher Naivität diese Liebe ein ganz berechtigtes Glück; er beklagt das Mißlingen des Fluchtplanes und sein widriges Schicksal.

Dabei können wir gerade in der Schicksalswende, die ihn nun ereilte, klar und deutlich einen Beweis für die wundersamen Fügungen der Vorsehung finden.

Vor dem beschlossenen Fluchttag erkrankte die schöne Jelwira. Sie bekam die schwarzen Pocken.

Eben jenes geheimnisvolle Gespenst, das unsichtbar und lautlos zwischen den Menschen umherschlich, um jeweils den Dreizehnten unter ihnen abzuzählen, und das die schöne Sünderin in ihrem Ränkespiel für einen Kumpanen gehalten hatte, nahm sie beim Wort: Die Komödie des Krankenhausbesuches rächte sich nun.

Nach sieben Tagen lag die schöne Jelwira auf der Totenbahre.

Friedrich von der Trenck sah sie nach einem letzten heißen Händedruck vor ihrer Krankheit erst im Sarg wieder. Was war aus diesem herrlichen Feengesicht geworden!

Am Kopfende des Sarges stand ein alter Mann und weinte – Jelwiras Vater!

Der Gatte zeigte sich nur in der Tür und bedeckte seinen Mund mit einem nach Kölnischwasser duftenden Taschentuch.

Von Jelwiras Sarg eilte Friedrich von der Trenck geradewegs zu seinem alten Freund, Lord Hyndford, dem einzigen, der das ganze Geheimnis seines gefährlichen Liebesabenteuers kannte.

„Wenn uns auch das Schicksal getrennt hat, ich trotze dem Schicksal", rief Friedrich. „Wenn wir nicht vereint in die Welt hinausgehen konnten, dann gehen wir vereint ins Jenseits."

„Sie werden sich doch nicht am Grab Ihrer Geliebten erschießen wollen?!" rüttelte ihn der getreue Freund besonnen auf. „Damit würden Sie ihren Namen für allen Zeiten verunglimpfen. Seien Sie stark! Beherrschen Sie Ihre Gefühle. Das sind Sie Ihrer toten Geliebten schuldig."

Mit diesen Worten brachte er den jungen Mann zur Vernunft.

Und die Vernunft, zu der sich Friedrich zwang, bewahrte die Geliebte vor der Verleumdung.

Bei der pompösen Trauerzeremonie war es Friedrich selbst, der das von der Zarin angeordnete militärische Geleit anführte. Er übernahm vom Geistlichen den Schlüssel der Gruft und brachte ihn dem trauernden Gatten. Die Zarin hatte den Minister der Verpflichtung, dem Trauerzug voranzugehen, enthoben. Nach russischer Sitte mußten die Trauernden dem Sarg des Toten entblößten Hauptes folgen, und der Minister mit seinem Glatzkopf hätte sich in der Dezemberkälte von minus 25 Grad eine tödliche Erkältung holen können. So durfte er beim großen Glockenläuten in seinem Zimmer vor dem Kamin bleiben.

Dieses Glockengeläut hatte Friedrich, als er im Palais P...ff die Treppe hinaufging, noch immer im Ohr.

Auch hier vermochte er sich zu beherrschen.

Er nahm vor dem verwitweten Minister militärische Haltung an und sprach mit lauter, trockener Stimme den Rapport über die Einzelheiten der Trauerzeremonie. Er stockte kein einziges Mal, seine Stimme überschlug sich nicht, er blieb ganz ruhig und übergab den Schlüssel der Gruft.

Der Minister selbst war aufgestanden und hörte sich, das Hörrohr ans Ohr gedrückt und die Silben mit den Augen von den Lippen des Sprechers ablesend, den Bericht über das Begräbnis seiner Gemahlin an.

Als er den Schlüssel entgegennahm, sagte er zu Friedrich:

„Ich danke dir, mein Sohn, daß du mich auch bei diesem traurigen Ereignis vertreten hast.“

Friedrich machte große Augen. Obwohl er kein Wort sprach, verrieten seine Augen, daß ihn das Wörtchen „auch“ verblüffte.

„Ich weiß alles, mein Sohn“, sagte der Minister. „Der verklärte Engel, die schöne Jelwira, ließ mich in der Nacht vor ihrem Tod ans Krankenbett rufen. Bis dahin hatte sie nur immer im Delirium phantasiert, nun aber war sie bei Bewußtsein. Was sie sagte, konnte ich nicht hören. Wie ihre Stimme war, weiß ich nicht. Sicherlich klang sie so schön wie die Stimme der Cherubim in der Offenbarung des hl. Johannes. Auch die Sprache ihrer Augen war nicht mehr zu verstehen. Immerhin begriff ich, was sie mir mitteilen wollte. Ich sollte von dem Band, das sie um den Hals trug, einen kleinen Stahlschlüssel abnehmen und das Jaspiskästchen öffnen, das auch du damals unter den Hochzeitsgeschenken gesehen hast. Darin lag ein in Maroquin gebundenes Büchlein. Sie deutete mir, es zu öffnen und zu lesen. Hier ist das Buch. Das ist meine Erbschaft. Darin ist alles aufgezeichnet, Tag für Tag, von der Stunde an, da sie an der Tafel von Lord Hyndford deine Tischdame war, bis zu dem Augenblick, da sie deine Hand ein letztes Mal drückte. Aufrichtig und reinen Herzens hat sie alles niedergeschrieben. Wieviel sie wegen ihres Ungeheuers – das bin ich – leiden mußte, und welche

Wonnen sie in den Armen ihres Befreiungsengels – der bist du – genoß.“

Friedrich hatte das Gefühl, der ganze Saal samt den alten Möbeln und dem Kamin drehe sich um ihn und der Fußboden tue sich vor ihm auf.

Der Minister fuhr, das Tagebuch seiner Gemahlin in der Hand haltend, leise fort:

„Auf den letzten Seiten hat sie auch euren Plan zur gemeinsamen Flucht niedergeschrieben. Dazu möchte ich nebenbei bemerken, daß es ein ziemlich einfältiger Plan war, denn ganz gleich, ob ihr nach Polen oder in die Länder Maria Theresias geflohen wäret, die Regierungen hätten euch ausgeliefert. Ihr seid nämlich so unbekümmert gewesen, fremdes Vermögen anzurühren, was eine gemeine Straftat darstellt. In diesem Tagebuch ist alles aufgezeichnet.“

Friedrich von der Trenck erkannte: Er war verloren! Der geschlossene Schlitten nach Sibirien stand für ihn bereit.

Der Minister sprach weiter:

„Als ich dieses Tagebuch gelesen hatte und zuklappte, faltete unser sterbender Engel die Hände zum Gebet und sah mich mit flehendem Blick an, so, wie wohl eine verzweifelte Märtyrerin den erlösenden Heiland ansehen mag. Ich verstand die stumme Sprache. Ich legte eine Hand auf ihre gefalteten Hände und mit der anderen Hand hielt ich das Tagebuch hoch und zeigte dann auf den Kamin. Da lächelte sie. Hättest du dieses Lächeln gesehen, mein Junge, du hättest den Verstand verloren und deinen Kopf am Gitter ihrer Gruft zerschmettert.“

Friedrichs Atem hörte sich an wie das hilflose Keuchen eines vom Alpdruck geplagten Schlafenden.

„Was ich der Sterbenden versprach, das halte ich“, sagte der Minister und warf Jelwiras Tagebuch ins Feuer.

Dann trat er zu Friedrich und faßte seine Hand.

„Und jetzt danke ich dir, daß du meinen Engel in seinem kurzen Leben auf dieser Welt glücklich gemacht hast! Jelwiras Wunsch gemäß schenke ich dir all die Schätze, die sie dir anvertraute. Geh in Gottes Namen.“

Wie Friedrich von der Trenck aus dem Palast des Ministers herausgekommen war, wußte er nicht. Unter der Last seiner widerspruchsvollen Gefühle und Gedanken sank er ohnmächtig nieder.

Solche märchenhafte Großmut findet man nur in Rußland. Und das ist eine wahre Geschichte.

VI.

Die Kanzlerin

Friedrich von der Trenck brachte seiner toten Geliebten jeden Tag einen frischen Nelkenstrauß und steckte ihn zwischen die Gitterstangen der Gruft. Nelken waren die Lieblingsblumen Jelwiras gewesen. Rosen hatte sie gehaßt, weil diese Blumen sie an ihr Hochzeitsbukett erinnert hatten. Außerdem gab es damals im Winter auch noch keine blühenden Rosen. Die Gärtner kannten nur die Centifolia, in Weiß und Rot; der Abwechslung halber färbten sie die Blütenblätter der weißen auch künstlich bunt. Nelken hingegen waren in jeder Schloßgärtnerei zu finden. Es gab sie in hunderterlei Arten und abwechslungsreichen Farbkombinationen, mit wunderlichen Namen.

Die Nelken machten Friedrich ganz melancholisch. früher war er ein Prahlhans und Schwätzer gewesen, jetzt ging er verschlossen und schweigsam umher. Der Kanzler behielt ihn oft zum Essen bei sich und ließ ihn bei Tisch neben seiner Gemahlin sitzen. Beide gingen mit Friedrich um wie mit einem kranken Kind. Sie nahmen ihn sogar mit in die Komödie, doch nichts konnte ihn aufheitern.

„Dieser Junge ist bestimmt verliebt!" meinte Graf Bestuscheff.

Friedrich wahrte sein Geheimnis so gut, daß selbst dem Kanzler nicht bekannt war, daß er um eine tote Geliebte trauerte.

Die Kanzlerin hingegen wußte Bescheid.

Die georgische Kammerjungfer Jelwiras, die das ganze Liebesspiel in die Wege geleitet hatte, war nach dem Tode ihrer Herrin in die Dienste der Kanzlerin getreten. Von ihr hatte die Kanzlerin alle Geheimnisse Friedrichs erfahren.

Nach dem Essen gingen Friedrich und Oberstleutnant Oettinger zum Kaffee in das Zimmer der Kanzlerin. Die übrigen Gäste begaben sich mit dem Kanzler in den Rauchsalon, die Kanzlerin konnte Pfeifenrauch nicht ausstehen; ihretwegen verzichteten Friedrich und auch der alte Hausfreund Oettinger auf das Rauchen.

Einmal ergab es sich, daß die Kanzlerin allein mit Friedrich am Kaffeetisch saß.

Die hohe Dame war noch immer recht hübsch, obgleich sie schon Ende dreißig war. Sie hatte einen Sohn aus erster Ehe, einen nichtsnutzigen Bengel von üblem Betragen. Als junge, schöne Witwe des deutschen Kaufmanns Böttger hatte Graf Bestuscheff, der damals russischer Resident in Hamburg war, sie zur Frau genommen. Anna

Böttger war schlank, hochgewachsen und von königlicher Statur gewesen. Ihren zarten Teint und die glatte, faltenlose Stirn hatte sie bewahrt. Mit großer Selbstbeherrschung erreichte sie, daß sich die niedlichen Grübchen in ihrem Gesicht nicht in Runzeln verwandelten: Weder Zorn noch neckische Laune brachten Falten in ihr statuenhaftes Antlitz. Sie war eine Venus – mit behandschuhter Hand.

Als sie mit Friedrich alleingeblieben war, schlug die Gräfin einen bis dahin ungewohnten milden Ton an.

„Lieber Trenck, ich kenne Ihre Verfassung, ich weiß, warum Sie leiden. Ich sehe in Ihr Herz. Sie haben eine Tote, die Sie nicht beweinen dürfen. Die zurückgehaltenen Tränen zehren an Ihnen."

Die Worte der Kanzlerin lockten unwiderstehlich Tränen in Friedrichs Augen. Da beugte sich die würdevolle Anna über ihn und küßte die teuren Tränen von seinen Augen.

Damit erlöste sie den jungen Mann. Nun wagte er es, sich an den von edlem Mitgefühl erfüllten Busen zu schmiegen und sich auszuweinen, wie es seine Seele verlangte.

Es wurde ihm wiederholte Male erlaubt, die Wunden seines Herzens auf diese Weise zu heilen.

Unter dem Eisberg des Ätna loderte das Feuer.

Die wie eine stolze Königin auftretende deutsche Dame konnte mit der Leidenschaft einer Spanierin lieben. Friedrich fand bald wieder, was er verloren hatte.

Und die Familiengruft des Fürsten P...ff war nicht länger mit Nelken geschmückt.

Anna erwies sich allerdings in den Liebesränken weit klüger als Jelwira. Sie verstand es, jedes Risiko zu vermeiden.

Bestuscheff kannte die strengen Prinzipien seiner Gattin. Er hatte keinen Grund zu Eifersucht und Verdächtigung. Ein wohlerzogener Gatte ist daran gewöhnt, einen Hausfreund bei sich zu sehen, der seine Ehefrau spazierenführt, ihr zu Hause Gedichte vorliest, sie zerstreut, ihr Klatschgeschichten aus des Stadt zuträgt, sie auf Bällen gardiert und ihre Launen erträgt, wenn sie Migräne hat. So ein Hausfreund ist eine sehr nützliche Einrichtung. Und wenn es ihrer zwei sind, um so besser!

Die Kanzlerin verfügte bei Hofe über größere Macht als ihr Gatte. Sie besaß auch mehr Verstand. Zarin Elisabeth stand weitgehend unter dem Einfluß der Gräfin. Die Kanzlerin mischte sich in die Landespolitik ein und verstand es, Bündnisse anzubahnen und zu verderben.

Sie haßte die Preußen. Das war ein Grundzug ihres Charakters.

Solange sie ihre Macht ausübte, kam auch kein Preuße am Moskauer Hof zur Geltung. Die einzige Ausnahme bildete Friedrich von der

Trenck. Dieser empfahl sich in ihren Augen vor allem durch sein Mißgeschick. Er war aus seinem Vaterland vertrieben worden, und König Friedrich ließ ihn verfolgen. – Hinzu kamen die Klatschgeschichten bei Hofe, von denen Friedrich von der Trenck eine Unmenge auf Lager hatte, bereichert durch Berliner, Potsdamer und Charlottenburger Erlebnisse. Ihm standen alle Türen offen, selbst bei der Zarin.

Bald verschaffte ihm die Kanzlerin – seine neue Beschützerin – auch einen passenden Titel: Die Zarin ernannte Friedrich von der Trenck zum Hofkammerjunker.

Damit hatte er den goldenen Schlüssel, der ihm alle Türen öffnete. Kammerjunker der Zarin!! Vor dieser Würde machten die Höflinge tiefere Verbeugungen als vor einem Minister.

Außer diesem höfischen Amt mußte man aber für Friedrich auch noch eine Beschäftigung finden, die seiner Bildung und seiner glänzenden Begabung würdig war. Auch das gelang! Der Kanzler ernannte Friedrich zu seinem Sekretär.

In dieser Stellung gewann der vierundzwanzigjährige Jüngling vollen Einblick in die geheimnisvolle Maschinerie der gesamten europäischen Politik. Er las die streng geheime Korrespondenz und konzipierte sie auch zum großen Teil. Scharfer Verstand, Bildung und Sprachkenntnisse sicherten ihm den Erfolg. Ziemlich bald wurde er für den Kanzler unentbehrlich. Mit großem Fleiß bearbeitete er die unerledigten Akten und nahm sich dabei kaum Zeit zum Schlafen. Damit er seinen Aufgaben noch besser gerecht werden konnte, richtete man für ihn im Kanzlerpalais eine bequeme Wohnung ein, nahe den Gemächern der Kanzlerin.

Das war ja auch viel vernünftiger als über die Strickleiter zum Fenster hineinzusteigen.

In seinem neuen Amt blieb Friedrich weiterhin ein gern gesehener Gast, sowohl bei dem österreichischen als auch bei dem englischen Botschafter, die beide im Einverständnis mit Bestuscheff politische Ränke gegen den preußischen König schmiedeten.

Lord Hyndford blieb ein treuer Vertrauter und Ratgeber Friedrichs. Bei ihm hatte Friedrich sein ganzes Vermögen hinterlegt, das (nach den Angaben seiner Lebensbeschreibung) beim Tode der schönen Jelwira aus siebentausend Dukaten in bar bestanden hatte und nach seiner dreimonatigen Staatstätigkeit trotz verschwenderischer Lebensweise auf achttausend Dukaten angewachsen war. Ein Beweis dafür, daß die Ministerialsekretäre zu jener Zeit in Rußland sehr gut bezahlt wurden.

Unser junger Held gesteht auch ganz offen, daß er von seiner Protektorin ansehnliche Summen bekam, fügt aber hinzu, daß er diese

Beträge zum größten Teil dem verschwenderischen Sohn der Gräfin Anna lieh und damit verlor.

Tat er das wirklich, so erfüllte er damit eigentlich nur Vaterpflichten.

VII.

Wie wird Vaterlandshaß geboren?

Vaterlandshaß?

Schimäre!! Paradoxon!!

Ein Wort, das im Wörterbuch keines Volkes vorkommt.

Und gerade in Rußland, wo Vaterlandsliebe gleichbedeutend ist mit Gesetz und Religion, wo sie unter Zepter und Kantschu mit barbarischer Urkraft herrscht.

Was russische Treue bedeutete, konnte Friedrich von der Trenck anhand der Geschichte der Familie Bestuscheff, so wie sie ihm die schöne Anna in den Stunden trauten Beisammenseins erzählte, am besten begreifen.

Der Kanzler hatte einen älteren Bruder, Franz Bestuscheff-Rumin.

Dessen Gemahlin und die Fürstin Lapuchin hatten sich einmal in verletzender Weise über die körperlichen Reize der Zarin Elisabeth geäußert.

Dafür hatte die Zarin die beiden Fürstinnen lebenslänglich nach Sibirien verbannt. Vorher noch waren die beiden Damen halbnackt vor aller Öffentlichkeit auf dem Markt mit der Knute ausgepeitscht worden, und man hatte ihnen die Zunge abgeschnitten.

... Und der Gatte dieser verstümmelten und ausgepeitschten Frau war weiterhin im Dienst der Zarin geblieben. Elisabeth hatte ihn mit dem wichtigsten Botschafterposten am Wiener Hof betraut. Friedrich von der Trenck war dem Fürsten Bestuscheff-Rumin während seines Aufenthaltes in Wien wiederholte Male begegnet.

So ein Ungeheuer war die Treue bei der russischen Nation.

... Und jetzt folgt eine recht alberne Geschichte, die nur den einen Zweck hat, den Menschen zu ärgern.

Der preußische Gesandte in Moskau war zu dieser Zeit ein gewisser Freiherr von der Goltz.

Um die Freundschaft des im Aufstieg begriffenen russischen Reiches buhlten alle europäischen Länder. Sämtliche auswärtige Gesandte beeilten sich, dem Kammerjunker der Zarin wärmstens die Hand zu drücken.

Auch Herr von der Goltz versuchte, ihn zu gewinnen. Friedrich von der Trenck aber trat drei Schritte zurück und bedankte sich für die Freundlichkeit.

Damit verärgerte er seinen Landsmann mehr als mit dem seinerzeitigen Danziger Scharmützel, für das Goltz den Zarenhof vergebens um Satisfaktion gebeten hatte. Er hatte damals zur Antwort bekommen, nicht einmal das englische Parlament hätte die Macht, erhaltene Stockschläge zu nicht erhaltenen Stockschlägen zu erklären.

Und der Einfluß des verbannten Trenck beim russischen Hof wuchs ständig.

Um dem ein Ende zu bereiten, dachte sich Herr von der Goltz eine sehr niedrige, kindisch dumme Intrige aus.

Lord Hyndford, der die Geschicklichkeit Trencks im Zeichnen, besonders im architektonischen Zeichnen, kannte, bat diesen, ihm einen Riß von Kronstadt mit Hafen und Schiffen zu zeichnen. Er selbst gab Trenck dazu als Grundlage den gestochenen Grundriß und drei andere Zeichnungen von Schiffen, die in jeder Buchhandlung für zwei Rubel erhältlich waren.

Nach diesen Vorbildern schuf Friedrich von der Trenck – ohne daß er jemals an diesem Ort gewesen wäre – eine stimmungsvolle Zeichnung, die ein authentisches Bild von Kronstadt gab.

Lord Hyndford ließ sich das Bild einrahmen und in seinem Zimmer aufhängen.

Eines Tages besuchte ihn der sächsische Gesandte, Herr von Funk. Er sah die Trenckschc Zeichnung, die ihm sehr gefiel, und bat den Lord, ihm dieses Bild für ein paar Tage zu leihen, damit er es kopieren lassen könne.

Während ein Maler in der Wohnung des Herrn von Funk die Trencksche Zeichnung kopierte, fand sich Freiherr von der Goltz bei ihm ein. Er betrachtete das Bild, lobte es sehr und die beiden Herren Gesandten bedauerten, wie schade es sei, daß ein so brauchbarer Mann wie Friedrich von der Trenck aus seiner Heimat verjagt worden wäre.

Schließlich bat Herr von der Goltz den Herrn von Funk, ihm zu erlauben, die Zeichnung für ein paar Tage mit nach Hause zu nehmen, er habe selbst ein solches Bild, das aber fehlerhaft sei, und er möchte es nach dieser Vorlage ausbessern. Herr von Funk übergab Herrn von der Goltz die Zeichnung.

Herr von der Goltz fuhr daraufhin im Schlitten, das Bild in der Tasche, geradewegs zu Bestuscheff.

„Eure Exzellenz nähren eine Schlange am Busen!"
„Nur eine?" fragte Bestuscheff mit sardonischem Lächeln.
„Wie man's nimmt. Möglich, daß es zwei sind. Aber die giftigste Viper ist dieser Trenck."
„Lassen Sie den bitte ungeschoren! Er ist ein Günstling der Zarin und der Hausfreund meiner Frau!"
„Er ist ein Verräter der Zarin! Und er ist der Geliebte der Kanzlerin!"
„Na, na, mein Herr! Das ist ein großes Wort!! Dafür müssen Sie einstehen!"
Da begann der Gesandte dem erregten Kanzler ein Märchen zu erzählen.
„Hören Sie, Euer Exzellenz, daß Friedrich von der Trenck ein Verräter ist, kann ich klipp und klar beweisen. Um diesem Abenteurer, der seinen König verraten hat, auf die Schliche zu kommen, habe ich ihn aufgefordert, mir streng geheim für zweihundert Dukaten Zeichnungen vom Kronstädter Hafen und den dortigen Befestigungsanlagen anzufertigen, und dieser Halunke hat den Sündenlohn angenommen. Hier ist die fertige Arbeit."
Damit legte er dem Kanzler die Trencksche Zeichnung vor.
Beim Anblick dieser Zeichnung geriet Bestuscheff in maßlose Wut. Er hatte ja keine Ahnung, worin sich ein Panorama von der Zeichnung einer Fortifikation unterschied. Was er hier vor sich sah, war für ihn ein flagrantes Delikt.
„Dem Gauner wird ein Prozeß gemacht, der bekommt den Kantschu zu spüren."
Das aber redete ihm Herr von der Goltz aus. Es hätte keinen Sinn, dem jungen Herrn den Prozeß zu machen, er wäre ein Günstling der Zarin, diese würde ihm wegen seiner schönen Augen bestimmt verzeihen. Am besten wäre es, Trenck des Nachts zu überrumpeln und, ohne daß jemand davon erführe, in eine geschlossene Troika zu setzen und nach Sibirien zu schicken.
„Bei dieser Gelegenheit könnten sich Eure Exzellenz wenigstens auch von der Wahrheit meiner zweiten Anklage überzeugen."
Mit diesen Worten steckte Herr von der Goltz das Bild wieder ein und entfernte sich.
Aber Graf Bestuscheff hatte – Teufel und Hölle! – keine Lust, jener anderen Anklage auf den Grund zu gehen. Er rannte sogleich in das Kabinett seiner Frau und schleuderte ihr, von Zorn erbittert, die Schmach ins Gesicht, die sie über das Haus gebracht habe, indem sie mit einem solchen hergelaufenen Verräter wie diesem Trenck Umgang pflege. Anna fragte ihn mit kalter Würde:

„Woher nehmen Sie Ihren Verdacht?"
„Ich hielt den Beweis in der Hand!"
„Was für einen Beweis?"
„Die Zeichnung von den Kronstädter Fortifikationen."
„Bin ich etwa die Kronstädter Fortifikation?"
„Die Kronstädter Fortifikation sind Sie leider nicht. Aber der Verräter dürfte nur durch Sie Gelegenheit erhalten haben, diese abzuzeichnen."
„Und warum sollte er das getan haben?"
„Weil er von Goltz zweihundert Dukaten dafür bekommen hat."
Da aber verlor auch die Kanzlerin die Geduld. Sie wußte es am besten, wieviel Geld Friedrich besaß und auf welch ehrliche Weise er es verdiente.
Sie debattierte nicht weiter mit ihrem Gatten, umfaßte ihn vielmehr und hob ihn hoch wie ein Kind (er war ja ein kleines schmächtiges Männchen), so trug sie ihn, wenngleich er sich sträubte, in sein Schlafzimmer hinüber, legte ihn dort auf die Bärenhaut und rief dann dem Kammerdiener zu: „Hol schnell den Chirurgen, er soll meinen Mann zur Ader lassen, sonst kriegt er noch einen Schlaganfall."
Frau Anna konnte sich das leisten, denn – um es mit einer deutschen Redensart auszudrücken – ihre Mittel erlaubten ihr das.
Sie ließ den Kanzler in seinem Zimmer weiter toben.
Selbst griff sie eilends zur Feder und schrieb Friedrich von der Trenck ein Billet.
„Freund, es droht Ihnen ein großes Unglück, schlafen Sie heute nicht zu Hause; bleiben Sie in Sicherheit bei Lord Hyndford bis zu näherer Aufklärung."
Mit diesem Brief schickte die Kanzlerin ihren Privatsekretär ins Palais des britischen Gesandten, wohl wissend, daß Friedrich bei ihm das Mittagessen einzunehmen pflegte.
Trenck teilte dem Lord die schleierhafte Botschaft der Kanzlerin mit.
Der Gesandte ließ sich sofort zum Kanzler fahren.
Kaum war er eingetreten, überhäufte ihn der Kanzler mit heftigen Vorwürfen, er habe einen Verräter in sein Haus geführt.
„Was hat Trenck getan?"
„Er hat heimlich die Fortifikationspläne von Kronstadt abgezeichnet und dem preußischen Gesandten den geheimen Plan für zweihundert Dukaten verkauft."
„Das ist unmöglich!" erklärte der Lord entschieden. (Er wußte, daß Friedrich mit Geld gut versorgt war, sein Geld war ja bei ihm, Hyndford, deponiert.) „Wer sagte das?"

„Goltz selbst! Er war bei mir. Er hat mir auch die Zeichnung vorgezeigt. Sie ist mit dem Namen des Zeichners signiert."

„Mit dem Namen des Zeichners signiert? Dann weiß ich vielleicht etwas darüber. Bitte, lassen Sie Herrn von der Goltz rufen, und er soll auch die Zeichnung mitbringen. Wenn es sich wirklich um eine geheime Planzeichnung handelt, dann ziehe ich meine Hand von diesem Verräter!"

Bestuscheff schrieb an Herrn von der Goltz und bat ihn, zu ihm zu kommen und die Planzeichnung mitzubringen. Der Gesandte ließ daraufhin ausrichten, er könne nicht kommen, ihm tue der Fuß weh.

Unterdessen unterrichtete Lord Hyndford den bei ihm Zuflucht suchenden Trenck: „Keine Aufregung! Es handelt sich nicht um Anna, nur um Kronstadt."

Da gewann auch Friedrich die Überzeugung von seiner Unschuld zurück: Er verließ gleich seinen Zufluchtsort und eilte zum Kanzler.

Lord Hyndford weilte noch beim Kanzler, als sich Friedrich melden ließ.

Der Gesandte schrie den Eintretenden mit echt britischem Trotz an:

„Trenck, rühren Sie sich nicht von der Stelle, kommen Sie mir nicht zu nahe, solange Sie sich nicht von dem Verdacht reingewaschen haben. Haben Sie heimlich den Fortifikationsplan von Kronstadt gezeichnet und an Herrn von der Goltz verkauft?"

„Ich habe ein Bild von Kronstadt gezeichnet, wozu mich Eure Exzellenz aufforderten; als Vorlage verwendete ich Skizzen, die man bei jedem Buchhändler kaufen kann. Die fertige Zeichnung gab ich Eurer Exzellenz – nicht für Geld, sondern aus dankbarer Hochachtung."

„Und wie sollte diese Zeichnung Herrn von der Goltz in die Hände geraten sein?" fragte der Kanzler.

Lord Hyndford bedeutete Friedrich mit einem Zeichen, er möge schweigen, während er selbst dem Kanzler etwas ins Ohr flüsterte. Daraufhin forderte Bestuscheff Trenck auf, ins Nebenzimmer zu gehen und dort zu warten, bis man ihn rufen lasse. Den Schlüssel im Türschloß drehte er herum.

Während Friedrich in Zimmerarrest war, erzählte Lord Hyndford Bestuscheff die ganze Geschichte von der Kronstädter Zeichnung. Der Kanzler ließ den sächsischen Gesandten, Herrn von Funk, zu sich bitten, und auch den holländischen Gesandten, Herrn Schwart. In Gesellschaft dieser beiden Herren begab sich Lord Hyndford zu Herrn von der Goltz, um Aufklärung zu fordern.

Zu allererst forderte Funk von Goltz die Zeichnung zurück, die er ihm geliehen hatte. Als er diese in der Tasche hatte, sagte Hyndford zu

Goltz, er möge ihnen nun die Planzeichnung zeigen, die ihm Trenck für zweihundert Dukaten verkauft habe.

Der Gesandte stotterte und stammelte, rückte aber schließlich mit der Sprache heraus:

„Ich habe Befehl von meinem König, zu verhindern, daß der Trenck sein Glück in Rußland macht, und habe die Pflicht eines Ministers erfüllen wollen."

„Bitte, das dem Herrn Sekretär in die Feder zu diktieren."

Die drei Diplomaten hatten auch den ersten Sekretär des Kanzlers mitgebracht, und dieser protokollierte nun die Erklärung des Herrn von der Goltz.

„Im übrigen, meine zweite Anklage: das Rendezvous mit der hochgestellten Dame im Kremlgarten unter den Hainbuchen, halte ich aufrecht."

Der Sekretär schrieb auch das getreulich nieder.

„Bitte, das zu unterschreiben", sagte Lord Hyndford, und Herr von der Goltz setzte seinen Namen unter das Schriftstück.

„Ich bitte um ein Amtssiegel neben die Unterschrift."

(Die Oblate wollte auf dem Papier nicht richtig kleben.)

„Ich spucke darauf, dann wird es kleben", sagte Lord Hyndford, und er tat, was er sagte.

Mit dem Beweisstück kehrten sie ins Kanzlerpalais zurück.

Trencks Unschuld war voll und ganz bewiesen. Bestuscheff erkannte das Bild, es war dasselbe, das Herr von der Goltz ihm gezeigt hatte. Die Sache war ihm nun sehr peinlich, weil doch offenkundig geworden war, daß er eine Landschaft nicht von einer Planzeichnung unterscheiden konnte. Friedrich von der Trenck wurde aus dem Zimmerarrest entlassen, man gratulierte ihm und umarmte ihn. Auch Bestuscheff umarmte ihn, boxte ihn aber dann mit der Faust in den Rücken.

„Wegen dem Rendezvous unter den Hainbuchen haben wir noch ein Wörtchen zu reden, junger Herr!"

Friedrich von der Trenck mußte auch noch sein rittliches Ehrenwort geben, daß er Herrn von der Goltz, sofern er ihn träfe, nicht beleidige.

Bestuscheff behielt die Herren zu Mittag bei sich. Bei Tisch erschien auch die Kanzlerin und hörte sich mit gleichgültig kühlem Gesicht den Vortrag des Lords und der beiden anderen Gesandten über Herrn von der Goltz' Intrigen an. Sie tat, als erfahre sie lauter Neuigkeiten. Dabei war doch sie die Retterin gewesen, denn hätte sie den Pferden des Schicksals nicht in die Zügel gegriffen, würden diese jetzt schon mit dem jungen Herrn Friedrich in Richtung Ural galoppieren.

Nur Bestuscheff brummte noch leise ein paar Worte dazwischen.

„Na ja, aber die Geschichte unter den Hainbuchen …"

Das Mahl war noch im Gange, als der Hofmeister der Zarin den Saal betrat und dem Kanzler einen eigenhändigen Brief der Zarin überreichte.

Die Gäste erhoben sich und hörten stehend den Inhalt des Briefes an. Er war an den Kanzler gerichtet. Die liebenswürdige Monarchin gab angesichts der Beschuldigungen, die man gegen ihren getreuen Anhänger, Friedrich von der Trenck, erhoben hatte, ihrer tiefsten Empörung Ausdruck. Als Trostpflaster für die unschuldig erlittene Verfolgung verfügte die Zarin, Trenck aus der Staatskasse zweitausend Rubel auszuzahlen, und sie sprach den treuen Jüngling für alle Zeiten von dem Verdacht der Spionage frei.

„Es lebe die Zarin!" klang es von allen Seiten.

Man reichte Friedrich von der Trenck den Brief, möge er den Namen der Monarchin küssen.

Der Kanzler fand urplötzlich seine gute Laune wieder. Er klopfte Friedrich auf die Schulter.

„Schon gut, Trenck! Spazieren Sie nur weiter unter den Hainbuchen des Kremls. Wir wollen kein Wort mehr darüber verlieren."

… Und all das hörte sich die schöne Gräfin Anna mit dem Gleichmut einer Göttin an.

Dieses mißlungene Ränkespiel hatte also allem Anschein nach ein amüsierliches Ende genommen, ließ aber in den Gemütern der Beteiligten ein tiefsitzendes Unbehagen zurück.

Aus dem Tagebuch des Friedrich von der Trenck erfahren wir, daß die schöne Frau Anna wegen dieses unritterlichen Verrats an Herrn von der Goltz mit einem Insult Rache nahm, der sich gar nicht niederschreiben läßt. Der Gesandte Freiherr von der Goltz wurde nach dieser Begebenheit schwer krank und starb bald darauf. Sein Tod blieb ein ungelöstes Rätsel.

Die gemeine Intrige hatte aber auch das Gemüt des Friedrich von der Trenck aufgewühlt.

So ließ denn König Friedrich ihn, seinen einstigen Günstling, auch noch in fremdem Land verfolgen und erlaubte seinen Gesandten, das ausgesuchte Objekt seines Grolls ins Unglück zu stürzen!

Trenck schrieb in seinen Aufzeichnungen: „Aufgebracht über den Goltzischen Streich hätte ich damals mein Vaterland in eine Wüstenei verwandelt, falls die Gelegenheit sich zum Willen gefügt hätte."

Friedrich von der Trenck war also bereit, den Säbel gegen die Fahnen Preußens zu zücken.

Der Vaterlandshaß war geboren.

Und die Gemütsbewegungen, die Tag für Tag hinzukamen, gaben diesem Ungeheuer fortgesetzt Nahrung.

Der Stachel der Eifersucht saß auch im Herzen des Kanzlers. Von dieser Zeit an verfolgte er nicht nur mit eigenen Augen jeden Schritt seiner Gemahlin und Trencks, er beauftragte auch Spione damit. Die beiden konnten sich kaum noch andernorts als im Kremlgarten oder im Palais Lord Hyndfords oder ab und zu bei dem österreichischen Gesandten Graf Bernes treffen. Hier hatten die Spione des Kanzlers keinen Zutritt.

Eifersucht und Verdruß übten sogar Einfluß auf die russische Politik aus. Bestuscheff grollte Lord Hyndford und Bernes, weil sie das Liebesverhältnis zwischen seiner Gemahlin und Friedrich unterstützten. Diese beiden fanden zwar keinen Spaß daran, das Glück zweier liebender Herzen zu fördern, wohl aber hatten sie ihre politischen Ziele: Sie wollten Zarin Elisabeth für ein Waffenbündnis mit England und Österreich und obendrein für einen gemeinsamen Feldzug gegen Preußen gewinnen. Den sichersten Weg zu diesem Ziel sahen sie in der Vermittlung durch die Kanzlerin, deren Haß gegen Preußen durch ihre Leidenschaft für den von König Friedrich unwürdig verfolgten jungen Mann am besten geschürt wurde.

Der vierundzwanzigjährige Jüngling wurde zum Angelpunkt der europäischen Politik, um den sich gezwungenermaßen die gesamte Diplomatie drehte.

Auch die Zarin verwöhnte den jungen Mann; sie verheimlichte ihm nichts.

So drehte sich denn auch die russische Diplomatie um diesen unbewußten politischen Angelpunkt.

Kanzler Bestuscheff wandte sich im kalten Zorn seiner Eifersucht von den bisherigen Verbündeten, den Briten und den Österreichern, ab und näherte sich Preußen. Gräfin Anna, die ebenfalls ihre Geheimpolizei hatte, erfuhr von allen geheimen Plänen ihres Gemahls. Auch der Kriegsminister Apraxin war in diese Pläne eingeweiht.

Der Geheimplan bestand darin, daß sich Rußland dem englischen, österreichischen und später auch französischen Bündnis anschließen und eine starke Armee unter Apraxins Führung gegen die Preußen einsetzen wollte. Beim ersten Geplänkel mit den Preußen sollte Apraxin so tun, als hätte er eine wichtige Schlacht verloren; er würde sich zurückziehen und die Österreicher sich selbst überlassen, die ohne die Vermittlung der Russen weder mit den Engländern noch mit den Franzosen eine Verbindung aufrechterhalten konnten.

Von diesem Komplott erfuhr Frau Anna und deckte es natürlich

Friedrich von der Trenck auf, so daß dieses Kind schon im vorhinein wußte, wie der nächste große Krieg ausgehen würde.

Friedrich von der Trenck stand an einem gefährlichen Abhang. Er ließ sich in einem ganz Europa ergreifenden diplomatischen Ränkespiel mißbrauchen, bei dem ihm die traurige Rolle zufiel, Feind seiner eigenen Heimat zu werden. Wäre sein coriolanischer Vaterlandshaß nur in der Form ausgebrochen, daß er dem Feind sein Schwert angeboten hätte, läge darin noch etwas von brutaler Ritterlichkeit: Die Heldentat läßt ihre Motive vergessen. Aber ihm war die Rolle des Ephialtes bestimmt: Er sollte die feindlichen Legionen gegen seine Landsleute anführen! Er half, den Haß der Zarin gegen die Preußen zu schüren. Der Kronprinz und spätere Zar Peter III. war ein ausgesprochener Gegner der Politik, die Rußland in einen Kampf gegen die Preußen verwickelte. Das wußten sowohl Bestuscheff als auch Apraxin. Aber die Zarin bat den Thronfolger nicht um Rat. Sie stand ganz unter dem Einfluß der Kanzlerin, die sich wiederum unerbittlich an König Friedrich rächen wollte, wegen der Schmach, die der preußische Gesandte Goltz ihr angetan hatte.

So wirkten der Kanzler und seine Gemahlin an zwei gegensätzlichen politischen Intrigen mit.

Diese hohe Komödie sollte besonders tragisch enden.

Fünf Jahre später kam es tatsächlich zu dem großen Feldzug gegen König Friedrich, an dem außer den Russen auch die Österreicher und die Franzosen beteiligt waren. General Apraxin führte eine mächtige Armee gegen Preußen und errang bei Groß-Jägersdorf einen Sieg über König Friedrich. – Um die gleiche Zeit wurde Zarin Elisabeth von einer tödlichen Krankheit befallen. Mit kühnem Entschluß schickte Bestuscheff Apraxin den Befehl hinterher, nicht weiter vorzudringen, vielmehr die ganze russische Armee nach Rußland zurückzuführen. Er hoffte nämlich, dadurch die Gunst des Thronfolgers zu gewinnen, der für den König von Preußen Stellung nahm. Während nun Apraxin mit seinen Truppen heimwärts marschierte, genas Zarin Elisabeth von ihrer tödlichen Krankheit und übernahm wieder die Regierung.

Als die Zarin erfuhr, daß ihre Günstlinge – mit dem Tod der Herrscherin rechnend – eine so verhängnisvolle Wendung im Feldzug herbeigeführt hatten, ließ sie in ihrem Zorn die beiden Sünder vor das Kriegsgericht stellen, wo die Richter sie zum Tode verurteilten. Elisabeth milderte die Strafe auf Verbannung. Gräfin Anna folgte ihrem Gatten nach Sibirien, wo sich Alexej Petrowitsch Bestuscheff, seines Ranges und seiner Auszeichnungen beraubt, mit der Sammlung frommer Bibelzitate beschäftigte, während sein Bruder Franz Bestuscheff-Rumin eine Apotheke führte. (Er wurde der Erfinder der berühmt-berüchtigten Bestuscheff-Tropfen, auch Goldtropfen genannt, die jede Art von Migräne heilten.) – Wäre Friedrich von der Trenck, der in Verbindung mit diesen mächtigen Personen zu Macht und Ansehen gekommen war, noch hier am Ort von dem großen Kataklysmus ereilt worden, sein Stern wäre ebenso erloschen, wie der der anderen. Er hätte verloren, was unersetzlich ist: die Ehre!

Doch Friedrich von der Trenck hatte das Glück, früher vom Unglück ereilt zu werden.

VIII.

Kreuz und quer durch die Welt

Während der jüngere Trenck am russischen Hof stark in diplomatische Ränke und Liebesaffären verwickelt war, bereitete der ältere Trenck im Arrest auf dem Spielberg seinem ruhelosen Leben ein Ende. Auch sein Sterben war eine grausame Komödie. Mit dämonischer Bösartigkeit richtete er es so ein, daß sein Tod noch eine Fortsetzung hatte und seine Seele, auf dem Grabstein hockend, über die Qualen seiner Nachfolger lachen konnte.

Zuvor errichtete er ein vorschriftsmäßiges Testament, in dem er (mit dem Einverständnis der ungarischen Königin) seinen lieben Vetter zum Universalerben all seiner weltlichen Güter einsetzte. (Nachdem es ihm nicht gelungen war, „den lieben Vetter" meuchlings ermorden zu lassen.)

Als das Testament abgefaßt war, sagte er lachend zum Kommandanten Kottulinsky:

„Jetzt sterbe ich mit der Freude, daß ich meinen Vetter noch nach meinem Tode schikanieren und unglücklich machen kann."

Danach wurde er fromm und legte die Mönchskutte an. Dieser Mensch, der sein ganzes Leben ein Atheist gewesen war, Kirchen ausgeraubt und Geistliche gepeinigt hatte, wurde auf einmal gottesfürchtig, sagte die Stunde seines Todes voraus und ließ den Beichtvater rufen. Noch am selben Tag vergiftete er diesen mit Aqua tofana, am nächsten Tag sich selbst. So würde seine Seele noch einen Grund haben, vom Grabstein herab die Leute auszulachen, die herbeipilgern würden wie zu dem Grab eines wundertätigen Heiligen.

Franz von der Trenck hatte also eine höllische Komödie geschrieben, und der Held, für den er sich die Titelrolle ausgedacht hatte, mußte nur noch seine Rolle spielen.

Die Wiener Hofkanzlei schickte das Trenckscher Testament nach Moskau mit der Aufforderung, der Erbberechtigte möge die Erbschaft antreten und die hinterlassenen Güter in Besitz nehmen.

Friedrich von der Trenck wußte sehr wohl, daß das Gesetz eines jeden Landes vorschrieb, nur derjenige könne Güter besitzen, der in dem Land Heimatrecht genoß. Wer in Ungarn Gutsherr werden wollte, mußte auch ungarischer Edelmann werden. Folglich war er gezwungen, seine vielversprechende russische Karriere, seine interessante Rolle in der hohen Politik, die mächtigen Protektoren und die noch mächtigeren Protektorinnen mit all den genußreichen Abenteuern aufzugeben. Er mußte Moskau gegen Wien vertauschen. Wien wiederum kannte er gut genug; er hatte nichts Liebenwertes an dieser Stadt gefunden. Das Schicksal seines Vetters war für ihn ein ziemlich abschreckendes Beispiel. So hätte er also auch wissen müssen, welch ein Fluch auf den Gütern seines Vetters lastete. Was er nicht wissen konnte, war die Zahl der Prozesse, die damit verbunden waren.

Zunächst lehnte Friedrich die Erbschaft ab. Doch Lord Hyndford und Graf Bernes redeten ihm solange zu, bis er sich schließlich entschloß, das Erbe anzutreten.

Ein Millionenerbe! Ungezählte Schätze! Bargeld zuhauf! Drei große Herrschaften mit Burgschlössern in Ungarn!

Lord Hyndford überzeugte Friedrich, indem er die Sehnsucht nach Frieden in ihm weckte. Ungarn sei Urheimat der Freiheit, ebenso wie England. Der ungarische Edelmann sei in seinem Schloß ein kleiner König! Im russischen Reich dagegen sei der höchste Staatsmann, der reichste Knjas nicht davor geschützt, daß ihn Intrigen, eine Laune der Zarin aufs Schafott oder an den Schandpfahl bringen: Zuerst die Knute, dann Sibirien. Es war doch auch für ihn schon beschlossen gewesen – nicht als Urteil, allein durch den Zorn eines Eifersüchtigen Gatten –, daß er dorthin kommen sollte, und nur eine Frau hatte ihn davor bewahrt.

Das entschied. Friedrich wollte der Zitation der ungarischen Hofkanzlei nachkommen und ersuchte bei der Zarin um seine Entlassung.

Die Zarin wollte ihn eigentlich nicht gehen lassen und noch weniger die Kanzlerin. Gräfin Anna hielt ihn in ihren Armen fest und suchte ihn mit heißen Küssen zu fesseln, aber Friedrich riß sich los. Er versprach zurückzukommen. Die schöne Anna schenkte ihm ein mit Diamanten besetztes Medaillon mit ihrem Miniaturporträt und eine mit Brillanten verzierte Tabatière. Schnupftabak war bei den Damen und jungen Herren in Mode.

Friedrich reiste von Moskau nach St. Petersburg: dort suchte ihn ein Wechsler auf und händigte ihm einen Abschiedsbrief der Kanzlerin aus. Dem Brief war ein Wechsel über viertausend Rubel beigefügt. Es sollten die Reisespesen für den scheidenden Geliebten sein. Friedrich küßte den Brief und verbarg ihn in seiner Brusttasche; die viertausend Rubel aber schickte er mit Dank zurück.

Er hatte Geld genug, Geschenke von schönen Frauen, hochgestellten Damen.

Vier Bediente nahm er mit auf die Reise: die beiden Reitknechte Janko und Branko sowie einen russischen Jäger und einen kalmückischen Kutscher. Eigentlich waren sie alle vier nicht nötig, denn er wollte ja mit einem Schiff segeln.

Zuerst begab er sich nach Stockholm, wo ihn die schwedische Königin sehr herzlich empfing. Als Schwester von König Friedrich kannte sie Friedrich von der Trenck noch aus Berlin. Er hatte bei ihrer Hochzeit die Ehre gehabt, sie als Offizier der Gardeducorps zu eskortieren. Und gewiß kannte die Königin den jungen Mann auch durch Prinzessin Amalie. Ein Zeichen dafür war ihre Ermahnung, er möge sich nicht zu lange in Stockholm aufhalten, es könnte Unannehmlichkeiten mit dem Berliner Hof geben.

So reiste Friedrich weiter nach Kopenhagen, wo er einen alten Freund traf, dem er aus dem Elend half. Dann ging es mit einem Schiff, das Getreide geladen hatte, nach Holland.

Auf See kam ein Sturm auf, und das Schiff verlor den Besanmast und Bugspriet. Zum Glück konnte es zwischen den Klippen bei Gothenburg Anker werfen.

Neun Tage hielt der Sturm das Schiff dort fest.

Friedrich vertrieb sich währenddessen die Zeit damit, daß er mit seinen vier Bedienten in der Schaluppe des Schiffes von Klippe zu Klippe fuhr, Seekrebse und Kabeljau fing, Rochen stach und Enten schoß, was er dann an die Seeleuten auf dem Schiff als Proviant verteilte.

Die Felseninseln waren von armen Leuten bewohnt. Die Männer waren Fischer, die Frauen bestellten den kargen Boden. Eben in diesem Jahr war die Ernte schlecht ausgefallen. Die Inselbewohner litten Hunger.

Friedrich von der Trenck kaufte vom Schiffer etwa hundert Sack Roggen, brachte das Korn mit der Schaluppe zu den Inseln und verteilte es unter den Bewohnern. Auch das gehört zu den herrschaftlichen Launen.

Auf einer größeren Felseninsel gab es sogar eine Kirche. Der Geistliche litt ebenso Hunger wie das Volk. Friedrich schenkte ihm ein paar hundert Gulden. So viel auf einmal hatte der Arme in seinem ganzen Leben noch nicht gesehen.

Kein Wunder, daß die beschenkten Leute ihm Segenssprüche nachriefen.

Der Sturm schien allerdings von solchen Dankbarkeitsäußerungen keine Kenntnis zu nehmen, denn er warf sich mit solcher Wucht auf das heimkehrende Boot, daß es überschlug.

Friedrich verdankte nur seinem Bedienten Janko, daß er nicht ertrank. Der faßte ihn im letzten Moment bei der Hand und zog ihn auf eine Steinklippe.

Der russische Jäger und der Kalmückenkutscher verloren ihr Leben. Sie konnten nicht schwimmen.

Friedrich wurde krank und fühlte sich einige Tage lang mehr tot als lebendig. Endlich, am fünfzehnten Tag, kam das Schiff glücklich in Amsterdam an. In der Tat, Seereisen waren damals noch kein vollkommenes Vergnügen!

Warum Friedrich von der Trenck diese große Rundreise über Stockholm, Kopenhagen und Amsterdam zurücklegte, um nach Wien zu gelangen? Der Grund dafür mag wohl in jugendlicher Abenteuerlust und auch ein wenig im Hang zur Prahlerei gelegen haben. Er verschwendete unterwegs furchtbar viel Geld, schluckte Meereswasser und wurde seekrank, aber etwas Vernünftiges lernte er nicht dazu.

Er hatte sogar ein paar überflüssige Abenteuer. So hieb er einem Walfischjäger, einem berühmten Streithahn, die rechte Hand ab und ließ sich von einem fragwürdigen Gentleman, den er großmütig bewirtete, bestehlen. Es wäre besser gewesen, hätte er den Walfischjäger bewirtet und dem Gentleman die Hand abgeschlagen.

Schließlich traf er nach seiner großen Odyssee, die ihn durch halb Europa führte, in Wien ein.

Als erstes ersuchte Friedrich von der Trenck um eine Audienz bei der ungarischen Königin. Maria Theresia empfing ihn sehr gnädig und ließ ihn wissen, sie gebe ihre allerhöchste Einwilligung dazu, daß er die Erbschaft seines Vetters antrete. Das Judicium delegatum für die Hinterlassenschaftsverhandlung sei schon angeordnet.

Friedrich glaubte, es würde in Wien alles so sein wie in Moskau. Er brauchte sich nur zu zeigen, und schon würden alle Leute ihm Reverenz erweisen. Das um so mehr, da er hier als ein wirklicher ungarischer Magnat, der Erbe dreier Herrschaften und einer berühmten Schatzkammer auftreten konnte.

Sein Hochmut wurde aber durch den Präsidenten der Gerichtskommission in Sachen Trenck, der ihn mit der wirklichen Lage der Dinge bekannt machte, erheblich gedämpft. Erstens hatte der Erblasser Legate im Werte von über achtzigtausend Gulden für allerlei fromme Zwecke bestimmt, die seine Schatzkammer empfindlich belasteten. Des weiteren waren nicht weniger als dreiundsechzig Prozesse anhängig, und solange diese nicht erledigt waren, konnte die Erbschaft nicht in Besitz genommen werden. Gelang es aber den Klägern, ihre Ansprüche durchzusetzen, dann blieb in der Schatzkammer nichts mehr übrig.

Das war der große Spaß, über den Franz von der Trenck noch eine Stunde vor seinem Tode so gut hatte lachen können. Was für ein Gesicht wird mein Herr Vetter machen, wenn er erfährt, daß er dreiundsechzig Prozesse gewinnen und sich wie ein Wild vor einer ganzen Meute Bluthunden retten muß.

Eine Erbschaft von einer Million Gulden, beschwert durch dreiundsechzig Advokaten!

Friedrichs erster Gedanke war, die ganze Erbschaft dem Gericht vor die Füße zu werfen, aus Europa zu flüchten und nach Ostindien zu gehen. Und das war ein vernünftiger Gedanke! Wäre er nur dabei geblieben. In Ostindien hätte er sogar Vizekönig werden können.

Zu seinem Unglück traf aber gerade sein guter Freund aus Moskau, der Gesandte Graf Bernes, in Wien ein, der irgendwelche Angelegenheiten in Mailand zu erledigen hatte. Bernes redete ihm wieder zu, das Testament seines Vetters Franz einstweilen so, wie es beschaffen war, anzunehmen; er würde schon mit der Königin sprechen und Friedrich aus der unangenehmen Situation befreien. Er sprach auch bei Hofe vor und kehrte mit den größten Versprechungen zurück. Nun war Friedrich beruhigt. Graf Bernes sicherte ihm zu, nach seiner Rückkehr aus Mailand die Sache in Wien sogleich in die Hand zu nehmen und die Trencksche Erbschaftsmasse zu befreien. Er wollte nicht eher nach Moskau zurückkehren, bis sein junger Freund nicht die Herrschaften Pakrac, Prestovac und Pleternica erhalten habe.

Da bat Friedrich dann doch, in das Testament seines Vetters Franz Einsicht nehmen zu dürfen, das er bis dahin noch gar nicht gesehen hatte.

Nun kamen erst die Überraschungen. An den Nachlaß des Franz von der Trenck waren drei Bedingungen geknüpft.

Erstens, der Universalerbe müsse die katholische Religion annehmen. (Die Trencks waren Lutheraner.)

Zweitens, er sollte keinem anderen Herrn als dem Hause Habsburg dienen.

Drittens, die ganze Hinterlassenschaft mußte ein Fideikommiß sein.

Diese Bedingungen lasteten noch schwerer auf der Millionenerbschaft als die dreiundsechzig Prozesse.

Noch einmal zeigte das gute Schicksal Friedrich von der Trenck einen Weg aus dem Labyrinth.

Kaum war Graf Bernes aus Wien abgereist, traf Friedrich bei einer Abendgesellschaft des pfälzischen Gesandten den preußischen Gesandten, der ihn mit zuvorkommender Freundlichkeit zu einer Fensternische führte und ihm antrug, in sein Vaterland zurückzukehren: König Friedrich habe alles Vergangene vergessen, und Friedrich von der Trenck sei gerechtfertigt. Der Gesandte machte von seiner ganzen Überredungskunst Gebrauch. Er versicherte Friedrich die Amnestie des Königs und appellierte an seine Vaterlandsliebe. – Friedrich von der Trenck blieb unerschütterlich.

Der Gesandte versuchte Friedrichs Ehrgeiz zu wecken: König Friedrich würde ihn zum Kommandeur eines seiner Kavallerieregimenter machen, eine glänzende militärische Karriere stehe ihm in Preußen bevor: hier, in Wien hingegen könne er lange warten, bis er einen überflüssigen Posten bekäme, und dann würde es auch dabei bleiben. Er könne ja am Beispiel seines Vetters sehen, wie in Österreich die Verdienste auf dem Schlachtfeld belohnt würden. – Friedrich ließ sich nicht überreden.

Schließlich berührte der Gesandte den empfindlichsten Punkt. Er sprach zu Friedrich von Liebe, von der einzigen echten, erhabenen Liebe, von seinem Schutzengel, der auch heute noch für ihn bete. – Friedrich wiederstand noch immer!

Die verdammte Million hielt seine Seele gefangen.

Friedrich wies das Angebot des Gesandten, die königliche Gnade zurück und erklärte sich damit offen zum Feind seines Vaterlandes.

Das war sein größter Fehler und seine größte Sünde. Das brachte den endgültigen Bruch in seinem Schicksal.

Friedrich mußte es sich später selbst eingestehen, und er überschüttete sich im Alter mit schweren Vorwürfen: Warum nur hatte er diese Schicksalswende nicht angenommen, warum nur hatte er seine ganze Jugend, seine besten Lebensjahre zunichte gemacht!

Wegen einer Million!

Doch die Millionenerbschaft war an die Erfüllung der im Testament gestellten Bedingungen geknüpft. Zu allererst an den Übertritt zur römisch-katholischen Konfession.

Sonderbare Widersprüche kamen im Charakter des Friedrich von der Trenck zum Vorschein. Vor diesem einen Schritt zögerte er.

Er, der dem Trugbild einer Million zuliebe die Vaterlandsliebe verleugnete, den Ehrgeiz hintenansetzte und auf seine Liebe verzichten konnte, war nicht imstande, sein Glaubensbekenntnis zu ändern. Zu Dreiviertel konnte er schwach werden, nur zu einem Viertel zeigte er sich stark.

Doch, um nicht wegen dieses einen Viertels die verlockende Million zu verlieren, erlaubte er sich den Spaß, einen Kapuziner zu bestechen, und der gab ihm ein Attest, wonach er bekehrt und in den Schoß der katholischen Kirche aufgenommen worden sei. Dadurch war der Form Genüge getan. Ein solcher Betrug konnte aber nicht geheim bleiben. Deshalb wurde Friedrich von der Trenck in der Folgezeit von allen Seiten gehaßt und verfolgt. Diese Hypokrisie, diese Komödie mit der Konfessionszugehörigkeit wurde sowohl von der einen wie auch von der anderen Partei verurteilt. Damit schuf sich Friedrich ein Sibirien in allen Herzen seiner Umgebung.

Der höhnische Geist des Franz von der Trenck umflatterte ihn auf seinen Wegen.

War es vielleicht sogar derselbe böse Geist, der dem Grafen Bernes Aqua tofana mitgab, um ihn unterwegs in Italien zu töten? Die lieben Gevatter erfanden zumindest diese Methode des freundlichen Ausgleichs: Er wurde vergiftet.

Der plötzliche Tod von Bernes beraubte Friedrich von der Trenck seines einzigen wahren Freundes, der Einfluß beim österreichischen Hof besessen hatte.

Übrig blieben an seiner Statt dreiundsechzig Feinde: so viele Prozeßgegner fochten die Erbschaft an; hinzu kamen deren durchtriebene Anwälte, die bestochenen Richter, die unredlichen Sachwalter und die findigen Hochstapler, zu denen sich dann noch die eifernden Geistlichen, die hochmütigen Höflinge und die mißtrauischen Diplomaten gesellten.

Es gehörten wirklich der Mut eines Märchenhelden und die Unbesonnenheit eines Kindes dazu, so wie Friedrich von der Trenck in die Höhle dieser Ungeheuer einzutreten.

Hier entwickelte er sich dann allmählich zu der verhaßten und lächerlichen Figur eines Wiener Prozeßhelden, der von Tür zu Tür rannte, zum Gericht, zum Statthalterrat und zum Kanzler, der an alle Türen klopfte, bettelte und fluchte, Türsteher bestach, und wenn er doch nicht eingelassen wurde, den Exzellenzen vor den Türen auflauerte, um sie dort abzufangen, der auf allen Wegen den Herren und Narren die erlittene Schmach klagte, präsentierte, allegierte, replizierte, appellierte und Gesetze zitierte, der die Geistlichen und Höflinge beschimpfte, der der Polizei in die Hände fiel, eingesperrt und wieder freigelassen wurde, der Wiedergutmachung verlangte, nicht erhielt und sich an Gott und die Welt wandte. Alle Leute ergriffen vor ihm die Flucht, schlossen Türen und Fenster, sobald sie ihn erblickten.

Zugleich vernachlässigte er auch seine äußere Erscheinung; eine Militäruniform besaß er nicht mehr; er trug die billigste bürgerliche Kleidung, um nicht mit den Gesetzen der „Kleiderordnung" in Konflikt zu geraten.

In solcher Aufmachung hatte er dann auch bei den Frauen kein Glück mehr. Allerdings blieb ihm gar keine Zeit, an Liebesabenteuer zu denken, er hatte ja jeden Tag einen Termin bei irgendeinem Richter, und wenn er nicht erschien, wurde er in contumatiam verurteilt. Sollte er vielleicht jetzt Gedichte schreiben?! Vor ihm lag das ungarische Corpus juris, das lernte er auswendig. Im Tripartitum, in den Edikten und im Labyrinth der Dekrete des ungarischen Königs war er besser bewandert als ein Tabularis fiscalis, und er mortifizierte die Wiener Richter noch damit, daß er sie über die ungarischen Gesetze belehrte.

Drei Jahre lang führte er diesen infernalen Totentanz auf! Die drei schönsten Jahre seiner Jugend verschwendete er mit diesen Prozeßstreitigkeiten.

Endlich geschahen Wunder. Nach drei Jahren gingen die Prozesse zu Ende. Es war kaum zu glauben! Drei Jahre! Das war doch eigentlich noch das Säuglingsalter im Leben eines Prozesses. In der Zeit hatte man die Schätze aus dem slawonischen Burgschloß seines Vetters einfach gestohlen. Jeder, der als Verwalter dorthin entsandt wurde, stahl etwas davon. Wurde ihm ein Kontrolleur zugesellt, dann stahlen sie zu zweit. Nichts blieb zurück, sie leisteten „saubere" Arbeit. Doch der Pandurenführer Franz von der Trenck hatte die Schätze ja selbst geraubt, sie waren fluchbeladen. Mochten sie entschwinden.

Eine halbe Million war dahin!

Schließlich wurden die Herrschaftsgüter doch freigegeben. Diese waren an sich schon eine Million wert. Ihre jährlichen Einkünfte beliefen sich bei der gegenwärtigen Bewirtschaftung auf über sechzigtausend Gulden. Das reichte immer noch aus, um den Herrn zu spielen.

Da traten die höheren Rechtsgelehrten auf die Bühne. Und sie sagten: Nein! Das geht so nicht! Franz von der Trenck habe zwar seine Güter dem Vetter testamentarisch vererbt, doch dieser könne die in Ungarn liegenden Herrschaften als Fremder nicht in Besitz nehmen. Dem fremden Erben stehe nur der Geldwert der ungarischen und slawonischen Güter zu.

Die Königin verfügte in einem Sonderedikt, daß die Trenckschen Güter verkauft werden müßten.

Es fand sich ein Käufer in der Person des damaligen königlichen Kammerpräsidenten Anton Grassalkovich, der im selben Jahr den Grafenrang erhielt und der für die Güter hundertfünfzigtausend Gulden zahlte.

So schrumpfte die Erbschaft von anderthalb Millionen auf hundertfünfzigtausend Gulden zusammen.

Ja, wenn es nur dabei geblieben wäre!

Es kamen aber noch die frommen Institutionen, denen der Verewigte Legate hinterlassen hatte: die mußten bezahlt werden.

Nach diesen Abzügen verblieben Friedrich von der Trenck noch sechsundsechzigtausend Gulden.

Als er diesen spärlichen Rest beheben wollte, gab man ihm zu verstehen, daß die geerbte Summe im Sinne des Testaments ein Fideikommiß bleibe. Ein solches wiederum könne nur ein in Ungarn Beheimateter beheben. So mußte Friedrich noch sechstausend Gulden für das Indigenat zahlen. Damit hätte er die ganze Sache anfangen sollen, wäre er nicht so halsstarrig gewesen.

So ging er gebrochen und zermürbt aus dem großen Erbschaftsfeldzug hervor.

Die Königin wollte Balsam auf seine schmerzenden Wunden träufeln und ernannte Friedrich von der Trenck zum Rittmeister eines ihrer Kürassierregimenter.

Friedrich bedankte sich für die Gnade, beschaffte sich eine Uniform und die nötigen Pferde und reiste zu dem Regiment, das in der schönen ungarischen Tiefebene, in der braven Stadt Kecskemét stationert war.

Dort konnte sich Friedrich von der Trenck dann ganz glücklich fühlen. Er genoß die ungarische Gastfreundschaft und besuchte ein Schlachtfest nach dem anderen. Es gab keine Hochzeit, kein Namensfest und keinen Geburtstag, die ohne ihn gefeiert wurden. Friedrich war sehr beliebt. Zwar bekam er von den schönen Damen keine mit Brillanten verzierten Tabatièren, doch um so schmackhafteren Käsekuchen.

Und er hätte klug gehandelt, wenn er nun, nachdem er dieses schöne Lebensziel erreicht hatte, dabei geblieben wäre und kein Wässerchen mehr getrübt hätte.

IX.

Das Mißgeschick beginnt

Zwischen den Kecskeméter Sandhügeln mit Windhunden jagen, im Schilf des Salzsees Enten schießen, ab und zu für die Soldaten Reitschule halten, lange Mittagessen bewältigen, kratzigen heurigen Wein trinken, aus der langstieligen Pfeife rauchen – das war das Leben jenes feurigen Jünglings, der schon als Achtzehnjähriger im Glanz des königlichen Hofes gestanden hatte, ein Günstling des Monarchen gewesen war, die Garde angeführt, mit guten Freunden und guten Feinden verkehrt und in hohen Berliner Kreisen mit den größten Gelehrten und Wissenschaftlern disputiert hatte, der in Moskau mit den allerhöchsten Diplomaten der Welt politische Ränke geschmiedet hatte und der jetzt hier Tag für Tag mit dem Prediger Schach spielte, dem einzigen Menschen, mit dem er auf lateinisch philosophieren konnte.

Gar nicht zu reden von dem verschwundenen Elysium! Die schönen fürstlichen Frauen, die romantischen, abenteuerlichen, zauberhaften Feen, die engelhafte Amalie, die dämonische Miranda, die traumhafte Jelwira und die göttliche Anna! Das Volk von Kecskemét war sittenstreng. In der Kirche saßen die Frauen von den Männern getrennt, und auch anderswo begegnete man ihnen nicht. War ein fremder Gast zugegen, nahm keine Frau unter Vierzig am Tisch Platz; die unverheiratete Tochter durfte nicht einmal ins Vorderzimmer, damit sie nicht eventuell durchs Fenster hinaussah.

Hier mußte nun der ruhelose Mann, dem die halbe Welt nicht genug war, sein Leben vertrödeln.

Wie oft verfluchte er dieses Kecskemét!

Und wie oft sollte er noch Abbitte tun wegen dieses Fluches. Später wünschte er sich, nur noch einmal zurückkehren zu können, in das Haus des braven Herrn Gyenes, wo es so feines Weißbrot, Speck und eine Karaffe Wermut gab.

Achtundzwanzig Jahre alt war Friedrich von der Trenck nunmehr, und er stellte verzweifelt fest, daß ihm jede Uniform zu eng wurde. Er hatte einen Bauch angesetzt, fast so ansehnlich wie der Herr Dorfschulze.

Eines Tages brachte ihm der Kurier einen Brief mit schwarzem Siegel. Sein Bruder teilte ihm den Tod der geliebten Mutter mit und rief ihn nach Danzig zur Regelung der Erbschaft.

Die Trauernachricht weckte in Friedrich gemischte Gefühle. Er vergoß Tränen um die geliebte Mutter und bekam zugleich ein freudiges Herzklopfen, da er nun einen Grund hatte, Kecskemét zu verlassen.

Sofort beantragte er beim Wiener Hofkriegsrat die Erlaubnis, zur Ordnung der Familienangelegenheiten Urlaub nehmen zu dürfen.

Sein väterliches Erbe hatte die preußische Regierung wegen Untreue konfisziert. Bezüglich der mütterlichen Hinterlassenschaft mußte er sich nun mit seinen Geschwistern einigen.

Es dauerte keine zwei Monate, und er erhielt die Erlaubnis zur Reise.

Ach, wie froh war er, als er der gastfreundlichen ungarischen Stadt Lebewohl sagen konnte!

Er plante, von Danzig aus – sobald er seine Angelegenheiten geregelt hatte – nach St. Petersburg zu segeln, wo eben der russische Hof residierte. Er würde die lange vermißten Gesichter wiedersehen und sie durch sein Erscheinen zum Strahlen bringen. – Vielleicht würde er sogar für immer dort bleiben?

Auch seine Wiener Feinde zogen diese Möglichkeit in Betracht. Sie hatten ihn so liebgewonnen, daß sie dafür sorgen wollten, ihn, sobald er einmal das Land verlassen hatte, nie mehr zurückkehren zu lassen.

Verleumderische Gerüchte wurden über ihn in Umlauf gesetzt. Man schrieb an die Berliner Regierung, Friedrich von der Trenck fahre nach Danzig, um einen Meuchelmord an dem König zu begehen. Der österreichische Gesandte in Berlin war Graf Puebla. Dessen Sekretär Weingarten ließ sich von den Intriganten als Komplize anwerben.

In Wien war beschlossene Sache, daß Friedrich von der Trenck während seines Danziger Aufenthaltes den Preußen in die Hände fallen sollte.

Und dieser mit soviel natürlichem Verstand gesegnete Hitzkopf ging tatsächlich auf dermaßen einfältige und dumme Weise in die Falle, daß er selbst zu seiner Rechtfertigung nichts anderes anführen konnte als seine grenzenlose Übermütigkeit.

Seine Brüder und Schwestern trafen fast gleichzeitig mit ihm in Danzig ein. Friedrich hatte sich auch bald mit ihnen geeinigt. Er überließ den Geschwistern gegen eine Barzahlung von siebentausend Talern seinen mütterlichen Erbteil und bekam das Geld auch gleich ausgezahlt.

Nun hätte er eigentlich aus Danzig sofort abreisen können, wohin es ihm beliebte: zurück nach Kecskemét oder nach St. Petersburg.

Warum in des Teufels Namen mußte er noch länger in Danzig verweilen?

Hätte er die Zeit damit verbracht, zum Grab seiner Mutter zu pilgern, hätte wohl sogar die tote Hand der Mutter die großen Gefahren von ihm abgewandt. Aber er selbst gesteht, daß er weiter in der Stadt blieb, um sich zu vergnügen. Danzig war als Hafenstadt immer voller Reisender, die sich gern amüsierten.

Friedrich gibt an, daß er in Danzig keinen einzigen Bekannten hatte. Die einzige Bekanntschaft schloß er von Amts wegen mit dem österreichischen Residenten Abramson.

Herr Abramson war ein geborener Preuße. Er war nie im Leben in Wien gewesen. Auch derzeit war er ein Untertan des preußischen Königs, den die Wiener Regierung auf Empfehlung des Grafen Bestuscheff zum kaiserlichen Residenten in Danzig ernannt hatte.

Und diesen Menschen hielt Friedrich von der Trenck für seinen Freund.

Es stimmt übrigens nicht ganz, daß er keinen anderen Bekannten in Danzig gehabt hätte. Er traf dort auch Herrn Reimer, jenen preußischen Residenten Reimer, der ihn vor vier Jahren hatte verhaften wollen und den er so tollkühn in die Flucht gejagt hatte, daß dessen Perücke in seiner Hand zurückgeblieben war. Herr Reimer war immer noch in Danzig, und die beiden begegneten sich oft bei Herrn Abramson, wo Reimer täglich zu Gast war. Fand Friedrich etwa Gefallen daran, den gekränkten Feind zu foppen?

Wie war es nur möglich, daß er nicht spürte, nicht ahnte, um welch einen gefährlichen Wirbel er seine Kreise zog?!

Als man ihn damals in Danzig zum erstenmal hatte verhaften wollen, hatte er noch keine andere Schuld auf sich geladen, als daß er mit einer königlichen Prinzessin ein verbotenes Verhältnis unterhielt und gewaltsam aus der Glatzer Festungshaft ausgebrochen war. Seitdem war sein Sündenregister länger geworden. Er hatte die preußischen Werbeoffiziere und ihren Leutnant, die ausgesandt worden waren, um ihn zu verhaften, schmählich verprügelt. Hinzukam, wie er mit dem Gesandten Goltz umgegangen war, dann die Zurückweisung der Gnade des Preußenkönigs und schließlich sein Eintritt in den österreichischen Militärdienst.

Hatte Friedrich von der Trenck denn all seine Phantasie verloren? Und zugleich auch sein Erinnerungsvermögen und seine Urteilskraft? Konnte er sich nicht vorstellen, welch flammenden Zorn der preußische König gegen seinen einstigen Günstling empfand, der nun den österreichischen Harnisch angelegt hatte und den Säbel in dem sicheren Bewußtsein ergriff, daß er damit gegen seinen König und sein eigenes Vaterland kämpfen würde? Er mußte doch wissen, daß der Gesandte

Goltz die Berliner Regierung darüber informiert hatte, welch diplomatisches Ränkespiel in Gang gebracht worden war, um die Zarin Elisabeth im Bündnis mit Österreich für einen Feldzug gegen Preußen zu gewinnen. An diesen Intrigen hatte Friedrich von der Trenck ja nicht wenig mitgewirkt.

Und obwohl ihm all das bekannt sein mußte, war er doch leichtsinnig genug, Tag für Tag auf den Abendgesellschaften des Herrn Abramson zu tanzen – einen Kanonenschuß weit von der preußischen Grenze.

Eine Tollkühnheit, die man nicht anders als ein „Duell mit dem Teufel" bezeichnen kann.

Hätte Goethe schon seinen „Faust" geschrieben gehabt, hätte Trenck wissen müssen, daß der Teufel sehr gut fechten kann.

Das Schiff, mit dem Friedrich von der Trenck nach St. Petersburg zu reisen gedachte, lag schon im Hafen. Friedrich wollte auch bereits am Abend vor dem Abreisetag an Bord gehen; damit hätte er sein Unglück vermeiden können. Aber der gastfreundliche Herr Abramson hielt ihn gewaltsam zu einem Abschiedsessen zurück. Nach dem fröhlichen Gelage ging Friedrich dann heim in sein Quartier.

Kaum hatte er sich zu Bett gelegt, stürmten zwei Kommissare der Stadt, gefolgt von zwanzig Grenadieren in sein Zimmer. Man sagte ihm, er solle sich ankleiden und ihnen sofort folgen. Sie brachten ihn auf das Rathaus und sperrten ihn ins Gefängnis. Schreien und protestieren nützte nicht!

Am nächsten Tag erschien gegen Mittag Herr Abramson im Gefängnis. Mit verdrehten Augen versicherte er, alles versucht zu haben, um seinen Freund zu befreien. Er sei beim Magistrat, beim Bürgermeister und beim Syndikus gewesen und habe die Freilassung Friedrichs gefordert, der als kaiserlich-österreichischer Offizier mit Dekret und Freibrief versehen sei. Der Bürgermeister, Herr Rutenberg, aber sei wütend auf die Wiener. Zwei seiner Söhne hätten in Wien die Schule besucht, wären dort einer Verbrüderung namens Feigenbrüderschaft beigetreten und deswegen an den Pranger gestellt worden, ungeachtet dessen, daß sie Bürgermeisterssöhne waren. Nun sei die Gelegenheit da, an einem österreichischen Offizier Rache zu üben! So zahlt es die Stadt Danzig der Stadt Wien heim!

(Hier muß angemerkt werden, daß die Feigenbrüderschaft in der österreichischen Hauptstadt alle möglichen Arten von Schwelgerei, Unzucht und Liederlichkeit trieb, weshalb sie unter Maria Theresia schwer bestraft wurde.)

Abramson versprach, sofort die Wiener Kanzlei von Friedrichs Arretierung zu verständigen, und er habe keinen Zweifel, daß man auf diplomatischem Wege seine Freilassung fordern werde. Solange möge sich Friedrich in Geduld fassen, und was er an Wertsachen und Vermögensobjekten besitze, solle er ihm anvertrauen.

Auch jetzt erkannte Friedrich noch immer nicht, daß dieser Mensch ein Verräter war, der ihn ganz nach Plan den Feinden in die Hände spielte. Statt ihn beim Kragen zu nehmen und zu erwürgen, gab Friedrich ihm sein ganzes Geld, den mütterlichen Erbteil.

Abramson schrieb daraufhin an die Wiener Regierung, Friedrich von der Trenck sei durch seine eigene Unbesonnenheit von den Preußen gefangengesetzt worden. Er sei wegen irgendeines Liebesabenteuers ganz keck über die pommeranische Grenze geritten, und dort von den preußischen Soldaten geschnappt worden. Die Meldung wurde in Wien zur Kenntnis genommen, und kein Mensch verdarb sich mehr den Appetit damit, daß er über Friedrich von der Trenck sprach.

In der folgenden Nacht erschien Herr Reimer, der preußische Resident, bei Friedrich im Gefängnis. Er wurde von demselben preußischen Leutnant und denselben preußischen Werbeoffizieren begleitet, die Friedrich von der Trenck seinerzeit so schimpflich hatte verprügeln lassen. Sie nahmen ihm alles ab, was er noch an wertvollem Schmuck besaß, zogen ihm die Ringe vom Finger, schleppten ihn hinaus, setzten ihn in einen geschlossenen Wagen und fuhren mit ihm in aller Eile zum Stadttor hinaus.

Als es Tag wurde, befanden sie sich schon auf einer preußischen Station; dort setzte sich ein Husarenleutnant zu ihm in den Wagen, und zwölf Husaren ritten hinterher.

So brachten sie ihn von Garnison zu Garnison, bis sie endlich eine größere Stadt erreichten. Dort wurde gerastet. Bis dahin hatte niemand mit ihm gesprochen. Nachts war er immer eingesperrt worden.

In jener Stadt kommandierte der Herzog von Württemberg. (Derselbe, den Schiller in seinem Gedicht „Geisterseher“ verherrlicht hat.)

Dieser fürstliche Herr schickte, sobald ihm die Ankunft des arretierten Friedrich von der Trenck gemeldet wurde, seinen Adjutanten und ließ Friedrich zu sich führen. Er empfing den Gefangenen beim Eintreten mit Händedruck – ein gutes Omen!

Friedrich machte von der günstigen Stimmung Gebrauch und zögerte nicht, sich wegen seiner völkerrechtswidrigen Gefangennahme zu beklagen.

Der Herzog antwortete dem jungen Mann zunächst mit einer Einladung zum Mittagessen. Eine glänzende Gesellschaft hatte sich an der Tafel eingefunden. Der Herzog stellte den jungen Romanhelden auch der Herzogin vor, einer jungen Dame, die sich sehr für Trenck interessierte. Übrigens tat das die ganze Gesellschaft, alle preußischen Offiziere unterhielten sich mit ihm auf das freundschaftlichste. Doch als hätten sie sich verabredet, variierten sie alle ein und dasselbe Thema: Wie sehr doch König Friedrich gegen ihn gereizt sei und daß er vom König keinerlei Nachsicht oder gar Gnade zu erwarten habe.

Es schien, als wollten sie ihm alle laut ins Ohr schreien: „Schau, daß du fortkommst von hier, du Unglückseliger! Die Tür steht offen!"

Friedrich verstand sie nicht.

Man sperrte ihn nicht ein. Er blieb als Gast im herzoglichen Palast und konnte in die Stadt hinausspazieren. Wenn er einem Offizier begegnete, wich dieser ihm aus.

Doch Friedrich kehrte ins herzogliche Schloß zurück.

Dort wurde er unentwegt freundlich behandelt.

Am dritten Tag schließlich, da er so gar keine Anstalten machte, die Gelegenheit beim Schopfe zu packen, setzte man ihn wieder in einen Wagen, diesmal in eine offene Chaise, und ohne alle Reiterbedeckung ging der Transport weiter. Nur ein Offizier begleitete ihn. Dieser schlief gleich in der ersten Stunde ein und machte große Augen, als er nach seinem Erwachen den Gefangenen noch immer neben sich sah.

Dabei führte der Weg so nahe an der polnischen Grenze entlang, daß Friedrich mit einem tüchtigen Lauf im anderen Land hätte sein können.

Er aber ging stumpf und gleichgültig seinem Schicksal entgegen.

Derselbe Trenck, der sich bei der Flucht aus der Festung Glatz durch eine bewaffnete Truppe den Weg freigekämpft hatte, der über den eisigen Fluß geschwommen war und obendrein noch seinen lahmen Kameraden auf dem Rücken geschleppt hatte, saß jetzt beim bloßen Gedanken an Flucht wie gelähmt.

Der Offizier, der ihn begleitete, legte absichtlich nur kurze Strecken mit ihm zurück, quartierte ihn auf jeder Station beim Platzkommandanten ein, der Friedrich gemäß einer mündlichen Weisung des Herzogs volle Freiheit ließ. Überall jagte man ihm Schrecken vor dem Zorn des Königs ein. Trenck sah und hörte nichts. Dabei hatte man ihm deutlich genug gesagt, was ihn in Berlin erwartete.

Er war ganz einfach neugierig auf die Gefahr!

In einer kleinen Stadt empfing ihn ein Rittmeister, der die letzte Reserveschwadron des württembergischen Dragonerregiments befehligte.

Dieser hatte viel zu tun mit der Abrichtung seiner Rekruten. Eines Nachmittags ließ er Friedrich allein im Quartier und ritt mit der Schwadron zur Übung weit aus der Stadt hinaus.

Friedrich ging in den Stall hinunter, fand dort ein gesatteltes und gezäumtes Pferd, Pistole und Degen – er hätte nur aufzusitzen und in aller Ruhe durch das andere Tor der Stadt hinauszureiten brauchen.

Da aber ging ihm durch den Sinn: Wohin denn weiter? Nach Hause, nach Kecskemét?

Lieber als Gefangener nach Berlin.

Der Rittmeister guckte verwundert drein, als er von der Übung zurückkehrte und seinen sonderbaren Gefangenen noch im Quartier fand.

Auch am folgenden Tag stellte er ihn auf die Probe. Er fuhr mit ihm ganz allein in den Wald. Vielleicht würden die Bäume, die Büsche oder die Schneisen Friedrich den guten Rat zuflüstern: Lauf ins Dickicht!

Unterwegs ließ der Rittmeister sogar den Wagen halten und sagte zu Friedrich:

„Hier gibt es wunderbare Pfefferlinge. Steigen wir aus und suchen wir ein paar."

Gesagt, getan! Der eine ging rechts, der andere links, hinein in die Schonung.

Eine Stunde lang war der brave, rechtschaffene Rittmeister nicht zu sehen. Als er endlich zum Wagen zurückkehrte, wer kam ihm da entgegen, den Helm bis zum Rand mit Pilzen gefüllt?

„Sind das bestimmt keine Giftpilze, Freund?" fuhr ihn der Rittmeister verärgert an.

Und wieder verstand der Gefangene die Bemerkung nicht.

Friedrich von der Trenck wiegte sich in der närrischen Hoffnung, König Friedrich lasse ihn jetzt zu sich bringen, um ihn wieder gnädig aufzunehmen und in seinem alten Rang zu rehabilitieren. Dann hätten die goldenen Tage von Charlottenburg wieder beginnen können.

Diese an Wahnsinn grenzende Illusion verblendete ihn derart, daß er sich an keines der Vergehen erinnerte, die König Friedrich Grund gaben, ihm zu zürnen.

Er dachte sich vielmehr eine gewaltige Verteidigungsrede aus, die er vor dem Kriegsgericht halten wollte. Er würde über sein bisheriges Leben und alles, was er durchgemacht hatte, sprechen. Die Richter würden zutiefst erschüttert sein.

Es fiel ihm nicht ein, daß er ja auch damals ganz ohne Gerichtsurteil Glatzer Festungshaft erhalten hatte. Die Berliner kannten viel einfachere Methoden, sich lästige Leute vom Leibe zu halten, als die Wiener. Sie brauchten keine gedungenen falschen Zeugen, keine bestochenen Richter und hohen Beamten; sie arretierten den mißliebigen Menschen brevi manu und vergaßen ihn im Arrest.

Sobald die Dragoner des Herzogs von Württemberg den Gefangenen einer anderen Garnison übergaben, hörte plötzlich alle Freundlichkeit auf. Man brachte ihn in geschlossenem Wagen nach Berlin, wo er zwar noch in ein anständiges Zimmer gesperrt wurde, aber Tag und Nacht zwei Schildwachen vor der Tür hatte.

Am dritten Tag kamen zwei Stabsoffiziere und ein Schreiber zu ihm und brachten ein großes Protokoll mit.

Sie setzten sich an den Tisch, und der Gefangene mußte sich ihnen gegenüber aufstellen.

Man fragte ihn aus: Wer und was er sei, wo er wann gewesen sei, was er in Danzig gemacht hätte.

Soweit wie möglich beantwortete Friedrich die Fragen.

Dann aber folgten sonderbare Fragen:

„Auf welche Weise gedachten Sie von Danzig aus die Verschwörung gegen König Friedrich zu führen?"

„Wer waren Ihre Komplizen, und wie viele sind es?"

„Haben Sie den Koch des Königs bestochen, damit er Aqua tofana ins Essen tut, oder den königlichen Jäger, damit er den König mit dem Jagdgewehr erschießt?"

„Von wem haben Sie das Geld für die Ausführung des Attentates bekommen? Von den Engländern? Oder den Österreichern? Wieviel Geld haben Sie bekommen?"

„Welche Staatsmänner waren in dieses Komplott eingeweiht? Welchen Grund hatten Sie, Herrn von der Goltz, den Gesandten in Moskau, vergiften zu lassen?"

„Warum haben Sie Zarin Elisabeth gegen König Friedrich aufgehetzt?"

„In welchem Verhältnis standen Sie zur Gemahlin des Kanzlers Bestuscheff?"

Auf all diese Fragen gab Friedrich von der Trenck gar keine Antwort.

Daraufhin diktierten die Auditoren in die letzte Rubrik:

„Angeklagter schweigt störrisch."

Bei der letzten Frage rief Trenck aber doch empört aus:

„Das ist eine Unverschämtheit!"

Da ließ man den Büttel rufen, der sollte den Gefangenen visitieren.

Friedrich mußte sich vollständig entkleiden. Unter seinem Hemd fand man das mit Diamanten besetzte Medaillon. Man nahm es ihm weg, öffnete es, gab es von Hand zu Hand, und jeder sah es sich an.

„Ist das nicht das Bildnis der Kanzlerin Bestuscheff?"

Es wurde dem Protokoll als Corpus delicti beigeschlossen. Weitere Fragen sparte man sich nun. Ein paar Dukaten fanden sich im Futter seines Gewandes, die nahm man ihm ebenfalls ab. Dann wurde

Friedrich in einen geschlossenen Wagen gesetzt und mit starker Bedeckung nach Magdeburg gebracht. Dort in der Zitadelle war die Zelle für Friedrich von der Trenck schon vorbereitet.

Ein hübscher kleiner Raum!

Eine Höhle in der Kasematte, sechs Fuß breit und zehn Fuß lang. Der Eingang war durch eine Eisentür und eine Eichenholztür verschlossen. Das Fenster in der sieben Fuß breiten Basteimauer lag so hoch, daß der Gefangene es nicht erreichen konnte. Das Bett war mit Eisenstangen am Fußboden befestigt, damit er es nicht ans Fenster rücken konnte. Am Fenster waren innen und außen dicke Eisenstangen und außerdem noch ein Drahtgitter angebracht. In einer Ecke stand ein kleiner eiserner Ofen, daneben ein unnennbares Einrichtungsstück, auch diese beiden festgenagelt.

Eisen wurden Friedrich noch nicht angelegt.

Die Kost bestand aus einem Krug Wasser und anderthalb Pfund Kommißbrot.

Das Kommißbrot war zur Hälfte verschimmelt und ungenießbar: aber auch die Soldaten bekamen dieses Brot.

Friedrich war mit besonders gutem Appetit gesegnet. Das heißt, früher gesegnet, jetzt verflucht.

Wenn er zu Mittag sein Kommißbrot bekam, verschlang er es mit Wolfshunger bis zum letzten Krümel, und für den Rest des Tages mußte er darben.

Gern hätte er tausend Dukaten auf sein Wiener Vermögen angewiesen, um sich nur einmal am dürren Brot satt zu essen, notierte er in seiner Lebensbeschreibung.

Vor Hunger konnte er nicht einmal schlafen. Im Traum schmauste er an einer großen Tafel mit vollen Schüsseln und überschäumenden Gläsern, aber sowie er sie anrühren wollte, flogen sie davon. Ein anderes Mal träumte er, er sei ein Vielfraß. Er wettete, daß er ein ganzes Kalb aufessen könne, und er gewann die Wette, doch im selben Augenblick weckte ihn das Knurren seines empörten Magens.

Ach, wie oft sehnte er sich seufzend nach dem beladenen Tisch seines braven Hauswirts in Kecskemét, nach den Schlachtfesten, vor denen er davongelaufen war, weil er die ewig gleichgute Kost überhatte. Na, jetzt hatte er eine Abwechslung.

Umsonst bettelte er, man möge ihm doch wenigstens mehr Brot geben. Der Festungskommandant Bork, ein verbissener Menschenfeind, kannte keine Barmherzigkeit.

„Sie haben lange genug auf des Königs silbernem Service Pasteten gefressen, welches ihm der Trenck bei der Bataille zu Soor geraubt hat.

Nun mag Ihnen auch unser Kommißbrot schmecken, daß Sie nicht wert sind. Es ist des Königs ausdrücklicher Befehl, man darf Ihnen nicht mehr geben. Damit können Sie leben, bis Sie sterben."

Also bis zum Tode.

X.

Der Kampf des Toten

Friedrich von der Trenck war lebendig begraben.

Wäre es möglich, die Phantasmagorie eines Verdammten zu schreiben, dem die Hölle mißfiel und der von dort mit aller menschlichen Kraft ausbrechen und in die Welt zurückkehren wollte, so müßte man nur das Kerkerleben Friedrichs travestieren, so wie er es selbst mit erstaunlichem Erinnerungsvermögen zu Papier gebracht hat.

Sein Gefängnis hatte drei Türen: An der inwendigen gab es ein von außen zu öffnendes Fenster, durch das man ihm Brot und Wasser reichte. Die Türen wurden jede Woche nur einmal geöffnet; dann kam ein Kalfaktor herein, der die Zelle vom Unrat der ganzen Woche säuberte. Danach erschien der Festungskommandant mit dem Platzmajor, um nachzusehen, ob der Gefangene noch lebte.

So ging es einige Monate.

In dieser Zeit konnte der Gefangene beobachten, daß sechs Tage lang niemand in seine Zelle kam.

So begann er seinen Ausbruch vorzubereiten.

Zuerst brach er mit bloßen Fingernägeln, von den Nägeln, mit denen die Eisen des Abtritts am Boden befestigt waren, die Köpfe ab; so konnte er das Ding verschieben und sich vom Deckel aus ans Fenster hochziehen.

Unter dem Fenster ging die Schildwache auf und ab.

Er versuchte, die Wache anzusprechen.

Zehnmal ohne Erfolg, denn der Schildwache war es nicht erlaubt, mit dem Gefangenen zu sprechen.

Schließlich aber fand er einen Soldaten, der ihm antwortete:

„Wer bist du? Was willst du?"

„Ich bin der unschuldig verurteilte Trenck."

„Ei was! Wenn ich dieser Trenck wäre, ich würde nicht im Kerker bleiben, ich würde von hier fliehen."

„Auf welche Weise?"

„Du müßtest die Mauer durchbrechen. Dahinter befindet sich eine leere Kasematte, gefüllt mit Stroh, das Fenster geht auf den Graben. Du könntest das Stroh hinunterwerfen und leicht nachspringen, du würdest weich fallen. Hier fließt die Elbe. Wenn jemand mit einem Boot auf dich warten würde, könntest du ans andere Ufer übersetzen, und du hättest die sächsische Grenze hinter dir."

„Würdest du mir ein Boot beschaffen?"

„Hast du Geld?"

„Geld habe ich nicht, aber ich habe einen brillantenen Hemdknopf, für den du beim Juden zweihundert Taler bekommen kannst."

„Wirf ihn zum Fenster heraus!"

Friedrich warf sein letztes Schmuckstück, das er bei der Leibesvisitation hatte verstecken können, durch das Gitter hinaus.

Er glaubte an die Ehrlichkeit des gemeinen Soldaten.

Dann machte er sich an die Arbeit. Die Eisen, die er vom Abtritt gelöst hatte, dienten ihm als Brechstange; damit hob er die Ziegel vom Boden auf; darunter war Erde.

Er mußte als erstes ein so tiefes Loch in die Erde graben, daß er sich hineinsetzen und die Mauer brechen konnte.

Die Mauer war sieben Fuß stark. Die erste Schicht bestand aus Ziegeln, der Rest waren Bruchsteine.

Friedrich konnte sich ausrechnen, daß der Durchbruch der Mauer wenigstens sechs Monate dauern würde. Er konnte ja nur in der Nacht arbeiten, tagsüber hätte ihn jemand durch das Fenster in der Tür beobachten können.

Wenn er einen Ziegelstein oder einen Bruchstein herausgelöst hatte, nummerierte er ihn. Am frühen Morgen setzte er alle Steine wieder an ihren Platz zurück. Aus dem feinen Kalk, den er gesammelt hatte, machte er Mörtel, mit dem er die Mauer wieder glättete. Mit dem bloßen Leib blieb er solange an der Mauer sitzen, bis alles trocken war. Dann steckte er die abgebrochenen Köpfe der Nägel wieder in die Eisen am Abtritt und blieb den ganzen Tag untätig. Einen Pinsel zum Kalken hatte er sich aus seinen Haaren gefertigt.

Die größte Schwierigkeit bereitete ihm der Schutt aus der Mauer. Wie konnte er ihn wegschaffen?

Er zertrat ihn mit den Füßen zu feinem Staub, drehte sich ein Rohr aus Papier und blies damit den Staub zum Fenster hinaus, immer wenn ihm die Schildwache den Rücken zukehrte.

Einmal stand ein alter Grenadier Wache.

Dem fiel der herausgeblasene Staub auf, und er rief hinauf:

„He da, Trenck!"

Friedrich erschrak.
„Du mußt besser aufpassen!“ brummte der alte Soldat.
„Verrat mich nicht!“ rief Friedrich nicht zu laut.
„Ich nicht. Mein Name ist Gefhardt. Aber der andere, dem du deinen brillantenen Hemdknopf gegeben hast, der ist ein Halunke. Der betrügt dich. Das Geld, das du ihm für ein Boot zukommen lassen hast, hat er versoffen! Er heißt Schütz. Man sollte ihn an den Galgen bringen. Ich verlange nichts von dir. Vielleicht kann dir das was nützen.“

Damit warf der Alte einen eisernen Ladestock hinauf. Der blieb im Gitter stecken, und Trenck konnte ihn hereinziehen. Der Ladestock leistete ihm beim Durchbrechen der Mauer gute Dienste.

Bald darauf bekam er von dem alten Grenadier auch ein Messer, versteckt in seinem Kommißbrot. Auch das Messer konnte er gut gebrauchen.

Nach sechs Monaten war er soweit, daß er die letzte Lage der Mauer, wieder eine Ziegelschicht, erreicht hatte. Es war eine qualvolle Arbeit gewesen, vor allem weil er halbe Nächte darauf verwenden mußte, die ausgebrochenen Steine wieder an ihren Platz zurückzusetzen und die Mauer von außen mit Mörtel zu verschmieren.

Bei der Visitation bemerkte man nichts von seiner Wühlarbeit.

Unerklärlich bei dem kühnen Unterfangen bleibt nur, warum Trenck nun den Ausbruch nicht mit der gleichen Entschlossenheit beging, mit der er sich aus der Glatzer Festungshaft befreit hatte.

Er hätte nur noch die letzte dünne Ziegelmauer durchbrechen, einen Sprung auf das Stroh riskieren und durch die Elbe schwimmen müssen, Die Elbe war jetzt nicht einmal vereist, und er hatte auch keinen lahmen Kameraden auf den Schultern zu tragen. Dennoch zögerte er.

Derselbe Trenck, der sich von Glatz bis Thorn bei argem Winterwetter hungernd und frierend durchgeschlagen hatte, hielt jetzt inne und gedachte, in aller Bequemlichkeit wie ein Herr zu flüchten.

XI.

Die schöne Esther

Friedrich von der Trenck war im Kerker wiederholte Male auf eine helle, weinende Frauenstimme im Hof aufmerksam geworden, die im Wechsel mit einer rauhen, ablehnenden Stimme der Wache zu hören war. Verschiedentlich milderte sich die zornige Stimme der Schildwache zu einem leisen Murmeln und die Frauenstimme zu eiligem Flüstern.

Das passierte immer dann, wenn der brave alte Gefhardt Wache stand. Einmal fragte Friedrich ihn durchs Fenster:

„Was für eine Frau geht hier herum?"

„Das ist das Judenmädchen Esther Heymann. Ihr Vater ist in der gegenüberliegenden Kasematte eingekerkert. Sie kommt, um mit ihrem Vater durch das Fenster zu sprechen. Sie ist von weit her, sie wohnt in Dessau."

„Ich möchte gern mit diesem Judenmädchen sprechen."

„Das ließe sich machen."

Und Friedrich vermochte, die Zuneigung des jungen Mädchens zu gewinnen, obwohl sie sich gegenseitig gar nicht sehen konnten und Esther durch das Kerkerfenster nur seine Stimme hörte. Trotzdem war sie bereit, ihm zuliebe jede Gefahr auf sich zu nehmen.

Bei der nächsten Gelegenheit, als wieder der freundliche Soldat Wache stand, erschien die schöne Esther unter dem Kerkerfenster Friedrichs und brachte ihm, was er gewünscht hatte: Schreibzeug und eine Feile.

Um diese Dinge übernehmen zu können, hatte Trenck Späne von seinem Bett zu einem langen Stock zusammengebunden, den er bis zur Palisadeneinfassung vor dem Fenster steckte und die gewünschten Sachen damit heraufzog.

Nun schrieb er Briefe.

Einen an seine Schwester (dieselbe, deren Gatte, Graf von Waldow, ihn nach seiner Flucht aus der Glatzer Festungshaft aus seinem Haus gejagt hatte). Inzwischen war die Schwester Witwe.

Friedrich bat sie, Esther Heymann dreihundert Reichstaler zu geben, die diese ihm als Reisespesen bringen sollte.

Reisespesen für eine Flucht aus dem Kerker!

Und damit hatten die Narrheiten noch kein Ende. Friedrich schrieb auch an den österreichischen Gesandten einen Brief, dem er in ritterlicher Offenheit darlegte, daß er bald mit Hilfe zweier Grenadiere ausbrechen werde. Dem Brief schloß er einen Wechsel über tausend Gulden bei, mit der Weisung, diesen in Wien einzukassieren und das Geld Esther Heymann auszuhändigen.

Hätte das schöne Judenmädchen diesen wahnwitzigen Auftrag ihrem im Gefängnis sitzenden Vater erzählt, der hätte seiner Tochter bestimmt aufs strengste verboten, an diesem bösen Handel mitzuwirken. Aber der unglückliche junge Trenck hatte Esthers Herz gewonnen. Sie war zu allem bereit. Sie suchte Friedrichs Schwester auf und nahm die dreihundert Reichstaler in Empfang. Sie wurde auch beim österreichischen Gesandten Graf Puebla vorgelassen und übergab ihm Brief und Wechsel. Der Gesandte verwies sie an seinen Sekretär, Herrn Weingarten, denselben, der als ein von der preußischen Regierung bezahlter Verräter den ganzen Kriegsplan der Österreicher an König Friedrich preisgab.

Weingarten ließ sich von der schönen Esther alles erzählen: Wie Friedrich von der Trenck aus dem Gefängnis auszubrechen gedachte, sobald die beiden von ihm bestochenen Grenadiere Schildwache stehen würden: sogar die Namen der Soldaten nannte sie. Ein Glück, daß sie den Namen des alten Gefhardt verschwieg.

Der Gesandtschaftssekretär sagte dem Mädchen, es sei alles in bester Ordnung, Esther möge Friedrich von der Trenck den Brief seiner Schwester und das Geld, das sie schickte, nach Magdeburg bringen, und dann zu ihm zurückkommen, um die tausend Gulden abzuholen. Bis dahin würde er den Wechsel in Wien eingelöst haben.

Was aber tat dieser Halunke wirklich? Er ging geradewegs zum preußischen Minister und verriet ihm den ganzen Trenckschen Fluchtplan.

Esther Heymann eilte inzwischen zurück nach Magdeburg.

Vor der Brücke der Zitadelle kam ihr zum Glück die Frau des einen Grenadiers entgegen und erzählte unter Tränen, die beiden Grenadiere seien verhaftet, der eine zum Galgen verurteilt und ihr Mann mit siebenmaligem Spießrutenlaufen bestraft.

Das Judenmädchen begriff die Gefahr, machte kehrt und blieb bis zur Grenze nicht mehr stehen.

Unterdessen wartete Friedrich von der Trenck ungeduldig auf die Rückkehr seines Täubchens.

Eines Tages stand wieder der alte Gefhardt vor seinem Fenster Wache.

„Mein Söhnchen, deine Sache ist schief gelaufen. Die beiden Grenadiere, die eingeweiht waren, wurden verhaftet. Der eine starb am Galgen, der andere beim Spießrutenlaufen. Das Judenmädchen ist fortgelaufen. Ihren Vater hat man unter Schlägen verhört, er sollte verraten, wo seine Tochter sei. Das tat er nicht, und er ist unter den Stockschlägen gestorben."

Friedrich packte bei den Schreckensnachrichten das blanke Entsetzen. Drei Menschen waren seiner Unbesonnenheit zum Opfer gefallen.

Es sollten noch weitere folgen!

Der brave Gefhardt fuhr fort:

„Wenn du noch immer fliehen willst, mein Sohn, dann brich die Mauer durch und schwimm durch die Elbe. Aber warte nicht zu lange damit. Der König weilte eben hier, als deine Sache herauskam. Er bekräftigte das Urteil und befahl, daß für dich ein besonderer Kerker in der Sternschanze gebaut werde, so stark, daß er überhaupt nicht mehr bewacht werden muß. Dann besteht nicht länger Gefahr, daß du die Wachen bestichst. Man hat schon mit dem Bau begonnen, und die Arbeit geht schnell voran. Drum beeil dich."

Auf diese schlimme Nachricht hin machte sich Friedrich verzweifelt daran, mit dem Durchbruch der Mauer fertig zu werden. Mit dem Ladestock hatte er schon die letzte Ziegelschicht durchstoßen. Es bedurfte nur noch einen starken Stoßes, und er hätte sich durch das Loch zwängen können.

Von der Arbeit war er aber derart ermüdet, daß er es nicht wagte, jetzt durch den Fluß zu schwimmen. Er gönnte sich einen Tag Ruhe.

Es war ja erst Sonntag, und vor Mittwoch würde man nicht kommen, um seine Zelle zu durchsuchen.

Am nächsten Tag, Montag, gegen Abend, wurde – oh Schreck – an den Kerkertüren gerüttelt. Friedrich hatte kaum Zeit, das Messer zu verstecken.

Der Platzmajor und sein Adjutant traten ein, jeder eine Laterne in der Hand.

„Ziehen Sie sich schnell an", sagte der Major.

Trenck legte seine cordovaische kaiserliche Uniform an.

Dann reichte ihm der Adjutant ein paar Eisen, mit denen er sich selbst über Kreuz an Hand und Fuß schließen mußte. Der Platzmajor band ihm mit einem Tuch die Augen zu, und die beiden führten ihn am Arm aus der Zelle.

Wohin, das wußte Friedrich nicht. Er spürte die frische Luft in seinem Gesicht. Man setzte ihn in einen offenen Wagen. Der eine Offizier setzte sich neben ihn, der andere ihm gegenüber.

Der Wagen rollte über die Brücke. Es begann zu regnen. Der frische Mairegen wusch sein Gesicht, und das tat wohl. Gefangene waschen sich nicht. Nun wusch ihm wenigstens der Regen das Gesicht.

Der Wagen rumpelte über das Pflaster. Man führte ihn also durch die Stadt, auf den Markt. Dort hatte sich eine Menge Volk versammelt. Er hörte, wie man seinen Namen rief: „Das ist der Trenck! Armer Junge! Wohin man ihn wohl bringt?! In der Sternschanze soll er enthauptet werden!" Er hörte auch Frauenstimmen: „Gott sei seiner armen Seele gnädig!"

„Daß ich unschuldig sterbe, ist mir ein Trost“, sagte Friedrich von der Trenck zu sich selbst. „Sieh da, der Himmel wäscht mir das Gesicht sauber!“

Und er hielt sein Antlitz stolz in den strömenden Regen.

XII.

Das Familiengefängnis

Man kann den hohen Herren, die es übernahmen, die Familie von der Trenck zu züchtigen, die Findigkeit nicht absprechen.

Nachdem Friedrichs Ausbruchsversuch verraten worden war, erging die Verfügung, für diesen außerordentlichen Missetäter einen ganz besonderen Kerker zum Privatgebrauch zu bauen.

Den Plan des Gefängnisses fertigte ein Fachmann an, und die Zeichnung wurde Gräfin von Waldow vorgelegt; sie sollte sagen, ob ihr der zukünftige Lebensraum ihres Bruders gefiele, denn sie hätte die Baukosten zu bezahlen!

Ein teuflischer Humor! Die Zelle, in der man den Bruder quälen würde, mußte die Schwester bauen lassen. Unter dem Vorwand der Baukosten für den Kerker wurde das ganze Vermögen der Gräfin eingezogen. Sie selbst verlor darüber den Verstand und starb vor Kummer. Ihre Kinder gerieten in bitterste Armut.

Friedrich von der Trenck sah nur die Innenausstattung des traurigen Kerkerbaues, der so rasch in wenigen Wochen errichtet worden war. Erst, als man ihn hineingeführt hatte, nahm man ihm das Tuch von den Augen.

Was er da erblickte, war schlimmer als das Schafott.

Eine enge Höhle ohne jede Einrichtung. Statt eines Stuhles gemauerte Ziegelsteine, statt eines Bettes eine Marmorplatte auf dem Fußboden, ein Grabstein, darauf als Relief ein Totenkopf mit gekreuzten Schenkelknochen, darunter die Inschrift: „Hier ruht Friedrich von der Trenck!“ – Welch großartiger Spaß! Er ruht, solange er lebt, darüber, und wenn er tot ist, darunter.

Außerdem war sein Name in der Mauer mit roten Ziegeln ausgemauert.

Friedrich wurde tatsächlich eine große Ehrung zuteil.

Und wenn das neue Gefängnis auch keine Einrichtungsgegenstände hatte, ein gewisses Zubehör gab es dennoch: Ketten.

Zwei Schmiede mit rußigen Gesichtern erwarteten ihn mit Glutpfanne und Hammer.

Zuerst schmiedeten sie ihm Fesseln an die Fußgelenke, die nicht geöffnet werden konnten. Das Ende der Ketten war an einem Eisenring in der Mauer befestigt. Dann wurde ihm um den nackten Leib ein breiter Eisenring angeschmiedet, den eine Kette mit einer dicken Eisenstange verband; an den Enden der Stange hingen die Handschellen, in die die Hände des Gefangenen hineingezwängt wurden.

So ließ man Friedrich allein in der Finsternis, ohne daß noch ein Wort an ihn gerichtet wurde. Er hörte nacheinander vier Kerkertüren zufallen.

Dann herrschte tiefe Stille. Nicht einmal Schritte des Wärters, die er im anderen Gefängnis stets vernommen hatte, waren zu hören. Zwei Wassertropfen, von denen der eine auf seine Sitzbank, der andere auf seinen Lagerplatz fiel, waren das einzige Geräusch. So wurde er, ob er nun saß oder lag, ständig von dem Kalkwasser durchnäßt, das unentwegt von der Decke tropfte.

Als am nächsten Morgen der Gefängniswärter in die Zelle kam, löschte der Mauerdampf die Kerze in seiner Laterne aus. Er mußte eine Fackel holen und etwa eine halbe Stunde lang die Zellentür offenstehen lassen, bevor er eintrat, denn der Gestank in dem Verlies war unerträglich.

Es mußte schon Tag sein, denn etwas Licht sickerte vom Fenster in der Decke herein, erhellte aber die Zelle so wenig, daß nur die Augen eines Gefangenen bei dieser Beleuchtung überhaupt etwas unterscheiden konnten. Mit der Zeit gewöhnte sich Friedrich an dieses Halbdunkel, das im Winter von völliger Finsternis abgelöst wurde.

Wegen der schweren Ketten vermochte Friedrich keinen einzigen Schritt zu tun, und wenn er sich erwärmen wollte, konnte er sich höchstens vor- und zurückbeugen oder ein wenig drehen. Springen mit den Füßen war wegen der schweren Fesseln nicht möglich.

Wie schwer fiel es ihm, sich an die Ketten zu gewöhnen!

Nach dem ersten durchlittenen Tag besuchte ihn der Festungskommandant.

Er war mit der Versorgung des Gefangenen zufrieden.

Und er fragte Friedrich, ob auch er zufrieden sei.

„Vollkommen!“

„Na, das freut mich. Auf dieses Wort habe ich gewartet. Die Begnadigung durch Seine Majestät habe ich schon lange hier in meiner Tasche. Und ich kann sofort davon Gebrauch machen, wenn Sie erklären, daß Sie sich beruhigt haben.“

„Seine Majestät läßt mich frei?!" fragte Friedrich von der Trenck freudestrahlend.

„Na, das eben nicht! Aber der König gestattet, daß man Ihnen eine Pritsche und eine Decke bringt, und damit Sie sich nicht mehr über Hunger zu beklagen haben, wird man Ihnen Brot geben, soviel Sie essen wollen."

Jawohl, das war schon eine große Gnade! Sich in der feuchten Zelle in eine wollene Decke wickeln zu können! Und obendrein Kommißbrot, soviel er wollte! Nachdem man ihn elf Monate hatte hungern lassen. Kein Tiger wirft sich hitziger auf seine Beute, kein Verliebter fällt begieriger in die Arme seiner Braut, als Friedrich sich auf das aus Kleie gebackene Brot stürzte. Er verschlang das ganze Kommißbrot auf einmal und segnete dabei seinen Tyrannen, der ihm gestattete, sich endlich einmal an Brot satt zu essen!

Dabei war auch das nur eine raffiniert ausgedachte Quälerei. Das gierig verschlungene Brot verursachte in dem ausgehungerten Magen so fürchterliche Krämpfe, daß der Gefangene in seiner Qual an den Ketten kaute. Und es war keine lebende Seele in der Nähe, die seine Jammerschreie hätte hören können.

Am nächsten Tag fanden die Gefängniswärter ihn in einem erbärmlichen Zustand.

Wieder brachte man ihm ein ganzes Brot, aber Friedrich schob es angeekelt von sich. Man sah ihm an, daß er sehr litt. Die Büttel sagten zueinander: „Na, der liebe Gott wird ihn wohl bald von den Qualen erlösen."

Man hätte Friedrich von der Trenck nichts Besseres wünschen können, als dieses verfluchte Leben möglichst bald zu beenden, das für ihn selbst und auch für seine Wärter eine Last war.

Wieder schloß man die Türen zu, und die Kalktropfen zeigten die schwindenden Minuten an.

Andere berühmte Männer haben ihre Familiengruft, ihr Mausoleum – Friedrich von der Trenck hatte sein Familiengefängnis.

Verzweiflung bemächtigte sich des jungen Mannes.

Die Ketten waren ihm unerträglich.

Er beschloß, sich zu töten!

Das Messer hatte er auf so wunderbare Weise verstecken können, daß man es bei der Visitation nicht gefunden hatte. Dieses Messer sollte ihm jetzt das Tor zum Jenseits öffnen.

Auch den Tag hatte er bereits bestimmt, an dem er seinem Leben ein Ende bereiten wollte: Es war der Jahrestag eines seiner schönsten Erlebnisse.

Als er aber das offene Messer in der Hand hielt, gingen ihm wieder andere Gedanken durch den Kopf:

Ei! Könnte man mit diesem Messer nicht etwas Gescheiteres anfangen, als sich die Pulsadern aufzuschneiden?

Die Zelle hatte vier Türen. Alle vier waren aus Holz. Vielleicht gelang es ihm, mit dem Messer die Schlösser herauszuschneiden.

Es tut einem das Herz weh, von solchem Gedanken auch nur zu hören. Was war das für eine Idee? Mit einem elenden kleinen Taschenmesser vier Türen zu durchschneiden in einer kurzen Juninacht! Und aus dem unbewachten Gefängnis auf den Wall zu klettern, sich mit einem lebensgefährlichen Sprung ins Wasser zu stürzen, um ans andere Ufer zu schwimmen!

Außerdem waren da doch die Ketten, die Fesseln, die Eisenstange und der eiserne Gürtel um den Leib! Wie sollte er sich der Ketten entledigen?

Friedrich untersuchte sogleich, ob es möglich war, sich von dem Eisen zu befreien.

Das war allein schon eine Herkulesarbeit.

Zuerst zwängte er seine rechte Hand durch die Schelle. Das Blut gerann ihm unter den Nägeln, aber der Versuch gelang. Eine Hand hatte er befreit. Um die linke Hand aber war die Handschelle viel enger. Er konnte die Hand nicht herausbringen.

Da begann er, mit einem Ziegelstück, das er von seinem Sitz losschlug, an dem verschmiedeten Stift der Schelle zu wetzen, bis er den Kopf abgefeilt hatte und den Stift herausziehen konnte. Der eiserne Ring ließ sich lockern.

Nun hatte er beide Hände frei.

Als nächstes besah er sich den Eisengürtel um den Leib.

Von dem befreite er sich, indem er beide Füße gegen die Mauer stemmte, bis sich der Haken, mit dem der Gürtel an der Kette der Armstange befestigt war, aufbog, und er den Gürtel absteifen konnte.

Übrigblieb noch die Kette zwischen Mauer und Füßen. Er nahm sie in beide Hände und drehte sie solange übereinander, bis zwei Kettenglieder zersprangen.

Nun konnte er zur Tür gehen. Im Finstern tastete er das Schloß ab und stellte fest, daß es von außen befestigt war; er mußte nur die Spitzen der umgebogenen Nägel gerade biegen, dann würde das Schloß nicht mehr lange halten. Als Werkzeug konnte er die zersprungenen Kettenglieder nutzen.

Die Nacht war aber schon weit fortgeschritten, die noch bleibende Zeit würde für die geplante Arbeit nicht ausreichen.

Das hieß, erstmal wieder die Eisen anzulegen.

Die zersprungene Kette band er mit einem Stück von seinem Haarband zusammen. Der Wärter untersuchte niemals die Fesseln. Wer wäre auf den Gedanken gekommen, daß ein derart in Eisen gelegter Gefangener sich befreien konnte!

Friedrich legte sich also wieder die Eisen an.

Die Handschelle auf der linken Hand ließ sich wieder zusammendrücken; schwieriger war es mit der rechten Hand, die dermaßen geschwollen war, daß er sie nicht durch die Schelle stecken konnte.

Erst nach langer Quälerei gelang es ihm dann doch noch irgendwie.

Als der Wärter kam, fand er alles in Ordnung.

Mit der weiteren Arbeit mußte Friedrich allerdings einige Tage warten, bis die geschwollene rechte Hand wieder brauchbar war.

Am 4. Juli, dem Tag, den er ursprünglich für den Selbstmord bestimmt hatte, begann er seinen Kampf mit dem Verhängnis, um statt des Todes gewaltsam das Leben zu erzwingen.

Dazu besaß er ein Messer. Es taugte zu dem einen so gut wie zu dem anderen.

Als sich die Aufseher mittags mit ihren Laternen entfernten – von den Vorbereitungen des Gefangenen hatten sie bei dem schwachen Licht nichts bemerkt –, und der Schlüssel auch schon in der vierten Tür geknirscht hatte, machte sich Trenck an die Arbeit.

Die Handschellen und Fesseln konnte er nun schon leicht ablegen, und an der ersten Tür, die inwendig aufging, war auch das Schloß schnell umschnitten.

Die zweite Tür ging nach außen und die Querstange war außen an dem Schloß befestigt, so daß ihm hier nichts anderes übrigblieb, als eine ganze Holztafel herauszuschneiden. Und das alles mit dem einen Messer! Doch es gelang. Friedrich konnte durch das Loch in der Tür kriechen. Er sah Tageslicht. Er befand sich im Vorraum seines Kerkers. Ein offenes Fenster ließ das Sonnenlicht einfallen. Friedrich stieg zum Fenster hinauf und blickte ins Freie. Er sah, daß sein Kerker im Hauptgraben des ersten Walls gebaut war. Er würde also über die Palisaden klettern müssen, um den Wall zu erreichen. Er hätte jetzt schon aus dem Fenster springen können, wenn nicht etwa fünfzig Schritt vor ihm die Wache gestanden hätte.

Im Kriegsingenieurwesen bewandert, erkannte er, daß er nur durch die Türen aus der Sternschanze flüchten konnte.

Also machte er sich an die dritte Tür. Die meinte es wieder gut mit ihm und war so rechtschaffen, daß sie inwendig aufging. Er mußte, wie bei der ersten Tür, nur das Schloß umschneiden.

Als er auch die dritte Tür bezwungen hatte, brach der Abend herein. Die untergehende Sonne schien ihm gerade ins Gesicht.

Der schöne, feurige Sonnenball! Wie lange hatte er das herrliche Licht nicht gesehen! War es schon Jahre her? Er blieb am Fenster stehen, bis die Sonne am Horizont verschwunden war und ihm nur noch grüne Punkte vor den Augen tanzten.

Mit dem Durchschneiden der letzten Tür mußte er warten, bis es Nacht wurde.

Und wie lange muß man in der sommerlichen Abenddämmerung auf die Nacht warten!

Ihm fiel die Nacht im Troitzer Garten ein, jener Feentraum, als er ebenso ungeduldig auf den Abendstern gewartet hatte, um die göttliche junge Dame in die Arme schließen zu können.

Ach, jetzt streckte er die Arme nach einer noch schöneren Göttin aus, sie hieß Freiheit und sie wurde ebenfalls von einem mächtigen Tyrannen streng bewacht! Ach, wenn er diesem nur Hörner aufsetzen könnte!

Während er so seinen Gendanken nachging, ruhte er sich ein wenig aus.

Als es endlich stockfinster war, machte er sich an die vierte Tür. Die war wieder nach außen zu öffnen und mit einer Querstange gesichert, das hieß, er mußte wieder eine ganze Tafel aus dem Holz herausschneiden.

Ein langer Schnitt war schon fertig und er blickte durch den Spalt. Welch eine Freude! Vor der Tür stand keine Schildwache.

Da zerbrach das Messer und die Klinge fiel durch den Spalt. Die ganze Arbeit war umsonst.

XIII.

Ins Totenreich – hin und zurück

Dieses Unglück brachte Friedrich von der Trenck völlig zur Verzweiflung.

Das zerbochene Messer taugte nicht mehr dazu, die letzte Tür zu durchschneiden. Wohl aber taugte es noch dazu, die allerletzte Tür aufzuschließen, die Tür, die ins Jenseits führte – für den Selbstmörder.

Durch das Fenster des Kerkervorraumes schien der Vollmond.

Friedrich nahm Abschied von der ganzen schönen Welt und kehrte zurück in seine Zelle. Er betete, empfahl Gott seine Seele und schnitt sich mit dem verbliebenen Stück des Messers die Adern am linken Arm und Fuß durch.

Dann legte er sich auf den vorbereiteten Grabstein und ließ sein Blut rieseln. Langsam versank er in einen traumähnlichen Zustand.

Bis zum Morgen würde er tot sein.

Auf einmal erwachte er davon, daß jemand seinen Namen rief.

Er öffnete die Augen. Wieder hörte er von oben das Rufen.

„Baron Trenck!"

Woher kam diese menschliche Stimme?

„Wer ruft da?"

„Gefhardt!"

„Wo sind Sie?"

„Auf dem Dach des Kerkers, ich spreche durch das Fenster. Wie geht es Ihnen?"

„Ich liege im Sterben. Mein Blut fließt. Ich habe mir die Adern geöffnet."

„Machen Sie keinen Unsinn! Wer denkt da ans Sterben? Verbinden Sie die Wunden. Ich kann Sie von hier befreien! Hier ist es viel leichter für Sie zu entfliehen als aus der Zitadelle. In der ganzen Sternschanze steht nur eine Schildwache vor der Wache und eine am Schlagbaum. Jetzt bin ich auf Wache. Vertrauen Sie Gott! Ich bringe Ihnen alles, was Sie brauchen, um aus dem Kerker freizukommen. Jede zweite Woche habe ich Wache, dann werde ich Ihnen alles durch das Fenster reichen."

Dieser Zuspruch rief Friedrich aus dem Land des Todes zurück.

Wäre Gefhardt ein paar Stunden früher gekommen, hätte er ihm ein anderes Messer geben können, mit dem er die letzte Tür ausgeschnitten hätte. Jetzt war daran nicht mehr zu denken, Friedrich hatte schon zu viel Blut verloren.

Er zerriß so schnell er konnte, sein Hemd und verband sich die blutenden Wunden an Arm und Fuß.

Nun konnte er darüber nachdenken, was ferner zu tun war.

Wenn am nächsten Mittag der Kerkermeister und der Offizier vom Dienst kamen, würde sie hier eine schöne Bescherung erwarten.

Er wollte sich verteidigen. Er hoffte nicht mehr auf Fflucht, aber auf eine ehrenhafte Kapitulation.

Mit der eisernen Armstange stieß er die Ziegelbank auseinander und trug die Ziegel mitten in die Zelle. Die obere Hälfte der zweiten Tür verstrickte er an den Angeln und am Schloß mit den Ketten, so daß sie keiner öffnen konnte. Wer hereinkommen wollte, mußte durch das Loch kriechen.

Nun wartette er in aller Ruhe auf sein weiteres Schicksal.

Mittags, um die gewohnte Stunde, kam der Major du jour mit dem Kerkermeister, dem Soldaten, der Brot und Wasser brachte, und dem Kalfaktor, der die Zelle saubermachen sollte.

Sie erschraken nicht schlecht, als sie die zweite Tür offen fanden, aber noch mehr, als sie im Vorraum die Tür mit der herausgeschnittenen Holztafel sahen, mit ihren Laternen hineinleuchteten und drinnen die Schreckensgestalt erblickten, nackt bis zum Gürtel, die übrigen Kleidungsstücke voller Blut, in der einen Hand einen Ziegelstein, in der anderen das zerbrochene Messer.

„Zurück, Herr Major!" schrie der Gefangene. „Sagen Sie dem Kommandanten, daß ich nicht länger in Ketten leben will. Er soll mich hier totschießen lassen. Herein kommt kein Mensch! Eh einer hier hereinkommen kann, schlage ich ihn tot. Und wenn sie mich überwältigen, hier ist mein Messer, mit dem schneide ich mir die Kehle durch."

Der Major erschrak. Er lief sogleich zum Kommandanten. Trenck setzte sich unterdessen auf den Ziegelhaufen.

Gleich darauf erschien der Festungskommandant mit dem Platzmajor und einigen Offizieren und Grenadieren. Nicht gering war sein Entsetzen, als er die drei durchschnittenen Kerkertüren erblickte.

Der Festungskommandant wollte mit seiner Autorität imponieren. „Öffnen Sie die Tür!" befahl er dem Gefangenen vom Vorraum aus.

Statt einer Antwort ergriff Trenck einen Ziegelstein, und General Bork mußte flink zur Seite springen, damit er den Stein nicht an den Kopf bekam, was er eigentlich verdient hätte.

„Die Tür muß durchbrochen werden", befahl Bork den Grenadieren.

Ein eifriger Grenadier zwängte sich durch das Loch. An dem lieferte Trenck ein warnendes Beispiel: Er schlug ihm mit dem Ziegelstein so kräftig auf den Kopf, daß der Grenadier gleich am Boden lag. Dann rannte Trenck zu der verketteten Tür und bombardierte die in den Vorraum eingedrungenen Soldaten und Offiziere mit Ziegelsteinen, bis er sie vertrieben hatte.

„Ihr könnt mich erschießen, aber ich lasse mich nicht lebend fangen!" brüllte Trenck.

Die Offiziere berieten, was sie machen sollten.

König Friedrich hatte eindeutig befohlen, Friedrich von der Trenck so einzukerkern, daß er keinen Selbstmord verüben konnte; und sie durften ihn auch nicht töten, nicht einmal, wenn er bei einem Fluchtversuch ertappt wurde. Man ließ den Feldprediger kommen.

Der brave lutheranische Prediger näherte sich der Tür, und Trenck verschonte ihn vor Steinwürfen. Der Geistliche begann, ihm ins Gewissen zu reden, und sprach vom Jenseits.

„Lassen Sie mich mit dem Himmelreich in Ruhe! Wenn da auch meine Feinde sein werden, dann gehe ich lieber in die Hölle. Dort finde ich bessere Kameraden.“

Der Feldprediger zog sich empört zurück.

Da trat der Platzmajor an die Tür und redete mit bebender Stimme und Tränen in den Augen auf den rebellischen Gefangenen ein.

„Um Gottes willen, lieber Trenck, Ihr Starrsinn richtet mich zugrunde. Wenn der König erfährt, daß Sie durch meine Unvorsichtigkeit ein Messer aus der Zitadelle mit herübergebracht haben, dann werde ich infam kassiert, komme in die Schanze, und meine kleinen Kinder können betteln gehen.“

„Also gut“, sagte Friedrich. „Dem Herrn Major zuliebe, ergebe ich mich. Aber nur Ihnen zuliebe! Und der Festungskommandant muß mir sein Ehrenwort geben, daß der Vorfall nicht weiter gemeldet wird und daß ich nicht noch ärger mit Fesseln belegt werde.“

Darauf gab der Kommandant sein Ehrenwort.

Trenck öffnete die Tür. Damit waren seine Kräfte auch dermaßen erschöpft, daß er fast ohnmächtig zusammenbrach.

Über den ganzen Vorfall wurde tatsächlich kein Bericht erstattet. Man legte den durch den großen Blutverlust ohnmächtigen Trenck aufs Bett, und der herbeigerufene Feldscher nähte die Wunden. Sooft der Gefangene für Minuten aus dem tagelang anhaltenden tödlichen Schlaf erwachte, gab man ihm Wein und Fleischsuppe.

XIV.

Neue Fluchtversuche

Der kräftige jugendliche Organismus überwand den Tod: Fünf Tage nach dem Selbstmordversuch stand Friedrich von der Trenck wieder auf den Beinen.

Unterdessen waren die Tischler und Schlosser mit den neuen Türen fertig, die jetzt ganz mit Eisen beschlagen waren. Auch der Schmied und der Schneider hatten die neue Garderobe fertiggestellt. Die Fesseln, die Handschellen und der Eisengurt wurden Friedrich am nackten Körper angeschmiedet, und da sich dadurch das An- und Auskleiden als unmöglich erwies, wurde ihm ein Hemd aus rauhem Segeltuch auf den Körper geschneidert, mit offenen Nähten, die man zusammenband, und alle zwei Wochen tauschte man das Hemd aus. Die Hosen waren an beiden Seiten zum Knöpfen, damit kam Friedrich nach einiger Übung selbst zurecht.

Die Ketten an den Füßen gestatteten dem Gefangenen, sich zwei Schritt vom Bett zu entfernen und auf dieses hochzusteigen. So konnte er mit dem Kopf das verdrahtete Fenster in der Decke seiner Zelle erreichen.

Drei Wochen vergingen, da hörte er durch das Fenster wieder seinen Namen rufen: „Trenck!" Wieder stand der redliche Gefhardt Wache.

Es war Nacht; sie konnten sich miteinander unterhalten.

Gefhardt erklärte ihm, daß es sich aus diesem Gefängnis viel leichter ausbrechen ließe als aus dem anderen. Er hätte zugesehen, wie man es gebaut hatte. Das Fundament sei nicht tiefer als zwei Fuß und darunter sei alles Sand.

Die erste Sorge Trencks war, Geld zu beschaffen, denn Geld ist auch im Gefängnis eine große Macht.

Friedrich nahm das innere Glasfenster herunter und erweiterte das Loch im Drahtnetz so weit, daß der getreue Gefhardt mit Hilfe eines langen Drahtes Papier, einen dünnen Wachsstock, einen Schwefelfaden und ein Stück brennenden Schwamm durchstecken konnte.

Die Tinte hatte der brave Mann vergessen, obgleich er sie leicht durch ein Schilfrohr hätte hereinreichen können. Doch wozu ist das eigene Blut gut? Friedrich stach sich in den Finger und sogleich hatte er die Tinte, mit der er einen Brief an seinen Wiener Freund, Hauptmann von Ruckhardt, schreiben konnte. Er schilderte ihm seinen Zustand und schrieb ihm eine Anweisung über dreitausend Gulden aus der Trenckschen Kasse aus. Ruckhardt war ein braver ehrenhafter Mann, er sollte tausend Gulden für seine Reisespesen behalten und mit dem restlichen Geld am 15. August nach Gummern, einem sächsischen Städtchen zwei Meilen von Magdeburg, kommen. Dort sollte er mit einem Brief in der Hand auf der Hauptstraße entlangspazireren. Ein Mann mit einer Rolle Rauchtabak in der Hand würde ihm entgegenkommen. Dem sollte er die zweitausend Gulden in Gold übergeben. Diesbezügliche Instruktionen erteilte Friedrich auch an Gefhardt, denn er würde der Mann mit der Tabakrolle sein.

Von den zweitausend Gulden sollte Gefhardt tausend erhalten.

Nach dem 15. August wartete Friedrich gespannt auf Nachricht.

Nach einigen Tagen, als Gefhardt wieder auf Wache war, hörte er durch das Kerkerfenster:

„Alles ist glücklich vonstatten gegangen. Morgen Mittag versehe ich den Kalfaktordienst. Das Geld wird im Wasserkrug sein."

So geschah es. Bei der mittäglichen Visitation am nächsten Tag brachte Gefhardt das Brot (durchgeschnitten, damit für den Gefangenen nichts darin versteckt werden konnte) und den Wasserkrug.

Sobald die Türen wieder verschlossen waren, langte Friedrich in den Krug. Das Gold lag darin! Er griff hinein, und es war mehr als verabredet. Die ganzen zweitausend Gulden. Der ehrliche Gefhardt hatte den ihm versprochenen Teil nicht behalten, sich nur fünf Pistolen für seine Unkosten genommen.

Friedrich versteckte das Geld vorläufig in seinem Strohsack.

Aber außer dem Gold hatte er noch etwas bekommen, was im Land der Gefängnisse wertvoller als Gold ist: ein paar feine Feilen. Die waren ins Brot gebacken. Das Brot hatte man so in zwei Stücke geschnitten, daß der geheime Inhalt nicht zum Vorschein kam.

Nun konnte er an die Arbeit gehen.

Es war ein großes Unterfangen. Zuerst mußten die Schellen von den Füßen entfernt werden, und zwar so, daß sie wieder angelegt werden konnten, ohne bei der täglichen Visitation aufzufallen. Ein Glied der Kette feilte er durch, das nächste schliff er dünner, so daß es durch das erstere geschoben werden konnte. Mittags, wenn die Aufsicht kam, schloß er das durchschnittene Kettenglied mit nassem Brot, das er zuvor auf rostigem Eisen rieb, damit es die Farbe des Eisens annahm. So ging das Tag für Tag.

Von dem Ring, um den Leib drehte er mit Hilfe eines langen Nagels die Schrauben ab und konnte sich so befreien. Die Handschellen ließen sich schon so leicht an- und ausziehen wie ein Paar Handschuhe.

Als er sich von seinen Ketten befreit hatte, ging er als erstes daran, das Fenster zu öffnen. Die Glasscheiben waren in Blei gefaßt. Bisher hatte er nur eine Scheibe aus der Fassung herausgenommen und durch diese Öffnung Kontakt mit Gefhardt gehabt; nun besaß er aber schon Werkzeug und konnte an die Haken heran, mit denen das Fenster in der Mauer befestigt war. Er beschloß, die Haken herauszuziehen. So kam die ganze Nacht frische Luft in die Zelle, und er brauchte nicht mehr den mörderischen Kalkdunst einzuatmen.

Nun machte er sich mit aller Kraft an die Vorbereitung der Flucht.

Der Fußboden des Kerkers war nicht von Stein, sondern mit Brettern ausgelegt: drei Lagen Eichenholzbretter quer übereinandergelegt und mit etwa einem Fuß langen Eisennägeln ineinander befestigt.

Na, diese Nägel waren wie geschaffen, von Friedrich herausgezogen zu werden. Er lockerte die Köpfe ein wenig und bediente sich dann der eisernen Stange zwischen seinen Händen, um die Nägel aus den neun Zoll starken Brettern herauszuheben. Kraft brauchte man dazu! Nun nahm Friedrich die langen Eisennägel und schliff sie, auf seinem Grabstein kniend, an dem Stein zu Meißel.

Mit solch primitivem Werkzeug begann er die Arbeit.

Das obere Brett hatte er in einer Nacht durchgemeißelt, anderthalb Fuß von der Mauer entfernt. Durch den Schnitt war eine fingerbreite Lücke in dem Brett entstanden, das aber noch zwei Zoll weit in der Mauer steckte. Friedrich zog das Stück Brett unter der Mauer heraus und fügte es dicht an das andere Stück Brett an; die Ritze verklebte er mit Brot und streute Staub darüber. Die Aufseher merkten nichts. Als sie mittags visitierten, saß der Gefangene auf seinem Bett, an Händen, Füßen und um die Taille an die Mauer gekettet, die Fensterscheibe war an ihrem Platz und der aus dem Fußboden herausgezogene Nagel wieder zurückgesteckt – nirgendwo ein verdächtiges Zeichen.

Dann durchschnitt Friedrich die zweite und dritte Bretterschicht und stieß auf den weißen Sandgrund. Davon kratzte er mit der bloßen Hand einen Haufen heraus und versteckte ihn unter dem Bett.

Diese ausgehöhlte Stelle war sehr wichtig.

Als er den freien Raum hatte, konnte er schon mit größeren Werkzeugen arbeiten. Er entfernte den Eisendraht vom Fenster, und Gefhardt konnte ihm nun Messer und Schaufel hereinreichen, die er zum Graben brauchte. Später bekam er auch noch ein Paar Pistolen, Pulver und Blei dazu. All das versteckte er in dem Hohlraum unter den Brettern.

Aber sein pfiffigstes Arbeitsmittel war der Leinensack, mit dem er den ausgegrabenen Sand vorsichtig zum Fenster hinausschüttete, immer dann, wenn Gefhardt Wache stand. Das war der schwierigste Teil seines Befreiungswerkes. An den anderen Tagen versteckte er den ausgegrabenen Sand in seinem Bett. Dort nachzusehen fiel keinem Wärter ein.

Noch etwas anderes gewann Friedrich durch die Verbindung mit dem treuen Grenadier. Dieser steckte ihm durch das Fenster soviel geräucherte Wurst zu, daß er damit eine Speisekammer anlegen konnte, und die Fleischnahrung stärkte seine Körperkraft. Er lebte gut, sorgte aber dafür, daß die empfindliche Nase des diensthabenden Offiziers den Knoblauchgeruch in der Zelle nicht wahrnahm. Man kann darüber rätseln, wie er das fertigbrachte.

Nach einigen Tagen hatte er das Fundament des Kerkers bewältigt. Es war nicht wie Gefhardt angegeben hatte, zwei Fuß, sondern vier Fuß tief.

Nun mußte er, bäuchlings auf dem Fußboden liegend, Kopf und Oberkörper in die Tiefe beugen und unter den Steinen des Fundaments den Sand wegkratzen.

Später war der ausgegrabene Hohlraum schon geräumiger, und er fand darin mit dem ganzen Körper Platz. Nun ging die Arbeit leichter voran. So wie der Fuchs und der Dachs ihren Bau ausgraben, kratzte er sich die Erde unter den Bauch, und was er in der halben Nacht aufwühlte, das schob er in der zweiten Hälfte der Nacht mit den Füßen nach hinten und schaffte es dann hinaus in die Zelle.

Auch für sein Geld hatte er sich ein schlaues Versteck ausgedacht.

Er ließ sich von Gefhardt einen Bohrer bringen, der in der Stärke der Rundung eines Goldstücks entsprach. Damit bohrte er Löcher in den Türpfosten, steckte sein Gold hinein und verschmierte die Löcher mit Brotmasse. Bis zum Morgen war die Tür gewöhnlich von einem glänzenden Kellerreif bedeckt. Darunter fielen keine Veränderungen auf.

Wenn ihn die Arbeit ermüdet hatte, zündete Friedrich den Wachsstock an, holte sein Schreibzeug hervor (er hatte inzwischen auch Tinte) und schrieb Gedichte und Satiren. Las er sich seine Werke selbst vor, brach er meistens in lautes Gelächter aus. Er lachte über seine Tyrannen!

Wenn er dann seine Handschellen wieder überstreifte, lachte er noch immer.

Einmal aber passierte dem Gefangenen ein schweres Mißgeschick.

Als am Morgen die Schildwache abgelöst wurde – das geschah alle sechs Stunden –, wollte Friedrich das herausgehobene Fenster wieder befestigen. Doch es fiel ihm aus der Hand und drei Scheiben zerbrachen.

Damit war alle seine Hoffnung vereitelt.

Wenn mittags die Aufsicht kam, mußte sie sofort die fehlenden Fensterscheiben bemerken; das würde zu einer strengeren Durchsuchung Anlaß geben, und alles käme ans Tageslicht.

Gefhardt war schon abgelöst, ein anderer Grenadier stand Wache.

Friedrich entschloß sich in seiner Verzweiflung zu einem gefährlichen Wagnis: Er sprach die unter seinem Fenster stehende Schildwache an, die eben ein Liedchen vor sich her pfiff.

„Kamerad! Tut mir einen kleinen Gefallen. Ich will Euch dafür dreißig Pistolen geben."

Der Soldat erschrak zuerst. Allen Wachen war es unter Todesstrafe verboten, mit den Gefangenen zu reden. Aber Geld übt eben einen besonderen Zauber aus.

„Was heißt das? Hat Er denn Geld?“

Friedrich hielt die Goldmünzen in der Hand und streute sie durch das doppelte Gitter hinaus, dem Soldaten vor die Füße.

Der hatte sein Leben lang nicht soviel Geld auf einmal gesehen und fragte: „Was soll ich dafür tun?“

„Verschaffe mir in der Stadt drei Fensterscheiben, aber sofort; so große wie dieses Stück Papier hier.“ Und Friedrich warf auch das Maß hinterher.

Der pommersche Veteran war ein gemütlicher Kerl. Er klaubte die Goldstücke auf und spazierte damit zu seinem Kameraden hinüber, der auf der entgegengesetzten Seite des Gefängnisses Dienst tat. Dem übergab er sein Gewehr und bat ihn, auf das Fenster des Gefangenen zu achten, bis er wieder zurück sei. Er laufe nur nach Hause, seine Pfeife holen, die er vergessen habe.

Der Kamerad fand die Begründung überzeugend. Er hatte nichts anderes zu tun, als immerzu rings um den Trenckschen Kerkerbau zu spazieren; unterdessen lief der andere durch die Palisadentür aus der Sternschanze, eilte in die Stadt, beschaffte die Glasscheiben nach Maß und war noch vor der mittäglichen Visitation zurück. Er reichte die Scheiben Trenck durchs Fenster, und dieser belohnte den Dienst mit weiteren zehn Pistolen.

Mittags waren die Scheiben eingesetzt und die Scherben hübsch ordentlich beiseite geschafft.

Nun konnte er seine Erdarbeiten wieder fröhlich fortsetzen.

Der unterirdische Maulwurfsgang mußte unter dem ganzen Kerkerbau weitergeführt werden, es war ein massives Gebäude, und auch die Schanze ringsum und die Palisaden gehörten dazu. Die Arbeit dauerte ganze acht Monate.

Schließlich waren die Ausgrabungen so weit fortgeschritten, daß er sich ausrechnen konnte, wieviel Wochen er noch zu buddeln hatte, bis er auf der anderen Seite der Schanze an die Oberfläche kommen würde.

Da beging Friedrich ein zweites Mal den großen Fehler, der ihm schon seinen ersten Fluchtversuch vereitelt hatte. Er begnügte sich nicht damit, in einer Nacht – wenn Gefhardt Wache stand – aus der Erde hervorzukriechen, mit diesem Getreuen über die Elbe zu rudern und dann zu laufen, soweit die Welt ihm offenstand; statt dessen schrieb er wieder einen Brief an seinen Wiener Freund Ruckhardt, er solle ihm bis Gummern entgegenkommen und zu dem festgesetzten Termin sechs Tage hintereinander mit zwei Reitpferden auf dem Glacis bei Kloster Bergen des Nachts auf ihn warten.

Diesen Brief übergab er Gefhardt, und der Grenadier schickte seine Frau, sie solle den Brief auf die Post bringen.

Die Frau wollte es besonders gut machen und drückte dem Postmeister zehn Reichstaler in die Hand, damit er den Brief sicher und schnell nach Wien befördere.

Dem Postmeister kam die Sache merkwürdig vor. Man zahlte gewöhnlich keine zehn Reichstaler für die Beförderung eines Briefes. Er öffnete den Brief, las den Fluchtplan und eilte damit sogleich zum Gouverneur von Magdeburg.

Gouverneur war damals Herzog Ferdinand von Braunschweig. Es muß schon eine schöne Überraschung für Friedrich gewesen sein, als er an einem Nachmittag um drei Uhr die Schlüssel im Schloß der Kerkertüren knirschen hörte und bei Lampenlicht der Herzog selbst mit glänzendem Gefolge bei ihm eintrat.

„Haben Sie diesen Brief geschrieben?" fragte der Herzog Trenck und reichte ihm den abgefangenen Brief. In einem solchen Fall kann der Edelmann nicht leugnen!

„Das ist meine Schrift", erwiderte Trenck entschlossen.

„Durch wen haben Sie den Brief aus dem Gefängnis hinausgeschickt?"

„Den Namen weiß ich nicht. Es war einer der Wachen, deren Gesichter ich von hier oben nicht sehen kann."

Der Herzog drohte ihm.

„So lassen Sie mich erschießen!" sagte Friedrich. „Besser anketten als bisher, können Sie mich nicht."

Der Herzog ließ Zimmerleute, Maurer und Schlosser rufen und die Zelle aufs gründlichste untersuchen. Sie fanden nicht die leiseste Spur eines Ausbruchsversuches. Alles, was sie tun konnten, bestand darin, daß sie das Fenster der Zelle mit Brettern vernagelten und nur einen schmalen Spalt für die Lüftung offenließen.

Dann schlug der Herzog einen milden Ton an.

Er begann Friedrich ins Gewissen zu reden. Er versprach ihm, seinen Wunsch zu erfüllen und ihn vor ein ordentliches Gericht zu stellen, wo er sich verteidigen könne. Er wolle auch sogleich alle Eisen abnehmen lassen, wenn Trenck ihm den Mann nennte, der den Brief bestellt hatte.

Friedrich aber blieb standhaft.

„Ich kenne diesen Mann nicht. Und wenn ich ihn kennte, würde ich seinen Namen nicht nennen. Ich will mich nicht befreien, indem ich gute Freunde in Gefahr bringe; lieber will ich selbst draufgehen!"

Die Grenadiere im Gefolge des Herzogs hörten die Worte Trencks und erzählten ihren Kameraden davon. Seitdem genoß der Gefangene, der weder durch Versprechungen noch durch Androhungen zum Verrat seiner Helfer zu bewegen war, großes Vertrauen bei ihnen.

Immerhin konnte der Herzog soviel herausbekommen, daß Trenck über viel Geld verfügte und es freigebig unter den Schildwachen verteilte.

Der Herzog verließ den Kerker. Eine Stunde später hörte Trenck verzweifeltes Geschrei unter dem Kerkerfenster. Kurz darauf wurden die Türen wieder geöffnet. Ein Offizier der Wache kam zurück. Man hatte eine Laterne vergessen und kam, diese zu holen. Beim Hinausgehen flüsterte der Offizier Trenck ins Ohr: „Ihr Komplize hat sich aufgehängt. An den Palisaden des Kerkers."

Der Offizier ging zur Tür hinaus.

Die erste mit Eisen beschlagene Tür hatte einen Spalt in der Verkleidung. An dem durchsickernden Licht konnte Friedrich erkennen, daß der Offizier im Vorraum stehenblieb.

Friedrich überdachte seine düstere Lage.

Wenn der Soldat, der sich erhängt hatte, weil Trencks Fluchtversuch enthüllt werden konnte, Gefhardt war, dann würde er ihm mit der Nennung seines Namens nicht mehr schaden.

Er klopfte an die Tür.

Der Offizier, der nur darauf gewartet hatte, fragte, was er wolle.

„Geben Sie mir Licht, Tinte, Papier und Feder. Ich will dem Herzog alles gestehen."

Der Offizier ging schnell davon.

Friedrich von der Trenck wischte sich in schwerer seelischer Bedrängnis den Schweiß von der Stirn. Sollte er seinen besten Freund verraten? Einen so edel gesinnten Menschen? Nur um sich eine Erleichterung zu verschaffen? Vielleicht war Gefhardt gar nicht der Selbstmörder?

Er rang mit seinem Gewissen. Schließlich kletterte er mit samt den Ketten zum Fensterloch hinauf und rief mit lauter Stimme:

„Mein Gott! Wer du immer bist! Sag mir, ob es wahr ist, daß sich ein Soldat meinetwegen erhängt hat!"

„Ja! Es ist wahr!" kam von draußen die Stimme.

Daraufhin wickelte Friedrich fünf Pistolen in ein Papier und ließ sie durch den Fensterspalt fallen.

„Freund, nimm dies Geld und sage mir, wie der Selbstmörder hieß. Gott strafe dich, wenn du mich betrügst und einem Kameraden Schaden zufügst."

Nach einer kurzen Weile kam die Antwort:

„Er hieß Schütz von Ripps Kompanie."

Das war derselbe Kerl, der von Friedrich in der Zitadelle den brillantenen Hemdenknopf angenommen und nichts dafür getan hatte.

Der Soldat war so leichtsinnig gewesen, das Geld für den verkauften Hemdenknopf im Wirtshaus zu vertrinken. Man hatte Verdacht gegen ihn geschöpft und ihn zur Rede gestellt. Er hatte nicht sagen können, wie er zu dem Geld gekommen war, und hatte sich aus Angst erhängt.

Da schrieb Friedrich von der Trenck an den Herzog einen Brief, dachte sich ein merkwürdiges Märchen aus und nannte als seinen Helfershelfer: Schütz aus Ripps Kompanie.

Der Herzog fluchte, als er den Brief las.

„Na, jetzt können wir dem Schütz im Jenseits nachjagen."

Friedrich indessen gewann durch diesen Brief nichts. Für nichts bekommt man nichts! Er blieb, wo er war: in Eisen – solange er es nicht selbst ablegte.

Von nun an standen zwei Schildwachen vor seiner Tür und auch unter seinem Fenster.

Drei Jahre hatte Friedrich von der Trenck nun schon im Magdeburger Kerker zugebracht.

Da trat in seinem unglückseligen Schicksal wieder eine Wende ein.

Draußen in der großen Welt begann eine Zeit schwerwiegender Ereignisse.

Friedrich hatte das in seinem Kerker vorausgesehen; er war seit langem informiert. Die Koalition gegen Preußen war zustande gekommen. Es begann der Feldzug, der in der späteren Geschichtsschreibung als der Siebenjährige Krieg bezeichnet werden sollte, dem aber König Friedrich zu Beginn (als er noch nicht wissen konnte, daß der Krieg sieben Jahre währen würde) den sonderbaren Namen „Krieg gegen die drei Röcke"(Maria Theresia, Elisabeth, Dubarry) gab.

Und ebenso lange dauerte der Krieg des in Eisen gelegten Gefangenen Friedrich von der Trenck gegen den mächtigen, großen Monarchen.

In der Tat, so stark, wie Friedrich der Große gegen die drei größten Mächte der Welt sein konnte, so unerbittlich zeigte er sich auch gegen einen Wurm, den er zertreten wollte.

Jener Mensch, dem der König befohlen hatte, Friedrich von der Trenck zu bewachen und mit seinem Kopfe für die Person des Gefangenen einzustehen, wurde wahnsinnig; die Aufgabe machte ihn zu einem tobenden Verrückten.

Und der „begrabene" Arrestant unternahm immer neue Befreiungsversuche.

Man wechselte in Magdeburg die ganze Garnison aus. Die Grenadiere, unter denen der Gefangene mitfühlende Freunde gefunden hatte, mußten in den Krieg ziehen, die Zitadelle übernahmen ausgemusterte Offiziere und eine zusammengesuchte Landmiliz.

Die Veränderungen begannen damit, daß der Festungskommandant Bork in Friedrichs Zelle gerannt kam und den angeketteten Häftling beschimpfte. Ganz so, wie ordinäre Menschen im Zorn Vater, Mutter und zuletzt die Jungfrau Maria zu beschimpfen pflegen, fand Bork tausend Schmähworte für die österreischische Monarchin Maria Theresia.

Trenck blieb ihm nichts schuldig. Jede Beschimpfung erwiderte er mit einer noch größeren, so daß sich der Zorn des Festungskommandanten zur Tobsucht steigerte.

Im Wortgefecht siegte der Gefangene. Dem Kommandanten blieben vor Zorn die Worte im Halse stecken.

Na, aber es stand ja in seiner Macht, das, was er mit Worten nicht erreichen konnte, durch Taten wettzumachen. Er ließ den Schmied rufen und Trenck auch noch ein handbreites Eisen um den Hals legen, das mit einer schweren Kette an einem Eisenring in der Mauer befestigt wurde, neben den beiden anderen Ringen, die die Schellen für die Füße sicherten.

Man nahm Friedrich sogar das Bett weg. Er mußte auf dem blanken Fußboden liegen, und wenn er schlafen wollte, mußte er mit einer Hand die Fesseln am Halseisen halten und gegen die Wand drücken, damit der Halsring ihn nicht erwürgte.

An allen Gliedern hatte er Schellen und Ketten.

Von dieser unmenschlichen Peinigung wurde er krank, bekam hohes Fieber und lag so verlassen, ohne Arzt und ohne Medikamente, auf dem kalten, kahlen Fußboden.

Es gibt kein grausameres Tier auf Gottes Welt als den Menschen!

Friedrich hatte kein anderes Linderungsmittel als das Wasser im Tonkrug.

Einmal passierte es ihm dann, daß er, vom Fieber geschwächt, den Krug fallen ließ und dieser zerbrach. Nun lag er vierundzwanzig Stunden von Durst geplagt im Fieber. Als am nächsten Tag der Wärter in den Kerker trat, war Friedrich halb tot.

Dieser Fall wurde in der Stadt allgemein bekannt. Die Magdeburger Damen schlossen sich zusammen und bewogen den tyrannischen Festungskommandanten, dem kranken Gefangenen wieder das Bett zurückzugeben.

Und erneut siegte dessen wunderbare Lebenskraft: Trenck erholte sich. Ein halbes Jahr hatte die Krankheit gedauert.

In dieser Zeit war er mit den diensthabenden Offizieren bekannt geworden.

Es waren alles arme Hungerleider, die König Friedrich aus der Kampftruppe entlassen und auf die Festung gesteckt hatte, oder sie waren vor ihren Gläubigern dorthin geflohen.

Friedrich hatte noch einiges Geld im Türpfosten versteckt. Er half den armen Schluckern.

Unter den Offizieren war ein alter Hauptmann, dessen Sohn wegen Spielschulden aus dem Offizierskorps ausgeschlossen worden war. Für diesen schrieb Friedrich einen Empfehlungsbrief an die Kanzlerin Gräfin Bestuscheff nach St. Petersburg. Die einstige Geliebte verhalf dem jungen Mann zu einem Offiziersrang in der Armee, und sie schickte Friedrich zweitausend Rubel, die dieser mit dem Hauptmann teilte. Auch die anderen Offiziere bekamen etwas davon ab.

Das hatte zur Folge, daß die reichlich beschenkten Offiziere für Friedrich andere Schellen und Fesseln anfertigen ließen, die er bequem ab- und anlegen konnte; sie brachten ihm auch nahrhafte Fleischspeisen sowie Kerzen, Schreibzeug und Papier, ja sogar Zeitungen. Er konnte Gedichte schreiben und sich über die Welt lustig machen.

In dieses Komplott waren nur Bork, der Festungskommandant, und der neue Major der Landmiliz, Bruckhausen, nicht eingeweiht. Den letzteren verewigte Trenck in einer Satire unter dem Namen „Major Mops".

Friedrich begann wieder an einem neuen Fluchtplan zu arbeiten.

Die drei Offiziere, die ihm freundschaftlich zugetan waren, erklärten ihm, daß der Tunnel, den er sich bisher aus seinem Gefängnis gegraben hatte, an der falschen Stelle aus der Erde herauskommen würde; dort könnte ihn die vor der Tür stehende Schildwache sofort bemerken.

Die Offiziere nahmen für ihn Abmessungen vor, die ergaben, daß er sich seitlich ein anderes Fuchsloch unter der Kerkermauer graben müsse; nach siebenunddreißig Fuß würde er auf einen Flur stoßen; hier könnte er sich dann durch die offene Tür davonmachen.

So machte sich Friedrich von der Trenck also wieder an das Ausschachten eines neuen Tunnels. Bisher hatten seine Tyrannen die Lücke im Fußboden noch nicht entdeckt.

Anfangs ging die Arbeit leicht.

Sowie er sich von den Eisen befreit hatte, zog er sich vollständig aus (sein Hemd durfte nicht schmutzig werden), kroch nackt in das Erdloch hinein und holte die Erde heraus. Dann trug er den Sand in die alte Höhle hinüber, wodurch sich die Arbeit vereinfachte.

Trotzdem war es eine schreckliche Anstrengung. Jede Handvoll Sand mußte er, auf dem Bauch rückwärts kriechend, von dem neuen Gang in die alte Höhle bringen. So kroch er wohl innerhalb von vierundzwanzig Stunden etwa zweitausend Klafter in der Erde auf dem Bauch.

Am erstaunlichsten war, daß er in diesem engen, luftlosen, unterirdischen Kanal nicht erstickte.

Gegen Ende der Arbeit war der alte Tunnel mit Sand voll. Der neue Kanal war zwar enger, aber wesentlich länger, so daß Trenck zum Schluß den ausgegrabenen Sand in Säcken füllte. Zu diesem Zweck opferte er sein Bettlaken. Die diensthabenden Offiziere drückten beide Augen zu und wollten die Säcke nicht bemerken.

Zuletzt, als er sich nach seiner Berechnung schon fast dem Ausbruch näherte, hörte eine Schildwache unterirdische Geräusche und meldete dem Offizier, daß der Gefangene eifrig unter der Erde arbeite.

Der Offizier war Trencks bester Freund und sagte zu dem Soldaten: „Du Esel! Hast sicher einen Maulwurf gehört." Der Sache wurde nicht weiter nachgegangen.

Und Trenck arbeitete unbehelligt weiter.

Der Soldat aber, den man einen Esel genannt hatte, machte daraus eine Ehrensache und lauschte von nun an jede Nacht.

Trenck kam immer näher zur Erdoberfläche.

Als er nur noch eine fußbreite Schicht durchstoßen mußte, eilte der auf der Lauer liegende Soldat zum Platzmajor und erstattete Bericht.

Wie dann Trenck die letzte Erdschicht mit dem Kopf hochhob, sah er zu seinem großen Schreck die Offiziere mit Laternen vor sich stehen.

Er zog sich, so schnell er konnte, in den Kanal zurück, dachte aber daran, seine Geräte, seine Pistolen und das Schreibzeug zu verstecken und erst dann in den Kerker zu gehen.

Wieder war ein Fluchtversuch mißlungen.

Die Offiziere, die ihn erwischt hatten, trugen keine Schlüssel zu den Kerkertüren bei sich; die mußten erst von verschiedenen Personen geholt werden. Unterdessen fand Trenck eben soviel Zeit, die Eisen wieder anzulegen und die Kettenglieder mit der Brotmasse zu beschmieren.

Als die Türen geöffnet wurden, saß Trenck auf den Sandsäcken. Den Fußboden hatte er nicht in Ordnung gebracht, dazu war nicht genügend Zeit geblieben.

Bruckhausen kam in die Zelle gerannt und brüllte wie ein Nilpferd.

„Wie konnten Sie die Zelle untergraben? Sie Teufelsbursche!"

Trenck machte von seinem Galgenhumor Gebrauch.

„Wie? Sie selbst haben die Antwort gegeben! Der Teufel ist mein bester Freund, er meint es besonders gut mit mir!"

„Wie konnten Sie den Fußboden durchbrechen? Wie konnten Sie Ihre Ketten ablegen? Wer hat Ihnen Werkzeuge gegeben?"

„Na, wer? Ich sagte doch, der Teufel bringt mir alles, was ich brauche."

Da zog man Friedrich aus, durchsuchte jedes Kleidungsstück, fand aber nichts. Auch der Kerker wurde vergebens visitiert.

Trenck lachte, die anderen waren wütend. Sie rächten sich an ihm, indem sie ihm wieder das Bett wegnahmen, die Strohsäcke zerrissen und aus dem Bettgestell Kleinholz machten, immer auf der Suche nach den Werkzeugen. Trenck lachte nur.

„Ihr könnt lange suchen! Auf jedem Stück sitzt der Teufel, den ihr nicht sehen könnt. Wir spielen ganze Nächte Pikett miteinander."

Nun ließ man Maurer und Tischler kommen; die verschlossen den Gang unter den Brettern und anstelle des durchschnittenen Fußbodenbrettes nagelten sie ein neues an.

Als sie dann gingen und die letzte Tür zuschlossen, rief Friedrich ihnen nach:

„Meine Herren, kehren Sie zurück! Sie haben etwas Wichtiges vergessen."

Damit übergab er ihnen eine versteckte Feile.

„Wo haben Sie die her?"

„Ich sagte ja schon, der Teufel bringt mir alles."

Kopfschüttelnd gingen sie fort.

Als sie noch mit dem Zusperren beschäftigt waren, rief Trenck ihnen schon wieder nach: „Meine Herren! Kommen Sie zurück!"

Sie kamen.

„Sehen Sie mal, was der Teufel mir wieder gebracht hat!" Und Friedrich zog ein scharfes Messer aus seinem Eisengurt heraus.

„Das geht doch nicht mit rechten Dingen zu!" schrie Bruckhausen empört.

„Ich sagte Ihnen ja schon, es geht mit dem Teufel zu. Wollen Sie, meine Herren, einen kleinen Goldregen sehen?" Er hielt die Faust in die Höhe und ließ zehn Louisdor herunterfallen.

„Teufelei! Hexerei!"

Am nächsten Tag war das neue Fußbodenbrett wieder durchschnitten, die frische Mauer eingerissen, und das Fluchtweggraben begann in einer anderen Richtung.

Um eine Erklärung für diese Teufelskünste zu finden, muß man wissen, daß drei der vier diensthabenden Offiziere Trencks gute

Freunde waren. Brave, verschuldete Kavaliere vom Lande, denen Trenck in ihrer Geldnot beistand. Sie ließen dem Gefangenen Feilen und Messer anfertigen, die am Griff abschraubbare Nagelköpfe hatten; diese steckte er an die Stelle der Nägel in den Fußbodenbrettern. Wenn er das Werkzeug brauchte, schraubte er die Nagelköpfe ab, und wenn die Visitation bevorstand, kamen sie zurück an ihren Platz im Fußboden.

Trenck konnte wieder den ganzen Tag an der neuen Mine arbeiten, die nun unter den Palisaden hindurchführen sollte.

Nur wenn Bruckhausen die Inspektion hatte, blieb der Gefangene einen Tag lang untätig.

Einmal erlaubte er sich den Spaß, daß er eine vierundzwanzigpfündige Kanonenkugel, die er beim Graben in der Erde gefunden hatte, mit heraufbrachte und im Kerker an die Tür legte.

Als Bruckhausen die Tür öffnete, rollte die Kanonenkugel durch den Stoß zur Wand und von dort durch den Gegenstoß dem Offizier vor die Füße.

„Was, Himmelschwerenot ist das?" schrie der entrüstete Bruckhausen.

„Sie sehen doch, mein Herr! Eine Kanonenkugel."

„Wie kommt diese Kanonenkugel hierher?"

„Es ist etwas von der Munition, die mir mein Teufel liefert. Nächstens werden auch die Kanonen ankommen. Dann schieße ich Sie alle über den Haufen."

Auch dieser Zwischenfall wurde stadtbekannt. Jeder sprach von Trenck, dem Schwarzkünstler, dem der Beelzebub Kanonenkugeln in den durch vier Türen gesicherten Kerker brachte. Ein frommer Bürger, der viel Geld hatte, ging in seiner Neugierde so weit, daß er dem diensthabenden Major fünfzig Taler antrug, wenn er ihm den Beelzebub zeige.

Major Holzkammer konnte die fünfzig Taler gut gebrauchen. Er steckte das Geld ein und ließ für Friedrich von der Trenck eine Karnevalsmaskerade holen, die er ihm anlegte. In dieser Aufmachung zeigte er dem reichen Spießbürger den Teufel.

Der Karnevalsspaß sprach sich in der Stadt herum. Auch der Gouverneur erfuhr davon und ärgerte sich maßlos darüber. Der Major bekam Hausarrest.

Für Friedrich von der Trenck hingegen dachte sich der Festungskommandant noch eine neue Quälerei aus. Das Bett hatte er ihm bereits weggenommen, jetzt wollte er ihm auch noch den Schlaf nehmen.

Der Schildwache vor Trencks Fenster wurde befohlen, in der Nacht, sooft die Turmuhr ein Viertel schlage, Trenck durchs Fenster anzurufen:

„He! Trenck! Bist du da?!"

Und Trenck müsse darauf antworten: „Ja, ich bin da!"

Von dieser unmenschlichen Quälerei wurde der Gefangene ganz geschwächt und büßte alle seine Seelenkräfte ein.

Er beklagte sich bei einem befreundeten Offizier.

Der gab ihm den einfachen und guten Rat:

„Weißt du was? Laß die Wache schreien und gib keine Antwort. Wer kann dich dazu zwingen? Schlaf du ruhig weiter."

Trenck befolgte den Rat. Die Wachen meldeten Bork, der Gefangene achte nicht auf den Anruf. Da erregte sich der Gouverneur dermaßen, daß er verrückt wurde. Als gemeingefährlicher Irrer wurde er ins Narrenhaus gebracht und starb dort auch.

Das war das allerdurchtriebenste Duell zwischen einem angeketteten Gefangenen und seinem Büttel. Der Kampf ging auf Leben oder Tod. Gestorben ist der Büttel.

XV.

Die Seele, die man nicht einsperren kann

Vier Jahre waren seit Ausbruch des Krieges vergangen, der in Europa und Übersee tobte. Rechnet man die drei Jahre hinzu, die Friedrich von der Trenck schon vorher im Kerker verbracht hatte, dann währte sein Unglück jetzt schon das siebente Jahr.

Sieben Jahre der schönsten Jugendzeit! Immerzu in Eisen. Tagsüber gefesselt, nachts unter der Erde.

Und Friedrich war über alles unterrichtet, was in der Außenwelt geschah. Auch über das wechselnde Kriegsglück. Für ihn war keine der Wendungen im Kriegsgeschehen vorteilhaft. Nur von einem Friedensschluß konnte er seine Freilassung erhoffen. Und dieser rückte nach jedem neuen Triumph in noch weitere Ferne.

Einmal aber geschah etwas in dem Feldzug, das dem Gefangenen mildernde Umstände bringen konnte. Nach der Schlacht bei Kolin, in der der Herzog von Lothringen einen glänzenden Sieg über König Friedrich II. errang, drang ein Korps unter dem Feldmarschall Hadik bis nach Berlin vor. Mit ihm zogen die neuen Freischaren, die an

Kriegstüchtigkeit sogar die Panduren des Franz von der Trenck übertrafen; angeführt wurden sie von einem gewissen Beleznay (dessen Namen man vergebens in den Konversationslexika sucht, selbst die Ungarn verschweigen ihn).

Das kühne Kriegsstück war glänzend gelungen. Die Berliner Allee Unter den Linden konnte die Federbüsche der ungarischen Husaren kennenlernen, und der Berliner Hof rettete sich Hals über Kopf nach Magdeburg. Ihre Majestät, die Königin, der Prinz von Preußen, der Markgraf Heinrich und die Prinzessin Amalie, alle flüchteten sie dorthin.

In der Lebensbeschreibung des Friedrich von der Trenck finden wir hier zum erstenmal den Namen ausgeschrieben: Prinzessin Amalie.

Sein Herzensgeheimnis verriet er aber auch jetzt nicht.

Aus dem Folgenden läßt sich nur einiges erraten.

Wir lesen bei Trenck, daß der strenge Major Bruckhausen plötzlich freundlicher zu ihm wurde, weil er bei Hof gehört hatte, daß Friedrich von der Trenck noch nicht ganz hilflos verlassen sei.

(Dabei war es gar nicht so lange her, daß Trenck ihn mit gefesselten Händen hatte an die Wand spießen wollen, als er, von Bruckhausen in Wut gebracht, einem Leutnant den Degen von der Seite gerissen hatte.)

Etwa zur selben Zeit wurde der bösartige Festungskommandant Bork von Oberstleutnant Reichmann abgelöst. Letzterer war ein menschenfreundlicher, rechtschaffener Offizier, der als erstes anordnete, die beiden inneren Kerkertüren von Friedrichs Zelle zu öffnen, so daß durch das Fenster des Vorraumes Tageslicht und frische Luft in den Kerker drangen.

Friedrich bekam also nach sieben Jahren Entbehrung wieder Sonne und Luft.

Wer anderes hätte das für ihn erwirken können als ein liebendes Herz, das auch jetzt noch Mitgefühl für den Unglücklichen empfand. Nach so viel Treulosigkeit? So viel Vaterlandsverrat?

Wieder waren sich die beiden ganz nahe. Friedrich vermochte die Nähe seiner „Sonne“ durch die Frühlingslüfte im Kerker zu spüren. Man gab ihm einen kleinen Ofen, Geräte zum Feuermachen – erstmals nach langjähriger Gefangenschaft. Er erhielt einen zinnernen Becher, aus dem er trinken konnte. Auf diesen Becher ritzte er Gedichte ein, gravierte auch allegorische Bilder und Szenen aus der Bibel dazu. Sein einziges Werkzeug war ein geschliffener Brettnagel. Die Becherarbeiten wurden Meisterwerke! Die wachhabenden Offiziere bewunderten die Kunst des Gefangenen. Sowie er einen Becher fertig hatte, brachte man ihm einen anderen, und er gravierte von neuem. Die in das Metall eingeritzten Buchstaben waren so winzig, daß ein anderer sie nur mit der Lupe lesen konnte, während Friedrich all das bei dem schwachen Licht, das ihm der Ofen spendete, in das glänzende und blendende Metall einritzte. Ein Wunder, daß er bei dieser Arbeit nicht blind wurde.

Die Zinnbecher Trencks fanden ihren Weg bis in die königlichen Schatzkammern und wurden zu lebendigen Fürsprechern des elend Eingekerkerten, der die Kunstwerke in vielen bitteren Tagen schuf.

Einer der Zinnbecher geriet in die Hand des Fürsten Lobkowitz, der damals als österreichischer General in Magdeburg gefangen saß. Der Fürst nahm den Becher nach seiner Freilassung mit nach Wien und schenkte ihn dem Kaiser. Die ungarische Königin Maria Theresia erfuhr durch diesen Becher zum erstenmal, daß Friedrich in einem preußischen Gefängnis saß. Bis dahin war ihr dies verheimlicht worden.

Während jener Zeit hörte Friedrich mit seiner Maulwurfsarbeit auf.

Sein Schutzengel fand, solange der Hof in Magdeburg residierte, Wege und Mittel, Friedrich durch einen Offizier sechshundert Dukaten zukommen zu lassen.

Wunderkraft besitzt der Sonnenstrahl, doch noch wunderbarer ist die Macht der Liebe! Sie kann auch zum Leben erwecken, was unter der Erde begraben ist!

Ob das Sonnenlicht schuld war oder die unvergessene Liebe? Oder beides? Friedrich von der Trenck konnte seine Ketten jetzt noch weniger ertragen als bisher.

In seinen Erinnerungen und Träumen erschienen ihm die trügerischen Bilder der einstigen Glückseligkeit. Der Ursprung der Wonnen, die er einst genossen hatte, schien ihm jetzt göttlich; er dürstete nach einem einzigen Tropfen, eben so viel, wie nötig ist, um den Menschen zum Tier werden zu lassen.

Seit acht Jahren hatte er kein Frauengesicht mehr gesehen, höchstens im Traum. Aber sein Herz gehörte noch immer den Frauen.

Noch mehr als die in Fesseln geschlagenen Sehnsüchte quälte ihn der Durst nach Ruhm! Mit soviel Schaffenskraft angekettet, begraben zu sein! Gerade jetzt, wo Kriegslärm die Welt erschütterte!

Eines Tages bemerkte er, an die Mauer seines Kerkers gelehnt, daß die Mauer bebte. Woher kam das Beben, fragte er sich. War es vielleicht Kanonendonner?

Der visitierende Offizier verriet ihm, daß die französische Armee unterhalb von Magdeburg stehe und siegreich vordringe.

Der feindlichen Armee stand in Magdeburg nur eine Landmiliz von neunhundert Mann gegenüber, geführt von unzufriedenen, ausgemusterten Offizieren.

Der Glücksstern König Friedrichs war im Sinken begriffen: Die Franzosen standen bei Magdeburg, die Ungarn in Berlin, und die Russen hatten die preußische Armee in einer Entscheidungsschlacht geschlagen. Doch wenn den Preußenkönig auch das Glück verlassen hatte, sein überlegener Geist war ihm geblieben, und dieser sollte ihm das Glück zurückerobern.

Eine Entsatzungstruppe gegen die Franzosen bei Magdeburg konnte der Monarch nicht schicken, aber er schickte einen Entsatzungswagen, beladen mit Geld. Er bestach den französischen Feldherrn, damit dieser mitten in seinem siegreichen Vormarsch kehrt machte und Magdeburg, die Stadt, die ihm wie eine reife Frucht in den Schoß fallen wollte, aufgab.

Friedrich von der Trenck haßte sein Vaterland. Das Land, in dem er geboren war! Wie sollte er auch die Erde nicht hassen, die er mit allen Fingernägeln herauskratzen mußte, um sich zu befreien; das Land, das mit all seinen Steinen und all seinem Eisen auf ihm lastete. Und wenn dieses ganze Vaterland in Stücke zerbrechen mußte, er wollte seinen Kopf aus diesem Grab erheben!

Er plante Landesverrat!

Und der Plan war leicht ausführbar.

In Magdeburg waren zu dieser Zeit sechzehntausend Kriegsgefangene. Sie hausten in den Kasematten. Siebentausend von ihnen waren Kroaten.

Die Wache auf der Sternschanze hatte Friedrich samt den Offizieren für seinen Plan gewonnen.

Sie würden eines Nachts Trenck freilassen, ihm eine Uniform anlegen und einen Degen in die Hand geben. Aus der Sternschanze würden sie in die Stadt ausbrechen. Trenck würde in die Kasematten laufen und die Kroaten rufen; er sprach ihre Sprache. Das Waffenlager befand sich ebenfalls in den Kasematten. Der Name Trenck hatte Zauberkraft bei den kroatischen Soldaten. An ihrer Spitze würde er weitere Tausende von Kriegsgefangenen befreien. Die Miliz würde nicht widerstehen können, und sollte sie es versuchen, würden sie sie niederschlagen. Bis zum Morgen wäre Magdeburg samt den Magazinen und der königlichen Schatzkammer erobert. Die sechzehntausend österreichischen Gefangenen reichten als Besatzung für die Stadt Magdeburg aus.

Der Erfolg des Planes war um so wahrscheinlicher, als die Landmiliz von ihren Offizieren für die Erntezeit an die Bauern ausgeliehen wurde; die tüchtigsten und kräftigsten Burschen arbeiteten gegen einen Tagelohn von einem Gulden pro Kopf auf den Feldern.

Was aber sollte nach diesem Handstreich geschehen? Das war die entscheidendere Frage.

Magdeburg durch eine Verschwörung zu erobern, war eine Kriegstat an sich, die, wenn sich ihr nicht größere Operationen anschlossen, für die Verschworenen ein Fiasko werden konnte.

Friedrich von der Trenck hatte noch immer Vertrauen zu den Menschen. Sogar zu den Diplomaten!

Einen der eingeweihten Offiziere schickte er mit schriftlichen und mündlichen Aufträgen zur russischen Armee, einen zweiten nach Wien. Sie sollten die beiden verbündeten Mächte zur Mitwirkung gewinnen, zumal der Brennpunkt des preußischen Feldzugs, Magdeburg, ihnen gleich in die Hände fiel.

Die russische Armee war aber damals schon im Rückzug begriffen. Bestuscheff hatte – im Glauben an den baldigen Tod der Zarin – den siegreichen Apraxin zurückbeordert und war so zum Verräter des Bündnisses geworden. Die Zarin erholte sich von ihrer Krankheit und verbannte den Kanzler. Trencks Abgesandter fand die entmachtete Protektorin schon auf dem Weg nach Sibirien.

Die Wiener Diplomaten indessen übten Verrat an Trenck. Warum? Einzig und allein, um sein Vermögen, das sie in der Hand hielten, unter sich aufzuteilen.

Der nach Wien geschickte Brief landete in Berlin.

Eines Tages ging die Kerkertür zu ungewohnter Stunde auf.

Herein trat – zu Friedrichs größter Verblüffung – Prinz A. Z. mit Gefolge. Derselbe, der wie kein anderer Grund hatte, sich an ihm zu rächen.

„Lieber Trenck“, begann der Prinz in gütigem Ton. „Sie zerbrechen sich wieder mal über eine Dummheit den Kopf, die Ihnen nicht zum Nutzen gereichen kann! Sie wollen durch eine Verschwörung Magdeburg erobern und den Österreichern ausliefern. Na, bemühen Sie sich nicht weiter. Ich bin schon mit einer Division eingetroffen und habe die Festung von allen Seiten gesichert.“

Trenck war zu Tode erschrocken. Hier konnte nur noch kühnes Leugnen helfen.

Der Prinz aber holte in aller Ruhe Friedrichs Brief aus der Tasche, den dieser an die Wiener Herren geschrieben hatte, und hielt ihm den vor die Augen.

„Wer hat diesen Brief geschrieben?“

„Ich habe ja nicht einmal Papier, auf das ich schreiben könnte.“

„Und wer hat eine mündliche Botschaft an den Hofrat von Kempf nach Wien geschickt? Leutnant Kemniz war der Überbringer.“

„Ich schwöre bei Gott und bei meiner Ehre, daß ich einen Leutnant Kemniz nie gesehen habe.“

Er konnte getrost schwören, sein nach Wien geschickter Komplize hatte soviel Verstand besessen, nicht seinen wirklichen Namen anzugeben.

Der Prinz ließ Friedrichs Angaben in einem Protokoll aufnehmen, das ihn von jeglichem Verdacht einer Verschwörung freisprach.

„Nun gut“, sagte der Prinz, „diese Sache ist erledigt. Ihre Wiener Feinde haben Sie verleumdet. Sie sind hier tatsächlich sehr schlecht versorgt. Es wäre kein Wunder, wenn Sie keine Mittel scheuten, um aus dem Kerker zu entfliehen. Wieviel Eisen hat man Ihnen da aufgebürdet! Und auch das Fenster ist vernagelt.“

Trenck glaubte, der Prinz verspotte ihn.

Das war aber nicht so. Auf Befehl des Prinzen nahm man dem Gefangenen das Halseisen, den eisernen Ring um den Leib und die Armstange ab. Vom Kerkerfenster wurden außerdem die Bretter entfernt, und Friedrich war auch nicht länger an die Mauer gefesselt.

Der Prinz ließ es damit noch nicht bewenden.

Dem Gefangenen wurde anständige Kleidung gebracht: ein weißes Leinenhemd. Er bekam eine Waschschüssel mit reinem Wasser und ein Handtuch. (Acht Jahre lang war Friedrich von der Trenck so etwas nicht mehr zuteil geworden! Mein Gott! Acht Jahre lang hatten nur Tränen sein Gesicht benetzt.)

Trenck weinte wie ein Kind.

„Und damit Sie sich nicht die Augen verderben, werden von nun an alle vier Türen der Zelle offenstehen; nur zwei Schildwachen halten davor Wache. Man wird Sie auch in der Nacht nicht mehr anrufen, Sie können ruhig schlafen. Und damit Sie etwas zum Schreiben haben, lasse ich Ihnen ein Buch weißes Papier und natürlich auch Schreibzeug bringen. Sie müssen nicht länger Ihr Blut als Tinte benutzen.“

Trenck küßte dem alten Herrn die Hand. Sein Wohltäter hätte mehr Grund gehabt, ihn zu hassen als der König. Er hätte ihn hassen müssen für eine Schuld, derentwegen man Friedrich nie verhört hatte und die er auch in seiner Lebensbeschreibung ständig verschweigt – ganz so, als hätte er keine Ahnung davon. Sah er die uneingestandene Tat vielleicht gar als ein Bravourstück an?

Der Prinz fuhr fort:

„Aber, damit ich erfahre, was Sie auf das Papier schreiben werden, wird man mir jeden vollgeschriebenen Bogen bringen, und meine Frau wird mir das Geschriebene vorlesen.“

Also alles, was sich Trenck in Zukunft ausdenken würde, alles, was er über seine Leiden und Sehnsüchte niederschreiben würde, sollte zuallererst Prinzessin Amalie lesen!

Bei diesen Worten sah sich Friedrich in die glücklichsten Zeiten zurückversetzt, als der Stein noch weich und das Herz noch hart war, wie es in einem ungarischen Sprichwort heißt.

Auch für ihn wurde nun das Gefängnis weit und das Herz eng.

Er fand keine Worte, um seine Dankbarkeit auszudrücken.

Seit acht Jahren hatte niemand mehr so zu ihm gesprochen, ihn so behandelt.

Und das alles tat gerade der Mann, an dem er sich so oft versündigt hatte! Und der wissen mußte, mit welcher Sünde Friedrich gegen ihm verstoßen hatte.

„Und nun bitte ich Sie nur um eines“, sagte der Prinz. „Keine Kerkertür und keine Fesseln werden Sie von nun an beschweren. Geben Sie mir dafür Ihr Ehrenwort, daß Sie, solange ich in Magdeburg das Oberkommando führe, keinen Fluchtversuch unternehmen werden.“

Friedrich von der Trenck wußte selbst nicht, wie es geschah: Er reichte dem Prinzen die Hand.

Und mit diesem Händedruck war er stärker gefesselt als mit dem Eisen, das ihm Hände und Füße beschwert hatte.

Der Prinz hielt die Hand Friedrichs noch in der seinen, als er wieder zu sprechen begann:

„Und jetzt verspreche ich Ihnen, alles zu tun, um das Herz des Königs für Sie zu erweichen. Sie sollen Ihre Freiheit wiedererlangen, wenn nicht eher, dann ganz gewiß nach dem Friedensschluß. Bis dahin fassen Sie sich in Geduld, erinnern Sie sich an das Vergangene und haben Sie Vertrauen in die Zukunft.“

Damit verließ er den Gefangenen, ging mit seinem Gefolge und ließ sämtliche Türen sperrangelweit hinter sich offen.

Jetzt erst fühlte sich Friedrich von der Trenck wirklich als Gefangener.

Statt der Eisenketten und -fesseln hielt ihn jetzt sein Ehrenwort im Gefängnis fest, statt der schweren Ketten – ein Frauenhaar. – Wer vermag ein solches zu zerreißen?

Friedrich hatte nun alle Bequemlichkeiten, die einen Gefangenen im Kerker erfreuen. Er bekam menschenwürdige Nahrung und freundliche Worte. Er konnte in den Sonnenschein hinausgehen, ganz bis an die Schwelle des Kerkers. Vor der Schwelle lag nichts weiter als Trencks Ehrenwort – ein Montblanc, den er nicht übersteigen konnte.

Die körperlichen Qualen hatten seinen Organismus nicht zu untergraben vermocht, die geistige Tortur brachte es allmählich fertig. Er lag mit einem Nervenfieber danieder, totkrank von der seelischen Gefangenschaft.

Prinz A. Z. schickte ihm seinen eigenen Arzt, auch einen Krankenpfleger bestellte er, und das Essen bekam Trenck aus der fürstlichen Küche. So siegte die Lebenskraft des Gefangenen über die Krankheit; Friedrich von der Trenck konnte sich wieder vom Krankenlager erheben.

Die Krankheit hatte aber so sehr an ihm gezehrt, daß er – wieder auf den Füßen – kaum noch sich selbst ähnlich sah. Er ähnelte einem Totengerippe. Auch wenn er gewollt hätte, wäre ihm eine Flucht aus dem Kerker jetzt gänzlich unmöglich gewesen. Es war inzwischen auch kalt geworden; er fror in der freien Luft und bat selbst darum, man solle die Kerkertüren schließen.

Er hatte ja nun einen Ofen, und das Feuer ist ein Hausfreund, mit dem man sich ganze Tage unterhalten kann.

Jetzt hatte Friedrich nichts anderes mehr im Kopf als Gedichte, die er schreiben, und allegorische Bilder, die er in Zinnbecher gravieren wollte. Weiter reichte seine Kraft nicht. Er träumte, phantasierte und wartete.

Mit diesem Warten vergingen achtzehn Monate.

XVI.

Der letzte Versuch

Achtzehn Monate vergingen in der Erwartung. Es fehlte nur noch ein halbes Jahr, dann war es zehn Jahre her, daß man Friedrich von der Trenck lebendig begraben hatte.

Im Winter wurden die Kerkertüren verschlossen, im Sommer standen sie offen. Die Offiziere kamen zu dem Gefangenen und sahen zu, wie er mit dem Meißel die Verzierungen in die Becher ritzte. Sie hörten sich seine Satiren an, von denen er ein ganzes Buch vollgeschrieben hatte. Er verspottete den Zopf, den Rosenkranz, die Höflinge und die Advokaten.

An einem Herbsttag dann öffnete man morgens die Türen, aber nur, um sie nach einer Stunde gleich wieder zu schließen. Durch das

Kerkerfenster drangen trotzdem die Geräusche der Stadt zu ihm herein. Die Glocken läuteten, Trompeten schmetterten, wetteiferten mit Trommelwirbel, und dazwischen krachten die Salven der Batterien. Friedrich verstand die Sprache der Großen: Ein bedeutender Toter wurde in Magdeburg zu Grabe getragen.

Bald erfuhr er den Sachverhalt. Der Offizier, der mittags zur Visitation kam, wandte sich mit den Worten an ihn:

„Kamerad, ich bringe dir dein Ehrenwort zurück. Der Prinz ist soeben beerdigt worden. Von nun an bleibt dein Kerker wieder verschlossen. Das übrige weißt du ja."

Er wußte es!

Nun stand es ihm frei, wieder an seine Befreiung zu denken und neue Unternehmungen zu wagen.

Der neue Gouverneur – es war Reichmann – zeigte sich menschlich. Er erlaubte Friedrich von der Trenck Zeitung zu lesen. Aus denen erfuhr Friedrich, daß Zarin Elisabeth gestorben war und ihr Thronfolger, Zar Peter III., die russische Politik auf einen Friedensschluß zwischen den kriegführenden Parteien ausrichtete. Beide Seiten waren vom Krieg erschöpft und mit Schulden belastet.

Friedrich von der Trenck brachte aber auch der Frieden nicht die Befreiung.

Die größten Feinde hatte er in Wien. Es waren jene, die das von der Trenckschen Erbschaft noch übriggebliebene Vermögen verwalteten und an sich reißen wollten. Sie benahmen sich wie die Aasgeier.

Friedrich von der Trenck durchschnitt wieder den Fußboden seines Kerkers, entfernte die Ziegel, mit denen sein Dachsloch zugemauert worden war, und fand auch den Anfang des Kanals, durch den er hatte fliehen wollen. Dort waren noch seine Geräte, seine Pistolen und seine Goldstücke.

Diesmal leistete ihm der Eisenofen gute Dienste. Von dem dreischichtigen Bretterfußboden seines Kerkers durchschnitt er die beiden unteren Lagen, nahm sie völlig heraus und verbrannte das Holz Stück für Stück im Ofen. Den so entstandenen Hohlraum füllte er mit Sand aus dem unterirdischen Kanal. So brauchte er sich nicht mehr um das Wegschaffen des Sandes zu sorgen.

Einmal allerdings hätte er für seine Arbeit fast einen fürchterlichen Preis bezahlen müssen. Er war mit seinem unterirdischen Weg schon so weit gediehen, daß er unter den Fundamenten des Walls arbeitete. Als er sich dabei mit einem Fuß an einen großen Stein stemmte, fiel dieser herunter und versperrte ihm den Rückweg.

Er war lebendig begraben!

Der abscheulichste Tod stand ihm bevor. Er würde unter der Erde ersticken.

Seine seelische Kraft verließ ihn aber auch in dieser schrecklichen Lage nicht.

Die erste Aufgabe bestand darin, den Kanal zu erweitern, damit er sich umdrehen konnte. Der Sand, den er unter und neben sich wegwühlte, füllte den freien Raum vor ihm, so daß er immer wieder sein Gesicht von Erde befreien mußte.

Dabei verbrauchte er die Luft in dem kleinen Hohlraum um sich und litt an Atemnot. In seiner Qual biß er in den Sand, wo er noch etwas belebende Luft fand.

Endlich konnte er sich ganz zusammengekrümmt umdrehen, kam aber nur bis zu dem Stein, der den ganzen Kanal ausfüllte.

Den aufzuheben und auf seinen früheren Platz zurückzusetzen, war unmöglich; er mußte sogar befürchten, daß noch mehr Steine herunterfallen würden.

Es half nichts. Er mußte sich in der dünnen Luft an eine mörderische Arbeit machen.

Er wühlte unter dem Stein ein tiefes Loch, um ihn darin versinken zu lassen.

Nach einer Zeit wurde er ohnmächtig, kam wieder zu sich und scharrte weiter. Doch mit der Erde, die er unter dem Stein ausgrub, begrub er sich selbst. Der Sand reichte ihm bis zum Mund, so wie den Schwimmer im Wasser die Wellen erreichen.

Als der Stein sich endlich von der Stelle rührte, drang wenigstens etwas frische Luft durch die Öffnung herein. (So frisch, wie die Luft unter der Erde eben sein kann.)

Nach langanhaltender qualvoller Arbeit brachte er es so weit, daß er den großen Stein in das ausgehobene Loch ziehen und darüber hinwegkriechen konnte. Er beeilte sich, aus dem Kanal hervorzukommen.

Als er endlich wieder in seinem Kerker war, begrüßte er diesen traurigen Raum wie das Paradies. Er warf sich auf den Fußboden und küßte den Grabstein. Der dem Grab entflohene Tote segnete den Grabstein dafür, daß er seinen eingemeißelten Namen küssen konnte.

Grenzenlose Müdigkeit überwältigte ihn; ja er verlor sogar das Bewußtsein.

Es war schon heller Tag. Wenn er bis Mittag nicht erwachte, würde der visitierende Offizier das offene Loch finden, und alle Arbeit wäre wieder einmal umsonst.

Er konnte von Glück sagen, daß es einen Wohltäter gab, der ihn weckte. Heftiger Husten, die in der dünnen, stickigen Luft gepeinigte Lunge ließ ihn nicht lange schlafen.

Hustend und krächzend schaffte er den Schutt beiseite, fügte das herausgeschnittene Fußbodenbrett wieder ein und warf sich auf das Bett.

Der Offizier fand ihn fiebernd und nach Atem ringend.

Trotzdem setzte Trenck später die Wühlarbeit fort. Er kehrte wieder in die schauerliche Höhle, in der er alle Nöte eines lebendig begrabenen Menschen durchlitten hatte, zurück.

Die gefährliche Stelle, von der der Stein herabgefallen war, stützte er allerdings mit ein paar Brettern aus dem Fußboden ab.

In dieser Zeit wurde auf Hubertusburg der Friede geschlossen. Die Gegner tauschten ihre Gefangenen aus. Friedrich konnte den fröhlichen Gesang der in der Sternschanze untergebrachten Kroaten durch das Kerkerfenster hören. Sein Kerker aber blieb verschlossen. Keiner wollte zur Kenntnis nehmen, daß auch er ein Dragonerrittmeister Maria Theresias war.

Während Friedrich von der Trenck an seinen unterirdischen Befreiungswegen aus dem Kerker gearbeitet hatte, hatte ein anderes Lebewesen ein Loch in entgegengesetzter Richtung geradewegs in Friedrichs Kerker gewühlt: ein Mäuschen.

Zwei Jahre hindurch war dieses kleine Tier nun schon Friedrichs ständiger Wohngefährte. Es brachte ihm Zerstreuung, tanzte auf seinen Knien, fraß aus seiner Hand, und er brauchte nur zu pfeifen, dann kam es aus dem Loch hervor.

Wären wir Inder, die an die Seelenwanderung glauben, müßten wir annehmen, daß in dem Mäuschen die Seele der schönen Jelwira wohnte, die jetzt in dieser Gestalt zu ihrem Geliebten kam.

Friedrich grub nur jede zweite Nacht in seiner Mine. In der Nacht dazwischen mußte er sich Schlaf gönnen. In solchen „zu Hause verbrachten Nächten“ lief das Mäuschen immerzu in seiner Zelle herum und knabberte an der Tür, als wollte es diese für den Gefangenen durchnagen.

Eines Nachts wurden die Schildwachen auf das Nagen aufmerksam. Sie meldeten ihre Beobachtungen dem Major.

Der Offizier erschien sogleich mit dem Profos in Friedrichs Kerker, und sie fanden die Tür tatsächlich unten beschädigt und ringsherum winzige Späne.

„Was haben Sie denn hier gemacht?“ fragte der Major.

„Ich? Nichts. Das war die Maus.“

„Woher kommt eine Maus hierher?"
„Das weiß ich nicht!"
Sofort ließ man Maurer und Schlosser rufen, durchsuchte den Kerker aufs gründlichste, das Mauseloch aber fand man nicht. Wichtiger war indes, daß sie auch die Öffnung von Friedrichs Mine nicht entdeckten, die sie doch bei der Suche nach der Maus leicht hätten bemerken können.
Es waren alles neue Leute. Die Friedrich bekannten Gesichter waren abgelöst worden. Statt der Offiziere der Landmiliz, die Friedrich für sich hatte gewinnen können, taten nun wieder reguläre Offiziere der Armee Dienst, die von den Fluchtversuchen des Gefangenen in den letzten zehn Jahren nichts wußten.
Friedrich konnte über ihre Visitation nur lachen.
Schließlich stieß er einen Pfiff aus. Das Mäuschen kam sofort hervor, lief an ihm hoch und setzte sich auf seine Schulter. Es hatte sich im Strohsack versteckt gehabt.
Friedrich bat den Major, das Tierchen am Leben zu lassen.
Der Major versprach ihm, daß er die Maus seiner Frau mit nach Hause nehmen würde. Er wickelte die Maus in sein Schnupftuch und nahm die kleine Rebellin mit auf die Wachstube.
Dort ließ er sie auf dem Tisch frei, damit auch seine Kameraden den Missetäter sehen konnten. Das possierliche Tierchen sprang sogleich auf den Fußboden, versteckte sich in der Stube und ließ sich auf keine Weise mehr hervorlocken.
Als der Major am nächsten Tag mit dem Büttel zur Visitation kam, saß das Mäuschen schon wieder auf Trencks Schulter.
Wie hatte es aus der Wachstube unbemerkt dorthin gelangen können? Das Rätsel wußte niemand zu lösen.
Diesmal nahm der Major das spaßige Tierchen geradewegs mit nach Hause zu seiner Frau. Sie setzten es in einen Käfig und gaben ihm Nüsse und Marzipan. Aber das Mäuschen fraß nichts, und nach drei Tagen wurde es tot aufgefunden. Wahrscheinlich ist seine Seele wieder in eine schöne Prinzessin gewandert. Für eine solche genügt eine Mäuschenseele. Was sollte die Prinzessin schon mit einer Löwenseele anfangen?
Eines Tages brach Feuer in der Stadt aus. Der Major du jour mußte mit seiner Truppe an die Brandstätte eilen; die Schlüssel zu Trencks Zelle gab er dem Leutnant. Mittags kam dieser zur Visitation.
Als der Büttel und der Kalfaktor gegangen waren, blieb der Offizier zurück.
Alleingeblieben mit Trenck, bot er diesem aus freien Stücken an, mit ihm aus dem Gefängnis zu flüchten, so wie früher einmal Schell mit

Trenck aus der Glatzer Festung geflohen war. Er, der Leutnant, müsse wegen seiner Schulden desertieren, und er hätte längst den Vorsatz gefaßt.

Friedrich übergab dem Kameraden sogleich fünfzig Dukaten.

Damit hatte er den Leutnant ganz für sich gewonnen.

Von einer Flucht durch den unterirdischen Kanal war keine Rede. Der Plan des Leutnants war viel einfacher.

Er wollte bei einem Schlosser in der Stadt vier Schlüssel bestellen, die den Schlüsseln zu Trencks Kerker äußerlich ähnlich wären. Am Fluchttag würde er die Schlüssel verwechseln, da sie, während der Major bei dem ebenfalls arretierten, aber reichlich versorgten General Walrawe zu Mittag speiste, in der Wachstube verwahrt wurden.

Wenn der Major dann nach Hause ging, wollte der Leutnant seine Grenadiere mit allerlei Aufträgen in die Stadt schicken.

Dann würde der gute Freund in Trencks Kerker eilen und den Schildwachen befehlen, das Bett des Gefangenen herauszutragen.

Während die beiden Soldaten mit dem Bett beschäftigt wären, würde Trenck aus der Zelle herausspringen, die Tür zuschlagen und den Schlüssel im Schloß herumdrehen, dann auch die übrigen drei Türen versperren und mit dem Leutnant durch das Tor der Sternschanze flüchten. Zwei gesattelte Pferde sollten für sie bereitstehen. In einer halben Stunde würden sie über die preußische Grenze sein.

XVII.

Die seelische Fessel

So konnte denn Friedrich von der Trenck jede Schelle, Fessel und Kette abstreifen und jede Tür aufschließen; der Weg in die Freiheit stand ihm offen. Er mußte nur den geeigneten Tag abwarten.

Doch eines konnte er nicht ablegen – die Skrupel in seiner Seele.

Was sollte er beginnen, wenn er von hier freikäme?

Nach Rußland konnte er nicht gehen. Zarin Elisabeth lebte nicht mehr, auch die Kanzlerin Bestuscheff fand er dort nicht mehr vor, niemanden seiner einstigen Protektoren. Die im Kerker verbrachten zehn Jahre hatten den Zauber seiner Erscheinung nicht eben erhöht. Nach einem solch fürchterlichen Einschnitt in seinem Leben konnte er den Weg der Triumphe nicht fortsetzen.

Oder sollte er nach Wien zurück? Zu seinen Todfeinden? Zu den gierigen Neidern, den hohen Herren, die sich seine Güter teilten, zu den übelgesinnten Geistlichen, den mißtrauischen Advokaten, den überheblichen Offizieren und den durchtriebenen Diplomaten? Das war eine Welt, in der ihn jeder für geisteskrank ansehen und früher oder später tatsächlich verrückt machen würde.

Der beste Ort war noch Kecskemét, wo er in der Eintönigkeit einzig für sein leibliches Wohl zu sorgen hatte.

Dann tauchte vor seinen Augen das Bild einer strahlenderen Zukunft auf.

Wenn sich diese doch mit der ebenso strahlenden Vergangenheit verbinden ließe, als er noch Waffendienst zu Ehren seines Vaterlandes geleistet hatte! Wenn er König Friedrich besänftigen könnte? Dem doch schon die Zeitgenossen den Beinamen DER GROSSE gaben! Vielleicht konnte er ihn von seiner unverbrüchlichen Treue überzeugen. Zehn Jahre im Grab waren wohl genug für einen Toten, um als neuer Mensch auferstehen und ein neues Leben beginnen zu können.

Ein kühner Gedanke überwältigte ihn.

Jetzt, da ihm schon zwei Fluchtwege offenstanden, beschloß er, einen Ausbruchsversuch freiwillig aufzudecken und zwar den schwierigeren, den unterirdischen Weg.

Von seinem Kameraden erfuhr er, daß der Herzog von Braunschweig in Magdeburg weilte.

Als mittags der Major zur Visitation kam, sagte er zu ihm:

„Ich weiß, Herr Major, daß der Gouverneur, der großmütige Herzog Ferdinand von Braunschweig, gegenwärtig in Magdeburg ist. Gehen Sie sogleich zu ihm und sagen sie ihm, er möchte zuvor mein Gefängnis visitieren, die Schildwachen verdoppeln lassen und dann befehlen, zu welcher Stunde am hellichten Tag ich mich außerhalb der Sternschanze auf dem Glacis bei Kloster Bergen in vollkommener Freiheit sehen lassen soll. Bin ich dazu imstande, dann hoffe ich auf die Protektion des Herzogs, welcher diesen Auftritt dem König melden soll, um ihn von meinem reinen Gewissen und meinen allzeit rechtschaffenen Handlungen zu überzeugen."

Der Major riß die Augen auf.

„Sind Sie verrückt geworden, Trenck?"

„Bitte, überbringen Sie dem Herzog meine Nachricht. Ich spreche in vollem Ernst! Ich kann von hier ausbrechen, wann ich will."

Der Major ging und kam nach einigen Stunden mit dem Kommandanten und mehreren hohen Offizieren zurück.

„Wir haben Ihre Nachricht dem Herzog überbracht. Serenissimus läßt Ihnen sagen: Wenn Sie das, was Sie vorgeben, zu bewerkstelligen imstande sind, dann versichert er Sie nicht nur seiner Protektion, sondern auch der Gnade des Königs."

„So bitte ich denn, Tag und Stunde zu bestimmen."

„Reden Sie keinen Unsinn, Trenck!" sagte der Kommandant. „Was Sie beteuern, ist die reine Unmöglickeit. Wenn Ihnen die Gefängniswache nicht genügt, verlegen wir ein ganzes Regiment in die Sternschanze. Von hier können sie nicht entfliehen. Und wenn es Ihnen trotz aller Vorkehrungen dennoch gelänge, aus diesem Kerker auszubrechen, wäre das für uns alle, die wir damit beauftragt sind, Sie zu bewachen, ein solcher Schlag ins Gesicht, daß uns der König niemals verzeihen würde. Er würde Sie vielleicht gnädig aufnehmen, wir aber würden seine Gunst verlieren. Seien Sie vernünftig! Wenn Sie tatsächlich fähig sind, sich von diesen Fesseln zu befreien und aus dem Kerker zu flüchten, genügt es, wenn Sie uns den Fluchtweg und die Art und Weise, wie Sie vorgehen wollen, aufdecken. Sie brauchen die Flucht nicht wirklich auszuführen und Ihre Vorgesetzten damit zu verspotten. Ich garantiere ihnen, daß Sie begnadigt werden. Sie kennen mich. General Reichmann hat immer zu seinem Wort gestanden."

„Und Sie, Herr General, geben mir Ihr Wort, daß ich, wenn ich Ihnen meinen Fluchtweg verrate, die Freiheit wiedererlange?"

„Ich gebe Ihnen mein Ehrenwort als Offizier, und ich besitze dazu auch die Zustimmung des Herzogs."

„Ihr militärisches Ehrenwort ist mir heilig", erwiderte Friedrich von der Trenck. „Schauen Sie her, meine Herren!"

Er streifte die Schellen von Händen und Füßen und warf den Herren seine Ketten vor die Füße.

Dann hollte er aus der Fußbodenspalte die Feile hervor, löste aus den Fugen des zerschnittenen Fußbodenbrettes die Brotmasse und hob das gelockerte Brettstück heraus.

Er stieg in die geöffnete Grube und reichte einzeln seine Werkzeuge sowie seine Uniform und seinen Säbel heraus.

Die beiden geladenen Pistolen drückte er ab – in die Grube.

„Und jetzt, meine Herren, bemühen sie sich, in die Galerie Nummer zwei, dort werden Sie eine Marmorplatte finden, durch deren Rand der Rauch des Schießpulvers aufsteigt. Heben Sie die Platte auf."

Zwei Offiziere gingen hin und sahen höchst erstaunt blauen Rauch unter der Marmorplatte hervorkommen. Sie hoben die Marmorplatte heraus und sahen den Ausgang der Mine: Siebenunddreißig Fuß von der Zelle entfernt. Sehr verwundert kamen sie zurück. Sie mußten feststellen, die Mine war fertig.

„Aber wie wollten Sie von der Galerie hinausgelangen?“ fragte der Kommandant. „Da sind zwei versperrte Türen.“

Daraufhin präsentierte Friedrich auch die Schlüssel zu den Türen.

Von dort wäre es nur noch ein Sprung gewesen und er hätte sich außerhalb der Schanzen befunden.

Der Kommandant reichte Friedrich die Hand.

„Sie haben die Wahrheit gesagt und uns überzeugt. Nun haben Sie die Mine nicht mehr nötig. Sie können durch die Tür herauskommen. Legen Sie Ihre Uniform an.“

Friedrich von der Trenck lief es kalt über den Rücken, so erregt war er, als er sich der schmutzigen Gefängniskleidung entledigte und die saubere Uniform anzog.

Ein Offizier faßte ihn unter und führte ihn aus dem Kerker hinaus. Man brachte ihn in das Zimmer des wachhabenden Offiziers, wo ihn die versammelten Offiziere alle herzlich beglückwünschten.

Gegen Abend kam auch der Major hinzu und gab für die ganze Gesellschaft ein herrliches Souper. Manches Glas wurde zur glücklichen Befreiung Friedrichs geleert, jeder war glücklich, der mit ihm Freundschaft schließen konnte.

Eine Woche dauerte die Fröhlichkeit. In der ganzen Garnison war kaum noch ein Offizier, der sich nicht mit Trenck an den gedeckten Tisch gesetzt hätte. Nur der gewisse Kamerad, der mit ihm hatte fliehen wollen, schien ihn zu meiden. Als er dann einmal doch durch das Zimmer kam, flüsterte er Friedrich ins Ohr:

„Du armer Narr, du bist gut reingefallen.“

Am achten Tag kam der Kommandant zu Friedrich von der Trenck und führte ihn wieder in den Kerker. Der Fußboden war nun statt mit Brettern mit großen Quadersteinen ausgepflastert.

„Na, jetzt versuchen Sie einmal von hier auszubrechen.“

Friedrich mußte die Offiziersuniform wieder ausziehen und bekam seine dreckigen Lumpen zurück. Er wurde nur mit einem Fuß an die Mauerkette befestigt, die aber war so schwer und jedes Kettenglied so massiv, daß er sie nicht durchfeilen konnte.

Friedrich wütete: „Ist das die Folge des militärischen Ehrenwortes?“

Man lachte ihm ins Gesicht. Je ärger er die Offiziere beschimpfte, um so mehr lachten sie ihn aus. Nur der Festungskommandant blieb ruhig: „Geben Sie die Hoffnung nicht auf. Es kann sich noch alles zum Guten wenden.“

Dann ließ man ihn allein.

Nun war Friedrich von der Trenck seelisch gebrochen. Er verlor den Glauben an die Menschen. Melancholisch saß er auf seinem Bett. Er schrieb nichts mehr und gravierte auch keine Becher. Seine Augen waren starr auf einen Punkt gerichtet, auf das kleine Loch, wo das Mäuschen an der Kerkertür genagt hatte. Und ihm ging durch den Sinn, daß die Maus eine edlere Seele gehabt hatte, als mancher Mensch. Doch er traute sich nicht, dies niederzuschreiben; man hätte ihn wegen Blasphemie auf den Scheiterhaufen geworfen.

War das etwa nur eine Gaunerkomödie, die man hier mit ihm trieb? Das Spiel eines Königs, der zeigen wollte, welche Macht der Herr über seinen Hund habe, den er verprügeln, einsperren und hungern lassen kann, bis er soweit abgerichtet ist, daß er sich neben den hingeworfenen Knochen legt und diesen so lange nicht anrührt, bis der Herr ihm zuruft: „Friß!“

Sein Schutzengel, seine Komplizin, die ehemals schöne Prinzessin, erbettelte bereits bei dem Monarchen, ihrem Bruder, die Freiheit für ihren einstigen Geliebten. Sie erschien im Trauerkleid vor dem Herrscher und sank in die Knie.

„Soll er frei sein! Aber eine Lektion wird er noch bekommen!“

Diese Lektion war nach den eine Woche währenden Gelagen mit den Offizieren der Magdeburger Zitadelle die Rückkehr in den nunmehr mit Quadersteinen gepflasterten Kerker.

Am Weihnachtsabend schließlich (welch rührende Aufmerksamkeit!) rasselten zu ungewohnter Stunde die Schlüssel in den Kerkertüren. (Brachte das Christkind ein Geschenk?)

Der Kommandant trat ein, begleitet von vielen Offizieren, die alle freudige Gesichter machten.

„Mein lieber Trenck!“ begann Reichmann. „Ich bringe Ihnen eine gute Nachricht zum Weihnachtsabend. Seine Majestät, der König, befiehlt, daß man Ihnen Ihre Fesseln abnehmen soll, und Sie werden auch ein besseres Zimmer erhalten.“

Friedrich glaubte, von den freudigen Gesichtern noch mehr ablesen zu können.

„Sagen Sie mir klipp und klar – bin ich frei? Ich werde nicht wahnsinnig werden vor Freude.“

„Ja! Sie sind frei!“ sagte der Kommandant und umarmte Friedrich. Alle Offiziere traten zu ihm, umarmten und trösteten ihn, während der Schlosser das schwere Eisen von seinem Fuß entfernte.

Dann führte man ihn aus dem Kerker in das Offizierszimmer auf der Wache.

Dort mußte er den für alle Staatsgefangenen vorgeschriebenen Eid schwören: daß er sich an niemanden rächen würde, daß er die Landesgrenzen nie mehr überschreiten würde, daß er über alles, was mit ihm geschehen war, weder schriftlich etwas veröffentlichen noch sprechen würde und daß er keinem Herrscher weder in Zivil noch in Uniform dienen würde.

Das konnte man eine moralische Enthauptung nennen, eine Verurteilung zu lebenslänglicher Gefangenschaft! – In die eigene Heimat durfte er nie mehr zurückkehren, in einem fremden Land durfte er nicht dienen! Er blieb ein Gefangener auf Lebenszeit. Und nicht einmal sprechen durfte er!

Na, ihm blieb die schöne Natur. Gottes Sonne, die alles andere ersetzt. Und wenn er mit den Menschen nicht sprechen durfte, dann gab es Papier, dem konnte er seine Gedanken anvertrauen, er durfte sie nur anderen nicht vorlesen. Das Papier ist ein guter Freund: es bewahrt auch die vergossenen Tränen, die es beim Schreiben benetzen.

Friedrich von der Trenck holte aus der Kerkertür die versteckten Goldmünzen hervor und verteilte sie an die Schildwachen, den größeren Teil gab er der Witwe des ehrlichen Gefhardt und jener Frau, deren Mann sich seinetwegen erhängt hatte.

Die Großmut König Friedrichs ging soweit, daß er mit dem Kurier Graf Schlieben dem freigelassenen Gefangenen dreihundert Dukaten schickte. Der Graf sollte Trenck nach Prag führen.

Friedrich von der Trenck bestellte sich sofort eine neue Uniform, die der Schneider in der Weihnachtsnacht fertignähen mußte, damit Friedrich am nächsten Tag die Besucher in voller Parade empfangen konnte. Nach der Kirche kamen sämtliche Stabsoffiziere zu ihm, beglückwünschten, umarmten und küßten ihn.

Als Trenck sich in der neuen Uniform vor den Spielgel stellte, mit frisch rasiertem Gesicht, war er auch mit sich selbst zufrieden. Zehn Jahre Kerker, feuchte Kellerluft, unterirdisches Graben, Hunger, Krankheit und seelische Erschütterungen hatten seine Lebenskraft nicht brechen können. Er war noch immer ein schöner Mann.

Friedrich durfte spazieren gehen, außerhalb der Stadt, im Schnee. Wie wunderbar war doch der Schnee! Er knirschte unter den Füßen. Zehn Jahre lang hatte Friedrich das alles entbehrt. Rauhreif hatte er nur auf der Türklinke zu sehen bekommen.

In die Stadt durfte er nicht gehen. Es hätte zu Menschenansammlungen kommen können. Er sah Magdeburg, die Stadt, in der er zehn Jahre lang ein Gefangener gewesen war, nur außerhalb der Stadtmauern.

Dann folgte das Abschiedsessen. Fröhliche Anekdoten, Trinksprüche. Als das Mahl vorüber war, fuhr ein Wagen mit vier Postpferden vor. Man half Trenck hinein und Schlieben setzte sich neben ihn. Friedrich durfte ein Lied anstimmen, das volkstümliche Adagio: „So lebe wohl, du stilles Haus! Traurig blick ich auf dich zurück, nur in dir fand ich mein Glück."

Trenck behauptet, er habe geweint, als er die Festung verließ. Mit seiner Freilassung aus dem Kerker hörte Friedrich von der Trenck auf, eine Romanfigur zu sein.

Von jetzt an war er nur noch ein hinter der Welt zurückgebliebener, ruheloser Geist, der seinen Platz nicht finden, sein zerrissenes Leben nicht mehr zusammenfügen konnte. Seine alten Protektoren lebten nicht mehr, die alten Ideale waren aus der Mode gekommen, er selbst bekam den Titel eines Invalidenmajors. Maria Theresia ließ ihm zum Lohn für seine Treue und als Schmerzensgeld die Rittmeistergage für die zehn Jahre seiner Gefangenschaft auszahlen, aber die Hinterlassenschaft des Franz von der Trenck sollte er nur unter der Bedienung zurückbekommen, daß er von seinen Kuratoren und Rechnungsführern keine Rechenschaft über die bisherige Verwaltung seines Vermögens forderte. Für das Geld konnte er sich ein Gut kaufen und als mittlerer Gutsbesitzer still, zurückgezogen leben. Er schrieb in Prosa und Versen; die Verleger kauften seine Werke und gaben sie in deutsch und französisch heraus. Seine Schriften zeugten von poetischem Sinn und philosophischer Weltanschauung. Die Lebensbeschreibung des Friedrich von der Trenck wurde, mit schönen Stahlstichen illustriert, in Paris veröffentlicht.

Noch einmal bedachte ihn die ungarische Königin mit ihrer Gnade und gewährte ihm in Wien Audienz: Sie wollte Friedrich von der Trenck endgültig glücklich machen, durch eine reiche Heirat! Die Auserwählte sei eine vornehme Hofdame, die Witwe eines Grafen mit jährlichen Einkünften von fünfzigtausend Gulden. Die Monarchin nannte den Namen der Dame, und Trenck erschrak. Eine Braut von dreiundsechzig Jahren, häßlich und zänkisch! – Er bedankte sich für die große Gnade, wollte sie aber nicht annehmen. Da jagte ihn die Königin davon.

Und damit ihm nicht noch einmal ein solches Glück zuteil werden sollte, schloß Friedrich eiligst einen Ehebund. Er heiratete die Tochter des Bürgermeisters von Aachen und lebte mit dieser in rechtschaffener Ehe. Sie gebar ihm elf Kinder. Er erzog sie in väterlicher Liebe. Seinen Erstgeborenen ließ er auf den Namen Joseph taufen, und zum Taufpaten erwählte er den Kronprinzen Joseph.

Im weiteren Verlauf seines Lebens strebte Friedrich von der Trenck nicht mehr nach Rang, Ruhm und der Gunst schöner Frauen. Mut und

Tapferkeit bezeugte er höchstens auf der Jagd oder wenn er sich gegen Straßenräuber verteidigen mußte. Er betrieb ein wenig Weinhandel, wobei er natürlich betrogen wurde und Geld verlor. Wo er nur konnte, legte er sich mit den Pfaffen und Mönchen an, und diese blieben ihm nichts schuldig.

Als er dann schon viele Kinder und viele Bücher in die Welt gesetzt hatte, erhielt er noch einmal Audienz bei der Königin. Sie ließ sich von ihm Frau und Kinder vorstellen, die ihr höchstes Gefallen fanden. Danach ernannte die Königin Trenck zu ihrem Hofübersetzer.

Nun hatte er endlich einen Rang bei Hofe.

Das erste Werk, mit dessen Übersetzung man ihn betraute, waren geistliche Schriften des Abtes Beaudran, die Trenck jedoch stark mit eigenen Gedanken vermischte. Die Monarchin fand sie vortrefflich.

Bald darauf starb die vielgeliebte Königin, und damit war es mit Friedrich von der Trencks Ruhm auch schon zu Ende. Er konnte wieder zurückkehren auf sein kleines Gut, Schafe scheren und Abgaben eintreiben.

Bald darauf folgte Friedrich der Große seiner Gegnerin Maria Theresia ins Jenseits.

Sein Thronfolger hielt es für geboten, den zu Unrecht verfolgten Friedrich von der Trenck zu rehabilitieren. Mit einem Dekret hob er dessen Verbannung und die Konfiskation des Trenckschen Vermögens in Preußen auf.

Mit dieser erfreulichen Wendung schließt Friedrich von der Trenck seine Lebensbeschreibung. Glücklich machte er sich sofort auf, in seine alte Heimat zurückzukehren.

Er war inzwischen vierundsechzig Jahre alt.

Und noch immer ein idealistischer Schwärmer – ganz wie in seiner Jugendzeit.

Zehn umfangreiche Bände seiner Schriften zeugen von seiner großen Begabung. Man kannte ihn in Deutschland, Frankreich und England. Überall war sein Name volkstümlich.

Zwei Jahre lang genoß er den Ruhm.

Dann brach die Französische Revolution aus.

Und der sechsundsechzigjährige Mann verließ sein geruhsames Haus, seine Familie und ging nach Paris, um dort für die Freiheit des Volkes zu kämpfen.

In den Girondisten sah er seine Ideale verkörpert.

Robespierre ließ ihn dann zusammen mit den Girondisten guillotinieren.

Sein Leben wäre nicht vollkommen gewesen, wenn er es nicht so beendet hätte.

Oder er hätte ganz anders anfangen müssen.

Als er am Scheideweg des Herakles stand, sah er zwei Genien, die ihn riefen.

Wenn Venus ihn nicht so begünstigt hätte – Mars hätte einen großen Mann aus ihm gemacht.

Er liebte viel, und er litt viel: Das Schicksal sorgte für ein Gleichgewicht.

Anmerkungen

S. 5 *Friedrich II.* – Friedrich der Große (1712–1786), König von Preußen von 1740 bis 1786.

Baron Wylich von Lottum – Friedrich Wilhelm Reichsgraf von Wylich-Lottum (1716–1774), preußischer Generalmajor und Kommandant von Berlin.

Als er einmal die Universität besucht hatte – die Universität in Königsberg/Ostpreußen.

Zoll – 1 preußischer Zoll =2,6155 cm.

Klafter – 1 Klafter=6 Fuß=1,89648 m.

Apollo – griechisch-römischer Gott der Weissagung und Dichtkunst; Idealbild des schönen, jungen Mannes.

Mars – alter römischer Kriegsgott.

des braven Trenck – Christian Josef Ehrenreich Freiherr von der Trenck (gest. 1740).

Gardedukorps – das Reiterregiment der Leibgarde des preußischen Königs.

S. 6 *Kadetten* – Zöglinge einer militärischen Erziehungsanstalt für Offiziersanwärter.

Kürasse – Brustharnische.

Posamenten – Besatz für Kleidung, z. B. Borten, Schnüre, Quasten, Litzen, Bänder.

Reichstaler – Silbermünze; 1/3 Taler=1/2 Gulden.

ex propriis – (lat.) aus eigenen Mitteln.

Attacken – Reiterangriffe.

S. 7 *ordre de bataille* – (frz.) Kampfbefehl.

Equipage – Ausrüstung eines Offiziers.

der Königin – Elisabeth Christine Königin von Preußen, geb. Prinzessin von Braunschweig-Bevern (1715–1797).

Voltaire – eigtl. François-Marie Arouet (1694–1778), französischer Philosoph und Schriftsteller, einer der Hauptvertreter der französischen Aufklärung.

Maupertuis – Pierre Louis Moreau de Maupertuis (1698–1759), französischer Mathematiker, Physiker und Geograph, seit 1741 Präsident der Königlich-Preußischen Akademie der Wissenschaften.

Jordan – Charles Etienne Jordan (1700–1745), Gelehrter, Vizepräsident der Königlich-Preußischen Akademie der Wissenschaften, Vertrauter Friedrichs II. von Preußen.

La Mettrie – Julien Offray de La Mettrie (1703–1751), französischer Arzt und Philosoph.

S. 7 *Pöllnitz* – Karl Ludwig Freiherr von Pöllnitz (1692–1775), preußischer Kammerherr und Oberzeremonienmeister.

An dieser Stelle ist anzumerken, daß bei den Bekanntschaften Trencks etwas übertrieben wird, denn Voltaire kam erst 1750 und La Mettrie 1748 nach Berlin.

Die Schwester des Königs, Charlotte – gemeint ist Ulrike Prinzessin von Preußen (1720–1782), die 1744 den späteren König Adolf Friedrich von Schweden heiratete. König Friedrich II. hatte auch eine Schwester Charlotte, die aber im Säuglingsalter starb (1713–1714).

S. 8 *In seinen Lebenserinnerungen* – Unter dem Titel „Des Freiherrn Friedrich von der Trenck merkwürdige Lebensgeschichte. Von ihm selbst als ein Lehrbuch für Menschen geschrieben, die wirklich unglücklich sind, oder noch guter Vorbilder für alle Fälle zur Nachfolge bedürfen“ sind 1786 erstmals zwei Bände der Memoiren Friedrichs von der Trenck erschienen, im Jahre 1787 schloß sich ein dritter Band an, und 1792 veröffentlichte Trenck als „vierten und merkwürdigsten Band“ einen „Nachtrag zur Lebensgeschichte“.

S. 9 *mein seliger Vater* – Friedrich Wilhelm I. (1688–1740), König von Preußen von 1713 bis 1740, Vater von Friedrich II.

S. 10 *Riposte* – (frz.) schnelle Gegenrede.

der Feigenbaum in der Wüste, den der Messias verfluchte – der unfruchtbare Feigenbaum, Sinnbild aus der Bibel (Matth. 21, 19).

Boudoir – kleines, elegantes privates Damenzimmer.

S. 11 *tête-à-tête* – (frz.) zärtliches Beisammensein, Schäferstündchen.

Plato – Platon (427–347 v. u. Z.), griechischer Philosoph.

Alkoven – Nische mit Bett.

Ah, vous sentez de pipe! – (frz.) Ah, Ihr riecht nach Pfeife!

S. 12 *Menelaos* – im griechischen Mythos König von Sparta und Gemahl der schönen Helena, die vom trojanischen Prinzen Paris entführt wurde, woraufhin der trojanische Krieg ausbrach.

‚Tausendundeine Nacht‘ – Sammlung orientalischer Volksmärchen, seit dem 9. Jahrhundert nachgewiesen.

Vous sentez d'eau de Cologne – (frz.) Ihr riecht nach Kölnischwasser.

Grenadieroffiziere – Grenadiere waren Fußsoldaten, ursprünglich Granatiere genannt, d. h. Soldaten, die Handgranaten gegen den Feind schleuderten. Unter Friedrich II. waren sie die Eliteregimenter der preußischen Armee.

S. 13 *Kavallerie* – Reiterei.

Kürassiere – Reiter mit Brustharnisch.

Prinzessin Amalie – Amalie Prinzessin von Preußen (1723–1787), Schwester Friedrichs II. Sie blieb zeitlebens unverheiratet und wurde 1751 Äbtissin von Quedlinburg.

visitieren – prüfend besichtigen, dazu: *Visitation* – Durchsuchung.

Schamade – Trommel- oder Trompetensignal zur Waffenstreckung.

Inquisition – Untersuchung.

S. 14 *der Große Kurfürst Friedrich Wilhelm* – (1620–1688), Kurfürst von Brandenburg von 1640 bis 1688.

S. 14 *Yggdrasil* – Weltbaum in der nordischen Mythologie.

Salto mortale – (ital.) Todessprung; gefährlicher Kunstsprung der Artisten.

Rittmeister von Jaschinsky – Jakob von Jaschinsky (geb. in Litauen, gest. 1794), Kommandant der Leibgarde Friedrichs II., später polnischer General.

S. 16 *Trampolin* – Federsprunggerät.

Gamin – (frz.) Gassenjunge.

Kornett – Fähnrich einer Reiterabteilung.

P. T. – praemisso titulo (lat.), den gebührenden Titel vorausgeschickt.

S. 17 *Parole d'honneur* – (frz.) Ehrenwort.

Reveille – militärischer Weckruf.

zwischen Oculi und Palmarum – nach der christlichen Liturgie innerhalb der sechs Sonntage zwischen Aschermittwoch und Ostern die Zeit vom 3. Passionssonntag bis zum Palmsonntag, dem Sonntag vor Ostern.

Serenissimus – (lat.) scherzhafte Titulierung eines Kleinstaatenfürsten.

S. 18 *Homöopathie* – Heilverfahren, bei dem die Kranken mit solchen Mitteln in hoher Verdünnung behandelt werden, die in größerer Menge bei Gesunden ähnliche Krankheitserscheinungen hervorrufen.

S. 19 *Duenja* – Anstandsdame.

S. 20 *Argusaugen* – scharfe, wachsame Augen; nach Argus dem hundertäugigen Riesen der griechischen Sage.

Raffinement – mit einer gewissen Durchtriebenheit und Gerissenheit klug berechnendes Handeln.

S. 21 *Krieg von 1741* – Erster Schlesischer Krieg 1740–1742, in dem Friedrich II. die zur Habsburgermonarchie gehörende wirtschaftlich bedeutende Provinz Schlesien überfiel und annektierte.

Mollwitz – Am 10. 4. 1741 siegten bei Mollwitz, einem Ort in Schlesien, die Preußen unter Graf Schwerin über die Österreicher unter Graf Neipperg (vgl. Anm. zu S. 32 u. S. 58).

Husaren – leichte Reiter; ursprünglich das ungarische Aufgebot zu Pferd.

Österreichischer Erbfolgekrieg – wurde 1740–1748 um die Erbfolge Maria Theresias in den österreichischen Erbländern geführt, da Bayern, Sachsen und Spanien nach dem Tode Karls VI. die Thronfolge seiner Tochter Maria Theresia nicht anerkannten.

Ludwig XV. – (1710–1774), König von Frankreich von 1740 bis 1774. Erwies sich als absoluter Monarch den innen- und außenpolitischen Problemen Frankreichs nicht gewachsen. Seine Regierungszeit gilt als der Höhepunkt der Mätressenwirtschaft und der moralischen Verkommenheit des französischen Hofes.

bayerischer König Karl Albrecht – (1697–1745), Kurfürst von Bayern von 1726 bis 1745, als Karl VII. römisch-deutscher Kaiser von 1742 bis 1745. Eröffnete 1741 den Österreichischen Erbfolgekrieg, drang mit einem französisch-bayerischen Heer Ende 1741 in Oberösterreich und Böhmen ein, wo er zum König gekrönt wurde.

Maria Theresia – (1717–1780), Erzherzogin von Österreich von 1740 bis 1780. Tochter Kaiser Karls VI. Wurde 1736 Gemahlin des Herzogs Franz Stephan von Lothringen, des späteren römisch-deutschen Kaisers Franz I. Seit 1741 Königin von Ungarn, seit 1743 Königin von Böhmen.

S. 21 *vitam et sanguinem ... pro rege nostro* – (lat.) Leben und Blut ... für unseren König. – Die junge ungarische Königin Maria Theresia erschien 1741 mit ihrem Söhnchen, dem späteren Joseph II., auf dem Arm vor dem ungarischen Landtag in Preßburg und vertraute sich dem Schutz der tapferen und ritterlichen ungarischen Nation an, worauf die ungarischen Stände spontan das Schwert ergriffen und der Königin „vitam et sanguinem" (Leben und Blut) anboten.

Erzherzog Karl – Karl Alexander Prinz von Lothringen (1712–1780), österreichischer Feldmarschall, der sich in den Schlesischen Kriegen der Strategie Friedrichs II. nicht gewachsen zeigte.

Feldmarschall Khevenhüller – Ludwig Andreas Graf von Khevenhüller (1683–1744), führte als kaiserlicher Feldmarschall im Österreichischen Erbfolgekrieg den Oberbefehl gegen Bayern.

Nádasdy- und Batthyány-Husaren – die Husarenregimenter unter Führung der Ungarn Feldmarschall Franz Leopold Graf Nádasdy (1708–1787) und Feldmarschall Karl Joseph Graf Batthyány (1698–1772).

Kumanen – Angehörige eines Turkvolkes, das sich im 13. Jahrhundert in Ungarn zwischen Donau und Theiß niederließ.

Jazygen – Jassen, eurasische Reiternomaden, die im 13. Jahrhundert, teils gleichzeitig mit den Kumanen, in der ungarischen Tiefebene als Grenzwächter und königliche Leibwächter angesiedelt wurden und eine privilegierte Militärverfassung hatten.

Haiducken – seit dem 16. Jahrhundert in Ungarn plündernd umherziehende Soldaten, die in Kriegszeiten zu Pferd oder zu Fuß als Vortrupp oder Streifkorps dienten und zu Beginn des 17. Jahrhunderts nördlich von Debrecen, in dem späteren Komitat Hajdú, angesiedelt wurden.

Panduren Menzels – Panduren waren ehemals die bewaffneten Diener ungarischer Edelleute; im 18. Jahrhundert wurden Pandurentruppen aufgestellt, die sich im Kleinkrieg bewährten, aber wegen ihrer Raubsucht berüchtigt waren. Johann Daniel von Menzel (gest. 1744), königlich-ungarischer Husarenoberst in österreichischen Diensten, erhielt im österreichischen Erbfolgekrieg 1742 das Kommando über eine Pandurentruppe.

S. 22 *sein jüngerer Bruder* – Johann Heinrich Baron von der Trenck (gest. 1743).

Donation – Schenkung.

Pallasch – langer, als Hieb- und Stichwaffe geeigneter schwerer Säbel.

S. 23 *Harampascha* – Räuberhauptmann.

Gulden – seit 1500 bis ins 19. Jahrhundert Silbermünze in Deutschland und den benachbarten Staaten; 1 Gulden=60 Kreuzer =2/3 Taler.

S. 24 *Jatagan* – (türk.) gekrümmter Türkensäbel.

Zarin – Anna Iwanowna (1693–1740), Tochter Iwans V. und Nichte Peters I., von 1730 bis 1740 Zarin von Rußland.

Feldmarschall Münnich – Burchard Christoph Graf Münnich (1683–1767), russischer Feldherr und Politiker.

Kapitän – Hauptmann.

Im bessarabischen Feldzug – russisch-türkischer Krieg 1735–1739.

S. 25 *Schwadron* – kleinste Einheit der Kavallerie.

S. 25 *Pascha* – Titel hoher orientalischer Offiziere und Beamter.

Avantgarde – Vorhut einer Armee.

Kosakenregiment – Truppeneinheit von berittenen Bauernkriegern, die seit dem 15. Jahrhundert im südlichen und südöstlichen russischen Grenzgebiet angesiedelt waren.

S. 26 *Batterien* – die aus mehreren Geschützen bestehenden kleinsten Artillerieeinheiten.

Ataman – freigewählter Stammes- und militärischer Führer der Kosaken.

Spahis – eigtl. Sipahi, türkische Gutsbesitzer, die als Lehnspflicht Militärdienst zu Pferde leisten mußten. Die Spahis bildeten den Eliteverband der türkischen Reiterei.

Kumbaradschis – Geschützsoldaten im türkischen Heer.

kassieren – bedingungslos aus dem Militärdienst entlassen; dazu: *Kassation* – unehrenhafte Entlassung aus dem Militärdienst.

Dominium – Herrschaftsgebiet.

Seressaner – Rotmäntel, seit 1700 berittene österreichische irreguläre Truppen, die zur Abwehr der türkischen Räuber dienten.

S. 27 *Herzogin von Châteauroux* – Marie Anne de Mailly-Nesles (1717–1744), Mätresse Ludwigs XV.

S. 28 *Brigade* – Vereinigung mehrerer Verbände der gleichen Waffengattung (zwei bis drei Regimenter).

Betyáren – Wegelagerer, arme Gesellen.

Nazarener – Bezeichnung der Jünger Jesu.

Sonderfrieden – Frieden von Breslau, 11. Juni 1742.

General Festetics – Joseph Freiherr von Festetics (1694–1757), ungarischer General in österreichischen Diensten.

Herzog Belle-Isle – Charles–Louis–Auguste Graf de Belle-Isle (1684–1761), französischer Marschall, wurde 1748 zum Herzog ernannt.

S. 29 *Fokosch* – langstieliges Kriegsbeil.

Handschar – einschneidige Schnitt- oder Stichwaffe, einem Jagdmesser ähnlich.

S. 30 *Herzog Noailles* – Adrien-Maurice Herzog de Noailles (1678–1766), französischer General.

Kardinal-Minister – André Hercule de Fleury (1653–1743), französischer Kardinal. Leitete als Staatsminister seit 1726 bis zu seinem Tode die französische Politik.

Circe – Zauberin der griechischen Sage; verführerische Frau, die es darauf anlegt, Männer zu betören.

honoris causa – (lat.) ehrenhalber.

S. 32 *Schwerinsche Korps* – Truppenverband des Generalfeldmarschalls Curt Christoph Graf von Schwerin (1684–1757), der seit 1720 in preußischen Diensten stand, im Ersten Schlesischen Krieg den Sieg bei Mollwitz (vgl. Anm. zu S. 21) erfocht und 1744 Prag zur Kapitulation zwang.

General Harsch – Ferdinand Philipp Graf von Harsch (1704–1792), österreichischer Feldzeugmeister, leitete 1744 die Verteidigung von Prag.

S. 33 *Gourmand* – Schlemmer.

S. 33 *Furage* – Lebensmittel für die Truppe und Futter für die Pferde; dazu

S. 34 *Furagierung* – Auftreiben von Furage.

requirieren – für die Truppe beschlagnahmen.

S. 36 *Anadyomene* – die aus dem Meer Auftauchende; Beiname der griechischen Göttin Aphrodite, der „Schaumgeborenen".

Cytherea – Beiname der Liebesgöttin Aphrodite nach ihrer Kultstätte auf der griechischen Insel Kythera.

S. 37 *Parbleu! Cette cuirasse me gêne* – (frz.) Bei Gott! Dieser Harnisch stört mich.

Dolman – Uniformjacke mit Schnürenverzierung.

Ah, c'est un beau garçon! Que vous êtes un bel homme! – (frz.) Ah, das ist ein schöner Junge! Was seid Ihr für ein schöner Mann!

Vous dînez avec moi – (frz.) Ihr speist mit mir zu Abend.

S. 39 *Kálnoky-Regiment* – Anton Graf Kálnoky (1706–1783), aus ungarischem Geschlecht, stellte 1743 auf eigene Kosten ein Husarenregiment auf, Maria Theresia ernannte ihn zum Obersten, 1757 zum General der Kavallerie.

S. 40 *Dukaten* – vom 13. bis 19. Jahrhundert in ganz Europa verbreitete Goldmünze; 1 Dukat=3 Gulden.

Vertugadin – kegelförmiger Reifrock.

S. 41 *Kaiser Karl* – Karl VI. (1685–1740), römisch-deutscher Kaiser von 1711 bis 1740, als König von Ungarn Karl III.

Die junge Königin – Maria Theresia (vgl. Anm. zu S. 21).

S. 42 *erotomanische Hysterikerin* – eine Person, die an krankhaft übersteigertem sexuellem Verlangen leidet.

clairvoyance – (frz.) Hellsehen; Fähigkeit, im Trancezustand die Zukunft vorauszusehen.

seine Frau war meine ältere Schwester – Franz von der Trenck heiratete 1731 Josepha, die Tochter des Feldmarschall-Leutnants Johann Franz Baron von Tillier, sie starb 1737.

S. 44 *walachische Battute* – rumänischer Tanz. Die Walachei ist eine historische Landschaft Rumäniens zwischen den Südkarpaten und der Donau.

S. 45 *Muskete* – leichte Handfeuerwaffe.

‚Mnogaja leta' – slawisches Kirchenlied.

S. 46 *beim heiligen Cyrill* – Slawenapostel Kyrill.

en miniature – (frz.) im Kleinen dargestellt.

S. 47 *Syrmien* – Landschaft zwischen Drau, Save und Donau, heute Jugoslawien.

S. 49 *Urare-Gift* – häufige, aber falsche Bezeichnung des indianischen Pfeilgiftes Curare.

Strategem – Kunstgriff, Trick.

Parforce-Jagd – Hetzjagd mit Hunden und Pferden.

S. 52 *Orlando* – aus der epischen Dichtung „L'Orlando Furioso" (Der rasende Roland) von Lodovico Ariosto (1474–1533).

ein unverletzbarer Krieger aus dem Nibelungenlied – in dem um 1200 entstandenen Heldenepos badet Siegfried im Blut des erschlagenen Drachen, wodurch seine Haut gehörnt wird und er bis auf eine verwundbare Stelle unverletzlich ist.

Richard Löwenherz – Richard I. Löwenherz (1157–1199), seit 1189 König von England, beteiligte sich 1189—1192 am dritten Kreuzzug.

S. 52 *Laudon* – Ernst Gideon Freiherr von Laudon (1717–1790), österreichischer Feldmarschall, 1744 Hauptmann im Trenckschen Freikorps, kämpfte mit wechselndem Kriegsglück im Siebenjährigen Krieg, im Bayerischen Erbfolgekrieg 1778/79 und im Türkenkrieg Josephs II. 1789/90.

S. 53 *wie einst die Ungarn und Kroaten* – im 14. bis 16. Jahrhundert im Kampf gegen die türkische Fremdherrschaft.

S. 54 *Galizensteine* – nach seiner Herkunft aus der spanischen Provinz Galicien bezeichneter weißer Vitriol; wurde zur Behandlung von Wunden, Ausschlägen, Erkrankungen der Schleimhäute, besonders der Augen verwendet.

S. 56 *Eskadronen* – taktische Truppenkörper der Kavallerie.

Mais c'est la guerre! – (frz.) Aber das ist der Krieg!

S. 57 *Karl Robert* – Karl Robert von Anjou (1288–1342), König von Ungarn von 1308 bis 1342.

Geschlecht Zách – Der ungarische Adlige Felicián Zách fiel am 17. April 1330 im Palast von Visegrád über König Karl Robert und die königliche Familie her, um die Entehrung seiner Tochter Klara zu rächen.

S. 58 *Feldmarschall Neipperg* – Wilhelm Reinhard Graf von Neipperg (1684–1774), österreichischer Feldmarschall, leitete 1741 die österreichische Gegenoperation gegen den preußischen Einfall in Schlesien (vgl. Anm. zu S. 21).

Baron Weber – August Thomas Freiherr von Weber, Hofrat und Präsident des Wiener Hofkriegsrates.

Hübschlerinnen – Straßendirnen.

S. 60 *pour le Roi des prusses* – (frz.) für den König der Preußen.

Kraniologie – Schädellehre.

S. 61 *Spartaner* – die Einwohner der altgriechischen Stadt Sparta waren wegen ihrer strengen Erziehung und anspruchslosen Lebensweise bekannt.

Bonvivant – Lebemann.

Sybariten – die Einwohner der antiken Stadt Sybaria waren als Schlemmer verrufen.

Maître de flûte – (frz.) Flötenmeister.

petites-maîtresses – (frz.) Modepuppen.

canailles – (frz.) Gesindel, Schurken.

Petit-maître – (frz.) Stutzer.

Bonmot – treffender, geistreich-witziger Ausspruch, witzige Bemerkung.

Digne d'un prince! – (frz.) Eines Prinzen würdig!

Sentiments – (frz.) Ansichten, Gefühle.

S. 62 *Histrionen* –Komödianten.

Janitscharenmusik – türkische Militärmusik und deren europäische Nachahmung mit Trommeln, Becken, Triangel, Schellenbaum u. ä.

Rotmäntel – Seressaner (vgl. Anm. zu S. 26).

Volontär –Freiwilliger ohne Sold.

S. 63 *Chlamys* – altgriechischer kurzer Überwurfmantel für Männer.

Ganymed – in der griechischen Sage der schönste Jüngling unter den Sterblichen, von Zeus auf den Olymp entführt, der ihn zu seinem Geliebten machte.

Herkules – Mensch mit großer Körperkraft.

S. 64 *à cheval* – (frz.) zu Pferde.
Embuscaden – Truppen im Hinterhalt.
Arrieregarde – Nachhut, rückwärtige Sicherung der Truppe.
Bonne fortune – (frz.) gutes Schicksal, Glück.
per procura – (lat.) in Stellvertretung.

S. 65 *pour la bonne bouche* – (frz.) das Schönste zum Schluß.
Walrawe – Gerhard Cornelius von Walrawe (1692–1773), preußischer Ingenieurgeneral und Kriegsbaumeister, 1742 General des neuerrichteten Pionierregiments.
Purgatorium – Fegefeuer.

S. 66 *Ulanen* – mit Lanzen bewaffnete Reiter.
Lafetten – Untergestelle von Geschützen.
Topinambur – violette, eßbare Knolle einer amerikanischen Sonnenblumenart, die auch in Europa gedeiht; wird wie die Kartoffel zubereitet.
Bacchus – Gott des Weines.
Taburett – niedriger, lehnenloser Sitz, Hocker.
dem englischen Gesandten – John Carmichael Earl Hyndford (gest. 1767), von 1741 bis 1744 englischer Gesandter in Berlin, später in Moskau.

S. 67 *der ungläubige Thomas* – hergeleitet von dem Jünger Thomas (Joh. 20, 24–29), der nicht eher an die Existenz des auferstandenen Jesus glauben wollte, als bis er dessen Wundmale gesehen und seine Hand in die Brustwunde gelegt hatte.
heraldisches Wunder – ein Wundergebilde, das nur auf Wappen zu sehen ist.
C'est le matador de ma jeunesse! – (frz.) Das ist das Vorbild meiner Jugend!

S. 68 *sarmatisch* – iranische Sprache der Sarmaten, eines nomadischen Reitervolkes, das einst im Altertum in Südrußland, in der Ukraine und später in Ungarn lebte; zu ihnen gehörten auch die Jazygen (vgl. Anm. zu S. 18).
St'ie romin'escie? – (rum.) Versteht Er Rumänisch?
Orden pour le mérite – preußischer Kriegsorden, 1740 von Friedrich II. entwickelt, nur für Offiziere seiner Armee für Verdienste vor dem Feind bestimmt.

S. 69 *die hergelaufenen Hessischen* – Truppen unter Wilhelm Landgraf zu Hessen-Kassel, die als Hilfsregiment an der Seite Preußens kämpften.

S. 70 *distinguierte Dame* – vornehme Dame, die sich durch betont gepflegtes Auftreten auszeichnet.

S. 71 *Bravour* – Tapferkeit, Schneid; vollendete Meisterschaft.

S. 72 *Göttin Fortuna* – römische Glücksgöttin.

S. 73 *Gradus ad Parnassum* – (lat.) Stufe zum Parnaß, dem altgriechischen Musenberg und Dichtersitz; Titel von Werken, die in die lateinische Verskunst einführen.
Syntaxist – jemand, der sich mit der Lehre vom Satzbau befaßt.

S. 74 *Retirade* – eiliger Rückzug; dazu: *retirieren* – sich zurückziehen, zurückweichen.
Piketts – Vorposten.

S. 75 *Perspektiv* – kleines Fernrohr.

S. 76 *Glacis* – Vorfeld einer Befestigungsanlage.

S. 77 *das Nassauische Korps* – Truppenverband unter dem preußischen General Christoph Ernst Graf von Nassau.

S. 78 *Peter Candid* – Pieter de Witte (1540–1628), niederländischer Maler, ab 1586 bayerischer Hofmaler.

Georges Desmarées – George(s) de(s) Marées (1697–1776), seit 1731 kurfürstlicher Hofmaler in München, einer der begehrtesten Bildnismaler des bayerischen Rokoko.

Serenissimus, potentissimus, ac invictissimus Princeps, Carolus VII. Dei Gratia Romanorum Imperator, semper Augustus, Rex Germaniae et Bohemiae, utriusque Bavariae, Archidux Austriae – (lat.) Allergnädigster, allmächtiger und unbesiegbarer Fürst Karl VII., römischer Kaiser von Gottes Gnaden, ewiger Mehrer des Reiches, König von Deutschland und Böhmen und der beiden bayerischen Lande, Erzherzog von Österreich.

S. 80 *ich solle mich mit meinem Sohn versöhnen* – der Sohn Kaiser Karls VII. ist Maximilian III. Joseph (1727–1777), der spätere Kurfürst von Bayern.

S. 81 *Panazee* – Allheilmittel, Wundermittel.

Basilisken – Fabeltiere mit todbringendem Blick.

Signacula – (lat.) Zeichen.

Amberstein – Stein, der sich aus der fettigen Darmausscheidung des Pottwals bildet, die als Duftstoff verwendet wird.

Arkanum – Geheimmittel, Wundermittel.

tu Asinus in folio! – (lat.) du Esel in Großformat!

S. 82 *Paracelsus* – Theophrastus Bombastus Paracelsus, eigtl. von Hohenheim (1493–1541), schweizerischer Arzt, Naturforscher und Philosoph, Wegbereiter der neuzeitlichen Medizin.

Theriaka – opiumhaltige Allheilmittel des Mittelalters.

Juventus-ventus – (lat.) Jugend hat keine Tugend.

Friedensschluß zu Füssen – am 22. April 1745.

S. 83 *In einem denkwürdigen Brief* – geschrieben am 27. April 1745 aus dem Hauptquartier Pomsdorf an den preußischen Minister Heinrich Graf von Podewils.

des Ministeriums Pelham – Henry Pelham (1696–1754), von 1743 bis 1754 Premierminister von Großbritannien.

die Hannoveranischen Regimenter – 1714 war dem deutschen Fürstenhaus Hannover der englische Thron übertragen worden, und bis 1837 bestand zwischen England und dem Kurfürstentum eine Personalunion.

elysäisch – wonnevoll, paradiesisch; abgeleitet von Elysium – in der griechischen Sage das Land der Seligen in der Unterwelt.

S. 84 *insultierte* – beschimpfte, beleidigte; dazu: *Insult* – schwere Beschimpfung, Beleidigung.

S. 85 *Großmogul* – Herrscher der in Indien 1526–1857 regierenden mohammedanischen Dynastie mongolischer Herkunft.

S. 86 *cum appertinentiis* – (lat.) mit allem, was dazu gehört.

agents provocateurs – Lockspitzel.

General Bork – Franz Andreas von Bork (1682–1766), preußischer Generalleutnant, Kommandant von Magdeburg, später Amtshauptmann zu Stolpe.

S. 87 *Ach, die Liebe, ach die Liebe ist ein tiefer Brunnenschacht...* – Anfangszeilen des Gedichtes „Die Liebe“ von Sándor Petőfi (1843).

S. 88 *Moritz von Sachsen* – Graf Moritz von Sachsen (1696–1750), Sohn des Kurfürsten August des Starken von Sachsen und der Gräfin Aurora von Königsmarck, erhielt nach 1720 eine Ausbildung in der französischen Armee, stand als Marschall von Frankreich in französischen Diensten.

Fürst von Sachsen – Friedrich August II. (1696–1763), Kurfürst von Sachsen, als August III. seit 1733 König von Polen.

rekognoszieren – erkunden, aufklären.

S. 89 *Fontenoy* – Ort in Belgien, bei dem am 11. 5. 1745 die französische Nordarmee über ein englisch-holländisch-österreichisches Heer unter Herzog von Cumberland siegte.

Albion – alter keltischer Name für England.

Eduard Stuart, Prinz von York – Karl Eduard (1720–1788), Enkel des Stuartkönigs Jakob II., auch als Bonny Prince Charlie bekannt, versuchte mit französischer Hilfe den englischen Thron zurückzuerobern, nahm 1745 Edinburgh, wurde 1746 aber bei Culloden entscheidend besiegt und zur Flucht gezwungen.

Dragoner – ursprünglich berittene Infanterie; unter Friedrich II. als schwere Schlachtenkavallerie, aber auch im Infanteriegefecht eingesetzt.

S. 92 *Sieg bei Hohenfriedberg* – Ort in Schlesien, bei dem am 4. 6. 1745 die Schlacht zwischen der preußischen und der österreichischen Armee durch die erfolgreiche Attacke der preußischen Kavallerie entschieden wurde.

die russische Zarin – Elisabeth Petrowna (1709–1762), Tochter Peters des Großen, von 1741 bis 1762 Zarin von Rußland.

detachiert – als Truppenteil abgezweigt, für eine Sonderaufgabe abgeordnet.

S. 93 *Ziethen-Husaren* – Husaren des preußischen Generals Hans Joachim von Ziethen (1699–1786).

Bonhomie – Gutmütigkeit.

anticipando – (lat.) im voraus.

S. 94 *Marketenderin* – Händlerin, die im Feld oder bei Manövern die Truppe mit Lebensmitteln versorgt.

Kamisol – im 16. bis 18. Jahrhundert getragenes Wams oder Mieder.

S. 96 *die Generäle Buddenbrock und Goltz* – Wilhelm Dietrich von Buddenbrock, preußischer Feldmarschall, und Georg Konrad von der Goltz.

S. 97 *diese alte skythische Kampfweise* – Skythen lebten im Altertum als Nomaden nördlich und östlich vom Schwarzen Meer und galten als gefürchtetes Reitervolk.

S. 98 *Pikett* – französisches Kartenspiel zu zweien.

Malice – Bosheit.

S. 99 *Haubitze* – Geschütz mit kurzem Rohr, nimmt eine Mittelstellung zwischen Flachfeuer- (Kanonen) und Steilfeuergeschützen (Mörser) ein.

kartätschen – mit Kartätschen (dünnwandigen Hohlgeschossen) feuern.

S. 100 *Leviathan* – drachenartiges Meeresungeheuer (zitiert in der Bibel, Hiob 40, 25).

Ischtar – Göttin der Liebe und des Krieges.

S. 101 *Dislokation* – Verteilung (der Truppen).

S. 104 *So war es König Georg bei Dettingen ergangen* – Georg II. (1683–1760), seit 1727 König von England und Kurfürst von Hannover (vgl. Anm. zu S. 66), siegte in der Schlacht bei Dettingen, einem Ort in Hessen, am 27. 6. 1743 über französische Streitkräfte.

S. 105 *Bagage* – der Troß; Gepäck, Verpflegung und Ausrüstung der Truppe.

S. 106 *Die Schlacht war entschieden* – bei Soor, einem Ort in Böhmen, schlugen die Preußen am 30. 9. 1745 die österreichische Armee.

S. 107 *zu La Fontaines Zeiten* – Jean de La Fontaine (1621–1695), französischer Dichter, Erneuerer der Fabel.

S. 114 *Janitscharen* – eigtl. yeni ceri (türk.)=neue Truppe. Die aus Gefangenen, meistens aus schon zu Türken erzogenen geraubten Kindern, ausgebildete Elite des türkischen Heeres. Die Janitscharen entarteten später zu einer zügellosen Bande; bei ihrer Auflösung 1826 wurden sie größtenteils niedergemetzelt.

Uriasbrief – Brief, der den Überbringer ins Verderben schickt. Nach Uria, dem Heerführer des biblischen Königs David: Der König begehrte dessen Frau Bathseba und stellte ihn deshalb bei der Belagerung von Rabba an den gefährlichsten Ort, wo er auch fiel (2. Sam. 11).

S. 115 *Drugi put* – (kroat.) ein ander Mal.

S. 117 *Magnat* – Angehöriger des ungarischen Hochadels.

seine Biographen – T. Wahrmann: Leben, Thaten, Abentheuer, Gefängnis und Tod des Franz Freiherr von der Trenck, (1837); Merkwürdige Lebensgeschichte des Freiherrn Friedrich von der Trenck, hrsg. v. G. Gugitz, 2 Bde, (1912).

Rheinischer Gulden – im 16. bis 18. Jahrhundert eine auch in Österreich-Ungarn gültige Geldmünze.

Pamphlete – Streit- und Schmähschriften.

S. 118 *Höllen-Brueghel* – Pieter Brueghel d. J. (1564–1638), niederländischer Maler, wegen seiner Spuk- und Höllenszenen Höllen-Brueghel genannt.

Kasketten – einfache Visierhelme.

im Corpus Juris inartikuliert – in der Gesetzes- und Rechtssammlung eingetragen.

Feldmarschall Cordua – Kaspar Cordova, Graf von Alagon (1674–1756), österreichischer Feldmarschall.

S. 120 *Ärar* – Staatsschatz, Staatsvermögen.

Summa summarum – (lat.) alles in allem.

Limbus – Vorhölle.

S. 121 *bei Kesselsdorf* – Ort in Sachsen, bei dem am 15. 12. 1745 die sächsischen Truppen, die Dresden decken sollten, noch vor dem Eintreffen der verbündeten österreichischen Armee von den Preußen geschlagen wurden.

S. 122 *Du selbst bist edictaliter currentiert propter feloniam* – Du selbst wirst wegen Lehenstreuebruch steckbrieflich gesucht.

General Löwenwalde – Friedrich Casimir Graf Löwenwalde (1691–1769), General der Kavallerie.

S. 124 *Manupropria* – (lat.) eigenhändig, hier: die eigene Hand.

S. 124 *Diäten* – Aufwandsentschädigung.
Strategen – Feldherren.
S. 126 *Auskultant* – Beisitzer ohne Stimmrecht.
Chargen – militärische Dienstgrade.
S. 130 *Auditeur* – Richter an Militärgerichten.
S. 131 *Assessor* – Beisitzer.
corpus delicti – Beweisstück für eine Straftat.
S. 132 *Chimära* – Ungeheuer der griechischen Sage: Löwe, Ziege und Schlange in einem.
Deduktion – Ableitung des Besonderen aus dem Allgemeinen.
S. 134 *Bouffants* – (frz.) Bausch.
Grécourt – Jean Baptiste Joseph Willart de Grécourt (1683–1743), französischer Dichter, seine Werke sind zuweilen von frivoler Erotik.
Nonpareille – kleiner Schriftgrad von 6 Punkt, ungefähr 2,26 mm.
Äneis – Hauptwerk des römischen Dichters Vergil (70–19 v. u. Z.), Nationalepos der Römer, in dem mythischer Stoff mit geschichtlichem verknüpft wird.
Zweiter Schlesischer Krieg – 1744/45 zog Friedrich II., der um den preußischen Besitz Schlesiens fürchtete, erneut gegen Österreich und dessen Verbündeten Sachsen zu Felde, er eroberte Prag, mußte Böhmen aber wieder räumen, errang dann den entscheidenden Sieg bei Hohenfriedberg, stieß wieder nach Böhmen vor, siegte bei Soor und besiegte schließlich durch Leopold von Anhalt bei Kesselsdorf die Sachsen (vgl. Anm. zu den S. 73, 84, 96), im Frieden von Dresden (25. 12. 1745) gab Maria Theresia Schlesien preis und Friedrich II. anerkannte Maria Theresias Gemahl, Franz I., als römisch-deutschen Kaiser.
S. 135 *Achilles* – Held der griechischen Sage.
Tyrtaeus – Tyrtaios, griechischer Lyriker des 7. Jahrhunderts v. u. Z., schrieb kämpferische Elegien, die die hartbedrängten Spartaner im 2. Messenischen Krieg (um 650 v. u. Z.) begeisterten.
Menuett – aus Frankreich stammender, mäßig schneller Tanz im 3/4-Takt.
S. 136 *Lancelot* – im keltischen Sagenkreis Ritter aus Artus' Tafelrunde.
S. 137 *Kalypso* – Nymphe der griechischen Sage, nahm den schiffbrüchigen Odysseus auf und beherbergte ihn sieben Jahre, bis Heimat- und Gattenliebe ihn davontrieben.
Mantisa religiosa – (lat.) fromme Gabe.
Aventure –(frz.) Abenteuer.
Rancune – (frz.) Groll, Rachsucht.
Janhagel – (ndrl.) Pöbel.
Seladon – sentimentaler, schmachtender Liebhaber; nach dem Helden eines französischen Schäferromans.
S. 138 *Au contraire!* – (frz.) Im Gegenteil!
Chansonnetten – kleine Lieder, meist komischer oder frivoler Art.
S. 139 *Delinquent* – Verbrecher, Übeltäter.
S. 141 *Charcuterie* – (frz.) Fleischwarenhandlung.
Cicisbeo – Hausfreund, ursprüngl. in Italien im 18. Jahrhundert Begleiter und Gesellschafter verheirateter Frauen.

S. 142 *Poltrons* – Feiglinge, Maulhelden.
Lumen – Licht, Leuchte, Könner.
des alten Dessauer – Leopold von Anhalt-Dessau (1676–1747), preußischer Feldmarschall, 1745 als Befehlshaber preußischer Truppen Sieger in der Schlacht bei Kesselsdorf (vgl. Anm. zu S. 121).

S. 144 *Fouquet* – Heinrich August Baron de la Motte Fouqué (1698–1774), preußischer General, Gouverneur von Glatz, einer der intimsten Freunde König Friedrichs II.

S. 145 *Palisaden* – aus einer Reihe von Pfählen bestehendes Hindernis.

S. 146 *Goliath* – sehr großer, starker Mann; nach dem riesenhaften Anführer der Philister, den David mit seiner Schleuder erschlug (Sam. 1,17).

S. 147 *Musketiere* – Fußsoldaten.
marode – marschunfähig, müde, matt.

S. 149 *Major Quadt* – Johann Christian Ruhlemann Freiherr von Quadt (1699–1756), preußischer Generalmajor der Infanterie.

S. 155 *Im ersten preußischen Feldzug* – Friedrich von der Trenck hielt sich im Jahre 1744 in Braunau auf.

S. 156 *Von dort wollte er seiner Mutter schreiben, die in zweiter Ehe in Litauen lebte* – Baronin von der Trenck (gest. 1754), Tochter des Königsbergischen Hofgerichtspräsidenten von Derschau, heiratete, nachdem ihr Gatte, Christian Josef Ehrenreich Freiherr von der Trenck, 1740 gestorben war (vgl. Anm. zu S. 5), in zweiter Ehe den Grafen Lostange, Oberstleutnant des Kiowsschen Kürassierregiments.

S. 158 *Groschen* – alte deutsche Silbermünze; in Schlesien galt der Silbergroschen, auch Böhm genannt, 1/30 Taler; in Preußen gab es den Gutegroschen als Scheidemünze (1/24 Taler).
Met – alkoholisches Getränk aus vergorenem Honig, Wasser und Aromastoffen.

S. 159 *Meilen* – 1 preußische Meile=7532 m.

S. 162 *Laubtaler* – auch Lorbeertaler (nach den das Wappen umschließenden Lorbeerzweigen) oder Federtaler genannt; deutscher Name des 1726–1794 geprägten französischen Écu d'argent zu 6 Livres, war in Preußen als Franzgeld bis um 1760 verbreitet.

S. 164 *Heller* – kleine Silbermünze.
polnische Schillinge – Silbermünze, 1 polnischer Schilling=1/3 polnischer Groschen=1/270 Taler.

S. 165 *Frau Potiphar* – Potiphar, biblische Gestalt; ägyptischer Beamter, dessen Frau vergeblich versuchte, Joseph zu verführen (1. Mos. 39,7ff.).

S. 166 *Brodowsky* – Samuel Brodowsky, Auditeur beim Golzschen Regiment in Elbing.
Kupecký – Jan Kupecký (1667–1740), böhmischer Barock-Porträtist.

S. 167 *a posteriori* – (lat.) nachträglich.
Isebel – biblische Gestalt, Gemahlin des 7. Königs von Israel, Achab; stiftete mit Hilfe falscher Zeugenaussagen zur Ermordung des *Jesreeliten* Naboth an, um dem König dessen Weinberge zu verschaffen (1. Kg. 21,1–16).

S. 168 *Messalina* – wegen ihrer Sittenlosigkeit und Grausamkeit berüchtigte Frau des römischen Kaisers Claudius; genußsüchtige, zügellose Frau.

S. 168 *Purgatorium* – Fegefeuer.

S. 169 *Tertium non datur!* – (lat.) Drittens gibt es nicht!

Purus putus logicus; purus putus asinus – (lat.) Reiner, purer Philosoph; reiner, purer Esel.

Punctum saliens – (lat.) der springende Punkt.

S. 170 *tertia datur* – (lat.) eine dritte gibt es.

Baron Ripperda – österreichischer Hauptmann.

Diamantengruben von Golkonda – Ort im ehemaligen britisch-indischen Vasallenstaat Haiderabad, war Sitz einer berühmten Diamantenschleiferei; in der Umgebung wurden Rubine und Saphire gefunden.

S. 172 *Ziselierung* – Ornamente in Metall stechen.

S. 173 *Aqua tofana* – (lat.) ein Giftmittel; eisiges Wasser vom Berg Tofana in den Dolomiten.

S. 175 *Spadassins* – (frz.) Raufbolde, Schläger.

S. 176 *Graf Königsegg* – Lothar Joseph Domenik Graf Königsegg und Rothenfels (1673–1753), verdienter österreichischer Feldmarschall, Diplomat und Staatsmann.

S. 177 *Baron Alfons Lopresti* – Rocco Baron Lopresti (1703–1784), österreichischer Oberst.

Pluto – griechischer Gott der Unterwelt.

S. 178 *sequestriert* – gerichtlich zur Zwangsverwaltung bestimmt.

Occassio facit furem – (lat.) Gelegenheit macht Diebe.

S. 179 *Kapotrock* – Soldatenmantel.

S. 180 *Kolowratisches Regiment* – Kolowrat war ein in Böhmen und Österreich begütertes Adelsgeschlecht. Gemeint ist hier wohl ein Regiment unter Oberbefehl des österreichischen Feldmarschalls Gajetan Franz Xaver Graf von Kolowrat (1689–1766).

Kartell – schriftliche Aufforderung zum Duell mit Waffen.

Satisfaktion – Genugtuung durch Duell.

S. 181 *Nasendrücker* – Sargdeckel.

S. 182 *Quarten* – Fechthiebe von rechts nach links.

S. 183 *Hellebardiere* – Söldner, die mit Hellebarde, einer Hieb- und Stoßwaffe mit langem Stiel, Beil und Haken vor der eisernen Spitze, bewaffnet sind.

S. 185 *Clara pacta, boni amici!* –(lat.) Klare Verträge, gute Freunde!

S. 186 *Kremnitzer Goldstücke* – Kremnitz (heute Kremnica, ČSSR) war im späten Mittelalter einer der reichsten Bergbauorte Europas (Gold, Silber) und die älteste freie Stadt des historischen Ungarn.

S. 187 *Vestalin* – Vestalische Jungfrau, Priesterin der Vesta, der altrömischen Göttin des Herdfeuers, mußte das ewige Feuer im Vestatempel hüten. Die Vestalinnen wurden bereits als Kind ausgewählt, mußten dreißig Jahre Dienst tun, genossen große Ehren und Vorrechte, wurden aber, wenn sie das Keuschheitsgebot übertraten, lebendig begraben.

Bravo – (ital.) Bezeichnung für Meuchelmörder.

S. 189 *Fiskus* – Staatskasse.

Auditor – Vernehmungstichter

S. 190 *Höllenschisma* – vom Teufel verursachte Spaltung der kirchlichen Einheit.

S. 190 *Vermögenskonfiskation* – entschädigungslose Enteignung des Vermögens.
Inskriptionen – Eintragungen.

S. 191 *Kodizille* – Zusätze zum Testament.
Legate – Vermächtnisse, Zuwendungen einzelner Vermögensgegenstände durch letztwillige Verfügung.
der heilige Franz von Assisi – (1182–1226), Begründer des katholischen Bettelordens der Franziskaner. Sein Namenstag ist der 4. Oktober.

S. 192 *Guardian* – Klostervorsteher bei den Franziskanern und den Kapuzinern.
Simson – biblische Heldengestalt, ein Mensch von außergewöhnlicher Kraft (Buch Richter 13,1–16,31).
Tonsur – kreisrund geschorene Stelle auf dem Scheitel katholischer Mönche.
Credo – das Apostolische Glaubensbekenntnis, das mit „Credo in unum deum…“ (Ich glaube an den einen Gott…) beginnt.
Miraculum! – (lat.) Ein Wunder!

S. 195 *Polnisch-Borussia* – Ostpreußen.
Präparationen – Vorbereitungen, Hausaufgaben.

S. 197 *Indigenat* – Bürgerrecht, Staatsangehörigkeit.

S. 200 *General Lieven* – Lieven, ein deutsch-baltisches Adelsgeschlecht, wurde 1799 in den russischen Grafenstand erhoben.
als russischen Residenten – als russischen Gesandten.

S. 201 *Pharaotisch* – Spieltisch, an dem Pharao, ein altes französisches Kartenglücksspiel, gespielt wird; war vor allem im 18. und 19. Jahrhundert verbreitet.
General Woyekow – Feodor von Woyekow, russischer General, später Gouverneur von Riga.

S. 203 *Fatum* – Schicksal, Verhängnis.

S. 206 *Livree* – Dienerschaft.

S. 209 *Der preußische Minister, Herr von der Goltz* – Freiherr Balthasar Ludwig von der Goltz (gest. 1750), preußischer Legationsrat und Gesandter in Petersburg.
Graf Bestuscheff – Alexei Petrowitsch Graf Bestuscheff-Rumin (1693–1766), von 1744 bis 1758 russischer Großkanzler und Leiter der russischen Außenpolitik, zuvor russischer Gesandter in Hamburg und Kopenhagen.

S. 211 *Feldmarschall Lascy* – Peter Graf Lascy (1678–1751).

S. 212 *Rekommandation* – Empfehlung.
Anciennität – Dienst-, Altersfolge.
hors concours – (frz.) außer Wettbewerb.

S. 213 *Graf Hamilton* – Anton Graf Hamilton (1733–1776), später österreichischer Feldmarschalleutnant.
Graf Bernes – Josef Graf Bernes (gest. 1751), österreichischer General, befehligte von 1738 bis 1751 das österreichische Dragonerregiment Nr. 7, war von 1746 bis 1747 österreichischer Gesandter in Berlin und von 1749 bis 1750 Gesandter in Rußland.
Tempi passati – (lat.) Vergangene Zeiten.
Schtschi – russische Sauerkohlsuppe mit Fleisch.
Lazarusse – bemitleidenswerte Kranke, nach der biblischen Gestalt Lazarus von Betanien (Joh. 11).

S. 214 *Aureole* – Heiligenschein.

S. 216 *Faktionen* – Gruppe, Gruppierung.
Fuß – 1 preußischer Fuß=0,314 m.
S. 219 *Ferronière* – (frz.) Stirnkette mit einem Kleinod.
Cavalier servant – (frz.) Tischherr.
Majordomus – Hausmeister, oberster Hofbeamter.
S. 220 *Hippopotamus* – großes Fluß- oder Nilpferd.
S. 221 *Scharaden* – Worträtsel, bei denen das zu erratende Wort in Silben oder Teile zerlegt wird.
S. 223 *noch vor dem großen Napoleonischen Feldzug* – Napoleons Krieg gegen Rußland, bei dem er am 14. 9. 1812 in Moskau einzog, endete mit dem Untergang der Großen Armee des französischen Kaisers.
S. 225 *Morgengabe* – Geschenk des Ehemannes an die Frau am Morgen nach der Hochzeit.
S. 226 *Opoponax* – als Heilmittel verwendetes Harz einer mittelmeerländischen Pflanze.
S. 227 *Kantschu* – Riemenpeitsche.
S. 228 *Permission* – Erlaubnis.
S. 230 *Cherubim* – biblische Engel, himmlische Wächter (z. B. des Paradieses).
Maroquin – feines Ziegenleder.
S. 232 *Centifolia* – Hundertblättrige.
S. 235 *Schimäre* –Trugbild, Hirngespenst.
Paradoxon – eine scheinbar zugleich wahre und falsche Aussage.
Franz Bestuscheff-Rumin – gemeint ist Michail Petrowitsch Graf Bestuscheff-Rumin (1688–1760), russischer Diplomat, der lange Zeit als Gesandter in Schweden, Preußen, Polen, Österreich und Frankreich tätig war.
S. 237 *Fortifikation* – Festungswerk, Befestigungskunst.
ein flagrantes Delikt – eine offenkundige Straftat.
S. 238 *Billet* – Zettel, Briefchen.
S. 242 *Kriegsminister Apraxin* – Stepan Fjodorowitsch Graf Apraxin (1702–1760), russischer Oberbefehlshaber im Siebenjährigen Krieg, siegte am 30. 8. 1757 bei Groß-Jägersdorf über die Preußen, wurde wegen seines späteren Rückzugs verurteilt und starb im Gefängnis.
S. 243 *coriolanischer Vaterlandshaß* – Gnaeus Marcius Coriolanus, legendärer Heerführer und Held der frührömischen Geschichte, soll 493 v. u. Z. Corioli, eine Stadt der Volsker, erobert haben; kämpfte 491 v. u. Z. politisch gegen die Plebejer, die ihn verbannten, zog daraufhin an der Spitze eines Volskerheeres nach Rom, wurde aber von seiner Gattin und seiner Mutter zum Rückzug bewegt, ging ins Exil und wurde dort von den Volskern ermordet.
Ephialtes – verräterischer Grieche, der die Perser bei den Thermopylen in den Rücken der großen spartanischen Stellungen Leonidas führte; er wurde geächtet und 469 v. u. Z. erschlagen.
Zar Peter III. – Herzog Peter von Holstein-Gottorp (1728–1762), ein Enkel Peters I., Sohn Anna Petrownas und Herzog Karl Friedrichs von Holstein-Gottorp, wurde durch seine Tante, Zarin Elisabeth, 1742 zum Thronfolger erklärt, 1745 Vermählung mit Prinzessin Sophie Auguste von Anhalt-Zerbst, der nachmaligen Zarin Katharina II., bestieg als Zar Peter III. 1762 den

russischen Thron, war ein schwärmerischer Anbeter Friedrichs II., mit dem er sofort Frieden schloß und dem er das von den Russen besetzte Ostpreußen zurückgab. Es kam zu einer Verschwörung, Peter III. wurde ermordet, und Katharina ließ sich zur Zarin ausrufen.

S. 243 *Groß-Jägersdorf* – Ort in Ostpreußen, bei dem am 30. 8. 1757 die Schlacht zwischen Russen und Preußen mit einer Niederlage der Preußen endete.

S. 244 *Kataklysmus* – erdgeschichtliche Katastrophe; plötzliche Vernichtung, Zerstörung.

Kommandant Kottulinsky – wahrscheinlich Franz Karl Graf Kottulinsky aus einem bekannten österreichischen Soldatengeschlecht.

S. 245 *Knjas* – (russ.) Fürst.

Zitation – Vorladung.

Tabatière – Schnupftabakdose.

S. 247 *Odyssee* – Homers Epos über die Heimfahrt des Odysseus von Troja und seine Abenteuer; eine Art Irrfahrt mit seltsamen Erlebnissen, eine mit Schwierigkeiten verbundene Reise.

Judicium delegatum – (lat.) außerordentliche Gerichtskommission.

S. 248 *Fideikommiß* – unveräußerliches und unteilbares Vermögen einer Familie.

S. 249 *den preußischen Gesandten* – seit 1746 war Otto Christoph Graf von Podewils außerordentlicher preußischer Gesandter in Wien.

S. 250 *Hypokrisie* – Heuchelei, Verstellung.

allegierte – ein Zitat, eine Bibelstelle anführte.

replizierte – erwiderte.

S. 251 *in contumatiam* – (lat.) wörtl.: wegen Unbotmäßigkeit; wegen Nichterscheinens vor Gericht wird ein Versäumnisurteil gefällt.

Tripartitum – das sog. Dreierbuch, das 1514 von dem ungarischen Oberlandesrichter István Werbőczy aus dem geltenden Gewohnheitsrecht zusammengestellt und 1628 in das Ungarische Gesetzbuch aufgenommen wurde; es war für lange Zeit der ungarische feudale Rechtskodex.

Tabularis fiscalis – (lat.) Notar am königlich-ungarischen Gerichtshof.

mortifizierte – beleidigte, kränkte.

S. 252 *des damaligen königlichen Kammerpräsidenten Anton Grassalkovich* – Anton Graf Grassalkovics (1694–1771), seit 1748 Präsident der ungarischen Hofkammer.

S. 254 *Graf Puebla* – Anton Graf Puebla (1699–1776), österreichischer Generalfeldwachtmeister, von 1751 bis 1756 kaiserlicher Gesandter in Berlin.

Dessen Sekretär Weingarten – Leopold Baron Weingarten, von 1751 bis 1756 österreichischer Legationssekretär in Berlin. Er verriet österreichische Staatsgeheimnisse an Preußen, blieb bei Ausbruch des Siebenjährigen Krieges in Berlin, sollte bei Kriegsende ausgeliefert werden, was Friedrich II. aber verweigerte.

S. 256 *Syndikus* – Rechtsbeistand.

S. 257 *Herzog von Württemberg* – Friedrich II. Eugen Herzog von Württemberg (1732–1797), preußischer General, seit 1795 regierender Herzog von Württemberg.

S. 258 *Chaise* – halbverdeckter Wagen.

S. 259 *brevi manu* – kurzerhand.
S. 261 *Festungskommandant Bork* – s. Anm. zu S. 86.
S. 262 *Phantasmagorie* – Truggebilde, Wahngebilde.
travestieren – in einer satirischen Verspottung darstellen.
S. 275 *Major du jour* – Major vom Dienst.
S. 278 *Pistole* – ursprünglich spanische Goldmünze; in Deutschland wurden im 18. und 19. Jahrhundert Fünftalerstücke in Gold geprägt und Pistolen genannt.
S. 282 *Herzog Ferdinand von Braunschweig* – Ferdinand von Braunschweig-Lüneburg (1721–1792), preußischer Generalfeldmarschall.
S. 284 *der Siebenjährige Krieg* – Krieg Friedrichs II. von Preußen im Bunde mit Großbritannien-Hannover gegen eine österreichisch-französisch-russisch-schwedische Allianz. Friedrich II. erröffnete den Krieg 1756 mit einem Überfall auf Sachsen, rückte in Böhmen ein, mußte es 1757 aber wieder räumen. Das anschließende jahrelange Ringen brachte Preußen an den Rand der Niederlage. Es wurde 1762 durch das Ausscheiden Rußlands aus dem Krieg gerettet. Der Krieg endete 1763 mit dem Frieden von Hubertusburg.
Dubarry – Marie Jeanne Gräfin Dubarry (1743–1793), Geliebte Ludwigs XV. von Frankreich.
S. 288 *Louisdor* – Goldmünze, die unter Ludwig XIII. von Frankreich (1641) geprägt wurde.
S. 290 *Schlacht bei Kolin* – Ort in Böhmen, wo am 18. 6. 1757 der Versuch Friedrichs II., die österreichische Entsatzarmee für das belagerte Prag zu zerschlagen, scheiterte.
Herzog von Lothringen – Karl Alexander Prinz von Lothringen (s. Anm. zu S. 21) war 1757 Oberbefehlshaber der österreichischen Armee.
Feldmarschall Hadik – Andreas von Hadik (1711–1790), aus Ungarn gebürtiger österreichischer General, während des Siebenjährigen Krieges Kommandeur selbständiger leichter Abteilungen, stand am 16. 10. 1757 mit 3500 Husaren vor den Toren Berlins.
S. 291 *der Prinz von Preußen* – August Wilhelm Prinz von Preußen (1722–1758), Sohn Friedrich Wilhelms I., Bruder Friedrichs II.
Markgraf Heinrich – Friedrich Heinrich Ludwig Prinz von Preußen (1726–1802), Sohn Friedrich Wilhelms I., Bruder Friedrichs II.
S. 292 *Fürst Lobkowitz* – August Anton Josef Fürst von Lobkowitz (1729–1803), österreichischer Generalmajor im Siebenjährigen Krieg.
S. 294 *Hofrat von Kempf* – Freiherr Ignaz von Kempf (1704–1768), von 1762 bis 1766 Hofrat bei der Wiener Hofkammer.
S. 300 *Hubertusburg* – Schloß in Sachsen, wo es am 15. 2. 1763 zwischen Preußen, Österreich und Sachsen zum Friedensschluß kam. Preußen wurde die Eroberung Schlesiens bestätigt; es räumte dafür Sachsen und versprach den Habsburgern seine Kurstimme für die Wahl des Erzherzogs Joseph zum römisch-deutschen Kaiser.
Profos – Stockmeister, Gefängnisaufseher, Büttel.
S. 302 *General Walrawe* – war wegen Unterschlagung von 50 000 Reichstalern in die Festung Magdeburg gekommen, wo er nach 26jähriger Gefangenschaft starb (s. auch Anm. zu S. 65).

S. 303 *Herzog von Braunschweig* – Karl Wilhelm Ferdinand Herzog von Braunschweig (1735–1806), preußischer Generalfeldmarschall.

S. 305 *Souper* – festliches Abendessen.

S. 306 *Blasphemie* – Gotteslästerung, verletzende Äußerung über etwas Heiliges.

S. 307 *Graf Schlieben* – Karl Leopold Graf von Schlieben (1723–1788), königlich-preußischer Leutnant der Garde, später preußischer Kriegsminister.

S. 308 *Kronprinz Joseph* – Joseph II. (1741–1790), seit 1765 römisch-deutscher Kaiser und Mitregent seiner Mutter Maria Theresia, seit 1780 Erzherzog von Österreich und König von Ungarn und Böhmen.

S. 309 *Sein Thronfolger* – Friedrich Wilhelm II. (1744–1797), Neffe Friedrichs II., von 1786 bis 1797 König von Preußen.

Dann brach die Französische Revolution aus – Beginn der Großen Französischen Revolution war der Sturm auf die Bastille am 14. 7. 1789.

Girondisten – Gruppe der französischen Nationalversammlung, benannt nach dem französischen Departement Gironde; es waren gemäßigte Republikaner, die die Interessen der Groß- und Mittelbourgeoisie vertraten; sie regierten vom Sturm auf die Tuilerien (10. 8. 1792) bis zum Machtantritt der Jakobiner (2. 6. 1793).

Robespierre – Maximilien de Robespierre (1758–1794), französischer Revolutionär und Staatsmann, der bedeutendste Führer der Französischen Revolution, leitete die revolutionärdemokratische Diktatur der Jakobiner.

guillotinieren – durch die Guillotine, eine Fallbeilvorrichtung, hinrichten. Benannt wurde die Guillotine nach dem französischen Arzt Joseph-Ignace Guillotin (1738–1814), der vorgeschlagen hatte, die Todesstrafe durch eine Köpfmaschine vollstrecken zu lassen.

S. 310 *Scheideweg des Herakles* – der Sophist Prodikos von Keos hat in den Erzählungen von Herakles am Scheideweg symbolisch die Entscheidungen gegen den leichten Weg der Lust und für den mühe- und entsagungsvollen der Tugend gestaltet.

INHALT

DIE BEIDEN TRENCK

FRIEDRICH VON DER TRENCK